2024 中财传媒版
年度全国会计专业技术资格考试辅导系列丛书·注定会赢®

经济法基础
精讲精练

财政部中国财经出版传媒集团 组织编写

中国财经出版传媒集团
经济科学出版社
·北京·

图书在版编目（CIP）数据

经济法基础精讲精练/财政部中国财经出版传媒集
团组织编写 . -- 北京：经济科学出版社，2023.12
（中财传媒版2024年度全国会计专业技术资格考试辅
导系列丛书 . 注定会赢）
ISBN 978 - 7 - 5218 - 5407 - 7

Ⅰ . ①经…　Ⅱ . ①财…　Ⅲ . ①经济法 - 中国 - 资格考
试 - 自学参考资料　Ⅳ . ①D922.29

中国国家版本馆 CIP 数据核字（2023）第 244716 号

责任校对：齐　杰
责任印制：邱　天

经济法基础精讲精练

JINGJIFA JICHU JINGJIANG JINGLIAN

财政部中国财经出版传媒集团　组织编写
经济科学出版社出版、发行　新华书店经销
社址：北京市海淀区阜成路甲 28 号　邮编：100142
总编部电话：010 - 88191217　发行部电话：010 - 88191522
天猫网店：经济科学出版社旗舰店
网址：http：//jjkxcbs. tmall. com
北京鑫海金澳胶印有限公司印装
787 × 1092　16 开　21.5 印张　640000 字
2023 年 12 月第 1 版　2023 年 12 月第 1 次印刷
ISBN 978 - 7 - 5218 - 5407 - 7　定价：68.00 元
（图书出现印装问题，本社负责调换。电话：010 - 88191545）
（打击盗版举报热线：010 - 88191661，QQ：2242791300）

前　　言

2024 年度全国会计专业技术初级资格考试大纲已经公布，辅导教材也已正式出版发行。与上年度相比，新考试大纲及辅导教材的内容发生了较大变化。为了帮助考生准确理解和掌握新大纲和新教材的内容、顺利通过考试，中国财经出版传媒集团本着对广大考生负责的态度，严格按照新大纲和新教材内容，组织编写了中财传媒版 2024 年度全国会计专业技术资格考试辅导"注定会赢"系列丛书。

该系列丛书包含 7 个子系列，共 14 本图书，具有重点把握精准、难点分析到位、题型题量丰富、模拟演练逼真等特点。本书属于"精讲精练"子系列，突出对教材变化及知识点的解读，配以例题点津，并精选典型习题帮助考生巩固知识。

中国财经出版传媒集团为购买本书的读者提供线上增值服务。读者可通过扫描封面下方的"注定会赢"微信公众号二维码下载"中财云知"App，免费享有前导课、知识点串讲、学习答疑、每日一练等服务。

全国会计专业技术资格考试是我国评价选拔会计人才、促进会计人员成长的重要渠道，也是落实会计人才强国战略的重要措施。希望广大考生在认真学习教材内容的基础上，结合本丛书准确理解和全面掌握应试知识点内容，顺利通过考试，不断取得更大进步，为我国会计事业的发展作出更大贡献！

书中如有疏漏和不当之处，敬请批评指正。

财政部中国财经出版传媒集团
2023 年 12 月

目　录

第四章　税法概述及货物和劳务税法律制度

第五章　所得税法律制度

第六章　财产和行为税法律制度

第七章　税收征管法律制度

第八章　劳动合同与社会保险法律制度

第一章 总 论

考情分析

本章所占比重较小，难度系数不高，分值保持在 5 ~ 8 分。题型一般为单项选择题、多项选择题和判断题，通常不涉及大题。

请考生重点复习法的本质与特征、法的分类和渊源、法的效力范围、法人的分类、自然人的民事行为能力和刑事责任能力以及法律责任的分类等知识点。

教材变化

2024 年本章教材内容变动不大，仅针对法律新修对相应内容作了调整。

考点提示

本章教材涉及的法律内容广泛，知识点多，考点丰富。其中，有相当一部分的法律规定需要在理解的基础上掌握，如法的分类与渊源、法律关系、法律事实等就是典型的需要理解后重点掌握的知识点。再者，有些知识点重考率较高，如法律关系主体的分类、法律关系主体资格以及法律事实等知识点。

在阅读教材的基础上，要充分理解法律基础理论，注意准确掌握并区分法人与非法人组织的概念、分类及内涵，自然人民事行为能力与刑事责任能力的年龄划分等内容，灵活运用解答案例型试题，学练结合。

本章考点框架

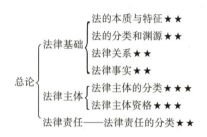

```
                    ┌ 法的本质与特征★★
            ┌ 法律基础 ┤ 法的分类和渊源★★
            │        │ 法律关系★★
            │        └ 法律事实★★
     总论 ──┤        ┌ 法律主体的分类★★★
            │ 法律主体 ┤
            │        └ 法律主体资格★★★
            └ 法律责任──法律责任的分类★★
```

考点解读及例题点津

第一单元　法律基础

1 法的本质与特征★★

一、考点解读

（一）法的本质

法是统治阶级的国家意志的体现：

1. 法所体现的是统治阶级的意志，是由统治阶级的物质生活条件决定的，是社会客观需要的反映。

2. 法体现的是统治阶级的"整体意志"和"根本利益"。

3. 法体现的不是统治阶级的一般意志，而是被奉为法律的统治阶级意志，即统治阶级的国家意志。

（二）法的特征

1. 国家意志性——经过国家制定或者认可才得以形成的规范。

解释 制定和认可是国家创制法的两种方式，也是统治阶级把自己的意志变为国家意志的两条途径。

2. 国家强制性——凭借国家强制力的保证而获得普遍遵守的效力。

解释 国家强制力是以国家的强制机构（军队、警察、法庭、监狱）作为后盾，和国家制裁相联系，表现为对违法者采取国家强制措施。

3. 规范性——确定人们在社会关系中的权利和义务的行为规范。

4. 明确公开性和普遍约束性——是明确而普遍适用的规范。

二、例题点津

【例题1·单选题】 下列关于法的特征的表述中，错误的是（　　）。

A. 法是由国家制定或认可的规范

B. 统治阶级及其所有成员的意志就是法

C. 法凭借国家强制力的保证而获得普遍遵守的效力，具有国家强制性

D. 法是明确而普遍适用的规范，具有明确公开性和普遍约束性

【答案】 B

【解析】 统治阶级的意志并不能直接成为法，它必须通过一定的组织和程序，即通过统治阶级的国家制定或认可，才能成为法。

【例题2·多选题】根据规定，法的特征包括（　　）。

A. 强制性　　　　　B. 规范性

C. 明确公开性　　　D. 国家意志性

【答案】ABCD

【解析】法的特征主要有以下四个方面：（1）法是经过国家制定或者认可才得以形成的规范，具有国家意志性；（2）法是凭借国家强制力的保证而获得普遍遵行的效力，具有强制性；（3）法是确定人们在社会关系中的权利和义务的行为规范，具有规范性；（4）法是明确而普遍适用的规范，具有明确公开性和普遍约束性。

2 法的分类和渊源★★

一、考点解读

（一）法的分类（见表1－1）

表1－1

法的分类	划分标准
根本法和普通法	根据法的内容、效力和制定程序所作的分类
一般法和特别法	根据法的空间效力、时间效力或对人的效力所作的分类
实体法和程序法	根据法的内容所作的分类
国际法和国内法	根据法的主体、调整对象和渊源所作的分类
公法和私法	根据法律运用的目的所作的分类
成文法和不成文法	根据法的创制方式和表现形式所作的分类

（二）法的渊源（见表1－2）

表1－2

渊源	制定机关	效力等级
宪法	全国人大	具有最高的法律效力
法律	全国人大及其常委会	效力和地位仅次于宪法
法律	解释 下列事项只能制定法律：（1）国家主权的事项；（2）各级人大、人民政府、监察委员会、人民法院和人民检察院的产生、组织和职权；（3）民族区域自治制度、特别行政区制度、基层群众自治制度；（4）犯罪和刑罚；（5）对公民政治权利的剥夺、限制人身自由的强制措施和处罚；（6）税种的设立、税率的确定和税收征收管理等税收基本制度；（7）对非国有财产的征收、征用；（8）民事基本制度；（9）基本经济制度以及财政、海关、金融和外贸的基本制度；（10）诉讼制度和仲裁基本制度；（11）必须由全国人大及其常委会制定法律的其他事项	
行政法规	国务院	仅次于宪法和法律
地方性法规、自治条例和单行条例	地方人大及其常委会	本辖区
地方性法规、自治条例和单行条例	解释1 设区的市的人大及其常委会根据本市的具体情况和实际需要，在不同宪法、法律、行政法规和本省、自治区的地方性法规相抵触的前提下，可以对城乡建设与管理、生态文明建设、历史文化保护、基层治理等方面的事项制定地方性法规。设区的市的地方性法规须报省、自治区的人大常委会批准后施行。	

续表

渊源	制定机关	效力等级
地方性法规、自治条例和单行条例	解释2 经济特区所在地的省、市的人大及其常委会根据全国人大的授权决定，制定法规，在经济特区范围内实施。上海市人大及其常委会根据全国人大常委会的授权决定，制定浦东新区法规，在浦东新区实施。海南省人大及其常委会根据法律规定，制定海南自由贸易港法规，在海南自由贸易港范围内实施。 解释3 自治条例和单行条例可以依照当地民族的特点，对法律和行政法规的规定作出变通规定，但不得违背法律或行政法规的基本原则，不得对宪法和民族区域自治法的规定以及其他有关法律、行政法规专门就民族自治地方所作的规定作出变通规定	
特别行政区的法	全国人大（制定基本法）及特别行政区立法机关（制定规范性法律文件）	本辖区
规章	国务院各部、委员会、中国人民银行、审计署和具有行政管理职能的直属机构	本部门
	解释 没有法律或者国务院的行政法规、决定、命令的依据，部门规章不得设定减损公民、法人和其他组织权利或者增加其义务的规范，不得增加本部门的权力或者减少本部门的法定职责	
	地方政府	本辖区
	解释 没有法律、行政法规、地方性法规的依据，地方政府规章不得设定减损公民、法人和其他组织权利或者增加其义务的规范	
国际条约	国际条约属于国际法而不属于国内法的范畴，但我国缔结和参加的国际条约对于我国的国家机关、社会团体、企业、事业单位和公民也有约束力。因此，这些条约也是我国法的渊源之一	

（三）法的效力范围

法的效力范围亦称法的生效范围，是指法在什么时间和什么空间对什么人有效。

1. 法的时间效力，是指法的效力的起始和终止的时限以及对其实施以前的事件和行为有无溯及力（见表1-3）。

表1-3

法的时间效力	具体内容
生效期限方式	明确规定一个具体生效时间
	规定具备何种条件后开始生效
终止方式	明示终止：直接用语言文字表示法的终止时间
	默示终止：不用明文规定该法终止生效的时间，而是在实践中新法优于旧法的原则，从而使旧法在事实上被废止

续表

法的时间效力	具体内容
	新法取代旧法
	有的法在完成一定的历史任务后不再适用
我国法的终止方式	由有权的国家机关发布专门的决议、决定，废除某些法律
	同一国家机关制定的法，虽然名称不同，在内容上旧法与新法发生冲突或相互抵触时，以新法为准，旧法中的有关条款自动终止效力
法的溯及力	又称法的溯及既往的效力，是指新法对其生效前发生的行为和事件是否适用。如果不适用，就没有溯及力；如果适用，就具有溯及力。我国法律采用的是从旧兼从轻原则，就是说原则上新法无溯及力，对行为人适用旧法，但新法对行为人的处罚较轻时则适用新法

2. 法的空间效力，是指法在哪些空间范围

或地域范围内发生效力。法的空间效力与国家主权直接相关，法直接体现国家主权，它适用于该国主权所及一切领域，包括领陆、领水及其底土和领空；也包括延伸意义的领土，如驻外使馆；还包括在境外的飞行器和停泊在境外的船舶。当然，由于法的制定机关和内容不同，其效力范围也有区别，一般分为域内效力与域外效力两个方面（见表1-4）。

表1-4

法的空间效力	具体内容
我国法的域内效力	在全国范围内有效：在我国，由全国人大及其常委会、国务院制定的规范性法律文件，如宪法、法律、行政法规，除法律有特别规定的外，均在全国范围内有效
	在我国局部地区有效：我国地方人大及其常委会、人民政府依法制定的地方性法规及地方政府规章，民族自治地方制定的自治条例与单行条例，在其管辖范围内有效
我国法的域外效力	我国在互相尊重领土主权的基础上，本着保护本国利益和公民权益的精神和原则，也规定了某些法律或某些法律条款具有域外效力

3. 法的对人效力，亦称法的对象效力，是指法适用于哪些人或法适用主体的范围（见表1-5）。

表1-5

法的对人效力	具体内容
我国法律对人效力	结合主义原则，即以属地主义为主，但又结合属人主义与保护主义的一项原则
我国法律对中国公民的效力	凡是中华人民共和国的公民，在中国领域内一律适用中国法律，平等地享有法律权利和承担法律义务。中国公民在国外的，仍然受中国法律的保护，也有遵守中国法律的义务
我国法律对外国人的效力	我国法律既保护外国人的合法权益，又依法查处其违法犯罪行为。这实际上是国家主权在法律领域的体现。凡在中国领域内的外国人均应遵守中国法律

4. 解决法的效力冲突的一般原则（见表1-6）。

表1-6

一般原则	具体内容
根本法优于普通法	在成文宪法国家，宪法是国家根本法，具有最高法律效力，普通法必须以宪法为依据，不得同宪法相抵触
上位法优于下位法	不同位阶的法之间发生冲突，遵循上位法优于下位法的原则，适用上位法
新法优于旧法	同一国家机关在不同时期颁布的法产生冲突时，遵循新法优于旧法的原则
特别法优于一般法	这一原则的适用是有条件的，这就是要求必须是同一国家机关制定的法，并包括以下两种情况：一是指在适用对象上，对特定主体和特定事项的法，优于对一般主体和一般事项的法；二是指在适用空间上，对特定时间和特定区域的法，优于平时和一般地区的法

5. 解决法的效力冲突的特殊方式（见表1-7）。

表1-7

冲突类型	裁定机关
法律之间对同一事项的新的一般规定与旧的特别规定不一致，不能确定如何适用时	由全国人大常委会裁决
行政法规之间对同一事项的新的一般规定与旧的特别规定不一致，不能确定如何适用时	由国务院裁决
地方性法规、规章之间不一致时	由有关机关依照规定的权限作出裁决
同一机关制定的新的一般规定与旧的特别规定不一致时	由制定机关裁决

续表

冲突类型	裁定机关
地方性法规与部门规章之间对同一事项的规定不一致，不能确定如何适用时	由国务院提出意见，国务院认为应当适用地方性法规的，应当决定在该地方适用地方性法规的规定，认为应当适用部门规章的，应当提请全国人大常委会裁决
部门规章之间、部门规章与地方政府规章之间对同一事项的规定不一致时	由国务院裁决
根据授权制定的法规与法律规定不一致时	由全国人大常委会裁决

二、例题点津

【例题1·单选题】下列对法所作的分类中，以法的空间效力、时间效力或对人的效力进行分类的是（　　）。

A. 公法和私法

B. 根本法和普通法

C. 一般法和特别法

D. 实体法和程序法

【答案】C

【解析】按法的空间效力、时间效力或对人的效力进行分类，可以将法分为一般法和特别法。

【例题2·单选题】在法的分类中，将法划分为成文法和不成文法的划分标准是（　　）。

A. 创制方式和表现形式

B. 主体、调整对象和渊源

C. 内容、效力和制定程序

D. 法律运用的目的

【答案】A

【解析】将法分为成文法和不成文法是以法的创制形式和表现形式为标准进行的分类。

【例题3·单选题】甲公司财务部门在讨论某项业务的税务处理依据时，列举了以下四部规范性文件，其中属于法律的是（　　）。

A. 《中华人民共和国增值税暂行条例实施细则》

B. 《中华人民共和国企业所得税法》

C. 《中华人民共和国增值税暂行条例》

D. 《中华人民共和国个人所得税法实施条例》

【答案】B

【解析】选项A属于规章；选项C、D属于行政法规。

【例题4·单选题】以下选项中，由全国人民代表大会和全国人民代表大会常务委员会经过立法程序制定并颁布的规范性文件是（　　）。

A. 宪法　　　　　B. 行政法规

C. 法律　　　　　D. 地方性法规

【答案】C

【解析】选项A，宪法由全国人民代表大会制定；选项B，行政法规由国务院制定；选项D，地方性法规是由省、自治区、直辖市的人民代表大会及其常务委员会根据本行政区域的具体情况和实际需要，在不与宪法、法律、行政法规相抵触的前提下制定的。

【例题5·多选题】关于适用法的效力原则的下列说法中，正确的有（　　）。

A. 上位法优于下位法

B. 特别法优于一般法

C. 新法优于旧法

D. 根本法优于普通法

【答案】ABCD

【解析】解决法的效力冲突的一般原则：根本法优于普通法，上位法优于下位法，新法优于旧法，特别法优于一般法。

【例题6·多选题】下列选项中，属于设区的市制定地方性法规时可以规范的事项有（　　）。

A. 城乡建设与管理　B. 生态文明建设

C. 历史文化保护　　D. 基层治理

【答案】ABCD

【解析】设区的市的人大及其常委会根据本市的具体情况和实际需要，在不同宪法、法律、行政法规和本省、自治区的地方性法规相抵触的前提下，可以对城乡建设与管理、生态文明建设、历史文化保护、基层治理等方面的事项制定地方性法规。

【例题7·判断题】监察委员会的产生组织和职权由国务院制定的行政法规规定。（　　）

【答案】×

【解析】《立法法》规定：各级人民代表大会、人民政府、监察委员会、人民法院和人民检察院的产生、组织和职权只能制定法律规定。

【例题8·判断题】当地方性法规与部门规章之间对同一事项的规定不一致，不能确定如何适用时，由国务院决定适用地方性法规或是部门规章。（　　）

【答案】×

【解析】当地方性法规与部门规章之间对同一事项的规定不一致，不能确定如何适用时，由国务院提出意见，国务院认为应当适用地方性法规的，应当决定在该地方适用地方性法规的规定，认为应当适用部门规章的，应当提请全国人民代表大会常务委员会裁决。

3 法律关系★★

一、考点解读

（一）法律关系综述

1. 法律关系是法律规范在调整人们的行为过程中所形成的一种特殊的社会关系，即法律上的权利与义务关系。

2. 法律关系由主体、内容和客体三个要素构成。

【举例】公司采购办公用品，与商家形成办公用品买卖合同法律关系，公司作为买方，承担支付货款的义务，享有收取办公用品的权利；相应地，商家承担交付办公用品的义务，享有取得货款的权利。

本例买卖法律关系的主体：公司与商家。客体：办公用品。内容：公司履行支付货款的义务而获得办公用品的权利；已取得货款的权利并承担交付办公用品的义务。该买卖法律关系的发生原因（法律事实）是基于公司与商家之间签订的办公用品买卖合同的行为。

（二）法律关系主体

法律关系主体，又称法律主体，是指参加法律关系，依法享有权利和承担义务的当事人。

（三）法律关系内容

法律关系的内容是指法律关系主体所享有的权利和承担的义务。

1. 法律权利是指法律关系主体依法享有的权益，表现为权利享有者依照法律规定有权自主决定作出或者不作出某种行为、要求他人作出或者不作出某种行为和一旦被侵犯，有权请求国家予以法律保护。

2. 法律义务是指法律关系主体依照法律规定所担负的必须作出某种行为或者不得作出某种行为的负担或约束。依法承担义务的主体称为义务主体或义务人。

（四）法律关系客体

法律关系客体是指法律关系主体的权利和义务所指向的对象。客体是确立权利与义务关系性质和具体内容的依据，也是确定权利行使与否和义务是否履行的客观标准（见表1-8）。

表1-8

种类		举例
物	自然物	河流、山川、森林、矿藏
	人造物	建筑、机械、设备、各类产品
	货币及有价证券	支票、股票、债券
	有体物	固定形态：汽车、建筑
		无固定形态：天然气、电力
	无体物	数据信息、权利
人身、人格		人身和人格是生命权、身体权、健康权、姓名权、肖像权、名誉权、荣誉权、隐私权、婚姻自主权等人身权指向的客体

续表

种类	举例
人身、人格	人身和人格又是禁止非法拘禁他人、禁止对犯罪嫌疑人刑讯逼供、禁止侮辱或诽谤他人、禁止卖身为奴等法律义务所指向的客体
	提示 (1) 人的整体只能是法律关系的主体，不能作为法律关系的客体； (2) 人的部分是可以作为客体的"物"，如当人的头发、血液、骨髓、精子和其他器官从身体中分离出去，成为与身体相分的外部之物时，在某些情况下也可视为法律上的"物"
智力成果	智力成果是指人们通过脑力劳动创造的能够带来经济价值的精神财富，主要是知识产权的客体。如作品、发明、实用新型、外观设计、商标等
	智力成果通常有物质载体，如书籍、图册、录像、录音等，但其价值并不在于物质载体本身，而在于物质载体中所包含的信息、知识、技术、标识和其他精神因素
信息、数据、网络虚拟财产	矿产情报、产业情报、国家机密、商业秘密、个人隐私
行为	生产经营行为、经济管理行为、完成一定工作的行为、提供一定劳务的行为

二、例题点津

【例题1·单选题】 下列选项中，不能作为法律关系客体的是（　　）。

A. 网络虚拟财产　　B. 个人隐私

C. 有价证券　　D. 人的整体

【答案】 D

【解析】 人的整体只能是法律关系的主体，不能作为法律关系的客体。而人的部分是可以作为客体的"物"，如当人的头发、血液、骨髓、精子和其他器官从身体中分离出去，成为与身体相分的外部之物时，在某些情况下也可视为法律上的"物"。

【例题2·多选题】 下列权利义务中，属于法律关系内容的有（　　）。

A. 债权请求权

B. 支付货款义务

C. 经营管理权

D. 劳动义务

【答案】 ABCD

【解析】 法律关系的内容包括法律关系主体所享有的权利和承担的义务，选项A、C属于其权利；选项B、D属于其义务。

4 法律事实 ★★

一、考点解读

法律事实是法律关系发生、变更和消灭的直接原因。按照是否以当事人的意志为转移作标准，可以将法律事实划分为：法律事件、法律行为和事实行为。

（一）法律事件

法律事件是不以当事人的主观意志为转移的，能够引起法律关系发生、变更和消灭的法定情况或者现象。

（二）法律行为

法律行为是法律关系主体通过意思表示设立、变更、终止法律关系的行为，例如签订合同、行政许可等。

（三）事实行为

与法律关系主体的意思表示无关，由法律直接规定法律后果的行为（见表1-9）。

表1-9

分类		举例
法律事件	自然现象（绝对事件）	台风、地震、洪水、生老病死、意外事故等
	社会现象（相对事件）	战争、重大政策的改变等
法律行为	根据行为的法律性质分为	合法行为与违法行为 单位建账；单位销毁保管期未满的账册
	根据行为的表现形式分为	积极行为与消极行为 纳税行为；不按期支付劳动报酬行为
	根据行为人取得权利是否需要支付对价分为	有偿行为与无偿行为 买卖；赠与
	根据主体意思表示的形式分为	单方行为与多方行为 立遗嘱；签订租赁合同
	根据行为是否需要特定形式或实质要件分为	要式行为与非要式行为 签发票据；买卖合同
	根据主体实际参与行为的状态分为	自主行为与代理行为 自主购买；代理诉讼
事实行为	无因管理行为、正当防卫行为、紧急避险行为、侵权行为、违约行为、遗失物的拾得行为及埋藏物的发现行为等	

二、例题点津

【例题1·单选题】下列选项中，属于法律事件的是（　　）。

A. 森林大火　　　　B. 侵权行为

C. 行政命令　　　　D. 发现埋藏物

【答案】A

【解析】法律事实分为法律事件、法律行为和事实行为。法律事件是指不以当事人的主观意志为转移的，能够引起法律关系发生、变更和消灭的法定情况或现象。选项C属于法律行为，选项B、D属于事实行为。

【例题2·单选题】把法律行为划分为合法行为与违法行为，是根据（　　）来划分的。

A. 行为的法律性质

B. 行为的表现形式

C. 行为人取得权利是否需要支付对价

D. 主体实际参与行为的状态

【答案】A

【解析】合法行为与违法行为是根据行为是否符合法律规范的要求，即行为的法律性质所作的分类。合法行为是指行为人所实施的符合法律规范要求，能导致合法的法律后果的行为；违法行为是指行为人所实施的违反法律规范的要求、应受惩罚的行为。

【例题3·单选题】张某从赵某开设的网店购买一件手工玩具，因对玩具质量不满意，委托朋友孙某处理退货退款事宜。孙某与赵某协商达成协议，张某不退货，赵某退还货款100元，随后赵某将100元退还张某，关于该事件的下列表述中，不正确的是（　　）。

A. 孙某受张某委托与赵某达成协议的行为是代理行为

B. 张某委托朋友孙某处理该事件是积极行为

C. 赵某退还给张某100元货款的行为是自主行为

D. 张某购买赵某手工玩具的行为是单方行为

【答案】D

【解析】单方行为，是指由法律主体一方的意思表示即可成立的法律行为，如遗嘱、行政命令等；多方行为，是指由两个或两个以上的法律主体意思表示一致而成立的法律行为，如合同行为等。选项 D 张某找赵某购买的行为，需要双方意思表示一致，一方愿意买，一方愿意卖，属于多方行为。

【例题 4·多选题】 下列各项中，属于法律事实的有（　　）。

　　A. 山体滑坡　　　B. 纵火
　　C. 寒潮来袭　　　D. 发行债券

【答案】 ABCD

【解析】 法律事实包含法律事件、法律行为和事实行为。选项 A、C 属于法律事件；选项 B、D 属于法律行为。

【例题 5·判断题】 法律关系发生、变更和消灭的直接原因是法律规范。（　　）

【答案】 ×

【解析】 法律规范和法律主体只是法律关系产生的抽象的、一般的前提，法律事实是法律关系发生、变更和消灭的直接原因。

第二单元　法律主体

1 法律主体的分类★★★

法律主体，也称法律关系主体，是指参加法律关系，依法享有权利和承担义务的当事人。什么人或者组织可以成为法律主体，是由一国法律规定和确认的。根据我国法律规定，能够参与法律关系的主体包括：自然人、法人、非法人组织和国家。

一、考点解读

（一）自然人

1. 自然人，是指具有生命的个体的人，即生物学上的人，是基于出生而取得主体资格的人。解释：自然人既包括中国公民，也包括居住在中国境内或在境内活动的外国公民和无国籍人。

公民是各国法律关系的基本主体之一，是指具有一国国籍的自然人。公民是各国法律关系的基本主体之一，是指具有一国国籍的自然人。

2. 自然人的出生时间和死亡时间，以出生证明、死亡证明记载的时间为准；没有出生证明、死亡证明的，以户籍登记或者其他有效身份登记记载的时间为准。

自然人在出生之前也可以成为特殊法律关系的主体，如涉及遗产继承、接受赠与等胎儿利益保护的，胎儿视为具有民事权利能力，但是胎儿娩出时为死体的，其民事权利能力自始不存在。

3. 自然人的住所以户籍登记或者其他有效身份登记记载的居所为住所；经常居所与住所不一致的，经常居所视为住所。

（二）法人

法人制度是指法律赋予符合条件的团体以法律人格，使团体的人格与成员的人格独立开来，从而使这些团体成为独立的民事主体。法人是具有民事权利能力和民事行为能力，依法独立享有民事权利和承担民事义务的组织。法人应当依法成立，应当有自己的名称、组织机构、住所、财产或者经费（见表 1 - 10）。

表 1 - 10

法人的分类	营利法人	营利法人的分类	公司制营利法人	有限责任公司
				股份有限公司
			非公司制营利法人	全民所有制企业
				集体所有制企业等
		营利法人的组织机构	设立营利法人应当依法制定法人章程，设权力机构、执行机构、监事会或者监事等监督机构	

续表

法人的分类	营利法人	营利法人的出资人	营利法人的出资人不得滥用出资人权利损害法人或者其他出资人的利益；不得滥用法人独立地位和出资人有限责任损害法人和债权人的利益；营利法人的控股出资人、实际控制人、董事、监事、高级管理人员不得利用其关联关系损害法人的利益
	非营利法人	包括事业单位、社会团体、基金会、社会服务机构、捐助法人和宗教活动场所法人等	
	特别法人	主要包括机关法人、农村集体经济组织法人、城镇农村的合作经济组织法人、基层群众性自治组织法人	
法人的法定代表人	法定代表人以法人名义从事的民事活动，其法律后果由法人承受		
法人设立中的责任承担	设立人为设立法人从事的民事活动，其法律后果由法人承受；法人未成立的，其法律后果由设立人承受，设立人为二人以上的，享有连带债权，承担连带债务。设立人为设立法人以自己的名义从事民事活动产生的民事责任，第三人有权选择请求法人或者设立人承担		
法人的合并和分立	法人合并的，其权利和义务由合并后的法人享有和承担。法人分立的，其权利和义务由分立后的法人享有连带债权，承担连带债务，但是债权人和债务人另有约定的除外		
法人解散和终止	法人解散的法定情形	1. 法人章程规定的存续期间届满或者法人章程规定的其他解散事由出现； 2. 法人的权力机构决议解散； 3. 因法人合并或者分立需要解散； 4. 法人依法被吊销营业执照、登记证书，被责令关闭或者被撤销； 5. 法律规定的其他情形	
	法人终止的法定情形	有下列原因之一并依法完成清算、注销登记的，法人终止： （1）法人解散； （2）法人被宣告破产； （3）法律规定的其他原因。 该规定明确将法人终止和法人解散区分开来，将法人解散作为法人终止的原因之一	
法人的清算	法人解散的，除合并或者分立的情形外，清算义务人应当及时组成清算组进行清算。法人的董事、理事等执行机构或者决策机构的成员为清算义务人。法律、行政法规另有规定的，依照其规定。清算义务人未及时履行清算义务，造成损害的，应当承担民事责任；主管机关或者利害关系人可以申请人民法院指定有关人员组成清算组进行清算。清算期间法人存续，但是不得从事与清算无关的活动。法人清算后的剩余财产，按照法人章程的规定或者法人权力机构的决议处理。法律另有规定的，依照其规定。清算结束并完成法人注销登记时，法人终止；依法不需要办理法人登记的，清算结束时，法人终止。法人被宣告破产的，依法进行破产清算并完成法人注销登记时，法人终止		
法人的分支机构	法人可以依法设立分支机构，分支机构以自己的名义从事民事活动，产生的民事责任由法人承担；也可以先以该分支机构管理的财产承担，不足以承担的，由法人承担		

（三）非法人组织

非法人组织是指不具有法人资格，但能够依法以自己的名义从事民事活动的组织（见表1－11）。

表1-11

非法人组织		
非法人组织的分类	个人独资企业	
	合伙企业	
	不具有法人资格的专业服务机构等	
非法人组织的财产不足以清偿债务的，其出资人或者设立人承担无限责任。法律另有规定的，依照其规定		
非法人组织的代表	非法人组织可以确定一人或者数人代表该组织从事民事活动	
非法人组织的解散	有下列情形之一的，非法人组织解散：（1）章程规定的存续期间届满或者章程规定的其他解散事由出现；（2）出资人或者设立人决定解散；（3）法律规定的其他情形。非法人组织解散的，应当依法进行清算	

（四）国家

解释 在特殊情况下，国家可以作为一个整体成为法律主体。如在国内，国家是国家财产所有权唯一和统一的主体；在国际上，国家作为主权者，是国际公法关系的主体，也可以成为对外贸易关系中的债权人或债务人。

二、例题点津

【例题1·单选题】下列主体中，属于非法人组织的是（　　）。

A. 合伙企业　　　　B. 有限责任公司

C. 基金会　　　　　D. 农村集体经济组织

【答案】A

【解析】非法人组织是指不具有法人资格，但是能够依法以自己的名义从事民事活动的组织，包括个人独资企业、合伙企业、不具法人资格的专业服务机构等。选项B属于营利法人；选项C属于非营利法人；选项D属于特别法人。

【例题2·单选题】甲公司因业务需要设立了分支机构乙分公司，下列关于乙分公司的表述中，正确的是（　　）。

A. 甲公司设立分支机构一律不需要登记

B. 乙分公司属于特别法人

C. 乙分公司应以甲公司的名义从事民事活动

D. 乙分公司产生的民事责任，可先以其管理的财产承担，不足以承担的，由甲公司承担

【答案】D

【解析】法人可以依法设立分支机构，法律、行政法规规定分支机构应当登记的，依照其规定，选项A错误。特别法人，主要包括机关法人，农村集体经济组织法人，城镇农村的合作经济组织法人以及基层群众性自治组织法人，选项B错误。分支机构以自己的名义从事民事活动，产生的民事责任由法人承担，也可以先以该分支机构管理的财产承担，不足以承担的，由法人承担选项C错误、选项D正确。

【例题3·多选题】根据我国法律规定，下列选项中可以成为法律关系主体的有（　　）。

A. 公民　　B. 企业　　C. 商品　　D. 国家

【答案】ABD

【解析】根据我国法律规定，能够参与法律关系的主体包括自然人、法人、非法人组织和国家四类。本题中选项C商品是法律关系客体。

【例题4·判断题】法人解散进行清算的，清算期间法人存续，可以继续从事生产经营活动。（　　）

【答案】×

【解析】清算期间法人存续，但是不得从事与清算无关的活动。

2 法律主体资格★★★

一、考点解读

法律主体资格包括权利能力和行为能力两个方面。

（一）权利能力

解释 权利能力，是指法律主体能够参加某种法律关系，依法享有一定权利和承担一定义务的法律资格。或者说，权利能力就是自然人或组织能够成为法律主体的资格。它是任何自然人或组织参加法律关系的前提条件。

1. 自然人从出生时起到死亡时止，具有民事权利能力，依法享有民事权利，承担民事义务。自然人的民事权利能力一律平等。

2. 法人权利能力的范围由法人成立的宗旨和业务范围决定，自法人成立时产生，至法人终

止时消灭。

（二）行为能力

1. 自然人的民事行为能力

我国法律将自然人按其民事行为能力划分为三类（见表1－12）。

表1－12

分类	标准
完全民事行为能力人	18周岁以上（≥18周岁）的自然人是成年人，具有完全民事行为能力
	16周岁以上（≥16周岁）的未成年人，以自己的劳动收入为主要生活来源的，视为完全民事行为能力人

续表

分类	标准
限制民事行为能力人	8周岁以上的未成年人（8周岁≤人≤18周岁）、不能完全辨认自己行为的成年人（≥18周岁）为限制民事行为能力人
无民事行为能力人	不满8周岁（<8周岁）的未成年人、8周岁以上的不能辨认自己行为的未成年人，以及不能辨认自己行为的成年人为无民事行为能力人

2. 自然人的刑事责任能力

自然人的刑事责任能力是指行为人构成犯罪和承担刑事责任所必须具备的刑法意义上辨认和控制自己行为的能力（见表1－13）。

表1－13

分类	刑事责任
已满16周岁的人犯罪（≥16周岁）	应当负刑事责任
已满14周岁不满16周岁的人（14周岁≤人<16周岁）	犯故意杀人、故意伤害致人重伤或者死亡、强奸、抢劫、贩卖毒品、放火、爆炸、投放危险物质罪的，应当负刑事责任
已满12周岁不满14周岁的人（12周岁≤人<14周岁）	犯故意杀人、故意伤害罪，致人死亡或者以特别残忍手段致人重伤造成严重残疾，情节恶劣，经最高人民检察院核准追诉的，应当负刑事责任
已满12周岁不满18周岁的人犯罪（12周岁≤人<18周岁）	应当从轻或者减轻处罚
因不满16周岁不予刑事处罚的（<16周岁）	责令其父母或者其他监护人加以管教；在必要的时候，依法进行专门矫治教育
已满75周岁的人（≥75周岁）	故意犯罪的，可以从轻或者减轻处罚 过失犯罪的，应当从轻或者减轻处罚
精神病人在不能辨认或者不能控制自己行为的时候造成危害结果	经法定程序鉴定确认的不负刑事责任，但是应当责令他的家属或者监护人严加看管和医疗；在必要的时候，由政府强制医疗。 提示 间歇性的精神病人在精神正常的时候犯罪，应当负刑事责任。尚未完全丧失辨认或者控制自己行为能力的精神病人犯罪的，应当负刑事责任，但是可以从轻或者减轻处罚
醉酒的人犯罪	应当负刑事责任
又聋又哑的人或者盲人犯罪	可以从轻、减轻或者免除处罚

3. 法人的行为能力。

法人的行为能力和权利能力是一致的，同时产生、同时消灭。

二、例题点津

【例题1·多选题】下列关于自然人民事行

为能力的表述中，正确的有（　　）。

A. 18周岁的周某，能够完全辨认自己的行为，是完全民事行为能力人

B. 32周岁的张某，不能辨认自己的行为，是无民事行为能力人

C. 7周岁的郑某，不能完全辨认自己的行为，是限制民事行为能力人

D. 14周岁的王某，以自己的劳动收入为主要生活来源，视为完全民事行为能力人

【答案】AB

【解析】选项A，周某年满18周岁且能够完全辨认自己的行为，是完全民事行为能力人；选项B，张某"不能辨认自己的行为"，无论年龄多大，均为无民事行为能力人。选项C，不满8周岁的郑某是未成年人，无论精神状态如何，均为无民事行为能力人。选项D，视为完全民事行为能力人应当满足两个条件：18周岁以上的成

人或者16周岁以上的未成年人；以自己的劳动收入为主要生活来源的，视为完全民事行为能力人，所以14周岁的王某是限制民事行为能力人。

【例题2·判断题】不能完全辨认自己行为的成年人为无民事行为能力人。（　　）

【答案】×

【解析】不能完全辨认自己行为的成年人为限制民事行为能力人；不能辨认自己行为的成年人为无民事行为能力人。

【例题3·判断题】已满12周岁不满14周岁的人，犯故意杀人罪，情节恶劣，经最高人民检察院核准追诉的，应当负刑事责任。（　　）

【答案】√

【解析】已满12周岁不满14周岁的人，犯故意杀人、故意伤害罪，致人死亡或者以特别残忍手段致人重伤造成严重残疾，情节恶劣，经最高人民检察院核准追诉的，应当负刑事责任。

第三单元　法律责任

法律责任的分类★★

一、考点解读

（一）民事责任

民事责任主要包括：停止侵害；排除妨碍；消除危险；返还财产；恢复原状；修理、重作、更换；继续履行；赔偿损失；支付违约金；消除影响、恢复名誉；赔礼道歉。

提示 以上承担民事责任的方式，可以单独适用，也可以合并适用。

（二）行政责任

1. 行政处罚：警告、通报批评；罚款、没收违法所得、没收非法财物；暂扣许可证件、降低资质等级、吊销许可证件；限制开展生产经营活动、责令停产停业、责令关闭、限制从业；行政拘留；法律、行政法规规定的其他行政处罚。

2. 行政处分：警告；记过；记大过；降级；撤职；开除。

（三）刑事责任

刑事责任主要通过刑罚而实现，刑罚分为主刑和附加刑两类（见表1-14）。

表1-14

种类	期限内容
主刑	管制：是对犯罪分子不实行关押，但是限制其一定的人身自由，交由公安机关管束和监督的刑罚，期限为3个月以上2年以下
	拘役：是剥夺犯罪分子短期人身自由，就近拘禁并强制劳动的刑罚，期限为1个月以上6个月以下
	有期徒刑：是剥夺犯罪分子一定期限的人身自由，实行劳动改造的刑罚，期限为6个月以上15年以下
	无期徒刑：是剥夺犯罪分子终身自由，实行劳动改造的刑罚

续表

种类	期限内容
主刑	死刑：是剥夺犯罪分子生命的刑罚，对于应当判处死刑的犯罪分子，如果不是必须立即执行的，可以判处死刑同时宣告缓期2年执行
附加刑	1. 罚金：这是强制犯罪分子或者犯罪的单位向国家缴纳一定数额金钱的刑罚。 2. 剥夺政治权利：这是剥夺犯罪分子参加国家管理和政治活动权利的刑罚。剥夺的政治权利包括：选举权和被选举权；言论、出版、集会、结社、游行、示威自由的权利；担任国家机关职务的权利；担任国有公司、企业、事业单位和人民团体领导职务的权利。 3. 没收财产：这是将犯罪分子个人所有财产的一部分或者全部，强制无偿地收归国有的刑罚。 4. 驱逐出境：这是强迫犯罪的外国人离开中国国（边）境的刑罚。 提示 附加刑既可以作为主刑的补充同主刑一起使用，也可以独立适用
数罪并罚	判决宣告前一人犯数罪的，除判处死刑和无期徒刑的以外，应当在总和刑期以下、数刑中最高刑期以上，酌情决定执行的刑期。但是管制最高不能超过3年；拘役最高不能超过1年；有期徒刑总和刑期不满35年的，最高不能超过20年；总和刑期在35年以上的，最高不能超过25年。数罪中有判处附加刑的，附加刑仍须执行，其中附加刑种类相同的，合并执行，种类不同的，分别执行

关联提示 请注意区分罚款属于行政责任，罚金属于刑事责任。没收财产属于刑事责任，没收违法所得、没收非法财物属于行政责任。

二、例题点津

【例题1·单选题】下列属于行政处罚的是（　　）。

A. 没收违法所得

B. 记过

C. 管制

D. 返还财产

【答案】A

【解析】行政处罚包括：（1）警告、通报批评。（2）罚款、没收违法所得、没收非法财物。（3）暂扣许可证件、降低资质等级、吊销许可证件。（4）限制开展生产经营活动、责令停产停业、责令关闭、限制从业。（5）行政拘留。（6）法律、行政法规规定的其他行政处罚。选项B属于行政处分；选项C属于刑罚中的主刑；选项D属于民事责任的内容。

【例题2·多选题】下列法律责任形式中，属于民事责任的有（　　）。

A. 罚款

B. 赔偿损失

C. 赔礼道歉

D. 没收财产

【答案】BC

【解析】承担民事责任的主要形式有：停止侵害、排除妨碍、消除危险、返还财产、恢复原状、修理重作更换、赔偿损失、支付违约金、消除影响恢复名誉、赔礼道歉等。选项A属于行政责任；选项D属于刑事责任。

【例题3·多选题】下列犯罪主体中，刑事处罚可以从轻的有（　　）。

A. 又聋又哑的人

B. 尚未完全丧失辨认自己行为能力的精神病人

C. 醉酒的人

D. 故意犯罪的已满75周岁的人

【答案】ABD

【解析】选项A，又聋又哑的人或者盲人犯罪，可以从轻、减轻或者免除处罚；选项B，尚未完全丧失辨认或者控制自己行为能力的精神病人犯罪的，应当负刑事责任，但是可以从轻或者减轻处罚；选项C，醉酒的人犯罪，应当负刑事责任；选项D，已满75周岁的人故意犯罪的，可以从轻或者减轻处罚；过失犯罪的，应当从轻或者减轻处罚。

本章考点巩固练习题

一、单项选择题

1. 小华 10 周岁生日时，外公赠送其一台价值 3 000 元的平板电脑用于学习，第二天小华将其赠送给 11 周岁的好朋友小田。根据《民法典》的规定，下列关于小华、小田行为效力的表述中，正确的是（   ）。
   A. 受赠平板电脑的行为有效
   B. 受赠平板电脑的行为无效
   C. 赠送平板电脑的行为有效
   D. 赠送平板电脑的行为无效

2. 下列不可以成为法律关系主体的是（   ）。
   A. 某乡村农业医疗合作社
   B. 玫瑰市财政局
   C. 大学毕业待业青年刘某
   D. 家庭智能机器人米小兔

3. 下列行政责任形式中，属于行政处罚的是（   ）。
   A. 降级   B. 罚金
   C. 撤职   D. 没收违法所得

4. 下列关于非法人组织的说法中，正确的是（   ）。
   A. 非法人组织具有法人资格
   B. 非法人组织的财产不足以清偿债务的，其出资人或者设立人不承担责任
   C. 非法人组织应当确定一人代表该组织从事民事活动
   D. 章程规定的存续期间届满，非法人组织解散

5. 根据刑事法律制度的规定，下列各项中，属于拘役法定量刑期的是（   ）。
   A. 15 日以下
   B. 1 个月以上 6 个月以下
   C. 3 个月以上 2 年以下
   D. 6 个月以上 15 年以下

6. 下列法的形式中，由国家最高权力机关制定，规定国家基本制度和根本任务，具有最高法律效力，属于国家根本大法的是（   ）。

A. 《中华人民共和国宪法》
B. 《民法典》
C. 《中华人民共和国刑法》
D. 《中华人民共和国全国人民代表大会组织法》

7. 下列对法所作的分类中，属于根据法的创制方式和表现形式进行分类的是（   ）。
   A. 成文法和不成文法
   B. 根本法和普通法
   C. 一般法和特别法
   D. 实体法和程序法

8. 下列各项中，属于刑事责任中主刑的是（   ）。
   A. 管制   B. 赔偿损失
   C. 没收财产   D. 罚金

9. 下列说法中，不正确的是（   ）。
   A. 宪法由国家最高立法机关即全国人民代表大会制定，是国家的根本大法
   B. 法律的效力和地位仅次于宪法
   C. 同一机关制定新的一般规定与旧的特别规定不一致的，遵循特别法优于一般法原则，适用特别规定
   D. 同一国家机关制定的法，虽然名称不同，在内容上旧法与新法发生冲突或相互抵触时，以新法为准，旧法中的有关条款自动终止效力

10. 下列自然人中，视为完全民事行为能力人的是（   ）。
    A. 孙某，16 周岁，系餐厅服务生，依靠自己的劳动收入为全部生活来源
    B. 钱某，19 周岁，有精神障碍，不能完全辨认自己的行为
    C. 赵某，8 周岁，系小学在校学生，有一定演出收入
    D. 李某，15 周岁，系大学少年班在校学生，获得国际比赛奖学金

二、多项选择题

1. 下列方式中，属于国家创制法的方式的有

（ ）。

　　A. 汇编　　　　　　B. 认可

　　C. 解释　　　　　　D. 制定

2. 下列各项中，能够引起法律关系发生、变更和消灭的事实有（ ）。

　　A. 自然灾害　　　　B. 公民死亡

　　C. 签订合同　　　　D. 违反合约

3. 下列各项中，可以成为法律关系主体的有（ ）。

　　A. 国有企业　　　　B. 集体企业

　　C. 合伙企业　　　　D. 个人独资企业

4. 下列自然人中，视为限制民事行为能力人的有（ ）。

　　A. 某小学生赵某，10周岁，多次获得奥数比赛奖金

　　B. 某中学学生钱某，15周岁，靠网络写作赚取稿酬

　　C. 某大学学生孙某，16周岁，靠餐厅打工贴补部分生活费

　　D. 某辍学打工学生李某，17周岁，以写作赚取主要生活来源

5. 下列规范性文件中，属于规章的有（ ）。

　　A. 国务院发布的《企业财务会计报告条例》

　　B. 山东省济南市政府发布的《济南市餐饮业管理办法》

　　C. 中华人民共和国财政部发布的《关于加强行政事业单位固定资产管理的通知》

　　D. 黑龙江省齐齐哈尔市人大常委会发布的《齐齐哈尔市森林保护管理条例》

6. 下列关于法律行为分类的说法中，正确的有（ ）。

　　A. 根据行为是否符合法律规范的要求，分为合法行为与违法行为

　　B. 根据行为的表现形式，分为积极行为与消极行为

　　C. 根据行为人取得权利是否需要支付对价，分为要式行为与非要式行为

　　D. 根据主体实际参与行为的状态，分为单方行为与多方行为

7. 下列各区域中，可以由所在地的省、市的人民代表大会及其常务委员会根据本区域的具体情况和发展需要，依授权制定在本区域内单独实施的法规的有（ ）。

　　A. 海南自贸港　　　B. 天津滨海新区

　　C. 浦东新区　　　　D. 深圳经济特区

8. 下列各项中，属于法律关系客体的有（ ）。

　　A. 股票　　　　　　B. 产业情报

　　C. 商标　　　　　　D. 提供劳务行为

9. 关于自然人犯罪，可以从轻、减轻或者免除处罚的有（ ）。

　　A. 盲人犯罪

　　B. 已满75周岁的人过失犯罪

　　C. 聋哑人犯罪

　　D. 16周岁的人犯罪

10. 下列法律责任中，属于民事法律责任的有（ ）。

　　A. 罚金

　　B. 支付违约金

　　C. 罚款

　　D. 恢复原状

三、判断题

1. 国务院制定和发布的规范性文件都是法律。

（ ）

2. 部门规章可以根据部门需求，自行设定减损公民、法人和其他组织的权利或者增加其义务的规范。 （ ）

3. 上海市浦东新区内实施的法规与法律规定不一致，不能确定如何适用时，由上海市人大裁决。 （ ）

4. 个人信息可以作为法律关系客体。 （ ）

5. 发现埋藏物属于法律事实中的法律行为。

（ ）

6. 签订买卖合同属于积极行为。 （ ）

7. 机关法人被撤销的，若没有继任的机关法人，其民事权利和义务由其上级机关法人享有和承担。 （ ）

8. 合伙企业不具有法人资格。 （ ）

9. 自然人从出生到死亡时享有民事权利。

（ ）

10. 醉酒的人犯罪，可以酌情从轻处罚。（ ）

本章考点巩固练习题参考答案及解析

一、单项选择题

1.【答案】A
【解析】(1) 限制民事行为能力人独立实施的获利的民事法律行为（受赠平板电脑）或者与其年龄、智力、精神健康状况相适应的民事法律行为，直接有效，选项 A 正确，选项 B 错误；(2) 其他民事法律行为（赠送平板电脑），其法定代理人代理实施或者经其法定代理人同意、追认后有效，所以赠送平板电脑的行为必须经法定代理人追认后才能有效，选项 C、D 均错误。

2.【答案】D
【解析】选项 A、B 是特别法人，选项 C 是自然人可成为法律关系主体；选项 D 可以成为法律关系的客体，但因为不能享有法律权利并承担法律义务，所以不能成为法律关系的主体。

3.【答案】D
【解析】根据《行政处罚法》的规定，行政处罚的具体种类有：警告，罚款，没收违法所得、没收非法财物，责令停产停业，暂扣或者吊销许可证、暂扣或者吊销执照，行政拘留和法律、行政法规规定的其他行政处罚。选项 A、C 属于行政处分，根据《公务员法》，对违法违纪应当承担纪律责任的公务员给予的行政处分种类有：警告、记过、记大过、降级、撤职、开除六类；选项 B 属于刑罚中的附加刑。

4.【答案】D
【解析】选项 A，非法人组织不具有法人资格；选项 B，非法人组织的财产不足以清偿债务的，其出资人或者设立人承担无限责任，法律另有规定的除外；选项 C，非法人组织可以确定一人或者数人代表该组织从事民事活动。

5.【答案】B

【解析】拘役，是剥夺犯罪分子短期的人身自由的刑罚方法，由公安机关就近执行。期限为 1 个月以上 6 个月以下。

6.【答案】A
【解析】宪法由国家最高权力机关全国人民代表大会制定，是国家的根本大法。

7.【答案】A
【解析】根据法的创制方式和表现形式分类，分为成文法和不成文法。选项 B，根本法和普通法根据法的内容、效力和制定程序分类；选项 C，一般法和特别法根据法的空间效力、时间效力或对人的效力分类；选项 D，实体法和程序法根据法的内容分类。

8.【答案】A
【解析】刑事责任中主刑主要有：管制、拘役、有期徒刑、无期徒刑、死刑。选项 A 正确。

9.【答案】C
【解析】选项 C，同一机关制定新的一般规定与旧的特别规定不一致时，由制定机关裁决。

10.【答案】A
【解析】完全民事行为能力人，是指达到法定年龄、智力健全，能够对自己行为完全负责的自然人。具体体现为 18 周岁以上成年人及以自己的劳动收入为主要生活来源的 16 周岁以上的未成年人，选项 A 符合条件。选项 B、C、D 均为限制民事行为能力人。

二、多项选择题

1.【答案】BD
【解析】制定和认可，是国家创制法的两种方式，也是统治阶级把自己的意志变为国家意志的两条途径。

2.【答案】ABCD
【解析】法律事实是法律关系发生、变更和消灭的直接原因。法律事实分为法律事件、法律行为和事实行为。法律事件是指不以当事

人的主观意志为转移的，能够引起法律关系
发生、变更和消灭的法定情况或现象；法律
行为是法律关系主体通过意思表示设立、变
更、终止法律关系的行为；事实行为是与法
律关系主体的意思表示无关，由法律直接规
定法律后果的行为，民事法律关系中常见的
事实行为包括无因管理行为、正当防卫行为、
紧急避险行为、侵权行为、违约行为、遗失
物的拾得行为及埋藏物的发现行为等。本题
中选项A、B属于法律事件；选项C属于法律
行为；选项D属于事实行为。

3.【答案】ABCD

【解析】法律关系主体的种类包括自然人、组
织、国家。

4.【答案】ABC

【解析】选项D，李某已满16周岁且以自己
的劳动收入为主要生活来源，视为完全民事
行为能力人。8周岁以上的未成年人、不能完
全辨认自己行为的成年人为限制民事行为能
力人，因此选项A、B、C属于限制民事行为
能力人。

5.【答案】BC

【解析】选项A属于行政法规；选项B属于
地方政府的规章；选项C属于部门规章；选
项D属于地方性法规。

6.【答案】AB

【解析】选项C，根据行为人取得权利是否需
要支付对价，分为有偿行为与无偿行为；根
据行为是否需要特定形式或实质要件，分为
要式行为与非要式行为；选项D，根据主体
实际参与行为的状态，分为自主行为与代理
行为；根据作出意思表示的主体数量，分为
单方行为与多方行为。

7.【答案】ACD

【解析】经济特区所在地的省、市的人大及其
常委会根据全国人大的授权决定，制定法规，
在经济特区范围内实施。上海市人大及其常
委会根据全国人大常委会的授权决定，制定
浦东新区法规，在浦东新区实施。海南省人大
及其常委会根据法律规定，制定海南自由贸
易港法规，在海南自由贸易港范围内实施。

8.【答案】ABCD

【解析】本题考查法律关系客体的分类。法律
关系的客体主要包括物（选项A）；人身、人
格；智力成果（选项C）；信息、数据、网络
虚拟财产（选项B）；行为（选项D）。

9.【答案】AC

【解析】选项B，已满75周岁的人过失犯罪，
应当从轻或者减轻处罚；已满75周岁的人故
意犯罪，可以从轻或者减轻处罚。选项D，
应当负刑事责任。

10.【答案】BD

【解析】民事法律责任包括：停止侵害；排
除妨碍；消除危险；返还财产；恢复原状；
修理、重作、更换；继续履行；赔偿损失；
支付违约金；消除影响、恢复名誉；赔礼道
歉。选项A属于刑事责任；选项C属于行政
责任。

三、判断题

1.【答案】×

【解析】国务院在法定职权范围内为实施宪
法和法律而制定、发布的规范性文件是行政
法规。

2.【答案】×

【解析】没有法律或国务院的行政法规、决
定、命令的依据，部门规章不得自行设定减
损公民、法人和其他组织的权利或者增加其
义务的规范，不得增加本部门的权力或者减
少本部门的法定职责。

3.【答案】×

【解析】上海市人大及其常委会根据全国人大
常委会的授权决定，制定浦东新区法规，在
浦东新区实施。根据授权制定的法规与法律
规定不一致时，由全国人大常委会裁决。

4.【答案】√

【解析】经济法律关系的客体包括：物、人身
人格、智力成果、信息、数据、网络虚拟财
产以及行为。个人信息可以成为法律关系的
客体，并且应该予以保护。

5.【答案】×

【解析】发现埋藏物属于事实行为。

6.【答案】√

【解析】积极行为，又称作为，是指以积极、

主动作用于客体的形式表现的、具有法律意义的行为。消极行为，又称不作为，则是指以消极的、抑制的形式表现的、具有法律意义的行为。

7.【答案】×

【解析】机关法人被撤销的，法人终止，其民事权利和义务由"继任的机关法人"享有和承担；没有继任的机关法人的，由作出撤销决定的机关法人享有和承担。

8.【答案】√

【解析】非法人组织是指不具有法人资格，但是能够依法以自己的名义从事民事活动的组织。非法人组织包括个人独资企业、合伙企业、不具有法人资格的专业服务机构等。

9.【答案】√

【解析】我国《民法典》规定：自然人从出生时起到死亡时止，具有民事权利能力，依法享有民事权利，承担民事义务。

10.【答案】×

【解析】醉酒的人犯罪，应当负刑事责任。

第二章　会计法律制度

考情分析

本章知识点较为零散，需要记忆的内容较多，整体难度不大，考生在学习中应注重对相关内容的准确理解，重点掌握会计凭证、会计账簿、会计监督及会计人员等知识点。本章在考试中分值为 8 ~ 10 分，考试题型主要包括单项选择题、多项选择题、判断题和不定项选择题。

教材变化

2024 年本章教材内容与 2023 年相比，框架结构未做调整，在具体内容方面做了如下修改：

（1）在原来的账实相符后增加了账表相符。

（2）将原来的"会计资料"改为"会计凭证、会计账簿等"。

考点提示

本章考点比较分散，难度相对不大，需要通过记忆来掌握，其中文字理解概念性题目、法律规定的相关内容容易成为考点。本章须重点掌握会计核算、会计档案管理、会计监督、会计机构及岗位设置、会计人员等内容，大部分内容需要精准理解，部分考点需要背诵掌握，还要关注不定项选择题的考核方向。

本章考点框架

会计法律制度
- 会计法律制度概述
  - 会计法律制度的概念与适用范围★
  - 会计工作管理体制★
- 会计核算与监督
  - 会计核算基础★★★
  - 会计凭证★★★
  - 会计账簿★★★
  - 财务会计报告★★★
  - 账务核对和财产清查★★★
  - 会计档案管理★★★
  - 会计监督★★★
- 会计机构和会计人员
  - 会计机构和代理记账★★★
  - 会计岗位★★★
  - 会计人员★★★
  - 会计工作交接★★★
- 违反会计法律制度的法律责任
  - 违反国家统一的会计制度行为的法律责任★★
  - 伪造、变造会计凭证、会计账簿，编制虚假财务会计报告行为的法律责任★★
  - 隐匿或者故意销毁依法应当保存的会计凭证、会计账簿、财务会计报告行为的法律责任★★
  - 授意、指使、强令行为以及打击报复行为的法律责任★★
  - 单位负责人打击报复会计人员的法律责任★★
  - 财政部门及有关行政部门工作人员职务违法的法律责任★★

考点解读及例题点津

第一单元　会计法律制度概述

1 会计法律制度的概念与适用范围★

一、考点解读

（一）会计法律制度的概念

会计法律制度是指国家权力机关和行政机关制定的调整会计关系的法律规范的总称。

在一个单位，会计关系的主体为会计机构和会计人员，客体为与会计工作相关的具体事务。

（二）《会计法》的适用范围

《会计法》的适用范围为国家机关、社会团体、公司、企业、事业单位和其他组织（以下统称单位）的会计事务。

提示《会计法》规定，国家实行统一的会计制度。

二、例题点津

【例题1·单选题】会计法律制度是调整（　　）的法律规范。

A. 经济关系　　　B. 会计关系

C. 社会关系　　　D. 财产关系

【答案】B

【解析】会计法律制度是指国家权力机关和行政机关制定的调整会计关系的法律规范的总称。

【例题2·判断题】外资企业在特殊情况下，

可以不使用统一的会计制度。（　　）

【答案】×

【解析】《会计法》规定，国家实行统一的会计制度。国家机关、社会团体、公司、企业、事业单位和其他组织办理会计事务必须依照《会计法》规定。

2 会计工作管理体制★

一、考点解读

会计工作管理体制包括会计工作行政管理和单位内部的会计工作管理，详细内容见表 2-1。

表 2-1　　会计工作管理体制

管理体制	具体内容
会计工作行政管理	1. 国务院财政部门主管全国的会计工作。 2. 县级以上地方各级人民政府财政部门管理本行政区域内的会计工作
单位内部的会计工作管理	1. 单位负责人对本单位的会计工作和会计资料的真实性、完整性负责。 2. 单位负责人应当保证会计机构、会计人员依法履行职责，不得授意、指使、强令会计机构、会计人员违法办理会计事项

二、例题点津

【例题 1·单选题】根据《会计法》的规定，单位内部的会计工作管理的责任主体是（　　）。

A. 总会计师

B. 单位会计机构负责人

C. 单位分管会计工作的领导

D. 单位负责人

【答案】D

【解析】单位负责人应当保证会计机构、会计人员依法履行职责，不得授意、指使、强令会计机构、会计人员违法办理会计事项。

【例题 2·单选题】下列选项中，对本单位会计工作和会计资料的真实性、完整性负责的是（　　）。

A. 单位负责人

B. 单位分管会计工作的领导

C. 会计机构负责人

D. 总会计师

【答案】A

【解析】单位负责人对本单位会计工作和会计资料的真实性、完整性负责。

第二单元　会计核算与监督

1 会计核算基础★★★

一、考点解读

（一）会计核算的基本要求

会计核算基本要求的具体内容见表 2-2。

表 2-2　　　　　　　　　　　　　　　　会计核算的基本要求

基本要求	具体内容
依法建账	1. 按照《会计法》和国家统一的会计制度规定建立会计账册，进行会计核算。 2. 各单位发生的各项经济业务事项应当统一进行会计核算，不得违反规定私设会计账簿进行登记、核算

基本要求	具体内容
根据实际发生的经济业务进行会计核算	根据实际发生的经济业务进行会计核算，填制会计凭证，登记账簿，编制财务会计报告，形成符合质量标准的会计资料（会计信息）
保证会计资料的真实和完整	1. 会计资料的真实性，主要是指会计资料所反映的内容和结果，应当同单位实际发生的经济业务的内容及其结果相一致。 2. 会计资料的完整性，主要是指构成会计资料的各项要素都必须齐全，以使会计资料如实、全面地记录和反映经济业务发生情况。 提示（1）会计资料的真实性和完整性，是会计资料最基本的质量要求，是会计工作的生命。 （2）任何单位不得以虚假的经济业务事项或者资料进行会计核算。 （3）任何单位和个人不得伪造、变造会计凭证、会计账簿及其他会计资料，不得提供虚假的财务会计报告
正确采用会计处理方法	会计核算应当按照规定的会计处理方法进行，保证会计指标的口径一致、相互可比和会计处理方法的前后各期一致，不得随意变更；确有必要变更的，应当按照国家统一的会计制度的规定变更，并将变更的原因、情况及影响在财务会计报告中说明
正确使用会计记录文字	1. 会计记录的文字应当使用中文。 2. 在民族自治地方，会计记录可以同时使用当地通用的一种民族文字。 3. 在中国境内的外商投资企业、外国企业和其他外国组织的会计记录可以同时使用一种外国文字
使用电子计算机进行会计核算必须符合法律规定	使用电子计算机进行会计核算的，其软件及其生成的会计凭证、会计账簿、财务会计报告和其他会计资料，必须符合国家统一的会计制度的规定

（二）会计核算的主要内容

会计核算的内容，是指应当进行会计核算的经济业务事项。具体内容见表2-3。

表2-3   会计核算的内容

经济业务事项	核算内容
款项和有价证券的收付	1. 款项的收付主要包括货币资金的收入、转存、付出、结存等。 2. 有价证券的收付主要包括有价证券的购入、无偿取得、债务重组取得；有价证券的有偿转让、抵债、对外投资、捐赠；有价证券的利息和股利、溢价与折价的摊销；有价证券的期末结存、减值等
财物的收发、增减和使用	包括存货、固定资产、投资、无形资产等的购入、自行建造、无偿取得、债务重组取得、融资租入、接受捐赠、出售、转让、抵债、无偿调出、捐赠、减值等
债权债务的发生和结算	1. 债权的发生和结算主要包括债权的收回及孳息、债务重组、债权减值等。 2. 债务的发生和结算主要包括债权人变更、债务的偿还及孳息、债务重组及免偿等

续表

经济业务事项	核算内容
资本、基金的增减	主要包括实收资本（股本）、资本公积、盈余公积、基金等的增减变动
收入、支出、费用、成本的计算	1. 收入的计算。 （1）主营业务收入：商品销售收入、提供劳务收入、让渡资产使用权收入等； （2）其他业务收入：材料销售收入，代购、代销、代加工、代管、代修收入和出租收入等； （3）营业外收入：投资收益、补贴收入、固定资产盘盈、处置固定资产净收益、出售无形资产收益、罚款收益等； （4）以前年度损益调整等的确认与结转。 2. 支出、费用、成本的计算。 （1）生产成本的汇集、分配与结转； （2）销售费用、管理费用和财务费用等的汇集与结转； （3）主营业务税金及附加、出售无形资产损失、债务重组损失、计提的固定资产减值准备、捐赠支出等的确认与结转
财务成果的计算和处理	1. 将收入和相配比的成本、费用、支出转入本年利润，计算利润总额； 2. 将所得税转入本年利润，计算净利润； 3. 年终结转本年利润； 4. 所得税的计提、缴纳、返还和余额结转，递延税款的余额调整等
需要办理会计手续、进行会计核算的其他事项	

（三）会计年度

根据《会计法》的规定，我国以公历年度为会计年度，即以每年公历的1月1日起至12月31日止为一个会计年度。每一个会计年度还可以按照公历日期具体划分为半年度、季度和月度。

（四）记账本位币

《会计法》规定，会计核算以人民币为记账本位币。

业务收支以人民币以外的货币为主的单位，可以选定其中一种货币作为记账本位币，但是编报的财务会计报告应当折算为人民币。

二、例题点津

【例题1·单选题】下列关于会计核算要求的说法中，正确的是（　　）。

A. 我国的会计年度为阴历的1月1日至12月31日

B. 业务收支以人民币以外的货币为主的单位，可以选择其中一种外币作为记账本位币来编制财务会计报告

C. 在民族自治地方，会计记录可以仅使用当地通用的一种民族文字

D. 使用电子计算机进行会计核算的，其使用的会计核算软件也必须符合国家统一的会计制度的规定

【答案】D

【解析】选项A，我国的会计年度为公历的1月1日至12月31日；选项B，业务收支以人民币以外的货币为主的单位，可以选择其中一种外币作为记账本位币，但是编制财务会计报告时必须折算为人民币；选项C，在民族自治地方，会计记录在使用中文的前提下可以同时使用当地通用的一种民族文字。

【例题2·多选题】下列经济业务事项中，应当办理会计手续，进行会计核算的有（　　）。

A. 款项和有价证券的收付

B. 合同的签订和解除

C. 债权债务的发生和结算

D. 财务成果的计算和处理

【答案】ACD

【解析】根据《会计法》的规定，对于款项

和有价证券的收付，财物的收发、增减和使用，债权债务的发生和结算，资本、基金的增减，收入、支出、费用、成本的计算，财务成果的计算和处理，以及需要办理会计手续、进行会计核算的其他事项，均应当办理会计手续、进行会计核算。

【例题3·判断题】一个质量可靠的会计软件可以生成真实、完整的会计资料，因此对于实行会计电算化的单位生成的会计资料不再作特别要求。（　　）

【答案】×

【解析】使用电子计算机进行会计核算的，其软件及其生成的会计凭证、会计账簿、财务会计报告和其他会计资料，也必须符合国家统一的会计制度的规定。

2 会计凭证 ★★★

一、考点解读

会计凭证，是指具有一定格式、用以记录经济业务事项发生和完成情况，明确经济责任，并作为记账凭证的书面证明，是会计核算的重要会计资料。会计凭证按其来源和用途，分为原始凭证和记账凭证两种。

（一）原始凭证

原始凭证，又称单据，是指在经济业务发生时，由业务经办人员直接取得或者填制，用以表明某项经济业务已经发生或完成情况并明确有关经济责任的一种原始凭据。原始凭证所包含的具体内容见表2-4。

表2-4　　　　　　　　　　　原始凭证的内容

项目	内容
种类	有单位外部的，也有单位自制的。 （1）外来原始凭证：职工出差的火车票、飞机票等。 （2）单位自制原始凭证：领料单、产品入库单等
必备内容	1. 凭证的名称。 2. 填制凭证的日期。 3. 填制凭证单位名称或者填制人姓名。 4. 经办人员的签名或者盖章。 5. 接受凭证单位名称。 6. 经济业务内容。 7. 数量、单价和金额
填制要求	1. 从外单位取得的原始凭证，必须盖有填制单位的公章；从个人取得的原始凭证，必须有填制人员的签名或者盖章。 2. 自制原始凭证必须有经办单位领导人或者其指定的人员签名或者盖章。 3. 对外开出的原始凭证，必须加盖本单位公章。 4. 凡填有大写和小写金额的原始凭证，大写与小写金额必须相符。 5. 购买实物的原始凭证，必须有验收证明。 6. 支付款项的原始凭证，必须有收款单位和收款人的收款证明。 7. 一式几联的原始凭证，应当注明各联的用途，只能以一联作为报销凭证。 8. 发生销货退回的，除填制退货发票外，还必须有退货验收证明；退款时，必须取得对方的收款收据或者汇款银行的凭证，不得以退货发票代替收据。 9. 经上级有关部门批准的经济业务，应当将批准文件作为原始凭证附件。如果批准文件需要单独归档的，应当在凭证上注明批准机关名称、日期和文件字号
审核	1. 对不真实、不合法的原始凭证有权不予接受，并向单位负责人报告；对记载不准确、不完整的原始凭证予以退回，并要求按照国家统一的会计制度的规定更正、补充。 2. 原始凭证记载的各项内容均不得涂改；原始凭证有错误的，应当由出具单位重开或者更正，更正处应当加盖出具单位印章。原始凭证金额有错误的，应当由出具单位重开，不得在原始凭证上更正

（二）记账凭证

记账凭证亦称传票，是指对经济业务事项按其性质加以归类，确定会计分录，并据以登记会计账簿的凭证。其作用为分类归纳原始凭证和满足登记会计账簿需要。

提示 记账凭证应当根据经过审核的原始凭证及有关资料编制。

记账凭证及填制要求等内容见表2-5。

表2-5　　　　　　　　　　　　　记账凭证的内容

项目	内容
种类	分为收款凭证、付款凭证和转账凭证，也可以使用通用记账凭证
必备内容	1. 填制凭证的日期。 2. 凭证编号。 3. 经济业务摘要。 4. 会计科目。 5. 金额。 6. 所附原始凭证张数。 7. 填制凭证人员、稽核人员、记账人员、会计机构负责人（会计主管人员）签名或者盖章。 提示 （1）收款和付款记账凭证还应当由出纳人员签名或者盖章； （2）实行会计电算化的单位，打印出的机制记账凭证要加盖制单人员、审核人员、记账人员及会计机构负责人（会计主管人员）印章或者签字
填制要求	1. 记账凭证应当进行连续编号。一笔经济业务需要填制两张以上记账凭证的，可以采用分数编号法编号。 2. 不得将不同内容和类别的原始凭证汇总填制在一张记账凭证上。 3. 除结账和更正错误的记账凭证可以不附原始凭证外，其他记账凭证必须附有原始凭证。如果一张原始凭证涉及几张记账凭证，可以把原始凭证附在一张主要的记账凭证后面，并在其他记账凭证上注明附有该原始凭证的记账凭证的编号或者附原始凭证复印件。一张原始凭证所列支出需要几个单位共同负担的，应当将其他单位负担的部分，开给对方原始凭证分割单，进行结算
更正方法	1. 填制记账凭证时发生错误，应当重新填制。 2. 已经登记入账的记账凭证，在当年内发现填写错误时，可以用红字填写一张与原内容相同的记账凭证，在摘要栏注明"注销某月某日某号凭证"字样，同时再用蓝字重新填制一张正确的记账凭证，注明"订正某月某日某号"凭证字样。 3. 如果会计科目没有错误，只是金额错误，也可以将正确数字与错误数字之间的差额，另编一张调整的记账凭证，调增金额用蓝字，调减金额用红字。 4. 发现以前年度记账凭证有错误的，应当用蓝字填制一张更正的记账凭证

（三）会计凭证的保管

会计凭证登记完毕后，应当按照分类和编号顺序保管，不得散乱丢失。具体保管要求见表2-6。

表2-6　　　　　　　　　　　　　会计凭证的保管要求

项目	内容
基本要求	1. 会计凭证登记完毕后，应当按照分类和编号顺序保管。 2. 记账凭证应当连同所附的原始凭证或者原始凭证汇总表，按照编号顺序，折叠整齐，按期装订成册，并加具封面，注明单位名称、年度、月份和起讫日期、凭证种类、起讫号码，由装订人在装订线封签外签名或者盖章

续表

项目	内容
数量过多的原始凭证的保管要求	1. 可以单独装订保管，在封面上注明记账凭证日期、编号、种类，同时在记账凭证上注明"附件另订"和原始凭证名称及编号。 2. 各种经济合同、存出保证金收据以及涉外文件等重要原始凭证，应当另编目录，单独登记保管，并在有关的记账凭证和原始凭证上相互注明日期和编号
原始凭证外借的规定	1. 原始凭证不得外借，其他单位如因特殊原因需要使用原始凭证时，经本单位会计机构负责人、会计主管人员批准，可以复制。 2. 向外单位提供的原始凭证复制件，应当在专设的登记簿上登记，并由提供人员和收取人员共同签名或者盖章
从外单位取得的原始凭证	1. 如有遗失，应当取得原开出单位盖有公章的证明，并注明原来凭证的号码、金额和内容等，由经办单位会计机构负责人、会计主管人员和单位领导人批准后，才能代作原始凭证。 2. 如果确实无法取得证明的，如火车票、轮船票、飞机票等凭证，由当事人写出详细情况，由经办单位会计机构负责人、会计主管人员和单位领导人批准后，代作原始凭证

二、例题点津

【例题1·单选题】下列说法中，不符合原始凭证填制要求的是（　　）。

A. 从个人取得的原始凭证，必须有填制人员的签名或盖章

B. 对外开出的原始凭证，必须加盖本单位财务专用章

C. 大写和小写金额必须相等

D. 支付款项必须有收款单位和收款人的收款证明

【答案】B

【解析】对外开出的原始凭证，必须加盖的是本单位公章，而不是财务专用章。

【例题2·单选题】关于会计凭证的保管，下列说法不正确的是（　　）。

A. 对于数量过多的原始凭证，可以单独保管

B. 对于经济合同，应当另编目录单独登记保管

C. 外来原始凭证如有遗失，不得补开

D. 原始凭证不得外借，其他单位如确实需要使用时，经本单位会计机构负责人、会计主管批准，可以复制

【答案】C

【解析】选项C错误，从外单位取得的原始凭证如有遗失，应当取得原开出单位盖有公章的证明，并注明原来凭证的号码、金额和内容等，由经办单位会计机构负责人、会计主管人员和单位领导人批准后，才能代作原始凭证。如果确实

无法取得证明的，由当事人写出详细情况，由经办单位会计机构负责人、会计主管人员和单位领导人批准后，代作原始凭证。

【例题3·多选题】原始凭证是会计核算的原始依据，其必备内容包括（　　）。

A. 会计科目

B. 原始凭证填制单位的名称或者填制人的姓名

C. 原始凭证经济业务的内容

D. 凭证编号

【答案】BC

【解析】选项A、D不属于原始凭证的必备内容。

【例题4·多选题】关于原始凭证的说法中，正确的有（　　）。

A. 对记载不准确、不完整的原始凭证予以退回

B. 原始凭证金额有错误的，应由出具单位更正，并加盖出具单位印章

C. 存出保证金收据，应另编目录单独登记保管

D. 购买实物的原始凭证，不需要验收证明

【答案】AC

【解析】选项B错误，原始凭证金额有错误的，应当由出具单位重开，不得在原始凭证上更正。选项D错误，购买实物的原始凭证，必须有验收证明。

【例题5·多选题】下列关于记账凭证填制

要求的表述，正确的有（　　）。

A. 记账凭证应连续编号

B. 记账凭证必须附有原始凭证

C. 两张以上记账凭证可采用分数编号法编号

D. 不同内容和类别的原始凭证可汇总填制在一张记账凭证上

【答案】AC

【解析】记账凭证应进行连续编号，选项 A 正确；除结账和更正错误的记账凭证可以不附原始凭证外，其他记账凭证必须附有原始凭证，选项 B 错误；一笔经济业务需要填制两张以上记账凭证的，可以采用分数编号法编号，选项 C 正确；不得将不同内容和类别的原始凭证汇总填制在一张记账凭证上，选项 D 错误。

【例题 6·判断题】原始凭证记载的各项内容均不得涂改。（　　）

【答案】√

【解析】题干表述正确。

【例题 7·判断题】发现以前年度记账凭证有错误，不必用红字冲销，直接用蓝字填制一张更正的记账凭证。（　　）

【答案】√

【解析】对于已经登记入账的记账凭证在当年内发现填写错误时，可用红字填写一张与原内容相同的记账凭证，同时再用蓝字重新填制一张正确的记账凭证。发现以前年度记账凭证有错误的，应当用蓝字填制一张更正的记账凭证。

3 会计账簿★★★

一、考点解读

会计账簿，是指全面记录和反映一个单位经济业务事项，把大量分散的数据或者资料进行归类整理，逐步加工成有用会计信息的簿籍，是编制财务会计报告的重要依据。会计账簿所包含的具体内容见表 2-7。

表 2-7　　　　　　　　　　　会计账簿的内容

项目		具体内容
种类	总账	也称总分类账，是根据会计科目开设的账簿，一般有订本账和活页账两种
	明细账	也称明细分类账，是根据总账科目所属的明细科目设置的，通常使用活页账
	日记账	是一种特殊的序时明细账，它是按照经济业务事项发生的时间先后顺序，逐日逐笔地进行登记的账簿，包括现金日记账和银行存款日记账。 提示（1）现金日记账和银行存款日记账必须采用订本式账簿。 （2）不得用银行对账单或者其他方法代替日记账
	其他辅助账簿	也称备查账簿，是为备忘备查而设置的，主要包括各种租借设备、物资的辅助登记或有关应收、应付款项的备查簿，担保、抵押备查簿等
启用账簿的基本要求		1. 应在账簿封面上写明单位名称和账簿名称，在账簿扉页上附启用表。 2. 启用订本式账簿，应当从第一页到最后一页顺序编定页数，不得跳页、缺号。 3. 使用活页式账页，应当按账户顺序编号，并须定期装订成册。装订后再按实际使用的账页顺序编定页码。另加目录，记明每个账户的名称和页次
登记账簿的基本要求		1. 登记会计账簿时，应当将会计凭证日期、编号、业务内容摘要、金额和其他有关资料逐项记入账内，做到数字准确、摘要清楚、登记及时、字迹工整。 2. 登记完毕后，要在记账凭证上签名或者盖章，并注明已经登账的符号，表示已经记账。 3. 账簿中书写的文字和数字上面要留有适当空格，不要写满页；一般应占格距的二分之一。 4. 登记账簿要用蓝黑墨水或者碳素墨水书写，不得使用圆珠笔（银行的复写账簿除外）或者铅笔书写。可用红色墨水记账的情况： （1）按照红字冲账的记账凭证，冲销错误记录； （2）在不设借贷等栏的多栏式账页中，登记减少数； （3）在三栏式账户的余额栏前，如未印明余额方向的，在余额栏内登记负数余额； （4）根据国家统一会计制度的规定可以用红字登记的其他会计记录。 5. 各种账簿按页次顺序连续登记，不得跳行、隔页。如果发生跳行、隔页，应当将空行、空页划线注销，或者注明"此行空白""此页空白"字样，并由记账人员签名或者盖章。

续表

项目	具体内容
登记账簿的基本要求	6. 凡需要结出余额的账户，结出余额后，应当在"借或贷"等栏内写明"借"或者"贷"等字样。没有余额的账户，应当在"借或贷"等栏内写"平"字，并在余额栏内用"θ"表示。 提示 现金日记账和银行存款日记账必须逐日结出余额。 7. 每一账页登记完毕结转下页时，应当结出本页合计数及余额，写在本页最后一行和下页第一行有关栏内，并在摘要栏内注明"过次页"和"承前页"字样；也可以将本页合计数及金额只写在下页第一行有关栏内，并在摘要栏内注明"承前页"字样。 8. 对需要结计本月发生额的账户，结计"过次页"的本页合计数应当为自本月初起至本页末止的发生额合计数；对需要结计本年累计发生额的账户，结计"过次页"的本页合计数应当为自年初起至本页末止的累计数；对既不需要结计本月发生额也不需要结计本年累计发生额的账户，可以只将每页末的余额结转次页。 9. 实行会计电算化的单位，用计算机打印的会计账簿必须连续编号，经审核无误后装订成册，并由记账人员和会计机构负责人、会计主管人员签字或者盖章
错账更正方法	1. 登记账簿时发生错误，应当将错误的文字或者数字划红线注销，但必须使原有字迹仍可辨认；然后在划线上方填写正确的文字或者数字，并由记账人员在更正处盖章。对于错误的数字，应当全部划红线更正，不得只更正其中的错误数字。对于文字错误，可只划去错误的部分。 2. 由于记账凭证错误而使账簿记录发生错误，应当按更正的记账凭证登记账簿。 提示 账簿记录发生错误，不准涂改、挖补、刮擦或者用药水消除字迹，不准重新抄写
结账	1. 结账前，必须将本期内所发生的各项经济业务全部登记入账。 2. 结账时，应当结出每个账户的期末余额。 3. 年终结账时，所有总账账户都应当结出全年发生额和年末余额

二、例题点津

【例题1·单选题】下列关于结账的要求中，不正确的是（　　）。

A. 年度终了，把各账户发生额结转到下一会计年度

B. 年度终了结账时，所有总账账户都应结出全年发生额和年末余额

C. 各单位按规定定期结账

D. 结账时，结出每个账户期末余额

【答案】A

【解析】选项A错误，年度终了，要把各账户余额结转到下一会计年度，并在摘要栏注明"结转下年"字样。

【例题2·多选题】下列关于登记账簿错误的更正，表述正确的有（　　）。

A. 登记账簿错误的，记账人员不准涂改、挖补、刮擦

B. 对于文字错误，记账人员更正时可以只划去错误的部分，由记账人员在更正处盖章

C. 对于数字错误，记账人员更正时只需更正其中的错误数字，由记账人员在更正处盖章

D. 由于记账凭证错误而使账簿记录发生错误，应当按更正的记账凭证登记账簿

【答案】ABD

【解析】选项C，登记账簿时发生错误，应当将错误的文字或者数字划红线注销，并在划线上方填写正确的文字或者数字，由记账人员在更正处盖章。对于错误的数字，应当全部划红线更正，不得只更正其中的错误数字。对于文字错误，可只划去错误的部分。

【例题3·多选题】启用会计账簿时应在封面主要标明（　　）。

A. 账簿名称

B. 单位名称

C. 会计年度

D. 会计人员姓名和签章

【答案】AB

【解析】本题考核启用会计账簿的基本要求。启用会计账簿时，应在账簿封面上写明单位

表和利润表，选项 A、D 错误。

【例题 2·多选题】下列各项中，属于企业财务会计报告组成部分的有（　　）。

A. 年度财务预算

B. 财务情况说明书

C. 会计报表附注

D. 会计报表

【答案】BCD

【解析】财务会计报告由会计报表、会计报表附注和财务情况说明书组成。

【例题 3·判断题】对外报送的财务会计报告，应由单位领导人、总会计师、会计机构负责人、会计主管人员签名或者盖章。（　　）

【答案】×

【解析】财务会计报告应当由单位负责人和主管会计工作的负责人、会计机构负责人（会计主管人员）签名并盖章；设置总会计师的单位，还须由总会计师签名并盖章。单位负责人应当保证财务会计报告真实、完整。

5 账务核对和财产清查 ★★★

一、考点解读

（一）账务核对

账务核对又称对账，是保证会计账簿记录质量的重要程序，包括账证相符、账账相符、账实相符、账表相符。对账工作每年至少进行一次。

1. 账证核对。核对会计账簿记录与原始凭证、记账凭证的时间、凭证字号、内容、金额是否一致，记账方向是否相符。

2. 账账核对。核对不同会计账簿之间的账簿记录是否相符，包括总账有关账户的余额核对、总账与明细账核对、总账与日记账核对、会计部门的财产物资明细账与财产物资保管和使用部门的有关明细账核对等。

3. 账实核对。核对会计账簿记录与财产等实有数额是否相符。包括：现金日记账账面余额与现金实际库存数相核对；银行存款日记账账面余额定期与银行对账单相核对；各种财物明细账账面余额与财物实存数额相核对；各种应收、应付款明细账账面余额与有关债务、债权单位或者个人核对等。

（二）财产清查

财产清查制度是通过定期或不定期、全面或部分地对各项财产物资进行实地盘点和对库存现金、银行存款、债权债务进行清查核实的一种制度。通过清查，一是可以发现问题，查清原因，改善管理，以保护财产的完整和安全；二是可以查明账实不符的原因和责任，制定措施，以保证会计资料的真实性。

二、例题点津

【例题 1·单选题】下列内容中，账账核对不包括的是（　　）。

A. 总账各账户余额核对

B. 总账与明细账之间的核对

C. 总账与备查账之间的核对

D. 总账与日记账的核对

【答案】C

【解析】账账核对主要包括总账有关账户的余额核对、总账与明细账核对、总账与日记账核对、会计部门的财产物资明细账与财产物资保管和使用部门的有关明细账核对等。

【例题 2·多选题】账证核对是指核对账簿记录与原始凭证、记账凭证的（　　）是否一致，记账方向是否相符。

A. 时间　　　　　　B. 凭证字号

C. 方式　　　　　　D. 内容

【答案】ABD

【解析】账证核对是指核对账簿记录与原始凭证、记账凭证的时间、凭证字号、内容、金额是否一致，记账方向是否相符。

6 会计档案管理 ★★★

一、考点解读

（一）会计档案的概念

1. 会计档案是指单位在进行会计核算等过程中接收或形成的，记录和反映单位经济业务事项的，具有保存价值的文字、图表等各种形式的会计资料。

2. 会计档案包括通过计算机等电子设备形成、传输和存储的电子会计档案。

3. 会计档案是记录和反映经济业务事项的

表和利润表，选项 A、D 错误。

【例题2·多选题】下列各项中，属于企业财务会计报告组成部分的有（　　）。

A. 年度财务预算

B. 财务情况说明书

C. 会计报表附注

D. 会计报表

【答案】BCD

【解析】财务会计报告由会计报表、会计报表附注和财务情况说明书组成。

【例题3·判断题】对外报送的财务会计报告，应由单位领导人、总会计师、会计机构负责人、会计主管人员签名或者盖章。（　　）

【答案】×

【解析】财务会计报告应当由单位负责人和主管会计工作的负责人、会计机构负责人（会计主管人员）签名并盖章；设置总会计师的单位，还须由总会计师签名并盖章。单位负责人应当保证财务会计报告真实、完整。

5　账务核对和财产清查★★★

一、考点解读

（一）账务核对

账务核对又称对账，是保证会计账簿记录质量的重要程序，包括账证相符、账账相符、账实相符、账表相符。对账工作每年至少进行一次。

1. 账证核对。核对会计账簿记录与原始凭证、记账凭证的时间、凭证字号、内容、金额是否一致，记账方向是否相符。

2. 账账核对。核对不同会计账簿之间的账簿记录是否相符，包括总账有关账户的余额核对、总账与明细账核对、总账与日记账核对、会计部门的财产物资明细账与财产物资保管和使用部门的有关明细账核对等。

3. 账实核对。核对会计账簿记录与财产等实有数额是否相符。包括：现金日记账账面余额与现金实际库存数相核对；银行存款日记账账面余额定期与银行对账单相核对；各种财物明细账账面余额与财物实存数额相核对；各种应收、应付款明细账账面余额与有关债务、债权单位或者个人核对等。

（二）财产清查

财产清查制度是通过定期或不定期、全面或部分地对各项财产物资进行实地盘点和对库存现金、银行存款、债权债务进行清查核实的一种制度。通过清查，一是可以发现问题，查清原因，改善管理，以保护财产的完整和安全；二是可以查明账实不符的原因和责任，制定措施，以保证会计资料的真实性。

二、例题点津

【例题1·单选题】下列内容中，账账核对不包括的是（　　）。

A. 总账各账户余额核对

B. 总账与明细账之间的核对

C. 总账与备查账之间的核对

D. 总账与日记账的核对

【答案】C

【解析】账账核对主要包括总账有关账户的余额核对、总账与明细账核对、总账与日记账核对、会计部门的财产物资明细账与财产物资保管和使用部门的有关明细账核对等。

【例题2·多选题】账证核对是指核对账簿记录与原始凭证、记账凭证的（　　）是否一致，记账方向是否相符。

A. 时间　　　　　B. 凭证字号

C. 方式　　　　　D. 内容

【答案】ABD

【解析】账证核对是指核对账簿记录与原始凭证、记账凭证的时间、凭证字号、内容、金额是否一致，记账方向是否相符。

6　会计档案管理★★★

一、考点解读

（一）会计档案的概念

1. 会计档案是指单位在进行会计核算等过程中接收或形成的，记录和反映单位经济业务事项的，具有保存价值的文字、图表等各种形式的会计资料。

2. 会计档案包括通过计算机等电子设备形成、传输和存储的电子会计档案。

3. 会计档案是记录和反映经济业务事项的

重要史料和证据。单位应当加强会计档案管理工作，建立和完善会计档案的收集、整理、保管、利用和鉴定销毁等管理制度，采取可靠的安全防护技术和措施，保证会计档案的真实、完整、可用、安全。

提示 各单位的预算、计划、制度等文件材料属于文书档案，不属于会计档案。

（二）会计档案的归档（见表2-9）

表2-9　　　　　　　　　会计档案的归档

项目	具体内容	
归档范围	会计凭证类，包括原始凭证、记账凭证	
	会计账簿类，包括总账、明细账、日记账、固定资产卡片及其他辅助性账簿	
	财务会计报告类，包括月度、季度、半年度财务会计报告和年度财务会计报告	
	其他会计资料，包括银行存款余额调节表、银行对账单、纳税申报表、会计档案移交清册、会计档案保管清册、会计档案销毁清册、会计档案鉴定意见书及其他具有保存价值的会计资料	
电子档案归档	单位可以利用计算机、网络通信等信息技术手段管理会计档案	
	条件	1. 单位内部形成的属于归档范围的电子会计资料可仅以电子形式保存，形成电子会计档案。2. 单位从外部接收的电子会计资料附有符合《中华人民共和国电子签名法》规定的电子签名的，可仅以电子形式归档保存，形成电子会计档案
	同时满足下列条件的	1. 形成的电子会计资料来源真实有效，由计算机等电子设备形成和传输。2. 使用的会计核算系统能够准确、完整、有效接收和读取电子会计资料，能够输出符合国家标准归档格式的会计凭证、会计账簿、财务会计报表等会计资料，设定了经办、审核、审批等必要的审签程序。3. 使用的电子档案管理系统能够有效接收、管理、利用电子会计档案，符合电子档案的长期保管要求，并建立了电子会计档案与相关联的其他纸质会计档案的检索关系。4. 采取有效措施，防止电子会计档案被篡改。5. 建立电子会计档案备份制度，能够有效防范自然灾害、意外事故和人为破坏的影响。6. 形成的电子会计资料不属于具有永久保存价值或者其他重要保存价值的会计档案
责任人	单位的会计机构或会计人员所属机构（以下统称"单位会计管理机构"）按照归档范围和归档要求，负责定期将应当归档的会计资料整理立卷，编制会计档案保管清册	
归档时间	当年形成的会计档案，在会计年度终了后，可由单位会计管理机构临时保管1年，再移交单位档案管理机构保管	
	因工作需要确需推迟移交的，应当经单位档案管理机构同意。单位会计管理机构临时保管会计档案最长不超过3年	
	临时保管期间，会计档案的保管应当符合国家档案管理的有关规定，且出纳人员不得兼管会计档案	

（三）会计档案的移交和利用

1. 会计档案的移交。

（1）单位会计管理机构在办理会计档案移交时，应当编制会计档案移交清册，并按照国家档案管理的有关规定办理移交手续。

（2）**纸质会计档案**移交时应当保持原卷的封装。

（3）**电子会计档案**移交时应当将电子会计档案及其元数据一并移交，且文件格式应当符合国家档案管理的有关规定。

（4）特殊格式的电子会计档案应当与其读取平台一并移交。

（5）单位档案管理机构接收电子会计档案时，应当对电子会计档案的准确性、完整性、可用性、安全性进行检测，符合要求的才能接收。

2. 会计档案的利用。

（1）单位应当严格按照相关制度利用会计档案，在进行会计档案查阅、复制、借出时履行登记手续，严禁篡改和损坏。

（2）单位保存的会计档案一般不得对外借出。确因工作需要且根据国家有关规定必须借出的，应当严格按照规定办理相关手续。

（3）会计档案借用单位应当妥善保管和利用借入的会计档案，确保借入会计档案的安全完整，并在规定时间内归还。

（四）会计档案的保管期限

会计档案保管期限分为永久、定期两类。

会计档案的保管期限是从会计年度终了后的第一天算起。

永久，即是指会计档案须永久保存；定期，是指会计档案保存应达到法定的时间，定期保管期限一般分为10年和30年。

《会计档案管理办法》规定的会计档案保管期限为最低保管期限。

单位会计档案的具体名称如有与《会计档案管理办法》附表所列档案名称不相符的，应当比照类似档案的保管期限办理。

企业和其他组织会计档案保管期限（见表2-10）。

表2-10　企业和其他组织会计档案保管期限

保管期	种类
10 年期	月度、季度、半年度财务会计报告
	银行存款余额调节表
	银行对账单
	纳税申报表
30 年期	原始凭证
	记账凭证
	总账
	明细账
	日记账
	其他辅助性账簿
	会计档案移交清册
永久	年度财务报告
	会计档案保管清册
	会计档案销毁清册
	会计档案鉴定意见书

（五）会计档案的鉴定和销毁

1. 会计档案的鉴定。

（1）单位应当定期对已到保管期限的会计档案进行鉴定，并形成会计档案鉴定意见书。

（2）经鉴定，仍需继续保存的会计档案，应当重新划定保管期限；对保管期满，确无保存价值的会计档案，可以销毁。

2. 会计档案的销毁（见表2-11）。

表2-11　会计档案的销毁

项目	具体内容
销毁的基本程序和要求	1. 单位档案管理机构编制会计档案销毁清册，列明拟销毁会计档案的名称、卷号、册数、起止年度、档案编号、应保管期限、已保管期限和销毁时间等内容。 2. 单位负责人、档案管理机构负责人、会计管理机构负责人、档案管理机构经办人、会计管理机构经办人在会计档案销毁清册上签署意见。 3. 单位档案管理机构负责组织会计档案销毁工作，并与会计管理机构共同派员监销
不得销毁的会计档案	1. 保管期满但未结清的债权债务会计凭证和涉及其他未了事项的会计凭证不得销毁，纸质会计档案应当单独抽出立卷，电子会计档案单独转存，保管到未了事项完结时为止。 2. 单独抽出立卷或转存的会计档案，应当在会计档案鉴定意见书、会计档案销毁清册和会计档案保管清册中列明

（六）特殊情况下的会计档案处置（见表2－12）

表2－12　　　　　　　　　　　　特殊情况下的会计档案处置

项目		具体内容
单位分立	单位分立后原单位存续的	会计档案应当由分立后的存续方统一保管，其他方可以查阅、复制与其业务相关的会计档案
	单位分立后原单位解散的	会计档案应当经各方协商后由其中一方代管或按照国家档案管理的有关规定处置，各方可以查阅、复制与其业务相关的会计档案
	单位分立中未结清的会计事项所涉及的会计凭证	应当单独抽出由业务相关方保存，并按照规定办理交接手续
	单位因业务移交其他单位办理所涉及的会计档案	应当由原单位保管，承接业务单位可以查阅、复制与其业务相关的会计档案。对其中未结清的会计事项所涉及的会计凭证，应当单独抽出由承接业务单位保存，并按照规定办理交接手续
单位合并	合并后原各单位解散或者一方存续其他方解散的	原各单位的会计档案应当由合并后的单位统一保管
	合并后原各单位仍存续的	会计档案仍应当由原各单位保管
建设单位项目建设会计档案的交接		建设单位在项目建设期间形成的会计档案，需要移交给建设项目接受单位的，应当在办理竣工财务决算后及时移交，并按照规定办理交接手续
单位之间交接会计档案的手续		单位之间交接会计档案时，交接双方应当办理会计档案交接手续： （1）移交会计档案的单位，应当编制会计档案移交清册，列明应当移交的会计档案名称、卷号、册数、起止年度、档案编号、应保管期限和已保管期限等内容。 （2）交接会计档案时，交接双方应当按照会计档案移交清册所列内容逐项交接，并由交接双方的单位有关负责人负责监督。 （3）交接完毕后，交接双方经办人和监督人应当在会计档案移交清册上签名或盖章。 （4）电子会计档案应当与其元数据一并移交，特殊格式的电子会计档案应当与其读取平台一并移交。 （5）档案接受单位应当对保存电子会计档案的载体及其技术环境进行检验，确保所接收电子会计档案的准确、完整、可用和安全

二、例题点津

【例题1·单选题】单位在进行会计核算等过程中接收或形成的，记录和反映单位经济业务事项的，具有保存价值的文字、图表等各种形式的会计资料是指（　　）。

A. 会计凭证　　　B. 会计账簿

C. 会计档案　　　D. 财务会计报告

【答案】C

【解析】会计档案是指单位在进行会计核算等过程中接收或形成的，记录和反映单位经济业

务事项的，具有保存价值的文字、图表等各种形式的会计资料，包括通过计算机等电子设备形成、传输和存储的电子会计档案。

【例题2·单选题】下列会计档案中，保管期限为永久的是（　　）。

A. 银行存款余额调节表

B. 总账

C. 会计档案保管清册

D. 原始凭证

【答案】C

【解析】根据会计档案管理有关规定，银行

存款余额调节表最低保管期限为 10 年，总账和原始凭证最低保管期限为 30 年，会计档案保管清册保管期限为永久。

【例题 3·多选题】 下列选项中，表述正确的有（ ）。

A. 单位分立后原单位存续的，会计档案应当由分立后的存续方统一保管

B. 单位分立后原单位存续的，会计档案应当经各方协商后由其中一方代管

C. 单位分立后原单位解散的，会计档案应当经各方协商后由其中一方代管

D. 单位分立后原单位解散的，会计档案应当按照国家档案管理的有关规定处置

【答案】 ACD

【解析】 选项 B 错误，单位分立后原单位存续的，会计档案应当由分立后的存续方统一保管。

7 会计监督 ★★★

一、考点解读

（一）概念及分类（见表 2-13）

表 2-13　　会计监督的概念及分类

项目	具体内容
概念	会计监督是会计的基本职能之一，是对单位的经济活动进行检查监督，借以控制经济活动，使经济活动能够根据一定的方向、目标、计划，遵循一定的原则正常进行
分类	会计监督可分为单位内部监督、社会监督和政府监督

（二）单位内部会计监督（见表 2-14）

表 2-14　　　　　　　　　　　单位内部会计监督

项目		具体内容
单位内部会计监督	概念	是指各单位的会计机构、会计人员依据法律、法规、国家统一的会计制度及单位内部会计管理制度等的规定，通过会计手段对本单位经济活动的合法性、合理性和有效性进行监督
	要求	1. 记账人员与经济业务事项和会计事项的审批人员、经办人员、财物保管人员的职责权限应当明确，并相互分离、相互制约； 2. 重大对外投资、资产处置、资金调度和其他重要经济业务事项的决策和执行的相互监督、相互制约程序应当明确； 3. 财产清查的范围、期限和组织程序应当明确； 4. 对会计资料定期进行内部审计的办法和程序应当明确。 提示 （1）会计机构、会计人员对违反《会计法》和国家统一的会计制度规定的会计事项，有权拒绝办理或者按照职权予以纠正。 （2）发现会计账簿记录与实物、款项及有关资料不相符的，按照国家统一的会计制度的规定有权自行处理的，应当及时处理；无权处理的，应当立即向单位负责人报告，请求查明原因，作出处理。 （3）单位负责人应当保证会计机构、会计人员依法履行职责，不得授意、指使、强令会计机构、会计人员违法办理会计事项
单位内部控制制度	概念	是指单位为实现控制目标，通过制定制度、实施措施和执行程序，对经济活动的风险进行防范和管控
	应遵循的原则	1. 单位：（1）全面性原则；（2）重要性原则；（3）制衡性原则；（4）适应性原则；（5）成本效益原则。 2. 小企业：（1）风险导向原则；（2）适应性原则；（3）实质重于形式原则；（4）成本效益原则

续表

项目		具体内容
单位内部控制制度	企业内部控制措施	1. 不相容职务分离控制； 2. 授权审批控制； 3. 会计系统控制； 4. 财产保护控制； 5. 预算控制； 6. 运营分析控制； 7. 绩效考评控制
	行政事业单位内部控制方法	1. 不相容岗位相互分离； 2. 内部授权审批控制； 3. 归口管理； 4. 预算控制； 5. 财产保护控制； 6. 会计控制； 7. 单据控制； 8. 信息内部公开

（三）会计工作的社会监督（见表 2 – 15）

表 2 – 15　　　　　　　　　　会计工作的社会监督

项目			具体内容
概念			主要是指由注册会计师及其所在的会计师事务所等中介机构接受委托，依法对单位的经济活动进行审计，出具审计报告，发表审计意见的一种监督制度。 提示 任何单位或者个人不得以任何方式要求或者示意注册会计师及其所在的会计师事务所出具不实或者不当的审计报告
审计报告	概念		是指注册会计师根据审计准则的规定，在执行审计工作的基础上，对被审计单位财务报表发表审计意见的书面文件
	要素		1. 标题；2. 收件人；3. 审计意见；4. 形成审计意见的基础；5. 管理层对财务报表的责任；6. 注册会计师对财务报表审计的责任；7. 按照相关法律法规的要求报告的事项（如适用）；8. 注册会计师的签名和盖章；9. 会计师事务所的名称、地址和盖章；10. 报告日期
	类型	标准审计报告	标准审计报告，是指不含有说明段、强调事项段、其他事项段或其他任何修饰性用语的无保留意见的审计报告。包含其他报告责任段，但不含有强调事项段或其他事项段的无保留意见的审计报告也被视为标准审计报告。 提示 无保留意见，是指当注册会计师认为财务报表在所有重大方面按照适用的财务报告编制基础的规定编制并实现公允反映时发表的审计意见
		非标准审计报告	发表非无保留意见： 1. 根据获取的审计证据，得出财务报表整体存在重大错报的结论； 2. 无法获取充分、适当的审计证据，不能得出财务报表整体不存在重大错报的结论
			发表保留意见： 1. 在获取充分、适当的审计证据后，注册会计师认为错报单独或汇总起来对财务报表影响重大，但不具有广泛性； 2. 注册会计师无法获取充分、适当的审计证据以作为形成审计意见的基础，但认为未发现的错报（如存在）对财务报表可能产生的影响重大，但不具有广泛性

续表

项目			具体内容
审计报告	类型	非标准审计报告	在获取充分、适当的审计证据后，如果认为错报单独或汇总起来对财务报表的影响重大且具有广泛性，注册会计师应当发表否定意见
			如果无法获取充分、适当的审计证据以作为形成审计意见的基础，但认为未发现的错报（如存在）对财务报表可能产生的影响重大且具有广泛性，注册会计师应当发表无法表示意见。 **提示** 在极少数情况下，可能存在多个不确定事项。尽管注册会计师对每个单独的不确定事项获取了充分、适当的审计证据，但由于不确定事项之间可能存在相互影响，以及可能对财务报表产生累积影响，注册会计师不可能对财务报表形成审计意见。在这种情况下，注册会计师应当发表无法表示意见

（四）会计工作的政府监督（见表 2－16）

表 2－16　　　　　　　　　　会计工作的政府监督

项目	具体内容
会计工作政府监督的概念	主要是指**财政部门**代表国家对各单位和单位中相关人员的会计行为实施的监督检查，以及对发现的会计违法行为实施行政处罚
主体与对象	1. 这里所说的财政部门，是指县级以上人民政府财政部门和国务院财政部门、省级以上人民政府财政部门派出机构。 2. 除财政部门外，审计、税务、银行监管、证券监管、保险监管等部门依照有关法律、行政法规规定的职责和权限，可以对有关单位的会计资料实施监督检查。 **提示** 依法实施监督检查后，应当出具检查结论
财政部门会计监督的主要内容	1. 是否依法设置会计账簿。 2. 会计凭证、会计账簿、财务会计报告和其他会计资料是否真实、完整。 3. 会计核算是否符合《会计法》和国家统一的会计制度的规定。 4. 从事会计工作的人员是否具备专业能力、遵守职业道德。 在对各单位会计凭证、会计账簿、财务会计报告和其他会计资料的真实性、完整性实施监督，发现重大违法嫌疑时，国务院财政部门及其派出机构可以向与被监督单位有经济业务往来的单位和在被监督单位开立账户的金融机构查询有关情况，有关单位和金融机构应当给予支持。 **提示** 依法对有关单位的会计资料实施监督检查的部门及其工作人员对在监督检查中知悉的国家秘密和商业秘密负有保密义务

二、例题点津

【例题 1·多选题】下列属于会计工作政府监督主体的有（　　）。

A. 县级以上人民政府财政部门

B. 中国人民银行

C. 单位负责人

D. 税务机关

【答案】ABD

【解析】县级以上人民政府财政部门为各单位会计工作的监督检查部门，对各单位会计工作行使监督权，对违法会计行为实施行政处罚。审计、税务、银行监管、证券监管、保险监管等部门依照有关法律、行政法规规定的职责和权限，可以对有关单位的会计资料实施监督检查。

【例题 2·多选题】根据会计法律制度的规定，会计工作的政府监督主要是指有关部门代表国家对各单位和单位中相关人员的会计行为实施的监督检查以及对发现的违法会计行为实施的行政处罚。下列选项中，属于上述有关部门的有（　　）。

A. 乡镇级人民政府财政部门

B. 县级人民政府财政部门

C. 省级人民政府财政部门派出机构

D. 国务院财政部门

【答案】BCD

【解析】会计工作的政府监督中的财政部门是指国务院财政部门、省级及以上人民政府财政部门派出机构和县级以上人民政府财政部门。

【例题3·多选题】对企业而言，内部控制的措施包括（　　）。

A. 授权审批控制

B. 不相容职务分离控制

C. 财产保护控制

D. 预算控制

【答案】ABCD

【解析】对企业而言，控制措施一般包括不相容职务分离控制、授权审批控制、会计系统控制、财产保护控制、预算控制、运营分析控制和绩效考评控制等。

【例题4·多选题】小企业建立与实施内部

控制，应当遵循的原则有（　　）。

A. 全面性原则

B. 风险导向原则

C. 实质重于形式原则

D. 制衡性原则

【答案】BC

【解析】小企业建立与实施内部控制，应当遵循四项原则：（1）风险导向原则；（2）适应性原则；（3）实质重于形式原则；（4）成本效益原则。

【例题5·多选题】下列各项中，属于财政部门实施会计监督检查的内容有（　　）。

A. 从事会计工作的人员是否具备专业能力、遵守职业道德等

B. 会计凭证、会计账簿、财务会计报告和其他会计资料是否真实、完整

C. 会计核算是否符合会计法和国家统一的会计制度的规定

D. 是否按照税法的规定按时足额纳税

【答案】ABC

【解析】选项D不属于财政部门实施会计监督检查的内容，而是属于税务检查的内容。

第三单元　会计机构和会计人员

1 会计机构和代理记账★★★

一、考点解读

（一）会计机构

1. 设置会计机构，或者在有关机构中设置

会计人员并指定会计主管人员。

2. 不具备设置条件的，应当委托经批准从事会计代理记账业务的中介机构代理记账。

（二）代理记账（见表2-17）

表2-17　　　　　　　　　　　　代理记账

项目	具体内容
代理记账机构的审批	除会计师事务所以外的机构从事代理记账业务，应当经县级以上人民政府财政部门（以下简称"审批机关"）批准，领取由财政部统一规定样式的代理记账许可证书。会计师事务所及其分所可以依法从事代理记账业务。 申请代理记账资格的机构应当同时具备以下条件： （1）为依法设立的企业。 （2）专职从业人员不少于3名，专职从业人员是指仅在一个代理记账机构从事代理记账业务的人员。 （3）主管代理记账业务的负责人具有会计师以上专业技术职务资格或者从事会计工作不少于3年，且为专职从业人员。

续表

项目	具体内容
代理记账机构的审批	（4）有健全的代理记账业务内部规范。 代理记账机构从业人员应当具有会计类专业基础知识和业务技能，能够独立处理基本会计业务，并由代理记账机构自主评价认定
代理记账的业务范围	1. 根据委托人提供的原始凭证和其他相关资料，按照国家统一的会计制度的规定进行会计核算，包括审核原始凭证、填制记账凭证、登记会计账簿、编制财务会计报告等。 2. 对外提供财务会计报告。 3. 向税务机关提供税务资料。 4. 委托人委托的其他会计业务

（三）委托人、代理记账机构及其从业人员各自的义务（见表2－18）

表2－18　　　　　　委托人、代理记账机构及其从业人员各自的义务

项目	具体内容
委托合同的内容	委托合同除应具备法律规定的基本条款外，应当明确下列内容： （1）双方对会计资料真实性、完整性各自应当承担的责任。 （2）会计资料传递程序和签收手续。 （3）编制和提供财务会计报告的要求。 （4）会计档案的保管要求及相应的责任。 （5）终止委托合同应当办理的会计业务交接事宜
委托人应履行的义务	1. 对本单位发生的经济业务事项，应当填制或者取得符合国家统一的会计制度规定的原始凭证。 2. 应当配备专人负责日常货币收支和保管。 3. 及时向代理记账机构提供真实、完整的原始凭证和其他相关资料。 4. 对于代理记账机构退回的，要求按照国家统一的会计制度规定进行更正、补充的原始凭证，应当及时予以更正、补充
代理记账机构及其从业人员应履行的义务	1. 遵守有关法律、法规和国家统一会计制度的规定，按照委托合同办理代理记账业务。 2. 对在执行业务中知悉的商业秘密予以保密。 3. 对委托人要求其作出不当的会计处理，提供不实的会计资料，以及其他不符合法律、法规和国家统一会计制度行为的，予以拒绝。 4. 对委托人提出的有关会计处理相关问题予以解释
对代理记账机构的管理	1. 代理记账机构应当于每年4月30日之前，向审批机关报送下列材料：（1）代理记账机构基本情况表；（2）专职从业人员变动情况。代理记账机构设立分支机构的，分支机构应当于每年4月30日之前向其所在地的审批机关报送上述材料。 2. 县级以上人民政府财政部门对代理记账机构及其从事代理记账业务情况实施监督，随机抽取检查对象、随机选派执法检查人员，并将抽查情况及查处结果依法及时向社会公开。 3. 代理记账机构有下列情形之一的，审批机关应当办理注销手续，收回代理记账许可证书并予以公告：（1）代理记账机构依法终止的；（2）代理记账资格被依法撤销或撤回的；（3）法律、法规规定的应当注销的其他情形

二、例题点津

【例题1·单选题】下列关于代理记账机构的表述错误的是（　　）。

A. 代理记账机构应当经县级以上地方人民政府财政部门批准，领取由财政部统一规定样式的代理记账许可证书方可取得代理记账资格

B. 对代理记账机构实施监督的主体是县级

以上人民政府财政部门

C. 对代理记账机构的例行检查实行随机抽取检查对象、随机选派执法检查人员，并将抽查情况及查处结果依法及时向社会公开的制度

D. 对委托代理记账的企业因违反财税法律、法规受到处理处罚的，县级以上政府财政部门应当将其委托的代理记账机构列入重点检查对象

【答案】A

【解析】除会计师事务所以外的机构从事代理记账业务，应当经县级以上人民政府财政部门批准，领取由财政部统一规定样式的代理记账许可证书，故选项A错误。

【例题2·单选题】2022年12月甲公司成立，依规定其经济业务需要委托代理记账。下列各项中，甲公司可以委托其办理代理记账业务的是（　　）。

A. M会计师事务所

B. 会计专业在校生李某

C. N公司会计师宋某

D. 退休会计人员徐某

【答案】A

【解析】（1）会计师事务所及其分所可以依法从事代理记账业务。（2）除会计师事务所以外的机构从事代理记账业务，应当经县级以上人民政府财政部门批准，领取由财政部统一规定样式的代理记账许可证书。

2 会计岗位★★★

一、考点解读

（一）会计工作岗位设置要求（见表2-19）

表2-19　会计工作岗位设置要求

岗位设置基本要求	会计工作岗位一般可分为会计机构负责人或者会计主管人员、出纳、财产物资核算、工资核算、成本费用核算、财务成果核算、资金核算、往来结算、总账报表、稽核、档案管理等
开展会计电算化和管理会计的单位	根据需要设置相应工作岗位，也可以与其他工作岗位相结合

岗位设置要求	1. 会计工作岗位，可以一人一岗、一人多岗或者一岗多人。 2. 出纳人员不得兼任（兼管）稽核、会计档案保管和收入、支出、费用、债权债务账目的登记工作。 3. 会计人员的工作岗位应当有计划地进行轮换。 4. 档案管理部门的人员管理会计档案，不属于会计岗位

（二）会计人员回避制度（见表2-20）

表2-20　会计人员回避制度

单位领导人的直系亲属	不得担任本单位的会计机构负责人、会计主管人员
会计机构负责人、会计主管人员的直系亲属	不得在本单位会计机构中担任出纳工作
需要回避的亲属	夫妻关系、直系血亲关系、三代以内旁系血亲以及姻亲关系

二、例题点津

【例题1·单选题】下列各项中，不属于会计岗位的是（　　）。

A. 会计机构内档案管理岗位

B. 单位内部审计岗位

C. 财产物资收发、增减核算岗位

D. 总账岗位

【答案】B

【解析】会计工作岗位一般可分为：会计机构负责人或者会计主管人员、出纳、财产物资核算、工资核算、成本费用核算、财务成果核算、资金核算、往来结算、总账报表、稽核、档案管理等。单位内部审计岗位不属于会计岗位。

【例题2·多选题】某档案馆设有以下岗位，其中属于会计工作岗位的有（　　）。

A. 财产物资的收发、增减核算岗位

B. 档案部门档案管理岗位

C. 工资核算岗位

D. 单位内部审计岗位

【答案】AC

【解析】选项B，会计机构内会计档案管理岗位属于会计岗位；选项D，单位内部审计、社会审计、政府审计工作不属于会计岗位。

3 会计人员 ★★★

一、考点解读

（一）会计人员的概念和范围（见表2-21）

表2-21　　　　　　　　　　　　会计人员的概念和范围

项目	具体内容
概念	是指根据《会计法》的规定，在国家机关、社会团体、企业、事业单位和其他组织中从事会计核算、实行会计监督等会计工作的人员
范围	1. 出纳；2. 稽核；3. 资产、负债和所有者权益（净资产）的核算；4. 收入、费用（支出）的核算；5. 财务成果（政府预算执行结果）的核算；6. 财务会计报告（决算报告）编制；7. 会计监督；8. 会计机构内会计档案管理；9. 其他会计工作。 提示 担任单位会计机构负责人（会计主管人员）、总会计师的人员，属于会计人员

（二）对会计人员的一般要求（见表2-22）

表2-22　　　　　　　　　　　　对会计人员的一般要求

项目	具体内容
一般要求	1. 遵守《会计法》和国家统一的会计制度等法律法规； 2. 具备良好的职业道德； 3. 按照国家有关规定参加继续教育； 4. 具备从事会计工作所需要的专业能力
对会计机构负责人或会计主管人员的要求	1. 坚持原则，廉洁奉公；2. 具备会计师以上专业技术职务资格或者从事会计工作不少于3年；3. 熟悉国家财经法律、法规、规章和方针、政策，掌握本行业业务管理的有关知识；4. 有较强的组织能力；5. 身体状况能够适应本职工作的要求

（三）会计工作的禁入规定

1. 因有提供虚假财务会计报告，做假账，隐匿或者故意销毁会计凭证、会计账簿、财务会计报告，贪污，挪用公款，职务侵占等与会计职务有关的违法行为被依法追究刑事责任的人员，不得再从事会计工作。

2. 因伪造、变造会计凭证、会计账簿，编制虚假财务会计报告，隐匿或者故意销毁依法应当保存的会计凭证、会计账簿、财务会计报告，尚不构成犯罪的，5年内不得从事会计工作。

3. 会计人员具有违反国家统一的会计制度的一般违法行为，情节严重的，5年内不得从事会计工作。

（四）会计专业职务与会计专业技术资格

1. 会计专业职务（见表2-23）。

表2-23　　　　　　　　　　　　会计专业职务

项目	具体内容
职称层级	初级、中级、副高级和正高级

续表

项目	具体内容
职称名称	助理会计师、会计师、高级会计师和正高级会计师
助理会计师应具备的条件	1. 基本掌握会计基础知识和业务技能。 2. 能正确理解并执行财经政策、会计法律法规和规章制度。 3. 能独立处理一个方面或某个重要岗位的会计工作。 4. 具备国家教育部门认可的高中毕业（含高中、中专、职高、技校）以上学历
会计师应具备的条件	1. 系统掌握会计基础知识和业务技能。 2. 掌握并能正确执行财经政策、会计法律法规和规章制度。 3. 具有扎实的专业判断和分析能力，能独立负责某领域会计工作。 4. 具备博士学位；或具备硕士学位，从事会计工作满1年；或具备第二学士学位或研究生班毕业，从事会计工作满2年；或具备大学本科学历或学士学位，从事会计工作满4年；或具备大学专科学历，从事会计工作满5年
高级会计师应具备以下条件	1. 系统掌握和应用经济与管理理论、财务会计理论与实务。 2. 具有较高的政策水平和丰富的会计工作经验，能独立负责某领域或一个单位的财务会计管理工作。 3. 工作业绩较为突出，有效提高了会计管理水平或经济效益。 4. 有较强的科研能力，取得一定的会计相关理论研究成果，或主持完成会计相关研究课题、调研报告、管理方法或制度创新等。 5. 具备博士学位，取得会计师职称后，从事与会计师职责相关工作满2年；或具备硕士学位，或第二学士学位或研究生班毕业，或大学本科学历或学士学位，取得会计师职称后，从事与会计师职责相关工作满5年；或具备大学专科学历，取得会计师职称后，从事与会计师职责相关工作满10年
正高级会计师应具备以下条件	1. 系统掌握和应用经济与管理理论、财务会计理论与实务，把握工作规律。 2. 政策水平高，工作经验丰富，能积极参与一个单位的生产经营决策。 3. 工作业绩突出，主持完成会计相关领域重大项目，解决重大会计相关疑难问题或关键性业务问题，提高单位管理效率或经济效益。 4. 科研能力强，取得重大会计相关理论研究成果，或其他创造性会计相关研究成果，推动会计行业发展。 5. 一般应具有大学本科及以上学历或学士以上学位，取得高级会计师职称后，从事与高级会计师职责相关工作满5年

2. 会计专业技术资格。

会计专业技术资格，是指担任会计专业职务的任职资格，简称会计资格。具体内容见表2-24。

表2-24　会计专业技术资格

资格级别	任职资格	资格获得方式
初级资格	初级会计职称	实行全国统一考试制度
中级资格	中级会计职称	实行全国统一考试制度

续表

资格级别	任职资格	资格获得方式
高级资格	副高级会计职称	实行考试与评审相结合制度

（五）会计人员继续教育

用人单位应当保障本单位会计专业技术人员参加继续教育的权利。会计人员继续教育的内容和具体要求见表2-25。

表 2 - 25　　　　　　　　　　会计人员继续教育

项目	具体内容
要求	1. 具有会计专业技术资格的人员应当自取得会计专业技术资格的次年开始参加继续教育，并在规定时间内取得规定学分。 2. 不具有会计专业技术资格但从事会计工作的人员应当自从事会计工作的次年开始参加继续教育，并在规定时间内取得规定学分
内容	1. 公需科目：包括专业技术人员应当普遍掌握的法律法规、政策理论、职业道德、技术信息等基本知识。 2. 专业科目：包括会计专业技术人员从事会计工作应当掌握的财务会计、管理会计、财务管理、内部控制与风险管理、会计信息化、会计职业道德、财税金融、会计法律法规等相关专业知识
管理	1. 会计专业技术人员参加继续教育实行学分制管理。 2. 每年参加继续教育取得的学分不少于 90 学分，其中，专业科目一般不少于总学分的三分之二。 3. 会计专业技术人员参加继续教育取得的学分，在全国范围内当年度有效，不得结转以后年度。 4. 对会计专业技术人员参加继续教育情况实行登记管理。 提示 会计专业技术人员参加继续教育情况，应当作为聘任会计专业技术职务或者申报评定上一级资格的重要条件

（六）总会计师

总会计师是主管本单位会计工作的行政领导，是单位行政领导成员，协助单位主要行政领导人工作，直接对单位主要行政领导人负责。总会计师的设置要求和职责具体内容见表 2 - 26。

表 2 - 26　　　　　　　　　　总会计师的设置要求和职责

项目	具体内容
设置	1. 国有的和国有资产占控股地位或者主导地位的大、中型企业必须设置总会计师。 2.《会计基础工作规范》要求：大中型企业、事业单位、业务主管部门应当根据法律和国家有关规定设置总会计师。 3.《总会计师条例》要求：事业单位和业务主管部门根据需要，经批准可以设置总会计师。 4. 其他单位可以根据业务需要，自行决定是否设置总会计师。 提示 （1）总会计师由具有会计师以上专业技术资格的人员担任。 （2）凡设置总会计师的单位，在单位行政领导成员中，不设与总会计师职权重叠的副职
职责	组织领导本单位的财务管理、成本管理、预算管理、会计核算和会计监督等方面的工作，参与本单位重要经济问题的分析和决策

二、例题点津

【例题 1·单选题】担任单位会计机构负责人的，应当具备会计师以上专业技术职务资格或者从事会计工作（　　）以上经历。

A. 1 年　　　　　　　　B. 3 年

C. 5 年　　　　　　　　D. 不限

【答案】B

【解析】担任单位会计机构负责人（会计主管人员）的，应当具备会计师以上专业技术职务资格或者从事会计工作 3 年以上经历。

【例题 2·单选题】会计人员具有违反国家

统一的会计制度的一般违法行为，情节严重的，（　　）内不得从事会计工作。

A. 1 年　　　　　　B. 3 年

C. 5 年　　　　　　D. 不限

【答案】C

【解析】会计人员具有违反国家统一的会计制度的一般违法行为，情节严重的，5 年内不得从事会计工作。

【例题 3·多选题】根据《会计法》的规定，必须设置总会计师的单位有（　　）。

A. 业务主管部门

B. 国有资产占控股地位的大、中型企业

C. 国有资产占主导地位的大、中型企业

D. 事业单位

【答案】BC

【解析】《会计法》规定，必须设置总会计师的单位是国有的和国有资产占控股地位或者主导地位的大、中型企业。

【例题 4·判断题】因有与会计职务有关的违法行为被依法追究刑事责任的人员，5 年内不得从事会计工作。（　　）

【答案】×

【解析】因有提供虚假财务会计报告，做假账，隐匿或者故意销毁会计凭证、会计账簿、财务会计报告，贪污，挪用公款，职务侵占等与会计职务有关的违法行为被依法追究刑事责任的人员，不得再从事会计工作。

【例题 5·判断题】专业技术人员参加继续教育，每年累计不少于 90 学分，其中，专业科目一般不少于总学分的三分之一。（　　）

【答案】×

【解析】专业技术人员参加继续教育实行学分制管理，每年累计不少于 90 学分，其中，专业科目一般不少于总学分的三分之二。

4 会计工作交接★★★

一、考点解读

（一）会计工作交接的概念与责任（见表 2-27）

表 2-27　会计工作交接的概念与责任

项目	具体内容
概念	是指会计人员工作调动或因故离职时，与接管人员办理交接手续的一种工作程序
责任	1. 会计人员工作调动或者因故离职，必须将本人所经管的会计工作全部移交给接替人员。没有办清交接手续的，不得调动或者离职。移交人员对所移交的会计凭证、会计账簿、会计报表和其他有关资料的合法性、真实性承担法律责任。接替人员应当认真接管移交工作，并继续办理移交的未了事项。 2. 会计人员临时离职或者因病不能工作且需要接替或者代理的，会计机构负责人（会计主管人员）或者单位领导人必须指定有关人员接替或者代理，并办理交接手续。临时离职或者因病不能工作的会计人员恢复工作的，应当与接替或者代理人员办理交接手续。移交人员因病或者其他特殊原因不能亲自办理移交的，经单位领导人批准，可由移交人员委托他人代办移交，但委托人应当承担对所移交的会计凭证、会计账簿、会计报表和其他有关资料的合法性、真实性的法律责任。 3. 单位撤销时，必须留有必要的会计人员，会同有关人员办理清理工作，编制决算。未移交前，不得离职

（二）会计工作移交前的准备工作

会计人员办理移交手续前，必须及时做好以下工作：

1. 已经受理的经济业务尚未填制会计凭证的，应当填制完毕。

2. 尚未登记的账目，应当登记完毕，并在最后一笔余额后加盖经办人员印章。

3. 整理应该移交的各项资料，对未了事项写出书面材料。

4. 编制移交清册，列明应当移交的会计凭证、会计账簿、会计报表、印章、现金、有价证券、支票簿、发票、文件、其他会计资料和物品等内容；实行会计电算化的单位，从事该项工作的移交人员还应当在移交清册中列明会计软件及密码、会计软件数据磁盘（磁带等）及有关资料、实物等内容。

（三）会计工作交接与监交

会计人员办理交接手续，必须有监交人负责监交。具体内容见表2-28。

表2-28 **会计工作交接与监交**

项目	具体内容
监交	1. 一般会计人员办理交接手续，由会计机构负责人（会计主管人员）监交。 2. 会计机构负责人（会计主管人员）办理交接手续，由单位负责人监交，必要时主管单位可以派人会同监交
移交	要按移交清册逐项移交；接替人员要逐项核对点收。 1. 现金、有价证券要根据会计账簿有关记录进行点交。 提示 库存现金、有价证券必须与会计账簿记录保持一致。不一致时，移交人员必须限期查清。 2. 会计凭证、会计账簿、会计报表和其他会计资料必须完整无缺。 提示 如有短缺，必须查清原因，并在移交清册中注明，由移交人员负责。 3. 银行存款账户余额要与银行对账单核对，如不一致，应当编制银行存款余额调节表调节相符，各种财产物资和债权债务的明细账户余额与总账有关账户余额核对相符；必要时，要抽查个别账户的余额，与实物核对相符，或者与往来单位、个人核对清楚。 4. 移交人员经管的票据、印章和其他实物等，必须交接清楚；移交人员从事会计电算化工作的，要对有关电子数据在实际操作状态下进行交接。 5. 会计机构负责人（会计主管人员）移交时，还必须将全部财务会计工作、重大财务收支和会计人员的情况等，向接替人员详细介绍。 提示 对需要移交的遗留问题，应当写出书面材料
交接完毕	1. 交接双方和监交人要在移交清册上签名或者盖章。 2. 移交清册一般应当填制一式三份，交接双方各执一份，存档一份。 提示 接替人员应当继续使用移交的会计账簿，不得自行另立新账，以保持会计记录的连续性

二、例题点津

【例题1·单选题】对所移交的会计凭证、会计账簿、会计报表和其他有关资料的合法性、真实性承担法律责任的是（　　）。

A. 接替人员

B. 会计机构负责人

C. 移交人员

D. 单位负责人

【答案】C

【解析】移交人员对所移交的会计凭证、会计账簿、会计报表和其他有关资料的合法性、真实性承担法律责任。接替人员应当认真接管移交工作，并继续办理移交的未了事项。

【例题2·多选题】下列关于办理移交的表述，正确的有（　　）。

A. 现金要根据会计账簿有关记录进行点交

B. 库存现金如与会计账簿记录不一致，接替人员必须限期查清

C. 会计资料必须完整无缺

D. 移交人员经管的票据、印章必须交接清楚

【答案】ACD

【解析】现金、有价证券要根据会计账簿有关记录进行点交。库存现金、有价证券必须与会计账簿记录保持一致，不一致时，移交人员必须限期查清。会计凭证、会计账簿、会计报表和其他会计资料必须完整无缺。移交人员经管的票据、印章和其他实物等，必须交接清楚；移交人员从事会计电算化工作的，要对有关电子数据在实际操作状态下进行交接。

第四单元 违反会计法律制度的法律责任

1 违反国家统一的会计制度行为的法律责任★★

一、考点解读

（一）违反国家统一的会计制度的行为

1. 不依法设置会计账簿的；

2. 私设会计账簿的；

3. 未按照规定填制、取得原始凭证或者填制、取得的原始凭证不符合规定的；

4. 以未经审核的会计凭证为依据登记会计账簿或者登记会计账簿不符合规定的；

5. 随意变更会计处理方法的；

6. 向不同的会计资料使用者提供的财务会计报告编制依据不一致的；

7. 未按照规定使用会计记录文字或者记账本位币的；

8. 未按照规定保管会计资料，致使会计资料毁损、灭失的；

9. 未按照规定建立并实施单位内部会计监督制度或者拒绝依法实施的监督或者不如实提供有关会计资料及有关情况的；

10. 任用会计人员不符合《会计法》规定的。

提示 会计人员有上述所列行为之一，情节严重的，5 年内不得从事会计工作。

（二）违反国家统一的会计制度行为的责任

1. 由县级以上人民政府财政部门责令限期改正，可以对单位并处 3 000 元以上 5 万元以下的罚款。

2. 对其直接负责的主管人员和其他直接责任人员，可以处 2 000 元以上 2 万元以下的罚款。

3. 属于国家工作人员的，还应当由其所在单位或者有关单位依法给予行政处分。

4. 构成犯罪的，依法追究刑事责任。

二、例题点津

【例题·多选题】某公司将库房的租金收入另设账簿进行核算，以给职工解决福利问题。该相关人员应承担的法律责任有（　　）。

A. 责令限期改正

B. 直接责任人处 2 000 元以上 2 万元以下的罚款

C. 对单位并处 3 000 元以上 5 万元以下的罚款

D. 直接责任人处 2 000 元以上 5 万元以下的罚款

【答案】ABC

【解析】对违反国家统一会计制度行为的，由县级以上人民政府财政部门责令限期改正，可以对单位并处 3 千元以上 5 万元以下的罚款；对其直接负责的主管人员和其他直接责任人员，可以处 2 000 元以上 2 万元以下的罚款；属于国家工作人员的，还应当由其所在单位或者有关单位依法给予行政处分。

2 伪造、变造会计凭证、会计账簿，编制虚假财务会计报告行为的法律责任★★

一、考点解读

1. 构成犯罪的，依法追究刑事责任。

2. 尚不构成犯罪的：

（1）由县级以上人民政府财政部门予以通报，可以对单位并处 5 000 元以上 10 万元以下的罚款；

（2）对其直接负责的主管人员和其他直接责任人员，可以处 3 000 元以上 5 万元以下的罚款；

（3）属于国家工作人员的，还应当由其所在单位或者有关单位依法给予撤职直至开除的行政处分；

（4）其中的会计人员，5 年内不得从事会计工作。

二、例题点津

【例题·单选题】对于伪造、变造会计凭证尚不构成犯罪的，下列对其承担行政罚款的表述中，正确的是（　　）。

A. 对单位并处 5 000 元以上 5 万元以下的罚款

B. 直接责任人处 3 000 元以上 10 万元以下的罚款

C. 对单位并处 5 000 元以上 10 万元以下的罚款

D. 直接责任人处 5 000 元以上 5 万元以下的罚款

【答案】C

【解析】伪造、变造会计凭证、会计账簿，编制虚假财务会计报告，构成犯罪的，依法追究刑事责任。尚不构成犯罪的，由县级以上人民政府财政部门予以通报，可以对单位并处 5 000 元以上 10 万元以下的罚款；对其直接负责的主管人员和其他直接责任人员，可以处 3 000 元以上 5 万元以下的罚款；属于国家工作人员的，还应当由其所在单位或者有关单位依法给予撤职直至开除的行政处分；其中的会计人员，5 年内不得从事会计工作。

3 隐匿或者故意销毁依法应当保存的会计凭证、会计账簿、财务会计报告行为的法律责任★★

一、考点解读

1. 构成犯罪的，依法追究刑事责任：

（1）情节严重的，处 5 年以下有期徒刑或者拘役，并处或者单处 2 万元以上 20 万元以下罚金。

（2）单位犯前款罪的，对单位判处罚金，并对其直接负责的主管人员和其他直接责任人员，依照前款的规定处罚。

2. 尚不构成犯罪的：

（1）由县级以上人民政府财政部门予以通报，可以对单位并处 5 000 元以上 10 万元以下的罚款；

（2）对其直接负责的主管人员和其他直接责任人员，可以处 3 000 元以上 5 万元以下的罚款；

（3）属于国家工作人员的，还应当由其所在单位或者有关单位依法给予撤职直至开除的行政处分；

（4）其中的会计人员，5 年内不得从事会计工作。

二、例题点津

【例题·多选题】根据《会计法》的有关规定，单位发生（　　）行为，尚不构成犯罪的，县级以上人民政府财政部门可对单位处以 5 000 元以上 10 万元以下的罚款。

A. 伪造、变造会计凭证、会计账簿

B. 隐匿依法应当保存的财务会计报告

C. 故意销毁依法应当保存的会计凭证

D. 编制虚假财务会计报告

【答案】ABCD

【解析】上述选项均属于违反《会计法》规定，尚不构成犯罪的，由县级以上人民政府财政部门予以通报，可以对单位并处 5 000 元以上 10 万元以下的罚款。

4 授意、指使、强令行为以及打击报复行为的法律责任★★

一、考点解读

（一）授意、指使、强令行为的法律责任

1. 构成犯罪的，依法追究刑事责任。

2. 尚不构成犯罪的：

（1）可以处 5 000 元以上 5 万元以下的罚款；

（2）属于国家工作人员的，还应当由其所在单位或者有关单位依法给予降级、撤职、开除的行政处分。

（二）打击报复行为的法律责任

单位负责人对依法履行职责、抵制违反《会计法》规定行为的会计人员以降级、撤职、调离工作岗位、解聘或者开除等方式实行打击报复：

1. 构成犯罪的，依法追究刑事责任。

2. 尚不构成犯罪的，由其所在单位或者有关单位依法给予行政处分。

3. 对受打击报复的会计人员，应当恢复其名誉和原有职务、级别。

二、例题点津

【例题·多选题】对受打击报复的会计人员，应当（　　）。

A. 升职

B. 恢复其名誉

C. 恢复其原有职务

D. 恢复其原有级别

【答案】BCD

【解析】对受打击报复的会计人员，应当恢复其名誉和原有职务、级别。

5 单位负责人打击报复会计人员的法律责任★★

一、考点解读

1. 单位负责人对依法履行职责、抵制违反《会计法》规定行为的会计人员以降级、撤职、调离工作岗位、解聘或者开除等方式实行打击报复，构成犯罪的，依法追究刑事责任。

2. 尚不构成犯罪的，由其所在单位或者有关单位依法给予行政处分。

3. 对受打击报复的会计人员，应当恢复其名誉和原有职务、级别。

二、例题点津

【例题·判断题】对受打击报复的会计人员，应当恢复其名誉和原有职务、级别。（　）

【答案】√

【解析】单位负责人对依法履行职责、抵制违反《会计法》规定行为的会计人员以降级、撤职、调离工作岗位、解聘或者开除等方式实行打击报复，构成犯罪的，依法追究刑事责任。对受打击报复的会计人员，应当恢复其名誉和原有职务、级别。

6 财政部门及有关行政部门工作人员职务违法的法律责任★★

一、考点解读

1. 财政部门及有关行政部门的工作人员在实施监督管理中滥用职权、玩忽职守、徇私舞弊或者泄露国家秘密、商业秘密，构成犯罪的，依法追究刑事责任。

2. 尚不构成犯罪的，依法给予行政处分。

3. 收到对违反《会计法》和国家统一的会计制度规定的行为检举的部门及负责处理检举的部门，将检举人姓名和检举材料转给被检举单位和被检举人个人的，由所在单位或者有关单位依法给予行政处分。

二、例题点津

【例题·判断题】收到对违反《会计法》和国家统一的会计制度规定的行为检举的部门及负责处理检举的部门，将检举人姓名和检举材料转给被检举单位和被检举人个人的，由国家财政部门给予处分。（　）

【答案】×

【解析】收到对违反《会计法》和国家统一的会计制度规定的行为检举的部门及负责处理检举的部门，将检举人姓名和检举材料转给被检举单位和被检举人个人的，由所在单位或者有关单位依法给予行政处分。

本章综合题型精讲

2023年6月，A省县级财政部门在对甲企业的检查中发现下列情况：

（1）该企业设有两套账簿，一套用于对外报送财务数据，另一套用于内部核算。

（2）受金融危机影响，该企业当年亏损较大，为达到预期业绩目标，单位负责人王某授意会计人员李某伪造会计凭证，虚增利润100万元。

（3）为掩盖违法行为，王某指使会计机构负责人刘某将以前年度伪造的有关会计资料予以销毁，情节严重，影响恶劣。

（4）单位负责人王某指使会计人员钱某变更无形资产摊销政策以虚增利润，钱某遵守原则予以抵制，后王某将其解聘。

（5）该企业以解约为要挟，要求乙会计事务所对其财务会计报告出具无保留审计意见。该事务所无奈出具了无保留审计意见。

要求：根据上述资料，不考虑其他因素，分析回答下列小题。

1. 针对资料（1），下列说法中，正确的是（　）。

A. 没有违反《会计法》的规定

B. 属于私设账簿的行为，违反《会计法》的规定

C. 可对直接负责的主管人员和其他负责人处 2 000 元以上 2 万元以下罚款

D. 可对该企业处 3 000 元以上 5 万元以下罚款

【答案】BCD

【解析】设两套账属于私设会计账簿行为，可对直接负责的主管人员和其他负责人处 2 000 元以上 2 万元以下罚款，对单位处 3 000 元以上 5 万元以下罚款。

2. 针对资料（2）、资料（3），下列说法中正确的是（　　）。

A. 可对该企业处 5 000 元以上 10 万元以下罚款

B. 可对王某处 5 000 元以上 5 万元以下罚款

C. 刘某是受王某指使进行销毁的，不应承担法律责任

D. 会计人员李某、会计机构负责人刘某 5 年内不得从事会计工作

【答案】ABD

【解析】伪造、变造会计凭证、账簿，编制虚假财务会计报告，隐匿、故意销毁依法应当保存的会计凭证、会计账簿、财务会计报告的，构成犯罪的，依法追究刑事责任。尚不构成犯罪的，可由县级以上人民政府财政部门予以通报；对单位可处 5 000 元以上 10 万元以下的罚款，对其直接负责的主管人员和其他直接责任人可并处 3 000 元以上 5 万元以下的罚款；其中的会计人员，5 年内不得从事会计工作。授意、指使、强令会计机构、会计人员及其他人员伪造、变造会计凭证、会计账簿，编制虚假财务会计报告或者隐匿、故意销毁依法应当保存的会计凭证、会计账簿、财务会计报告的，由县级以上人民政府

财政部门对违法行为人处以 5 000 元以上 5 万元以下的罚款。

3. 针对资料（4），下列说法中正确的是（　　）。

A. 若情节严重可对王某处 3 年以下有期徒刑或拘役

B. 可对王某处 3 000 元以上 5 万元以下罚款

C. 应恢复钱某名誉及其原有职务、级别

D. 可对钱某给予一定金额的补偿金

【答案】AC

【解析】单位负责人对会计人员实行打击报复，构成犯罪的，依法追究刑事责任，可处 3 年以下有期徒刑或拘役；不构成犯罪的，依法给予行政处分。对受打击报复的会计人员，应恢复其名誉，以及原有职务、级别。

4. 针对资料（5），下列说法中正确的是（　　）。

A. 乙会计师事务所是在该公司的施压下出具审计意见，不是其本意表达，不承担法律责任

B. 省级财政部门可以对乙会计师事务所的上述行为实施行政处罚

C. 乙会计师事务所的做法不符合规定，应当承担法律责任

D. 该企业的做法不符合规定，任何单位或者个人不得以任何方式要求或者示意注册会计师及其所有的会计师事务所出具不实或者不当的审计报告

【答案】BCD

【解析】财政部门对会计师事务所出具审计报告的程序和内容进行监督，省、自治区、直辖市人民政府财政部门组织实施本行政区域内的会计师事务所执业质量检查，并依法对本行政区域内会计师事务所或注册会计师违反《注册会计师法》的行为实施行政处罚。

本章考点巩固练习题

一、单项选择题

1. 根据《会计法》的规定，有权制定国家统一

的会计制度的政府部门是（　　）。

A. 国务院

B. 国务院财政部门

C. 国务院各业务主管部门

D. 省级人民政府财政部门

2. 下列各项中，对报送的财务报告的合法性、真实性负首要法律责任的是（　　）。

A. 总会计师

B. 会计主管人员

C. 单位负责人

D. 会计机构负责人

3. 会计资料最基本的质量要求是（　　）。

A. 明确性和谨慎性

B. 重要性和及时性

C. 真实性和完整性

D. 真实性和相关性

4. 单位在审核原始凭证时，发现外来原始凭证的金额有错误，正确的做法是（　　）。

A. 接受凭证单位更正并加盖公章

B. 原出具凭证单位更正并加盖公章

C. 原出具凭证单位重开

D. 经办人员更正并报领导审批

5. 下列各项中，属于银行存款日记账和库存现金日记账应当采用的账簿格式的是（　　）。

A. 订本式　　　　　B. 活页式

C. 卡片式　　　　　D. 总账式

6. 下列对原始凭证发生的错误，不正确的更正方法是（　　）。

A. 由出具单位重开或更正

B. 由本单位的会计人员代为更正

C. 金额发生错误的，不得在原始凭证上更正

D. 金额发生错误的，应当由出具单位重开

7. 下列关于会计保管的说法不正确的是（　　）。

A. 会计凭证登记完毕后，应当按照分类和编号顺序保管，不得散乱丢失

B. 对于数量过多的原始凭证，可以单独装订保管

C. 其他单位如因特殊原因需要使用原始凭证时，经本单位会计机构负责人、会计主管人员批准，可以外借

D. 从外单位取得的原始凭证如有遗失，应当取得原开出单位盖有公章的证明，并注明原来凭证的号码、金额和内容等，由经办单位会计机构负责人、会计主管人员和单位领导人批准后，才能代作原始凭证

8. 单位会计管理机构临时保管会计档案最长不超过（　　）年。

A. 1　　　　　　　B. 2

C. 3　　　　　　　D. 5

9. 根据会计法律制度的规定，下列各项中不属于企业财务会计报告组成部分的是（　　）。

A. 审计报告　　　B. 财务情况说明书

C. 会计报表　　　D. 会计报表附注

10. 根据会计法律制度的规定，下列关于财产清查的表述中，不正确的是（　　）。

A. 财产清查能够确定所查各项财产的实存数和账面数是否相符

B. 财产清查必须在编制月度财务会计报告之前进行

C. 财产清查分为全面清查和部分清查

D. 财产清查常用的方法中有实地盘点法

11. 建设单位在项目建设期间形成的会计档案，需要移交给建设项目接受单位的，应当在（　　）后及时移交，并按照规定办理交接手续。

A. 办理竣工财务决算

B. 工程验收合格

C. 接受单位占有使用

D. 办理开工财务预算

12. 根据会计法律制度的规定，会计档案的鉴定工作应由（　　）牵头组织进行。

A. 单位会计管理机构

B. 单位审计机构

C. 单位档案管理机构

D. 单位纪检监察机构

13. 下列各项中，属于会计工作的社会监督的是（　　）。

A. 注册会计师及其所在的会计师事务所依法实施的监督

B. 审计、税务和中国人民银行依法实施的监督

C. 县级以上财政部门依法实施的监督

D. 单位内部会计监督

14. 根据会计法律制度的规定，注册会计师在获取充分、适当的审计证据以作为形成审计意见的基础，但认为未发现的错报（如存在）对财务报表可能产生的影响重大且具有广泛性时，应发表的审计意见是（　　）。

A. 保留意见

B. 无保留意见

C. 无法表述意见

D. 否定意见

15. 各单位设置会计机构，或者在有关机构中设置会计人员并指定会计主管人员，其依据是（   ）。

A. 单位营业收入

B. 会计人员数量

C. 会计业务的需要

D. 单位的规模

16. 下列账目中，出纳人员可以管理的是（   ）。

A. 收入账目

B. 费用账目

C. 固定资产明细账

D. 债权债务明细账

17. 根据规定，我国实行回避制度的范围不包括（   ）。

A. 国家机关

B. 集体企业

C. 国有企业

D. 事业单位

18. 会计专业技术人员参加继续教育取得的学分，每年累计不少于（   ）学分。

A. 30   B. 50

C. 60   D. 90

19. 下列不属于正高级会计师应具备的条件是（   ）。

A. 政策水平高，工作经验丰富，能积极参与一个单位的生产经营决策

B. 系统掌握和应用经济与管理理论、财务会计理论与实务，把握工作规律

C. 学士以上学位，取得高级会计师职称后，从事与高级会计师职责相关工作满 5 年

D. 大学本科，取得高级会计师职称后，从事与高级会计师职责相关工作满 3 年

20. 犯有打击报复会计人员罪的单位负责人，情节恶劣的，应承担的刑事责任是（   ）。

A. 可处 3 年以下有期徒刑或者拘役

B. 可处 5 年有期徒刑或者拘役

C. 可处 6 年有期徒刑或者拘役

D. 可处 10 年有期徒刑或者拘役

二、多项选择题

1. 国家统一的会计制度的内容包括（   ）。

A. 国家统一的会计核算制度

B. 国家统一的会计监督制度

C. 国家统一的会计机构和会计人员管理制度

D. 国家统一的会计工作管理制度

2. 下列经济业务事项中，应当办理会计手续，进行会计核算的有（   ）。

A. 款项和有价证券的收付

B. 合同的签订和解除

C. 债权债务的发生和结算

D. 财物的收发、增减和使用

3. 下列关于记账凭证的要求中，正确的有（   ）。

A. 填制记账凭证时，应当对记账凭证进行连续编号

B. 不得将不同内容和类别的原始凭证汇总填制在一张记账凭证上

C. 如果在填制记账凭证时发生错误，应当重新填制

D. 发现以前年度记账凭证有错误的，应当用红字填制一张更正的记账凭证

4. 《会计法》规定单位负责人必须保证会计资料（   ）。

A. 合理   B. 真实

C. 全面   D. 完整

5. 有关正确使用会计记录文字，下列表述正确的有（   ）。

A. 民族自治地区的企业，可以只使用当地通用的一种民族文字进行会计记录

B. 在我国境内的外商投资企业，会计记录文字应使用中文，可以同时使用一种外国文字

C. 在我国境内的外国企业，可以只使用其本国文字进行会计记录

D. 在我国境内的各类单位，会计记录均应使用中文

6. 下列各项中，属于会计报表组成部分的有（   ）。

A. 利润表

B. 附表

C. 现金流量表

D. 注册会计师出具的审计报告

7. 下列各项中，属于会计资料归档范围的有（　　）。
   A. 会计凭证　　　　B. 会计账簿
   C. 财务会计报告　　D. 经济合同

8. 下列有关各类会计账簿用途的表述中，正确的有（　　）。
   A. 总账是用于分类登记某一类经济业务事项，提供有关明细核算资料的账簿
   B. 明细账是用于分类登记某一类经济业务事项，提供资产、负债、所有者权益、费用、成本、收入等"总括核算"的资料
   C. 日记账是按照经济业务事项发生的时间先后顺序，逐日逐笔地进行登记的账簿
   D. 其他辅助账簿是为备忘备查而设置的

9. 会计档案一般分为（　　）。
   A. 会计凭证类　　　B. 会计账簿类
   C. 财务会计报告类　D. 其他会计资料类

10. 会计工作移交前的准备工作有（　　）。
    A. 已经受理的经济业务尚未填制会计凭证的，应当填制完毕
    B. 尚未登记的账目，应当登记完毕，并在最后一笔余额后加盖经办人员印章
    C. 整理应该移交的各项资料，对未了事项写出书面材料
    D. 实行会计电算化的单位，移交人员还应当在移交清册中列明会计软件及密码、会计软件数据磁盘（磁带等）及有关资料、实物等内容

11. 下列关于会计档案管理的表述中，不正确的有（　　）。
    A. 各单位的预算、计划、制度等文件材料按会计档案进行归档
    B. 当年形成的会计档案，在会计年度终了后，可由单位会计管理机构临时保管1年
    C. 年度财务报告最低保管期限为30年
    D. 单位会计管理机构临时保管会计档案最长不超过5年

12. 关于会计档案的销毁，下列表述不正确的有（　　）。
    A. 单位负责人、档案管理机构负责人、会计管理机构负责人、档案管理机构经办人、

会计管理机构经办人在会计档案销毁清册上签署意见
    B. 单位档案管理机构负责组织会计档案销毁工作，并与审计机构共同派员监销
    C. 监销人在会计档案销毁前，应当按照会计档案销毁清册所列内容进行清点核对；在会计档案销毁后，无须在会计档案销毁清册上签名或盖章
    D. 电子会计档案的销毁应当符合国家有关电子档案的规定，并由单位档案管理机构和信息系统管理机构共同派员监销

13. 下列各项中，属于会计监督范畴的有（　　）。
    A. 单位内部会计监督
    B. 会计工作的政府监督
    C. 会计工作的社会监督
    D. 商业银行的监督

14. 下列各项中，属于企业内部控制措施的有（　　）。
    A. 不相容职务分离控制
    B. 授权批准控制
    C. 预算控制
    D. 财产保护控制

15. 下列关于财务会计报告签章手续，应当签名并盖章的主体有（　　）。
    A. 审计人员　　　　B. 总会计师
    C. 单位负责人　　　D. 会计机构负责人

16. 下列各项中，（　　）属于代理记账机构的业务范围。
    A. 审核原始凭证、填制记账凭证
    B. 向税务机关提供税务资料
    C. 对外提供财务会计报告
    D. 委托人委托的其他会计业务

17. 下列人员中，5年内不得从事会计工作的有（　　）。
    A. 因私设会计账簿且情节严重，被行政处罚的会计人员王某
    B. 因伪造会计凭证被行政处罚的会计人员李某
    C. 因故意销毁会计账簿被追究刑事责任的会计人员武某
    D. 因挪用公款被追究刑事责任的会计人员朱某

18. 下列各项中，属于会计人员继续教育内容的有（　　）。
    A. 财务、会计法规制度
    B. 理论政策
    C. 会计职业道德规范
    D. 技术信息

19. 下列各项中，属于回避制度中所指的亲属的有（　　）。
    A. 夫妻关系
    B. 直系血亲关系
    C. 三代以内旁系血亲
    D. 姻亲关系

20. 下列关于总会计师地位的说法中，正确的有（　　）。
    A. 是主管本单位会计工作的行政领导
    B. 是单位行政领导成员
    C. 总会计师是高级技术职称
    D. 是单位会计机构负责人

21. 甲公司的下列人员中，符合会计机构负责人任职资格的有（　　）。
    A. 具备高级会计师专业技术职务资格的李某
    B. 曾因提供虚假财务会计报告被追究刑事责任的原会计师赖某
    C. 已从事会计工作5年的张某
    D. 具备初级会计专业技术资格且从事会计工作2年的王某

22. 下列属于高级会计师应具备的条件的有（　　）。
    A. 系统掌握和应用经济与管理理论、财务会计理论与实务
    B. 具备博士学位，取得会计师职称后，从事与会计师职责相关工作满2年
    C. 具备硕士学位，取得会计师职称后，从事与会计师职责相关工作满3年
    D. 具备大学专科学历，取得会计师职称后，从事与会计师职责相关工作满10年

23. 下列各项中，属于会计专业职务的有（　　）。
    A. 助理会计师　　　　B. 会计师
    C. 高级会计师　　　　D. 注册会计师

三、判断题

1. 国务院财政部门可根据《会计法》的规定制定并公布国家统一的会计制度。（　　）

2. 会计工作岗位，只能一岗一人。（　　）

3. 我国境内的所有企业必须以人民币为记账本位币。（　　）

4. 以涂改、挖补等手段来改变会计凭证和会计账簿的真实内容，以歪曲事实真相的行为，属于伪造会计资料。（　　）

5. 《会计法》规定，任何单位和个人对违反《会计法》和国家统一的会计制度规定的行为，有权检举。（　　）

6. 财政部门对各单位是否依法设置会计账簿；会计凭证、会计账簿、财务会计报告和其他会计资料是否真实、完整；会计核算是否符合《会计法》和国家统一的会计制度的规定等情况实施会计监督。（　　）

7. 没有设置会计记账机构或配备会计人员的单位，可以根据《代理记账管理办法》委托会计师事务所进行代理记账。（　　）

8. 会计人员离职或因病不能工作的，会计机构负责人（会计主管人员）或单位负责人必须指定专人接替或者代理，并且办理会计工作交接手续。（　　）

9. 火车票、飞机票等遗失后，因无法取得原始凭证，财务人员不得予以报销。（　　）

10. 现金日记账和银行存款日记账必须逐月结出余额。（　　）

11. 企业在经营中发生销货退回的，应以退货发票作为收据进行退款。（　　）

12. 会计档案是指会计凭证、会计账簿和财务会计报告等会计核算专业资料，它是记录和反映经济工作的重要史料和证据。（　　）

13. 单位和个人检举违法会计行为也是会计工作社会监督的范畴。（　　）

14. 会计档案移交清册须永久保存。（　　）

15. 具有会计专业技术资格的人员应当自取得会计专业技术资格的第三年开始参加继续教育，并在规定时间内取得规定学分。（　　）

本章考点巩固练习题参考答案及解析

一、单项选择题

1.【答案】B
【解析】《会计法》规定，国家实行统一的会计制度。国家统一的会计制度由国务院财政部门根据《会计法》制定并公布。国家统一的会计制度，是指国务院财政部门根据《会计法》制定的关于会计核算、会计监督、会计机构和会计人员以及会计工作管理的制度。

2.【答案】C
【解析】单位负责人对本单位的会计工作和会计资料的真实性、完整性负责。

3.【答案】C
【解析】会计资料的真实性和完整性是对会计资料最基本的质量要求，是会计工作的生命，各单位必须严格按照《会计法》的要求执行，保证所提供会计资料的真实性和完整性。任何单位和个人不得伪造、变造会计凭证、会计账簿和其他会计资料，不得提供虚假的财务会计报告。

4.【答案】C
【解析】原始凭证金额有错误的，应当由出具单位重开，不得在原始凭证上更正。

5.【答案】A
【解析】日记账是一种特殊的序时明细账，它是按照经济业务事项发生的时间先后顺序，逐日逐笔地进行登记的账簿，包括现金日记账和银行存款日记账。日记账通常使用订本账。

6.【答案】B
【解析】本题考核原始凭证的填制。原始凭证金额有错误的，应当由出具单位重开，不得在原始凭证上更正。原始凭证有其他错误的，应当由出具单位重开或更正，更正处应当加盖出具单位印章。

7.【答案】C
【解析】原始凭证不得外借。

8.【答案】C
【解析】因工作需要确需推迟移交的，应当经单位档案管理机构同意。单位会计管理机构临时保管会计档案最长不超过3年。

9.【答案】A
【解析】企业财务会计报告包括会计报表、会计报表附注和财务情况说明书。

10.【答案】B
【解析】选项A，通过清查，可以确定各项财产的实存数，以便查明实存数与账面数是否相符，并查明不符的原因和责任，制定相应措施，做到账实相符，保证会计资料的真实性。选项B，编制年度财务会计报告之前，必须进行财产清查。选项C、D，财产清查制度是通过定期或不定期、全面或部分地对各项财产物资进行实地盘点和对库存现金、银行存款、债权债务进行清查核实的一种制度。

11.【答案】A
【解析】建设单位在项目建设期间形成的会计档案，需要移交给建设项目接受单位的，应当在办理竣工财务决算后及时移交，并按照规定办理交接手续。

12.【答案】C
【解析】会计档案鉴定工作应由单位档案管理机构牵头，组织单位会计、审计、纪检监察等机构或人员共同进行。

13.【答案】A
【解析】会计工作的社会监督，主要是指由注册会计师及其所在的会计师事务所等中介机构接受委托，依法对单位的经济活动进行审计，出具审计报告，发表审计意见的一种监督制度。

14.【答案】D
【解析】在获取充分、适当的审计证据以作为形成审计意见的基础，但认为未发现的错报（如存在）对财务报表可能产生的影响重大且具有广泛性时，应发表否定意见。

15.【答案】C

【解析】根据《会计法》的规定，各单位应当根据会计业务的需要，设置会计机构，或者在有关机构中设置会计人员并指定会计主管人员。

16.【答案】C

【解析】根据规定，出纳人员不得兼任（兼管）稽核、会计档案保管和收入、支出、费用、债权债务账目的登记工作。

17.【答案】B

【解析】国家机关、国有企业、事业单位任用会计人员应当实行回避制度。

18.【答案】D

【解析】专业技术人员参加继续教育取得的学分，每年累计不少于90学分，其中，专业科目一般不少于总学分的三分之二。

19.【答案】D

【解析】选项D错误，正高级会计师一般应具有大学本科及以上学历或学士以上学位，取得高级会计师职称后，从事与高级会计师职责相关工作满5年。

20.【答案】A

【解析】根据《刑法》第二百五十五条规定，公司、企业、事业单位、机关、团体的领导人，对依法履行职责、抵制违反会计法行为的会计人员实行打击报复，情节恶劣的，处3年以下有期徒刑或者拘役。

二、多项选择题

1.【答案】ABCD

【解析】国家统一的会计制度，是指国务院财政部门根据《会计法》制定的关于会计核算、会计监督、会计机构和会计人员以及会计工作管理的制度。

2.【答案】ACD

【解析】会计核算的内容包括款项和有价证券的收付，财物的收发、增减和使用，债权债务的发生和结算，资本、基金的增减，收入、支出、费用、成本的计算，财务成果的计算和处理，以及需要办理会计手续、进行会计核算的其他事项。

3.【答案】ABC

【解析】发现以前年度记账凭证有错误的，应当用蓝字填制一张更正的记账凭证，因此选项D错误。

4.【答案】BD

【解析】单位负责人对本单位的会计工作和会计资料的真实性、完整性负责。

5.【答案】BD

【解析】无论是民族自治地区的单位，还是在中国境内的外商投资企业、外国企业等，均应使用中文；但可以在使用中文作为会计记录文字的同时，选择当地通用的一种民族文字或一种外国文字进行会计记录。

6.【答案】ABC

【解析】会计报表包括资产负债表、利润表、现金流量表和相关附表。

7.【答案】ABC

【解析】下列会计资料应当进行归档：（1）会计凭证；（2）会计账簿；（3）财务会计报告类；（4）其他会计资料。经济合同不属于会计资料。

8.【答案】CD

【解析】选项A，总账是用于分类登记单位的全部经济业务事项，提供资产、负债、所有者权益、费用、成本、收入等"总括核算"的资料；选项B，明细账是用于分类登记某一类经济业务事项，提供有关明细核算资料的账簿。

9.【答案】ABCD

【解析】会计档案的归档范围包括：会计凭证、会计账簿类、财务会计报告类、其他会计资料。

10.【答案】ABCD

【解析】选项A、B、C、D都属于会计工作移交前的准备工作。

11.【答案】ACD

【解析】选项A，各单位的预算、计划、制度等文件材料属于文书档案，不属于会计档案；选项C，永久保管的会计档案有年度财务报告、会计档案保管清册、会计档案销毁清册和会计档案鉴定意见书；选项D，单位会计管理机构临时保管会计档案最长不超过

3年。

12.【答案】BCD

【解析】选项B，单位档案管理机构负责组织会计档案销毁工作，并与会计管理机构共同派员监销；选项C，监销人在会计档案销毁前，应当按照会计档案销毁清册所列内容进行清点核对，在会计档案销毁后，应当在会计档案销毁清册上签名或盖章；选项D，电子会计档案的销毁应当符合国家有关电子档案的规定，并由单位档案管理机构、会计管理机构和信息系统管理机构共同派员监销。

13.【答案】ABC

【解析】会计监督可分为单位内部监督、政府监督和社会监督。

14.【答案】ABCD

【解析】企业内部控制措施包括：不相容职务分离控制、授权审批控制、会计系统控制、财产保护控制、预算控制、运营分析控制、绩效考评控制。

15.【答案】BCD

【解析】企业对外提供的财务会计报告应当由企业负责人和主管会计工作的负责人、会计机构负责人（会计主管人员）签名并盖章。设置总会计师的企业，还应由总会计师签名并盖章。

16.【答案】ABCD

【解析】代理记账机构可以接受委托办理下列业务：（1）根据委托人提供的原始凭证和其他资料，按照国家统一的会计制度的规定进行会计核算，包括审核原始凭证、填制记账凭证、登记会计账簿、编制财务会计报告等；（2）对外提供财务会计报告；（3）向税务机关提供税务资料；（4）委托人委托的其他会计业务。

17.【答案】AB

【解析】选项C、D属于永远不得从事会计工作的情况，故不正确。

18.【答案】ABCD

【解析】继续教育内容包括公需科目和专业科目。公需科目包括专业技术人员应当普遍掌握的法律法规、理论政策、职业道德、技术信息等基本知识。专业科目包括专业技术人员从事会计工作应当掌握的财务会计、管理会计、财务管理、内部控制与风险管理、会计信息化、会计职业道德、财税金融、会计法律法规等相关专业知识。

19.【答案】ABCD

【解析】国家机关、国有企业、事业单位任用会计人员应当实行回避制度。单位领导人的直系亲属不得担任本单位的会计机构负责人、会计主管人员。会计机构负责人、会计主管人员的直系亲属不得在本单位会计机构中担任出纳工作。需要回避的亲属为：夫妻关系、直系血亲关系、三代以内旁系血亲以及姻亲关系。

20.【答案】AB

【解析】总会计师是主管本单位会计工作的行政领导，是单位行政领导成员，协助单位主要行政领导人工作，直接对单位主要行政领导人负责。总会计师组织领导本单位的财务管理、成本管理、预算管理、会计核算和会计监督等方面的工作，参与本单位重要经济问题的分析和决策。

21.【答案】AC

【解析】选项B错误，因有提供虚假财务会计报告，做假账，隐匿或者故意销毁会计凭证、会计账簿、财务会计报告，贪污、挪用公款，职务侵占等与会计职务有关的违法行为被依法追究刑事责任的人员，不得再从事会计工作。选项D错误，担任单位会计机构负责人（会计主管人员）的，应当具备会计师以上专业技术职务资格或者有从事会计工作3年以上经历。

22.【答案】ABD

【解析】选项C错误，高级会计师具备硕士学位，取得会计师职称后，从事与会计师职责相关工作需满5年。

23.【答案】ABC

【解析】会计专业职务分为助理会计师、会计师、高级会计师和正高级会计师。

三、判断题

1.【答案】√

【解析】国家统一的会计制度由国务院财政部

门根据《会计法》制定并公布。

2.【答案】×

【解析】会计工作岗位可以一人一岗、一人多岗或者一岗多人。

3.【答案】×

【解析】《会计法》规定，业务收支以人民币以外的货币为主的单位，可以选定其中一种货币作为记账本位币，但是编报的财务会计报告应当折算为人民币。

4.【答案】×

【解析】以涂改、挖补等手段来改变会计凭证和会计账簿的真实内容，以歪曲事实真相的行为，属于变造会计资料。

5.【答案】√

【解析】任何单位和个人对违反《会计法》和国家会计制度规定的行为都有权检举。

6.【答案】√

【解析】财政部门对各单位的下列情况实施监督：（1）是否依法设置会计账簿。（2）会计凭证、会计账簿、财务会计报告和其他会计资料是否真实、完整。（3）会计核算是否符合《会计法》和国家统一的会计制度的规定。（4）从事会计工作的人员是否具备专业能力、遵守职业道德。

7.【答案】√

【解析】没有设置会计记账机构或配备会计人员的单位，应根据《代理记账管理办法》的规定，委托会计师事务所或持有代理记账许可证书的代理记账机构进行代理记账。

8.【答案】√

【解析】会计人员离职或因病不能工作的，会计机构负责人（会计主管人员）或单位负责人应指定专人接替或代理，并办理会计工作交接手续。

9.【答案】×

【解析】从外单位取得的原始凭证如有遗失，应当取得原开出单位盖有公章的证明，并注明原来凭证的号码、金额和内容等，由经办单位会计机构负责人、会计主管人员和单位领导人批准后，可代作原始凭证。如果确实无法取得证明的，如火车票、轮船票、飞机票等凭证，由当事人写出详细情况，由经办单位会计机构负责人、会计主管人员和单位领导人批准后，代作原始凭证。

10.【答案】×

【解析】现金日记账和银行存款日记账必须逐日结出余额。

11.【答案】×

【解析】发生销货退回的，除填制退货发票外，还必须有退货验收证明；退款时，必须取得对方的收款收据或者汇款银行的凭证，不得以退货发票代替收据。

12.【答案】√

【解析】会计档案是指单位在进行会计核算等过程中接收或形成的，记录和反映单位经济业务事项的，包括会计凭证、会计账簿和财务会计报告等会计核算专业资料。

13.【答案】√

【解析】《会计法》规定，任何单位和个人对违反《会计法》和国家统一的会计制度规定的行为，有权检举。这是为了充分发挥社会各方面的力量，鼓励任何单位和个人检举违法会计行为，也属于会计工作社会监督的范畴。

14.【答案】×

【解析】会计档案移交清册最低保管期限为30年。

15.【答案】×

【解析】具有会计专业技术资格的人员应当自取得会计专业技术资格的次年开始参加继续教育，并在规定时间内取得规定学分。

第三章 支付结算法律制度

考情分析

本章属于历年考试的重点章节，考核分值在15分左右。从题型看，单项选择题、多项选择题、判断题和不定项选择题均会涉及。考生在复习过程中，除了要重点掌握和理解支付结算的基本要求和票据的一般规定外，也要掌握各种支付方式的具体应用要求。

教材变化

2024年本章内容无实质性变化。

考点提示

本章教材的法律规定内容较多，与实际工作联系紧密。就各类结算规则来讲没有需要理解的，主要是记忆和区分。从考试角度分析各考点的考试比重，基本上是从票据结算、银行账户、银行卡到其他结算方式依次递减。在内容学习上，建议考生通读教材，准确掌握各类结算的具体规则，通过习题练习加强各类结算的相关法律规定的记忆，并能区分各类结算规则。

本章考点框架

支付结算法律制度
- 支付结算概述
  - 支付结算概念与工具★
  - 支付结算的基本要求★
- 银行结算账户
  - 银行结算账户的概念和种类★★★
  - 银行结算账户的开立、变更和撤销★
  - 各类银行结算账户的开立、使用★★
  - 银行结算账户的管理★
- 银行非现金支付业务
  - 票据的概念和种类★
  - 票据当事人★★
  - 票据行为★★★
  - 票据权利与责任★★★
  - 银行汇票★★
  - 商业汇票★★★
  - 银行本票★★
  - 支票★
  - 汇兑★★
  - 委托收款★★
  - 银行卡★★
  - 银行电子支付★
- 支付机构非现金支付业务
  - 网络支付★
  - 预付卡★★
- 支付结算纪律和法律责任
  - 支付结算纪律★
  - 违反支付结算法律制度的法律责任★★

考点解读及例题点津

第一单元　支付结算概述

1 支付结算概念与工具★

一、考点解读

（一）支付结算的概念

支付结算是指单位、个人在社会经济活动中使用票据、银行卡和汇兑、委托收款、托收承付

及电子支付等结算工具或方式进行货币给付及其资金结算的行为。

（二）支付结算的工具

目前，我国已形成了以票据和银行卡为主体、以电子支付为发展方向的非现金支付工具体系。

1. 传统的人民币非现金支付工具主要包括

"三票一卡"和结算方式。"三票一卡"是指汇票、本票、支票和银行卡；结算方式是指汇兑、托收承付和委托收款。随着互联网技术的发展，网上银行、条码支付、网络支付等电子支付方式得到快速发展。

2. 票据和汇兑是我国经济活动中不可或缺的重要支付工具及方式，被广大单位和个人广泛使用，并在大额支付中占据主导地位。银行卡收单、网络支付、预付卡、条码支付等在小额支付中占据主导地位。

二、例题点津

【例题 1·单选题】 下列非现金支付工具中不属于"三票一卡"的是（ ）。

A. 本票　　　　　　B. 汇票

C. 股票　　　　　　D. 支票

【答案】 C

【解析】 "三票一卡"是指汇票、本票、支票和银行卡。

【例题 2·判断题】 随着互联网技术的发展，网上银行、条码支付、网络支付等电子支付方式得到快速发展并在大额支付中占据主导地位。（ ）

【答案】 ×

【解析】 银行卡收单、网络支付、预付卡、条码支付等在小额支付中占据主导地位。在大额支付中占据主导地位的是票据和汇兑。

2 支付结算的基本要求 ★

一、考点解读

（一）支付结算的原则

1. 恪守信用，履约付款原则。

2. 谁的钱进谁的账，由谁支配。

3. 银行不垫款原则。

（二）支付结算的要求

1. 单位、个人和银行办理支付结算，必须使用按中国人民银行统一规定印制的票据和结算凭证。

2. 票据和结算凭证上的签章和其他记载事项应当真实，不得伪造、变造。

（1）出票金额、出票日期、收款人名称不得更改，更改的票据无效；更改的结算凭证，银行不予受理。对票据和结算凭证上的其他记载事项，原记载人可以更改，更改时应当由原记载人在更改处签章证明。

（2）票据和结算凭证上的签章，为签名、盖章或者签名加盖章。单位、银行在票据上的签章和单位在结算凭证上的签章，为该单位、银行的盖章加其法定代表人或其授权的代理人的签名或盖章。个人在票据和结算凭证上的签章，应为该个人本人的签名或盖章（公章指法人行政印章和财务专用章的统称）。

> **解释** 区分票据的"伪造"与"变造"：
> "伪造"是指无权限人假冒他人或虚构他人名义"签章"的行为；
> "变造"是指无权更改票据内容的人，对票据上"签章以外"的记载事项加以改变的行为。

3. 填写票据和各种结算凭证应当规范。

（1）基本规范要求填写票据和结算凭证，必须做到要素齐全、数字正确、字迹清晰、不错漏、不潦草，防止涂改。

（2）收款人名称。单位和银行的名称应当记载全称或者规范化简称。

（3）出票日期。票据的出票日期必须使用中文大写（见表 3-1）。

表 3-1　　出票日期的特殊规定

单位	内容	修改
月	"壹""贰"和"壹拾"	前加"零"
日	"壹"至"玖"和"壹拾""贰拾""叁拾"	前加"零"
	"拾壹"至"拾玖"	前加"壹"

（4）金额。票据和结算凭证金额以中文大写和阿拉伯数码同时记载，二者必须一致，二者不一致的票据无效；二者不一致的结算凭证，银行不予受理。

二、例题点津

【例题 1·单选题】 某票据的出票日期为"2023 年 3 月 20 日"，其规范写法是（ ）。

A. 贰零贰叁年零叁月贰拾日

B. 贰零贰叁年叁月零贰拾日

C. 贰零贰叁年零叁月零贰拾日

D. 贰零贰叁年叁月贰拾日

【答案】B

【解析】本题考核办理支付结算的基本要求。为防止变造票据的出票日期，在填写月、日时，月为"壹""贰"和"壹拾"的，日为"壹"至"玖"和"壹拾""贰拾""叁拾"的，应在其前加"零"；日为"拾壹"至"拾玖"的，应在其前加"壹"。

【例题2·多选题】根据支付结算法律制度的规定，下列关于办理支付结算基本要求的表述中，正确的有（　　）。

A. 结算凭证的金额以中文大写和阿拉伯数码同时记载，二者必须一致

B. 票据上的出票金额、收款人名称不得更改

C. 票据上的签章为签名、盖章或者签名加盖章

D. 票据的出票日期可以使用阿拉伯数码记载

【答案】ABC

【解析】选项D，票据的出票日期必须使用中文大写。

第二单元　银行结算账户

1 银行结算账户的概念和种类 ★★★

一、考点解读

（一）银行结算账户的概念

银行结算账户是银行为存款人开立的办理资金收付结算的活期存款账户。

提示 银行"储蓄"账户，可以是定制存款账户，但银行"结算"账户是活期存款账户。

（二）银行结算账户的种类

银行结算账户按存款人不同分为单位银行结算账户和个人银行结算账户（见表3–2）。

表3–2　　　　　　　　　　　银行结算账户的分类

单位银行结算账户	基本存款账户	日常转账结算和现金收付需要开立的银行结算账户；存款人的主办账户；工资、资金和现金的支取（只能开一个）
	一般存款账户	1. 借款式其他结算需要； 2. 办理现金缴存但不得办理支取； 3. 须在基本户开户行以外的银行开立（例如，基本户在建行，一般户在农行）
	专用存款账户	按照法律、行政法规和规章，对其特定用途资金进行专项管理和使用而开立的银行结算账户
	临时存款账户	因临时需要并在规定期限内使用而开立的银行结算账户
	解释 个体工商户凭营业执照以字号或经营者姓名开立的银行结算账户纳入单位银行结算账户管理	
预算单位零余额账户	按基本存款账户或专用存款账户管理	财政部门为实行财政国库集中支付的预算单位在商业银行开设的零余额账户

续表

| 异地银行结算账户 | 异地基本存款账户、异地一般存款账户、异地专用存款账户、异地临时存款账户、异地个人存款账户 |
| 个人银行结算账户 | 凭个人身份证件以自然人名称开立的银行结算账户 |

二、例题点津

【例题·单选题】甲公司因办理日常转账结算和现金收付需要开立的银行结算账户是（　　）。

A. 基本存款账户

B. 一般存款账户

C. 专用存款账户

D. 临时存款账户

【答案】A

【解析】基本存款账户是单位用来办理日常转账结算和现金收付的账户。

2　银行结算账户的开立、变更和撤销★

一、考点解读

（一）银行结算账户的开立（见表3-3）

表3-3　　　　　　　　　　　银行结算账户的开立

申请	存款人申请开立银行结算账户时，应填制开立银行结算账户申请书。 单位：公章+法定代表人或授权代理人的签名或盖章。 个人：本人的签章			
	提示 银行账户的管理——实名制			
	银行应对存款人的开户申请书填写的事项和证明文件的真实性、完整性、合规性进行审查			
审核	报送并核准	中国人民银行当地分支机构应于2个工作日内对核准类账户的合规性予以审核。符合条件的予以核准，办理开户许可证。不符合条件的签署意见退回	核准类账户	1. 基本存款账户（企业除外）； 2. 临时存款账户（因注册验资和增资验资开立的除外）； 3. 预算单位专用存款账户； 4. QFII专用存款账户
	备案	银行应办理开户手续，并向中国人民银行当地分支机构备案。银行完成企业基本存款账户信息备案后，账户管理系统生成基本存款账户编号	备案类账户	基本存款账户（企业）、一般存款账户
				临时存款账户、其他专用存款账户
				个人存款账户
协议	开立账户银行应与存款人签订银行结算账户管理协议			
预留签章	存款人申请开立账户的名称应与预留签章一致			
	因注册验资开立的临时存款账户可以是约定名称			
何时可以使用	存款人开立单位银行结算账户，自正式开立之日起3个工作日后方可使用该账户办理付款业务，但是注册验资的临时存款账户转为基本存款账户、因借款存存开立的一般存款账户除外（非企业单位）。 企业银行结算账户自开立之日即可办理收付款业务。 核准类正式开立之日：中国人民银行当地分支机构的核准日期。 非核准类正式开立之日：开户行为存款人办理开户手续的日期			

解释 企业是指在境内设立的企业法人、非法人企业和个体工商户。

（二）银行结算账户的变更

1. 银行账户变更基本要求。

（1）银行发现企业名称、法定代表人或者单位负责人发生变更（换名、换人）。

（2）企业营业执照、法定代表人或者单位负责人有效身份证件有效期到期的。

2. 存款人更改名称，但不改变开户银行及账户的，应**于5个工作日内**向开户银行提出银行结算账户的变更申请，并出具有关部门的证明文件。

3. 单位的法定代表人或主要负责人、住址以及其他开户资料发生变更时，应**于5个工作日**

内书面通知开户银行并提供有关证明。

4. 变更开户许可证记载事项的，存款人办理变更手续时应交回开户许可证，由中国人民银行当地分支行换发新的开户许可证。对企业名称、法定代表人或者单位负责人变更的，账户管理系统重新生成新的基本存款账户编号，银行应当打印《基本存款账户信息》并交付企业。企业可向基本存款账户开户银行申请打印《基本存款账户信息》。

（三）银行结算账户的撤销（见表3-4）

表3-4　银行结算账户的撤销

情形		程序
应当撤销	被撤并、解散、宣告破产或关闭的	因该项原因撤销账户的，应于**5个工作日内**向银行提出撤销账户的申请
	注销、被吊销营业执照的	
	因迁址需要变更开户银行的	因该项原因撤销基本存款账户后，需要重新开立基本存款账户的，应当在**撤销其原基本存款账户后10日内**申请重新开立基本存款账户
	其他原因需要撤销银行结算账户的	
不得撤销	存款人**尚未结清**其开户银行债务的，**不得申请撤销**银行结算账户	
其他规定	对于按规定应撤销而未办理销户手续的单位银行结算账户，银行通知该单位银行结算账户的存款人自发出通知之日起30日内办理销户手续，**逾期视同自愿销户**，未划款项列入久悬未取专户管理	

撤销顺序：多个银行结算账户的，最后撤销基本存款户

二、例题点津

【例题·多选题】下列关于甲餐馆撤销基本存款账户的表述中，正确的有（　　）。

A. 应将各种重要空白结算凭证、票据和开户许可证交回银行

B. 应先撤销在Q银行开立的一般存款账户

C. 应与P银行核对账户存款余额

D. 应清偿在Q银行的债务，并将在Q银行的账户资金转入基本存款账户

【答案】ABCD

【解析】（1）选项A、C，存款人撤销银行结算账户，必须与开户银行核对银行结算账户存款余额，交回各种重要空白票据及结算凭证和开

户许可证，银行核对无误后方可办理销户手续。（2）选项B、D，撤销银行结算账户时，应先撤销一般存款账户、专用存款账户、临时存款账户，将账户资金转入基本存款账户后，方可办理基本存款账户的撤销。

3　各类银行结算账户的开立、使用★★

一、考点解读

（一）基本存款账户

基本存款账户是存款人因办理日常转账结算和现金收付需要开立的银行结算账户，也是存款人的**主办账户**。

1. 下列存款人可以申请开立基本存款账户：

（1）企业法人；

（2）非法人企业；

（3）机关、事业单位；

（4）团级（含）以上军队、武警部队及分散执勤的支（分）队；

（5）社会团体；

（6）民办非企业组织；

（7）异地常设机构；

（8）外国驻华机构；

（9）个体工商户；

（10）居民委员会、村民委员会、社区委员会；

（11）单位设立的独立核算的附属机构，包括食堂、招待所、幼儿园；

（12）其他组织（如业主委员会、村民小组等）；

（13）境外机构。

2. 开立及用途。

一个单位只能开立一个基本存款账户。

存款人日常经营活动的资金收付及其工资、奖金和现金的支取，应通过基本存款账户办理。

3. 开立基本存款账户需要提供的文件。

（1）营业执照；

（2）税务登记证正本（提供了加载法人和其他组织统一社会信用代码营业执照的，不必

提供）；

（3）法定代表人身份证件；

（4）法定代表人授权书、代办人员身份证件（如委托办理）。

开户时，应出具法定代表人或单位负责人有效身份证件。法定代表人或单位负责人授权他人办理的，还应出具法定代表人或单位负责人的授权书以及被授权人的有效身份证件。

（二）一般存款账户

一般存款账户是存款人因借款或其他结算需要，在基本存款账户开户银行以外的银行营业机构开立的银行结算账户。

1. 开立。

存款人申请开立一般存款账户，应向银行出具其开立基本存款账户规定的证明文件、基本存款账户开户许可证或企业基本存款账户编号和其他有关证明。

2. 使用。

一般存款账户用于办理存款人借款转存、借款归还和其他结算的资金收付。一般存款账户可以办理现金缴存，但不得办理现金支取。

（三）专用存款账户

专用存款账户是存款人按照法律、行政法规和规章，对其特定用途资金进行专项管理和使用而开立的银行结算账户（见表3-5）。

表3-5　　　　　　　　　　专用存款账户

适用范围	现金的使用
基本建设资金	对应专用存款账户需要支取现金的，应在开户时报中国人民银行当地分支机构批准
更新改造资金	
政策性房地产开发资金	
证券交易结算资金	对应专用存款账户不得支取现金
期货交易保证金	
信托基金	
粮、棉、油收购资金	对应专用存款账户支取现金应按照国家现金管理的规定办理
住房基金	
社会保障基金	
党、团、工会经费等	

续表

适用范围	现金的使用
收入汇缴资金	收入汇缴账户除向其基本存款账户或者预算外资金财政专用存款账户划缴款项外，只收不付，不得支取现金
业务支出资金	业务支出账户除从其基本存款账户拨入款项外，只付不收，其现金支取必须按照国家现金管理的规定办理

（四）预算单位零余额账户

1. 预算单位零余额账户是指预算单位经财政部门批准，在国库集中支付代理银行和非税收入收缴代理银行开立的，用于办理国库集中收付业务的银行结算账户。

预算单位零余额账户的性质为基本存款账户或专用存款账户。

2. 一个基层预算单位开设一个零余额账户。

3. 使用。

（1）预算单位零余额账户用于财政授权支付；

（2）可以办理转账、提取现金等结算业务；

（3）可以向本单位按账户管理规定保留的相应账户划拨工会经费、住房公积金及提租补贴，以及财政部门批准的特殊款项；

（4）不得违反规定向本单位其他账户和上级主管单位、所属下级单位账户划拨资金。

（五）临时存款账户

1. 临时存款账户是指存款人因临时需要并在规定期限内使用而开立的银行结算账户。

2. 适用范围。

（1）设立临时机构；

（2）异地临时经营活动；

（3）注册验资、增资；

（4）军队、武警单位承担基本建设或者异地执行作战、演习、抢险救灾、应对突发事件等临时任务。

3. 使用。

（1）临时存款账户用于办理临时机构以及存款人临时经营活动发生的资金收付；

（2）临时存款账户有效期限最长不得超过2年；

（3）临时存款账户支取现金，应按照国家现金管理的规定办理；

（4）注册验资的临时存款账户在验资期间只收不付。

（六）个人银行结算账户

1. 个人银行结算账户的概念及种类。

个人银行结算账户是指存款人因投资、消费、结算等需要而凭个人身份证件以自然人名称开立的银行结算账户。

个人银行账户分为Ⅰ类银行账户、Ⅱ类银行账户和Ⅲ类银行账户（见表3-6）。

表3-6　　　　　　　　　　个人银行账户分类

类别	可办理业务内容	经审核可增业务	限制	备注
Ⅰ类银行账户	存款、购买投资理财产品等金融产品、转账、消费和缴费支付、支取现金等服务			
Ⅱ类银行账户	存款、购买投资理财产品等金融产品、限额消费和缴费、限额向非绑定账户转出资金业务	存取现金、非绑定账户资金转入业务，非绑定账户转入资金	日累计限额合计为1万元，年累计限额合计为20万元	可以配发银行卡实体卡片
		消费和缴费、向非绑定账户转出资金、取出现金		

续表

类别	可办理业务内容	经审核可增业务	限制	备注
Ⅲ类 银行账户	限额消费和缴费、限额向非绑定账户转出资金业务	非绑定账户资金转入		Ⅲ类账户任一时点账户余额不得超过2 000元

2. 开户方式及证明文件。

（1）个人银行结算账户的开户方式包括柜面开户、自助机开户以及电子渠道开户。

（2）根据个人银行账户实名制的要求，存款人申请开立个人银行账户时，应向银行出具本人有效身份证件，银行通过有效身份证件仍无法准确判断开户申请人身份的，应要求其出具辅助身份证明材料。

3. 使用。

个人银行结算账户用于办理个人转账收付和现金存取。

（1）下列款项可以转入个人银行结算账户：①工资、奖金收入；②稿费、演出费等劳务收入；③债券、期货、信托等投资的本金和收益；④个人债权或产权转让收益；⑤个人贷款转存；⑥证券交易结算资金和期货交易保证金；⑦继承、赠与款项；⑧保险理赔、保费退还等款项；⑨纳税退还；⑩农、副、矿产品销售收入；⑪其他合法款项等。

（2）单位向个人银行结算账户付款的要求：①单位从其银行结算账户支付给个人银行结算账户的款项，每笔超过5万元（不包含5万元）的，应向其开户银行提供相应的付款依据，但付款单位若在付款用途栏或备注栏注明事由，可不再另行出具付款依据，但付款单位应对支付款项事由的真实性、合法性负责。②从单位银行结算账户支付给个人银行结算账户的款项应纳税的，税收代扣单位付款时应向其开户银行提供完税证明。③当个人持出票人为单位的支票向开户银行委托收款，将款项转入其个人银行结算账户的，或者个人持申请人为单位的银行汇票和银行本票向开户银行提示付款，将款项转入其个人银行结算账户的，个人应当出具有关收款依据。存款人应对其提供的收款依据或付款依据的正确性、合

法性负责。

4. 拒绝支付的情况。

具有下列一种或多种特征的可疑交易时，银行应关闭单位银行结算账户的网上银行转账功能，要求存款人到银行网点柜台办理转账业务，并出具书面付款依据或相关证明文件。如存款人未提供相关依据或相关依据不符合规定的，银行应拒绝办理转账业务。

（1）账户资金集中转入，分散转出，跨区域交易；

（2）账户资金快进快出，不留余额或者留下一定比例余额后转出，过渡性质明显；

（3）拆分交易，故意规避交易限额；

（4）账户资金金额较大，对外收付金额与单位经营规模、经营活动明显不符；

（5）其他可疑情形。

（七）异地银行结算账户

1. 开立。

存款人应在注册地或者住所地开立银行结算账户，符合异地开户条件的，也可以在异地开立银行结算账户。

2. 适用范围。

（1）营业执照注册地与经营地不在同一行政区域（跨省、市、县）需要开立基本存款账户的；

（2）办理异地借款和其他结算需要开立一般存款账户的；

（3）存款人因附属的非独立核算单位或派出机构发生的收入汇缴或业务支出需要开立专用存款账户的；

（4）异地临时经营活动需要开立临时存款账户的；

（5）自然人根据需要在异地开立个人银行结算账户的。

二、例题点津

【例题1·单选题】根据《人民币银行结算账户管理办法》的规定，下列各项中，存款人因对特定用途资金进行专项管理和使用而开立的账户是（　　）。

A. 基本存款账户

B. 一般存款账户

C. 专用存款账户

D. 临时存款账户

【答案】C

【解析】根据规定，"专用存款账户"是存款人因对特定用途资金进行专项管理和使用而开立的账户。

【例题2·单选题】临时存款账户的有效期最长不得超过（　　）年。

A. 1　　　B. 2　　　C. 3　　　D. 5

【答案】B

【解析】临时存款账户的有效期最长不得超过2年。

【例题3·单选题】根据支付结算法律制度的规定，存款人更改名称，但不改变开户银行及账号的，应于一定期限向其开户银行提出银行结算账户的变更申请，该期限是（　　）。

A. 5个工作日内　　　B. 3个工作日内

C. 3日内　　　　　　D. 5日内

【答案】A

【解析】存款人更改名称，但不改变开户银行及账号的，应于5个工作日内向开户银行提出银行结算账户的变更申请。

【例题4·多选题】根据支付结算法律制度的规定，下列关于公司开立基本存款账户、一般存款账户的说法中，正确的有（　　）。

A. 公司可以根据需要开立两个以上的基本存款账户

B. 公司可以根据需要开立两个以上的一般存款账户

C. 公司的工资、奖金的支取，只能通过基本存款账户办理

D. 公司可以通过其依法开立的一般存款账户，支取工资、奖金

【答案】BC

【解析】一个单位只能开立一个基本存款账户，但可以开立多个一般存款账户；存款人的工资、奖金的支取，只能通过基本存款账户办理，一般存款账户不能支取现金。

【例题5·多选题】企业法人申请开立基本存款账户需要提供的开户证明文件有（　　）。

A. 法定代表人身份证件

B. 政府主管部门的批文

C. 企业法人营业执照

D. 政府财政部门批文

【答案】AC

【解析】企业法人申请开立基本存款账户的，应当提供：（1）企业法人营业执照；（2）法定代表人身份证件；（3）法定代表人授权书、代办人员身份证件（如果委托办理）。

【例题6·多选题】公司撤销基本存款账户需要办理的手续有（　　）。

A. 先将在银行开立的一般存款账户撤销

B. 将在银行开立的一般存款账户的账户资金转入基本存款账户

C. 交回各种重要空白票据及结算凭证和开户许可证

D. 与开户银行核对银行结算账户存款余额

【答案】ABCD

【解析】（1）选项A、B，撤销银行结算账户时，应先撤销一般存款账户、专用存款账户、临时存款账户，将账户资金转入基本存款账户后，方可办理基本存款账户的撤销；（2）选项C、D，存款人撤销银行结算账户，必须与开户银行核对银行结算账户存款余额，交回各种重要空白票据及结算凭证和开户许可证，银行核对无误后方可办理销户手续。

【例题7·多选题】根据支付结算法律制度的规定，关于基本存款账户的下列表述中，正确的有（　　）。

A. 基本存款账户可以办理现金支取业务

B. 单位设立的独立核算账户的附属机构不得开立基本存款账户

C. 一个单位只能开立一个基本存款账户

D. 基本存款账户是存款人的主办账户

【答案】ACD

【解析】单位设立的独立核算的附属机构，

包括食堂、招待所、幼儿园，可以申请开立基本存款账户。

【例题8·多选题】根据支付结算法律制度的规定，下列关于预算单位零余额账户使用的表述中，不正确的有（　　）。

A. 可以向本单位按账户管理规定保留的相应账户划拨工会经费

B. 可以向所属下级单位账户划拨资金

C. 可以向上级主管单位账户划拨资金

D. 不得支取现金

【答案】BCD

【解析】预算单位零余额账户用于财政授权支付，可以办理转账、提取现金等结算业务，可以向本单位按账户管理规定保留的相应账户划拨工会经费、住房公积金及提租补贴，以及财政部门批准的特殊款项，不得违反规定向本单位其他账户和上级主管单位、所属下级单位账户划拨资金。

【例题9·多选题】根据支付结算法律制度的规定，下列款项中，可以转入个人银行结算账户的有（　　）。

A. 工资、奖金收入

B. 证券交易结算资金

C. 个人劳务报酬

D. 期货投资的收益

【答案】ABCD

【解析】个人合法收入均可以转入个人银行结算账户。

【例题10·多选题】根据支付结算法律制度的规定，下列情形中，存款人应向开户银行提出撤销银行结算账户申请的有（　　）。

A. 存款人被宣告破产的

B. 存款人因迁址需要变更开户银行的

C. 存款人被吊销营业执照的

D. 存款人被撤并的

【答案】ABCD

【解析】本题考点是应当撤销银行结算账户的情形。

【例题11·判断题】一般存款账户既可办理现金缴存，也可办理现金支取。（　　）

【答案】×

【解析】根据规定，一般存款账户只能办理现金缴存，不得办理现金支取。

4 银行结算账户的管理 ★

一、考点解读

（一）实名制管理

存款人应以实名开立银行结算账户，并对其出具的开户（变更、撤销）申请资料实质内容的真实性负责，法律法规另有规定的除外。

存款人应按照账户管理规定使用银行结算账户办理结算业务，不得出租、出借银行结算账户，不得利用银行结算账户套取银行信用或进行洗钱活动。

（二）银行结算账户资金的管理

1. 在银行开立存款账户的单位和个人办理支付结算，账户内须有足够的资金保证支付。

2. 银行依法为单位、个人在银行开立的存款账户内的存款保密，维护其资金的自主支配权。

3. 除国家法律、行政法规另有规定外，银行不得为任何单位或者个人查询账户情况，不得为任何单位或者个人冻结、扣划款项，不得停止单位、个人存款的正常支付。

（三）银行结算账户变更事项的管理

存款人申请临时存款账户展期，变更、撤销单位银行结算账户以及补（换）发开户许可证时，可由法定代表人或单位负责人直接办理，也可授权他人办理。

（四）存款人预留银行签章的管理

单位更换预留银行签章和更换个人预留银行签章的应向开户银行出具经签名确认的书面申请，并提供相关证明文件。

（五）银行结算账户的对账管理

银行结算账户的存款人应与银行按规定核对账务。存款人收到对账单或对账信息后，应及时核对账务并在规定期限内向银行发出对账回单或确认信息。

二、例题点津

【例题1·单选题】关于存款人银行结算账户管理的下列表述中，不符合法律规定的是（　　）。

A. 存款人应以实名开立银行结算账户

B. 存款人不得出租银行结算账户

C. 存款人可以出借银行结算账户

D. 存款人不得利用银行结算账户套取银行信用

【答案】C

【解析】根据规定，存款人不得出租和出借银行存款账户。

【例题2·单选题】根据支付结算法律制度的规定，下列关于经营性存款人违反账户结算的行为中，适用给予警告并处以5 000元以上3万元以下罚款的是（　　）。

A. 出租、出借银行结算账户

B. 违反规定不及时撤销银行结算账户

C. 伪造、变造开户许可证

D. 伪造、变造证明文件欺骗银行开立结算账户

【答案】A

【解析】选项B、D，经营性存款人适用给予警告并处以1万元以上3万元以下的罚款。选项C，经营性存款人适用处以1万元以上3万元以下的罚款。

第三单元　银行非现金支付业务

1 票据的概念和分类★

一、考点解读

（一）票据的概念

票据是由出票人签发的、约定自己或者委托付款人在见票时或指定的日期向收款人或持票人无条件支付一定金额的有价证券。

（二）票据的分类（见表3-7）

表3-7　　　票据的分类

汇票	银行汇票	
	商业汇票	银行承兑汇票
		商业承兑汇票
本票	银行本票	
支票	现金支票	
	转账支票	
	普通支票	

二、例题点津

【例题·单选题】下列票据中，不属于《票据法》调整范围的是（　　）。

A. 汇票　B. 本票　C. 支票　D. 发票

【答案】D

【解析】根据规定，我国《票据法》的调整范围包括汇票、本票和支票。选项D不属于《票据法》的调整范围。

2 票据当事人★★

一、考点解读

票据当事人可分为基本当事人和非基本当事人。

基本当事人 { 汇票、支票：出票人、付款人、收款人　　银行本票：出票人、收款人

非基本当事人：承兑人（主债务人）、背书人、被背书人、保证人等

（一）票据基本当事人

票据基本当事人是指在票据作成和交付时（出票）就已经存在的当事人，包括出票人、付款人、收款人。

【举例】汇票、支票（见图3-1）。

【举例】银行本票（见图3-2）。

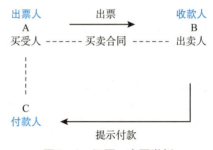

图3-1　汇票、支票举例

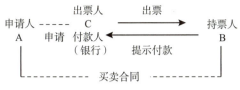

图 3-2　银行本票举例

解释

（1）出票人：银行汇票的出票人为银行。商业汇票的出票人为银行以外的企业或其他组织。银行本票的出票人为出票银行。支票的出票人为在银行开立支票存款账户的企业、其他组织和个人。

（2）收款人：是指票据正面记载的到期后有权收取票据所载金额的人。

（3）付款人：商业承兑汇票的付款人是合同中应给付款项的一方当事人，也是该汇票的承兑人。银行承兑汇票的付款人是承兑银行，支票的付款人是出票人的开户银行。

（二）非基本当事人

票据的非基本当事人是指在票据作成并交付后，通过一定的票据行为（背书、承兑、保证）加入票据关系而享有一定权利、承担一定义务的当事人，包括承兑人、背书人、被背书人与保证人。

【举例】银行承兑汇票（见图3-3）。

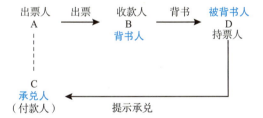

图 3-3　银行承兑汇票举例

解释

（1）承兑人：是指接受汇票出票人的付款委托，同意承担支付票款义务的人，是汇票的主债务人。

（2）背书人与被背书人：背书人是指在转让票据时，在票据背面或粘单上签字或盖章，并将票据交付给受让人的票据收款人或持有人。被背书人是指被记名受让票据或接受票据转让的

人。背书后被背书人成为票据新的持有人，享有票据的所有权。

（3）保证人：是指为票据债务提供担保的人，由票据债务人以外的第三人担当。保证人在被保证人不能履行票据责任时，以自己的资金履行票据责任，然后取得持票人的权利，向票据债务人追索。

二、例题点津

【例题1·单选题】接受汇票出票人的付款委托，同意承担支付票款义务的人，是指（　　）。

A. 被背书人　　　　B. 背书人

C. 承兑人　　　　　D. 保证人

【答案】C

【解析】承兑人，是指接受汇票出票人的付款委托，同意承担支付票款义务的人，是汇票的主债务人。

【例题2·多选题】下列各项中，属于票据基本当事人的有（　　）。

A. 出票人　　　　　B. 收款人

C. 付款人　　　　　D. 保证人

【答案】ABC

【解析】票据的基本当事人包括出票人、付款人和收款人。

3 票据行为 ★★★

一、考点解读

票据行为是票据当事人以发生票据债务为目的的、以在票据上签名或盖章为权利义务成立要件的法律行为。票据行为包括出票、背书、承兑和保证。

（一）出票

1. 出票的概念。

出票是出票人签发票据并将其交付给收款人的票据行为。

出票包括两个行为：（1）出票人依照《票据法》的规定作成票据；（2）交付票据。

解释 产生票据基本当事人，出票人、付款人、收款人。

2. 出票的要求。

出票人必须与付款人具有真实的委托付款关

系，并且具有支付票据金额的可靠资金来源。

3. 出票的记载事项。

票据记载事项分为必须记载事项、相对记载事项、任意记载事项和记载不产生票据法上的效

力的事项等。

解释 各类票据必须记载事项如表3-8所示（如不记载，出票行为即为无效）。

表3-8　　　　　　　　　　各类票据必须记载事项

绝对记载事项	银行汇票	商业汇票	本票	支票
票据种类	√	√	√	√
无条件支付的委托	√	√	√	√
出票金额	√	√	√	可授权补记
付款人名称	√	√	√	√
收款人名称	√	√	√	可授权补记
出票人签章	√	√	√	√
出票日期	√	√	√	√

4. 出票的效力。

出票人签发票据后，即承担该票据承兑或付款的责任。出票人在票据得不到承兑或者付款时，应当向持票人清偿法定金额和费用。

提示 注意追索权的运用。

（二）背书

1. 背书的概念。

背书是在票据背面或者粘单上记载有关事项并签章的行为。

2. 背书的种类（见表3-9）。

表3-9　　　背书的种类

转让背书	转让票据权利	
非转让背书	委托收款背书	被背书人有权代背书人行使被委托的票据权利，但被背书人**不得再背书转让票据权利**
	质押背书	为担保债务而在票据上设定质权，被背书人依法实现其质权时，**可以行使票据权利**

3. 背书记载事项。

（1）必须记载事项（未记载背书行为无

效）：背书人签章。委托收款背书和质押背书还应当记载"委托收款""质押"字样。

（2）相对记载事项（未记载适用法律推定）：背书日期。背书未记载日期的，视为在票据到期日前背书。

（3）可以补记事项：被背书人名称。背书人未记载被背书人名称即将票据交付他人的，持票人在票据被背书人栏内记载自己的名称与背书人记载具有同等法律效力。

（4）背书连续。所谓"背书连续"，是指票据上第一背书人为票据收款人，最后持票人为最后背书的被背书人，中间的背书人为前手背书的被背书人（前一个转让背书的被背书人是后一个转让背书的背书人），即在票据转让中，转让票据的背书人与受让票据的被背书人在票据上的签章依次前后衔接。

以背书转让的票据，背书应当连续；持票人以背书的连续，证明其票据权利；非经背书转让而以其他合法方式取得票据的，依法举证，证明其票据权利。

解释 背书连续。

假设A、B、D、E为企业、事业单位，C仅指银行。以支票为例（见图3-4）。

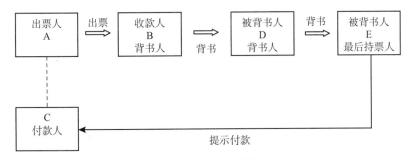

图3-4　支票背书举例

4. 粘单使用。

票据凭证不能满足背书人记载事项的需要，可以加附粘单，粘附于票据凭证上；**粘单上的第一记载人，应当在票据和粘单的粘接处签章**。

5. 附条件背书。

背书不得附有条件，背书时附有条件的，所附条件不具有票据上的效力（背书依然是有效的）。

【举例】以图3-4为例，收款人B转让票据给被背书人D时，在票据上记载"收到货物后付款"的字样，即为附条件。依据上述规定，背书附条件的，所附条件不产生票据上的效力，但该背书转让行为有效。

6. 部分背书。

部分背书是将票据金额的一部分转让的背书或者将票据金额分别转让给两人以上的背书；部分背书属于无效背书。

7. 禁转背书（记载了"不得转让"字样的背书）。

（1）初始禁转背书：出票人记载"不得转让"的，票据不得背书转让；

（2）中途禁转背书：背书人在票据上记载"不得转让"字样，其后手再背书转让的，原背书人对后手的被背书人不承担保证责任。

8. 期后背书。

票据被拒绝承兑、被拒绝付款或者超过付款提示期限的，不得背书转让；背书转让的背书人应当承担票据责任。

解释 产生票据非基本当事人，背书人、被背书人。

（三）承兑

1. 付款人对向其提示承兑的汇票，应当自收到提示承兑的汇票之日起3日内承兑或者拒绝承兑。承兑仅限于商业汇票。

解释 产生票据非基本当事人，承兑人。

2. 承兑程序，包括提示承兑、受理承兑、记载承兑事项等。

（1）提示承兑期限。

①见票即付的票据，无须提示承兑。

②定日付款或者出票后定期付款的汇票，在到期日前提示承兑。

③见票后定期付款的汇票，自出票之日起1个月内提示承兑。

④逾期提示承兑的，丧失对前手的追索权，但不丧失对出票人的票据权利。

（2）受理承兑。付款人对向其提示承兑的汇票，应当自收到提示承兑的汇票之日起3日内承兑或者拒绝承兑。

（3）承兑行为的记载事项。

①必须记载事项："承兑"字样、签章；

②相对记载事项：承兑日期，汇票上未记载承兑日期的，应当以收到提示承兑的汇票之日起3日内的最后一日为承兑日期；

③见票后定期付款的汇票，应当在承兑时记载付款日期。

3. 附条件承兑。

付款人承兑汇票，不能附有条件；承兑附有条件的，视为拒绝承兑。

4. 承兑的效力。

付款人承兑汇票后，应当承担到期付款的责任。

（四）保证

1. 概念。

保证是票据债务人以外的人，为担保特定债务人履行票据债务而在票据上记载有关事项并签章的行为。

解释 产生非基本当事人，保证人。

2. 保证人。

（1）国家机关、以公益为目的的事业单位、社会团体作为票据保证人的，票据保证无效，但经国务院批准为使用外国政府或者国际经济组织贷款进行转贷，国家机关提供票据保证的除外。

（2）企业法人的职能部门作为票据保证人的，票据保证无效。

（3）企业法人的分支机构在法人书面授权范围内提供的票据保证有效。

3. 票据保证行为的记载事项。

（1）必须记载事项："保证"字样、保证人签章。保证人未在票据或者粘单上记载"保证"字样而另行签订保证合同或者保证条款的，不属于票据保证。

（2）相对记载事项。

①保证人在票据或者粘单上未记载"被保证人名称"的，已承兑的票据，承兑人为被保证人；未承兑的票据，出票人为被保证人。

②保证人在票据或者粘单上未记载"保证日期"的，出票日期为保证日期。

4. 保证责任的承担。

被保证的票据，保证人应当与被保证人对持票人承担连带责任。票据到期后得不到付款的，持票人有权向保证人请求付款，保证人应当足额付款。保证人为两人以上的，保证人之间承担连带责任。

5. 保证效力。

保证人对合法取得票据的持票人所享有的票据权利，承担保证责任，但被保证人的债务因票据记载事项欠缺而无效的除外。

6. 附条件保证。

保证不得附条件，附条件的，不影响对票据的保证责任（即所附条件无效，保证有效）。

提示 背书不得附有条件，背书时附有条件的，所附条件不具有票据上的效力（背书依然是有效的）。

付款人承兑汇票，不能附有条件；承兑附有条件的，视为拒绝承兑。

7. 保证人的追索权。

保证人清偿票据债务后，可以行使持票人对

被保证人及其前手的追索权。

提示 4种票据行为日期的性质和效果对比（见表3-10）。

表3-10　票据行为日期的性质和效果

未记载的情形	性质	效果
出票日期	必须记载事项	票据无效
背书日期	相对记载事项	视为到期前背书
承兑日期	相对记载事项	收到提示承兑的第三天的最后一天
保证日期	相对记载事项	出票日期为保证日期

二、例题点津

【例题1·单选题】根据票据法律制度的规定，下列票据日期中，属于票据必须记载事项的是（　　）。

A. 背书日期　　　　B. 出票日期

C. 承兑日期　　　　D. 保证日期

【答案】B

【解析】选项A、C、D均属于相对记载事项，如未记载，由法律予以规定，不影响票据行为的效力。选项A，背书未记载日期的，视为在票据到期日前背书。选项C，汇票上未记载承兑日期的，应当以收到提示承兑的汇票之日起3日内的最后一日为承兑日期。选项D，保证人在票据或者粘单上未记载"保证日期"的，出票日期为保证日期。

【例题2·单选题】根据票据法律制度的规定，下列事项中，属于汇票任意记载事项的是（　　）。

A. 保证人在汇票上表明"保证"字样

B. 背书人在汇票上记载被背书人名称

C. 出票人在汇票上记载"不得转让"字样

D. 承兑人在汇票上签章

【答案】C

【解析】选项A、D，属于必须记载事项。选项B，属于可以补记的事项。

【例题3·单选题】根据票据法律制度的规定，下列关于票据背书的表述中，正确的是

（　　）。

A. 以背书转让的票据，背书应当连续

B. 背书时附有条件的，背书无效

C. 委托收款背书的被背书人可再以背书转让票据权利

D. 票据上第一背书人为出票人

【答案】A

【解析】选项B，背书时附有条件的，所附条件不具有票据上的效力，背书有效。选项C，委托收款背书是背书人委托被背书人行使票据权利的背书，被背书人不得再以背书转让票据权利。选项D，票据上的第一背书人为票据收款人。

【例题4·多选题】根据《票据法》的规定，票据背书的绝对记载事项有（　　）。

A. 背书的日期　　　　B. 被背书人签章

C. 背书人签章　　　　D. 背书的原因

【答案】BC

【解析】背书人和被背书人签章，是票据背书的绝对记载事项，背书日期是票据背书的相对记载事项，背书未记载日期的，视为在票据到期日前背书。背书的原因是票据背书的任意记载事项。

【例题5·多选题】甲公司将一张银行承兑汇票转让给乙公司，乙公司以质押背书方式向W银行取得贷款。贷款到期，乙公司偿还贷款，收回汇票并转让给丙公司。票据到期后，丙公司作成委托收款背书，委托开户银行提示付款。根据票据法律制度的规定，下列背书中，属于非转让背书的有（　　）。

A. 甲公司背书给乙公司

B. 乙公司质押背书给W银行

C. 乙公司背书给丙公司

D. 丙公司委托收款背书

【答案】BD

【解析】非转让背书包括委托收款背书和质押背书。

【例题6·多选题】根据票据法律制度的规定，关于票据保证的下列表述中，正确的有（　　）。

A. 票据上未记载保证日期的，以被保证人的背书日期为保证日期

B. 保证人未在票据或粘单上记载被保证人

名称的已承兑票据，承兑人为被保证人

C. 保证人为两人以上的，保证人之间承担连带责任

D. 保证人清偿票据债务后，可以对被保证人及其前手行使追索权

【答案】BCD

【解析】选项A，票据上未记载保证日期的，以出票日期为保证日期。

【例题7·判断题】甲公司收到乙公司签发的一张支票，该支票记载了"不得转让"字样。该记载事项不影响甲公司将该支票背书转让。（　　）

【答案】×

【解析】"不得转让"属于任意记载事项，未记载时不影响票据效力，记载时则产生票据效力。出票人记载"不得转让"的，票据不得背书转让。

4 票据权利与责任★★★

一、考点解读

（一）票据权利

1. 票据权利的概念。

票据权利是指票据持票人向票据债务人请求支付票据金额的权利，包括**付款请求权**和**追索权**。

2. 付款请求权。

付款请求权是持票人向汇票的承兑人、本票的出票人、支票的付款人出示票据要求付款的权利，是**第一顺序权利**。行使付款请求权的持票人可以是票据记载的收款人或最后的被背书人；担负付款义务的主要是主债务人。

解释　付款请求权。

假设：A、B、D、E为企业、事业单位，C仅指银行。

A、B公司签订标的额为10万元的买卖合同，A公司收到货物后，为结算货款向B公司签发一张票面金额为10万元的支票，票面付款人为A公司的开户C银行。该支票几经转让，E作为最后一个持票人在票据到期前向付款人C提示付款，为付款请求权（见图3-5）。

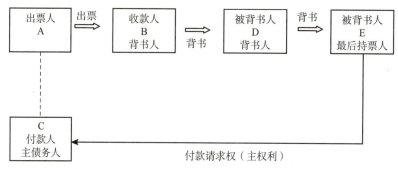

图 3-5　付款请求权举例

3. 票据追索权。

票据追索权是票据当事人行使付款请求权遭到拒绝或有其他法定原因存在时，向其前手请求偿还票据金额及其他法定费用的权利，是**第二顺序权利**。行使追索权的当事人除票据记载的收款人和最后被背书人外，还可能是代为清偿票据债务的保证人、背书人。

[解释] 假设：A、B、D、E 为企业、事业单位，C 仅指银行。

A、B 公司签订标的额为 10 万元的买卖合同，A 公司收到货物后，为结算货款向 B 公司签发一张票面金额为 10 万元的支票，票面付款人为 A 公司的开户 C 银行。该支票几经转让，E 作为最后一个持票人在票据到期前向付款人 C 提示付款，为付款请求权。

若该支票记载事项有瑕疵，付款人 C 拒绝付款，根据上述规定，E 可以向其前手（A、B、D）请求支付票款本金、利息和有关费用，即追索权（见图 3-6）。

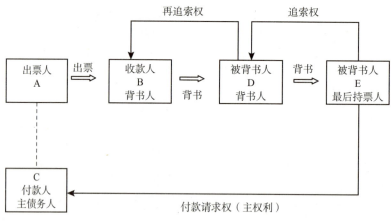

图 3-6　追索权举例

（1）追索的情形。

①到期后追索：票据到期被拒绝付款的，持票人对背书人、出票人以及票据的其他债务人行使的追索。

②到期前追索：在票据到期日前，有下列情况之一的，持票人可以行使追索权：汇票被拒绝承兑的；承兑人或者付款人死亡、逃匿的；承兑人或者付款人被依法宣告破产的；承兑人或者付款人因违法被责令终止业务活动的。

（2）追索对象及追索顺序。

①可以作为追索对象的包括：出票人、背书人、承兑人和保证人。

②追索顺序：不分先后，可以同时向多人追索。

a. 票据债务人对持票人承担连带责任。

b. 持票人行使追索权，可以不按照票据债务人的先后顺序，对其中任何一人、数人或者全体行使追索权。

c. 持票人对票据债务人中的一人或者数人已经进行追索的，对其他票据债务人仍可以行使追索权。

（3）追索金额。

①持票人行使（首次）追索权，可以请求被追索人支付下列金额和费用：

a. 被拒绝付款的票据金额；

b. 票据金额自到期日或者提示付款日起至清偿日止，按照中国人民银行规定的利率计算的利息；

c. 取得有关拒绝证明和发出通知书的费用。

②持票人行使再追索权，可以请求其他票据债务人支付下列金额和费用：

a. 已清偿的全部金额；

b. 前项金额自清偿日起至再追索清偿日止，按照中国人民银行规定的利率计算的利息；

c. 发出通知书的费用。

（4）追索权的行使程序。

①获得有关证明。持票人行使追索权时，应当提供相关证明（包括拒绝证明、承兑人或付款人的死亡、逃匿证明，司法文书等）；持票人不能出示相关证明的，将丧失对其前手的追索权，但是承兑人或者付款人仍应当对持票人承担责任。

②追索通知。

a. 持票人应当自收到被拒绝承兑或者被拒绝付款的有关证明之日起 3 日内，将被拒绝事由书面通知其前手；其前手应当自收到通知之日起 3 日内书面通知其再前手。

b. 持票人未按照规定期限（3 日）发出追索通知的，持票人仍可以行使追索权。因延期通知给其前手或者出票人造成损失的，由其承担该损失的赔偿责任，但所赔偿的金额以汇票金额为限。

（5）追索权的效力。被追索人依照规定清偿债务后，其责任解除，与持票人享有同一权利。

解释 付款请求权与追索权的比较（见表 3 - 11）。

表 3 - 11　付款请求权与追索权的比较

事项	付款请求权	追索权
行使顺序不同	第一顺序	第二顺序
行使对象不同	向主债务人（付款人）	向次债务人（前手）
权利内容不同	本金	本金、利息、费用

4. 票据权利的取得。

（1）签发、取得和转让票据，应当遵守诚实信用的原则，具有真实的交易关系和债权债务关系。

（2）票据的取得，必须给付对价，即应当给付票据双方当事人认可的相对应的代价。但有例外的情形，即如果是因税收、继承、赠与可以依法无偿取得票据的，则不受给付对价的限制，但是所享有的票据权利不得优于其前手的权利。

（3）取得票据但不享有票据权利的情形。

①以欺诈、偷盗或者胁迫等手段取得票据的，或者明知有前列情形，出于恶意取得票据的；

②持票人因重大过失取得不符合《票据法》规定的票据的。

5. 票据权利的行使与保全。

（1）按规定期限提示。

（2）依法出示证明。持票人不能出示拒绝证明、退票理由书或者未按照规定期限提供其他合法证明的，丧失对其前手的追索权。

（3）持票人对票据债务人行使票据权利，或者保全票据权利，应当在票据当事人的营业场所和营业时间内进行，票据当事人无营业场所的，应当在其住所进行。

6. 票据丧失的补救。

（1）挂失止付。

①可以挂失止付的票据，包括：已承兑的商业汇票；支票；填明"现金"字样和代理付款人的银行汇票；填明"现金"字样的银行本票。

提示 只有确定付款人或代理付款人的票据丧失时才可进行挂失止付，未记载付款人或者无法确定付款人及其代理付款人的票据除外。

②挂失止付并不是票据丧失后采取的必经措

施，失票人可以先办理挂失止付，然后在通知挂失止付后的 3 日内，向票据支付地人民法院申请公示催告（或者提起普通诉讼），也可以在票据丧失后（不办理挂失止付）直接向人民法院申请公示催告或者提起普通诉讼。

③挂失止付只是一种暂时的预防措施。**付款人或者代理付款人自收到挂失止付通知书之日起 12 日内没有收到人民法院的止付通知书的，自第 13 日起，不再承担止付责任（止付期"12 天"）**，持票人提示付款时即向持票人付款；付款人或者代理付款人在收到挂失止付通知书之前，已经向持票人付款的，不再承担责任。但是，付款人或者代理付款人以恶意或者重大过失付款的除外。

④承兑人或者承兑人开户行收到挂失止付通知或者公示催告等司法文书并确认相关票据未付款的，应当于当日依法暂停支付并在中国人民银行指定的票据市场基础设施（上海票据交易所）登记或者委托开户行在票据市场基础设施登记相关信息。

（2）公示催告。

①公示催告是指在票据丧失后由失票人向人民法院提出申请，请求人民法院以公告方式通知不确定的利害关系人限期申报权利，逾期未申报者，则权利失效，而由法院通过除权判决宣告所丧失的票据无效的制度或程序。

②失票人应当在通知挂失止付后的 3 日内，也可以在票据丧失后，依法向**票据支付地人民法院**申请公示催告。

③申请公示催告的主体必须是可以背书转让的票据的最后持票人。

④人民法院决定受理公示催告申请，应当同时通知付款人及代理付款人停止支付，并自立案之日起 3 日内发出公告，催促利害关系人申报权利。付款人或者代理付款人收到人民法院的止付通知后，应当立即停止支付，直至公示催告程序终结。非经发出止付通知的人民法院许可，擅自解付的，不得免除票据责任。

⑤公示催告的期间，国内票据**自公告发布之日起 60 日**，涉外票据可以根据具体情况适当延长，但**最长不得超过 90 日**。

⑥在公示催告期间，转让票据权利的行为无效。

⑦以公示催告的票据贴现、质押，因贴现、质押而接受该票据的持票人主张票据权利的，人民法院不予支持，但公示催告期间届满以后人民法院作出除权判决以前取得该票据的除外。

⑧申报债权与除权判决。利害关系人应当在公示催告期间向人民法院申报。

人民法院收到利害关系人的申报后，应当裁定终结公示催告程序，并通知申请人和支付人（票找到了）。

公示催告期间届满，没有人申报权利的，人民法院应当根据申请人的申请，作出除权判决，宣告票据无效（票没找到）。判决应当公告并通知支付人。自判决公告之日起，申请人有权向支付人请求支付。

利害关系人因正当理由不能在判决前向人民法院申报的，自知道或者应当知道判决公告之日起 1 年内，可以向作出判决的人民法院起诉。

（3）普通诉讼。

普通诉讼，是指丧失票据的人为原告，以承兑人或出票人为被告，请求法院判决其向失票人付款的诉讼活动；如果与票据上的权利有利害关系的人是明确的，无须公示催告，可按一般票据纠纷向法院提起诉讼。

7. 票据权利时效。

（1）持票人对票据的出票人和承兑人的权利自票据到期日起 2 年。见票即付的汇票、本票自出票日起 2 年。

（2）持票人对支票出票人的权利，自出票日起 6 个月。

（3）持票人对前手的追索权，在被拒绝承兑或者被拒绝付款之日起 6 个月。

（4）持票人对前手的再追索权，自清偿日或者被提起诉讼之日起 3 个月。

解释　票据权利在下列期限内不行使而消灭（见表 3 - 12）。

表 3－12　　　　　　　　　　　　持票人票据权利时效

票据种类	对出票人的权利	对承兑人的权利	对前手的追索权	对前手的再追索权
支票	自出票日起 6 个月	×	被拒绝付款日起 6 个月	自清偿日或提起诉讼之日起 3 个月
银行汇票	自出票日起 2 年	×	被拒绝付款日起 6 个月	
银行本票	自出票日起 2 年	×	被拒绝付款日起 6 个月	
商业汇票	自票据到期日起 2 年	自票据到期日起 2 年	被拒绝承兑或被拒绝付款日起 6 个月	

（二）票据责任

票据责任是票据债务人向持票人支付票据金额的义务。

1. 票据债务人承担票据义务的情形。

（1）汇票承兑人因承兑而应承担付款义务；

（2）本票出票人因出票而承担自己付款的义务；

（3）支票付款人在与出票人有资金关系时承担付款义务；

（4）汇票、本票、支票的背书人，汇票、支票的出票人、保证人，在票据不获承兑或不获付款时承担付款清偿义务。

2. 票据抗辩。

（1）票据债务人可以对不履行约定义务的与自己有"直接"债权债务关系的持票人，进行抗辩。

（2）票据债务人不得以自己与出票人之间的抗辩事由对抗持票人。

（3）票据债务人不得以自己与持票人的前手之间的抗辩事由对抗持票人，持票人明知存在抗辩事由而取得票据的除外。

3. 票据付款人依法足额付款后，全体票据债务人的责任解除。

二、例题点津

【例题 1·单选题】根据票据法律制度的规定，下列关于票据追索的表述，不正确的是（　　）。

A. 票据追索适用于两种情形，分别为到期后追索和到期前追索

B. 汇票被拒绝承兑的，持票人对前手的追索权为被拒绝付款日起 6 个月

C. 持票人对票据债务人中的一人已经进行追索的，就不能再对其他票据债务人行使追索权

D. 票据的出票人、背书人、承兑人和保证人对持票人承担连带责任，持票人行使追索权利时，可以不按照票据债务人先后顺序，对其中任何一人、数人或全体行使追索权

【答案】C

【解析】持票人对票据债务人中的一人已经进行追索的，对其他票据债务人仍可行使追索权。

【例题 2·单选题】根据票据法律制度的规定，有权受理失票人公示催告申请的人民法院是（　　）。

A. 票据收款地人民法院

B. 票据支付地人民法院

C. 失票人所在地人民法院

D. 出票人所在地人民法院

【答案】B

【解析】失票人应当在通知挂失止付后的 3 日内，也可以在票据丧失后，依法向票据支付地人民法院申请公示催告。票据丧失后，票据权利有三种补救措施：挂失止付、公示催告和普通诉讼。

【例题 3·多选题】根据票据法律制度的规定，下列关于票据权利的表述中，正确的有（　　）。

A. 持票人以欺诈、偷盗、胁迫手段取得票据的，不享有票据权利

B. 票据的取得通常应当给付对价

C. 持票人因继承取得票据，因未付对价，故不享有票据权利

D. 持票人明知前手偷盗取得票据而接受赠与的，不享有票据权利

【答案】ABD

【解析】如果因为税收继承、赠与可以依法无偿取得票据的，则不受给付对价的限制，但享有的票据权利不得优于其前手的权利。

【例题4·多选题】根据票据法律制度的规定，下列有关票据权利时效的表述中，正确的有（　　）。

A. 对支票出票人的权利，自出票日起6个月不行使而消灭

B. 对支票出票人的权利，自出票日起2年不行使而消灭

C. 持票人对前手的再追索权，自清偿日或者被提起诉讼之日起3个月不行使而消灭

D. 对银行本票的出票人的权利自票据出票日起2年不行使而消灭

【答案】ACD

【解析】持票人对支票出票人的权利，自出票日起6个月不行使而消灭。

【例题5·多选题】根据票据法律制度的规定，下列各项中，票据持票人行使首次追索权时，可以请求被追索人支付的金额和费用有（　　）。

A. 因汇票资金到位不及时，给持票人造成的税收滞纳金损失

B. 取得有关拒绝证明和发出通知书的费用

C. 票据金额自到期日或者提示付款日起至清偿日止，按规定的利率计算的利息

D. 被拒绝付款的票据金额

【答案】BCD

【解析】选项A，属于间接损失，不得列入追索金额。

【例题6·多选题】根据票据法律制度的规定，持票人丧失票据后，可以采取的补救形式有（　　）。

A. 民事仲裁　　　　B. 挂失止付

C. 公示催告　　　　D. 普通诉讼

【答案】BCD

【解析】选项B、C、D，票据丧失后，可以采取挂失止付、公示催告和普通诉讼三种形式进行补救。

【例题7·多选题】根据票据法律制度的规定，下列选项所述票据丢失后，可以挂失止付的有（　　）。

A. 未承兑的商业汇票

B. 转账支票

C. 现金支票

D. 填明"现金"字样的银行本票

【答案】BCD

【解析】选项A，"已承兑"的商业汇票方可办理挂失止付。

5　银行汇票★★

一、考点解读

银行汇票是出票银行签发的，由其在见票时按照实际结算金额无条件支付给收款人或者持票人的票据。

（一）银行汇票的适用范围

1. 银行汇票可以用于转账，填明"现金"字样的银行汇票也可以用于支取现金；现金银行汇票的申请人和收款人应当均为个人。

提示　现金银行汇票不得转让背书。

2. 单位和个人的各种款项结算，均可使用银行汇票。

（二）银行汇票的出票

申请人使用银行汇票，应向出票银行填写申请书，记载有关事项并签章。

出票银行受理银行汇票申请书，收妥款项后签发银行汇票，将银行汇票和解讫通知一并交给申请人。

申请人应将银行汇票和解讫通知一并交付给汇票上记明的收款人。

（三）填写实际结算金额

1. 银行汇票的实际结算金额低于出票金额的，银行应按照实际结算金额办理结算，多余金额由出票银行退交申请人。

2. 未填明实际结算金额和多余金额或者实际结算金额超过出票金额的，银行不予受理。

3. 实际结算金额一经填写不得更改，更改实际结算金额的银行汇票无效。

4. 银行汇票的背书转让以不超过出票金额的实际结算金额为准。未填写实际结算金额或者实际结算金额超过出票金额的银行汇票不得背书转让。

（四）银行汇票提示付款

1. 银行汇票的提示付款期限自出票日起1

个月，持票人超过付款期限提示付款的，代理付款银行不予受理。

2. 持票人向银行提示付款时，必须同时提交银行汇票和解讫通知，缺少任何一联，银行不予受理。

3. 持票人超过付款期限向"代理付款银行"提示付款被拒绝付款的，必须在票据权利时效（2年）内向出票银行作出说明，并提供本人身份证件或者单位证明，持银行汇票和解讫通知向"出票银行"请求付款。

（五）银行汇票退款和丧失

1. 申请人因银行汇票超过付款提示期限或其他原因要求退款时，应将银行汇票和解讫通知同时提交到出票银行。申请人缺少解讫通知要求退款的，出票银行应于银行汇票付款期满1个月后办理。

2. 银行汇票丧失，失票人可以凭人民法院出具的其享有票据权利的证明（除权判决书），向出票银行请求付款或退款。

二、例题点津

【例题1·单选题】根据票据法律制度的规定，下列关于银行汇票出票金额和实际结算金额的表述中，正确的是（　　）。

A. 如果出票金额低于实际结算金额，银行应按出票金额办理结算

B. 如果出票金额低于实际结算金额，银行应按实际结算金额办理结算

C. 如果出票金额高于实际结算金额，银行应按出票金额办理结算

D. 如果出票金额高于实际结算金额，银行应按实际结算金额办理结算

【答案】D

【解析】选项A、B，实际结算金额超过出票金额的，银行不予受理。选项C、D，实际结算金额低于出票金额的，银行应按照实际结算金额办理结算，多余金额由出票银行退交申请人。

【例题2·多选题】下列有关银行汇票的陈述中，正确的有（　　）。

A. 填明"现金"字样的银行汇票可以提取现金

B. 填明"现金"字样的银行汇票可以挂失止付

C. 出于方便，收款单位可以申请使用现金银行汇票

D. 银行汇票的提示付款期限为自出票日起1个月

【答案】ABD

【解析】申请人或收款人为单位的，银行不得为其签发现金银行汇票。申请人和收款人均为个人的，可以在"出票金额"栏填写现金。

【例题3·判断题】未填明实际结算金额和多余金额或者实际结算金额超过出票金额的银行汇票，银行应予受理。（　　）

【答案】×

【解析】实际金额不明或超过出票金额的银行汇票，银行不予受理。

6 商业汇票★★★

一、考点解读

商业汇票是出票人签发的，委托付款人在指定日期无条件支付确定的金额给收款人或者持票人的票据。

（一）商业汇票的种类

商业汇票 承兑人不同 { 银行承兑汇票（银行付款） 商业承兑汇票（单位付款）

解释 商业承兑汇票是指由收款人签发，经付款人承兑，或由付款人签发并承兑的票据。银行承兑汇票是指由收款人或承兑申请人签发，并由承兑申请人向开户银行申请，经银行审查同意承兑的票据。

（二）适用范围

在银行开立存款账户的法人以及其他组织之间，必须具有真实的交易关系或债权债务关系，才能使用商业汇票。出票人和收款人只能是单位，个人不能使用商业汇票结算。

（三）商业汇票的付款期限

1. 纸质商业汇票的付款期限（自出票日至到期日），最长不得超过6个月。

2. 电子商业汇票期限自出票日至到期日不超过1年。

（四）商业汇票的承兑

商业汇票可在出票时向付款人提示承兑后使用，也可在出票后先使用再向付款人提示承兑。付款人拒绝承兑的，必须出具拒绝承兑证明。

关联提示 有关承兑的规则见前述票据行为中的相关介绍。

（五）商业汇票的到期处理

1. 商业汇票的提示付款期限，自汇票到期日起10日（见表3-13）。

表3-13　票据的提示承兑期限和提示付款期限

票据种类	提示承兑期限		提示付款期限
支票	×		自出票日起10日
银行汇票	×		自出票日起1个月
银行本票	×		自出票日起最长不超过2个月
商业汇票	定日付款	已知到期日	自票据到期日起10日
	出票后定期		
	见票后定期	未知到期日	

2. 持票人应在提示付款期限内向付款人提示付款。

3. 商业承兑汇票的付款人开户银行收到通过委托收款寄来的商业承兑汇票，将汇票留存并通知付款人。付款人收到开户银行的付款通知，应在当日通知银行付款。付款人在接到通知日的次日起3日内（遇法定休假日顺延）未通知银行付款的，视同付款人承诺付款。

4. 银行承兑汇票的出票人应于汇票到期前将票款足额交存其开户银行，银行承兑汇票的出票人于汇票到期日未能足额缴存票款时，承兑银行付款后，对出票人尚未支付的汇票金额按照每天万分之五计收利息。

5. 付款人存在合法抗辩事由拒绝付款的，应自接到通知的次日起3日内，作成拒绝付款证明送交开户银行，银行将拒绝付款证明和商业承兑汇票邮寄持票人开户银行转交持票人。

（六）贴现按照交易方式分为买断式和回购式

贴现是指票据持票人在票据未到期前为获得现金向银行贴付一定利息而发生的票据转让行为。

1. 贴现条件。

（1）票据未到期；

（2）票据未记载"不得转让"事项；

（3）持票人是在银行开立存款账户的企业法人以及其他组织；

（4）持票人与出票人或者直接前手之间具有真实的商品交易关系；

（5）电子商业汇票贴现必须记载：贴出人名称；贴入人名称；贴现日期；贴现类型；贴现利率；实付金额；贴出人签章。

2. 贴现利息的计算。

贴现的期限从其贴现之日起至汇票到期日止。

（1）实付贴现金额按票面金额扣除贴现日至汇票到期前一日的利息计算。

（2）承兑人在异地的纸质商业汇票，贴现的期限以及贴现利息的计算应另加3天的划款日期。

【举例】甲公司向乙企业购买一批原材料，开出一张票面金额为30万元的银行承兑汇票。出票日期为2月10日，到期日为5月10日。4月6日，乙企业持此汇票及有关发票和原材料发运单据复印件向银行办理了贴现。已知同期银行年贴现率为3.6%，一年按360天计算，贴现银行与承兑银行在同一城市。根据法律制度的规定，银行应付乙企业贴现金额为多少元？

【答案】贴现日（4月6日）至汇票到期前1日（5月9日）共计34天，由于贴现银行与承兑银行在同一城市，无须另加3天，贴现金额 = $300\,000 - 300\,000 \times 3.6\% \times (34 \div 360) = 298\,980$（元）。

3. 贴现的收款。

（1）贴现到期，贴现银行应向付款人收取票款。不获付款的，贴现银行应向其前手追索票款。

（2）贴现银行追索票款时可从申请人的存款账户直接收取票款。

（3）办理电子商业汇票贴现以及提示付款业务，可选择票款对付方式或同城票据交换、通存通兑、汇兑等方式清算票据资金。

（4）电子商业汇票当事人在办理回购式贴

现业务时，应明确赎回开放日、赎回截止日。

电子商业汇票回购式贴现赎回应作成背书，并记载原贴出人名称、原贴入人名称、赎回日期、赎回利率、赎回金额、原贴入人签章。

4. 贴现方式。

贴现人办理纸质票据贴现时，应当通过票据市场基础设施查询票据承兑信息，并在确认纸质票据必须记载事项与已登记承兑信息一致后，为贴现申请人办理贴现，贴现申请人无须提供合同、发票等资料；信息不存在或者纸质票据必须记载事项与已登记承兑信息不一致的，不得办理贴现。

贴现人可以按市场化原则选择商业银行对纸质票据进行保证增信。

纸质票据贴现后，其保管人可以向承兑人发起付款确认。付款确认可以采用实物确认或者影像确认，两者具有同等效力。

承兑人收到票据影像确认请求或者票据实物后，应当在 3 个工作日内作出或者委托其开户行作出同意或者拒绝到期付款的应答。

电子商业汇票一经承兑即视同承兑人已进行付款确认。

二、例题点津

【例题 1·单选题】 下列票据中，付款人或承兑人是银行以外的一般单位的是（　　）。

A. 银行汇票　　　B. 商业承兑汇票

C. 银行本票　　　D. 支票

【答案】 B

【解析】 商业承兑汇票的出票人为在银行开立存款账户的法人以及其他组织。

【例题 2·单选题】 2018 年 11 月 1 日，李某在与甲公司交易中获得一张到期日为 11 月 30 日的商业承兑汇票（承兑人乙公司在异地），11 月 10 日，李某持该汇票到丙银行申请贴现。根据支付结算法律制度的规定，下列有关贴现利息的计算公式中，正确的是（　　）。

A. 贴现利息 = 票面金额 × 年利率 × 贴现日至到期日天数

B. 贴现利息 = 票面金额 × 年利率 ×（贴现日至到期日天数 +3）

C. 贴现利息 = 票面金额 × 日利率 × 贴现日至到期日前 1 日的天数

D. 贴现利息 = 票面金额 × 日利率 ×（贴现日至到期日前 1 日的天数 +3）

【答案】 D

【解析】 实付贴现金额按票面金额扣除贴现日至汇票到期前 1 日的利息计算。承兑人在异地的纸质商业汇票，贴现的期限以及贴现利息的计算应另加 3 天的划款日期。

【例题 3·多选题】 下列关于商业汇票贴现条件的论述，正确的有（　　）。

A. 票据应未到期

B. 票据未记载 "不得转让" 事项

C. 贴现方必须是在银行开立存款账户的企业法人以及其他组织

D. 贴现人与出票人或者直接前手之间具有真实的商品交易关系

【答案】 ABCD

【解析】 商业汇票的持票人向银行办理贴现必须具备下列条件：票据未到期；票据未记载 "不得转让" 事项；在银行开立存款账户的企业法人以及其他组织；与出票人或者直接前手之间具有真实的商品交易关系。

【例题 4·多选题】 电子商业汇票贴现必须记载的事项包括（　　）。

A. 贴出人名称；贴入人名称

B. 贴现日期

C. 贴现类型

D. 贴现银行签章

【答案】 ABC

【解析】 电子商业汇票贴现必须记载：贴出人名称；贴入人名称；贴现日期；贴现类型；贴现利率；实付金额；贴出人签章。

【例题 5·多选题】 根据支付结算法律制度的规定，下列关于商业汇票贴现的表述中，正确的有（　　）。

A. 贴现是一种非票据转让行为

B. 贴现申请人与出票人或者直接前手之间具有真实的商品交易关系

C. 贴现申请人是在银行开立存款账户的企业法人以及其他组织

D. 贴现到期不获付款的，贴现银行可从贴现申请人的存款账户直接收取票款

【答案】 BCD

【解析】选项 A，贴现是指票据持票人在票据未到期前为获得现金向银行贴付一定利息而发生的票据转让行为。

7 银行本票 ★★

一、考点解读

（一）银行本票的概念

本票是指出票人签发的，承诺自己在见票时无条件支付确定的金额给收款人或者持票人的票据。在我国，本票仅限于银行本票。

（二）银行本票的适用范围

银行本票可用于转账，注明"现金"字样的银行本票可以支取现金。

单位和个人在同一票据交换区域需要支付各种款项，均可以使用银行本票。

（三）银行本票的出票

申请人使用银行本票，应向银行填写"银行本票申请书"，记载有关事项并签章。

出票银行受理银行本票申请书，收妥款项，签发银行本票。

签发银行本票必须记载相关事项。

申请人应将银行本票交付给本票上记明的收款人。

申请人或者收款人为单位的，银行不得为其签发现金银行本票。

（四）银行本票的付款

1. 银行本票的提示付款期限自出票日起最长不得超过 2 个月。

2. 持票人超过提示付款期限不获付款的，在票据权利时效内向出票银行作出说明，并提供本人身份证件或者单位证明，可持银行本票向出票银行请求付款。

3. 银行本票的持票人未按照规定期限提示付款的，将丧失对"出票人"以外的前手的追索权。

（五）银行本票的退款和丧失

申请人因银行本票超过提示付款期限或其他原因要求退款时，应将银行本票提交到出票银行。

银行本票丧失，失票人可以凭人民法院出具的其享有票据权利的证明，向出票银行请求付款或退款。

二、例题点津

【例题 1 · 单选题】根据支付结算法律制度的规定，如果本票的持票人未在法定期限内提示付款的，则丧失对特定票据债务人以外的其他债务人的追索权。该特定票据债务人是（   ）。

A. 出票人　　　　　B. 保证人

C. 背书人　　　　　D. 被背书人

【答案】A

【解析】银行本票的持票人未按照期限提示付款的，将丧失对"出票人"以外的前手的追索权。

【例题 2 · 单选题】下列关于银行本票性质的表述中，错误的是（   ）。

A. 银行本票的付款人见票时必须无条件付款给持票人

B. 持票人超过提示付款期限不获付款的，可向出票银行请求付款

C. 银行本票不可以背书转让

D. 注明"现金"字样的银行本票可以用于支取现金

【答案】C

【解析】银行本票可以背书转让。

【例题 3 · 多选题】根据支付结算法律制度的规定，下列关于银行本票的表述，正确的有（   ）。

A. 单位和个人在同一票据交换区域内支付的各种款项，均可以使用银行本票

B. 申请人或收款人为单位的，银行不得为其签发现金银行本票

C. 出票银行必须具有支付本票金额的可靠资金来源，并保证支付

D. 银行本票的提示付款期限自出票日起最长不得超过 1 个月

【答案】ABC

【解析】银行本票的提示付款期限自出票日起最长不得超过 2 个月。

【例题 4 · 判断题】银行本票的出票人和付款人均为银行。（   ）

【答案】√

【解析】在本票、支票、汇票中，银行本票的出票人和付款人均为银行。

8 支票 ★

一、考点解读

支票是出票人签发的，委托办理支票存款业务的银行或者其他金融机构在见票时无条件支付确定的金额给收款人或者持票人的票据。

（一）支票的种类和适用范围

支票分为现金支票、转账支票和普通支票。

单位和个人在同一票据交换区域的各种款项结算，均可以使用支票。

（二）支票的出票

1. 支票必须记载相关事项。

2. 禁止签发空头支票。出票人签发的支票金额超过其付款时在付款人处实有的存款金额的，为空头支票。

3. 支票的出票人不得签发与其预留本名的签名式样或者印鉴不符的支票。

4. 支票的"金额""收款人名称"，可以由出票人授权补记。未补记前，不得背书转让和提示付款。

解释 只有支票的"金额""收款人名称"可由出票人授权补记；汇票、本票的"金额""收款人名称"是绝对必要记载事项，不能由出票人授权补记（见表3－14）。

表3－14　支票种类与特点比较

种类	特点
现金支票	印有"现金"字样，只能用于支取现金
转账支票	印有"转账"字样，只能用于转账
普通支票	未印有"现金""转账"，既可以用于支取现金，也可用于转账

（三）支票付款

1. 持票人应当自出票日起10日内提示付款。持票人可以委托开户银行收款或直接向付款人提示付款。

2. 出票人在付款人处的存款足以支付支票金额时，付款人应当在当日足额付款。

3. 付款人依法支付支票金额的，对出票人不再承担受委托付款的责任，对持票人不再承担

付款的责任。但付款人以恶意或者有重大过失付款的除外。

二、例题点津

【例题1·单选题】根据《票据法》的规定，支票的提示付款期限为（　　）。

A. 自出票日起10日内

B. 自出票日起1个月内

C. 自出票日起2个月内

D. 自出票日起6个月内

【答案】A

【解析】根据规定，支票的提示付款期限为自出票日起10日内。

【例题2·单选题】根据支付结算法律制度的规定，下列关于票据提示付款期限的表述中，错误的是（　　）。

A. 银行汇票的提示付款期限为自出票日起1个月

B. 商业汇票的提示付款期限为自出票日起10日

C. 银行本票的提示付款期限为自出票日起最长不得超过2个月

D. 支票的提示付款期限为自出票日起10日

【答案】B

【解析】商业汇票的提示付款期限为自汇票到期日起10日。

【例题3·多选题】根据《票据法》的规定，支票的（　　）可以由出票人授权补记。未补记前，不得背书转让和提示付款。

A. 支票金额　　　　B. 出票日期

C. 付款人名称　　　D. 收款人名称

【答案】AD

【解析】支票的金额、收款人名称，可以由出票人授权补记。未补记前，不得背书转让。

9 汇兑 ★★

一、考点解读

汇兑是汇款人委托银行将其款项支付给收款人的结算方式。

（一）汇兑的种类

汇兑分为信汇、电汇两种。

（二）汇兑适用范围

单位和个人各种款项的结算，均可使用汇兑结算方式。

（三）汇款回单只能作为汇出银行受理汇款的依据，不能作为该笔汇款已经转入收款人账户的证明

（四）收账通知是银行将款项确已收入收款人账户的凭据

（五）汇兑的撤销与退汇

1. 汇款人对汇出银行尚未汇出的款项可以申请撤销。

2. 汇入银行对于收款人拒绝接受的汇款，应立即办理退汇。

3. 汇入银行对于向收款人发出取款通知，经过2个月无法交付的汇款，应主动办理退汇。

二、例题点津

【例题·多选题】 根据支付结算法律制度的规定，下列关于办理汇兑业务的表述中，正确的有（　　）。

A. 汇款回单可以作为该笔汇款已转入收款人账户的证明

B. 汇款回单是汇出银行受理汇款的依据

C. 汇兑凭证记载的汇款人、收款人在银行开立存款账户的，必须记载其账号

D. 收账通知是银行将款项确已转入收款人账户的凭据

【答案】 BCD

【解析】 汇款回单只能作为汇出银行受理汇款的依据，不能作为该笔汇款已转入收款人账户的证明；收账通知是银行将款项确已收入收款人账户的凭据。

10　委托收款 ★★

一、考点解读

委托收款是收款人委托银行向付款人收取款项的结算方式。

（一）适用范围

1. 单位和个人凭已承兑的商业汇票、债券、存单等付款人债务证明办理款项的结算，均可以使用委托收款结算方式。

2. 委托收款在同城、异地均可使用。

（二）必须记载的事项

1. 表明"委托收款"的字样；

2. 确定的金额；

3. 付款人名称；

4. 收款人名称；

5. 委托收款凭据名称及附寄单证张数；

6. 委托日期；

7. 收款人签章。

欠缺记载上列事项之一的，银行不予受理。

（三）付款

1. 委托收款以"银行"为付款人的，银行应当在当日将款项主动支付给收款人。

2. 委托收款以"单位"为付款人的，银行应当及时通知付款人，需要将有关债务证明交给付款人的应当交给付款人。付款人应于接到通知的当日书面通知银行付款，付款人未在接到通知的次日起3日内通知银行付款的，视同付款人同意付款，银行应于付款人接到通知日的次日起第4日上午开始营业时，将款项划给收款人。

二、例题点津

【例题·单选题】 下列关于委托收款的特征的表述中，不符合法律规定的是（　　）。

A. 委托收款在同城、异地均可以使用

B. 办理委托收款应向银行提交委托收款凭证和有关的债务证明

C. 以单位为付款人的，银行应当在当日将款项主动支付给收款人

D. 付款人审查有关债务证明后，需要拒绝付款的，可以办理拒绝付款

【答案】 C

【解析】 以付款银行为付款人的，银行应当在当日将款项主动支付给收款人；以单位为付款人的，付款银行应及时通知付款人，付款人应于接到通知的当日书面通知银行付款。

11　银行卡 ★★

一、考点解读

（一）银行卡的概念与分类

银行卡是经批准由商业银行向社会发行的具

有消费信用、转账结算、存取现金等全部或部分功能的信用支付工具。

1. 按是否具有透支功能分：信用卡和借记卡。

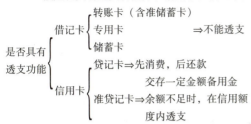

联名（认同）卡，是商业银行与营利性机构/非营利性机构合作发行的银行卡附属产品，其所依附的银行卡品种必须是经批准的品种，并应当遵守相应品种的业务章程或管理办法。

2. 按币种不同分：人民币卡和外币卡。

3. 按发行对象不同分：单位卡（商务卡）和个人卡。

4. 按信息载体不同分：磁条卡、芯片（IC）卡。

（二）银行卡账户和交易

1. 银行卡申领、注销和丧失。

（1）银行卡及其账户只限经发卡银行批准的持卡人本人使用，不得出租和转借。

（2）个人贷记卡申请的条件：

①年满 18 周岁，有固定职业和稳定收入，工作单位和户口在常住地的城乡居民。

②填写申请表，并亲笔签字。

③提供身份证及复印件。

（3）银行卡销户：

①持卡人在还清全部交易款项、透支本息和有关费用后，可申请办理销户。

②发卡行受理注销申请之日起 45 日后，被注销信用卡账户方能清户。

2. 银行卡交易的基本规定。

（1）信用卡预借现金业务：

①现金提取是指持卡人通过柜面和自动柜员机等自助机具，以现钞形式获得信用卡预借现金额度内资金。

②现金转账是指持卡人将信用卡预借现金额度内资金划转到本人银行结算账户。

③现金充值是指持卡人将信用卡预借现金额度内资金划转到本人在非银行支付机构开立的支付账户。

④信用卡持卡人通过 ATM 等自助机具办理现金提取业务，每卡每日累计不得超过人民币 1 万元（借记卡，每卡每日累计不得超过 2 万元人民币）；持卡人通过柜面办理现金提取业务，通过各类渠道办理现金转账业务的每卡每日限额，由发卡机构与持卡人通过协议约定；发卡机构可自主确定是否提供现金充值服务，并与持卡人协议约定每卡每日限额。

⑤发卡机构不得将持卡人信用卡预借现金额度内资金划转至其他信用卡，以及非持卡人的银行结算账户或支付账户。

⑥储值卡的面值或卡内币值不得超过 1 000 元人民币。

（2）贷记卡持卡人非现金交易可享受免息还款期和最低还款额待遇，银行记账日到发卡银行规定的到期还款日之间为免息还款期，持卡人在到期还款日前偿还所使用全部银行款项有困难的，可按照发卡银行规定的最低还款额还款。持卡人透支消费享受免息还款期和最低还款额待遇的条件和标准等，由发卡机构自主确定。

（3）发卡银行追偿透支款项和诈骗款项的途径：①扣减持卡人保证金、依法处理抵押物和质物；②向保证人追索透支款项；③通过司法机关的诉讼程序进行追偿。

（三）银行卡计息与收费

1. 发卡银行对准贷记卡及借记卡（不含储值卡）账户内的存款，按照中国人民银行规定的同期同档次存款利率及计息办法计付利息。

2. 信用卡透支的计结息方式，以及对信用卡溢缴款是否计付利息及其利率标准，由发卡机构自主确定。2021 年 1 月 1 日起，信用卡透支利率由发卡机构与持卡人自主协商确定，取消信用卡透支利率上限和下限管理。

3. 发卡机构向持卡人提供超过授信额度用卡的，不得收取超限费。

4. 发卡机构对向持卡人收取的违约金和年费、取现手续费、货币兑换费等服务费用不得计收利息。

（四）银行卡收单

银行卡收单业务，是指收单机构与特约商户签订银行卡受理协议，在特约商户按约定受理银行卡并与持卡人达成交易后，为特约商户提供交易资金结算服务的行为。

1. 银行卡收单机构。

(1) 从事银行卡收单业务的银行业金融机构。

(2) 获得银行卡收单业务许可、为实体特约商户提供银行卡受理并完成资金结算服务的支付机构。

(3) 获得网络支付业务许可、为网络特约商户提供银行卡受理并完成资金结算服务的支付机构。

2. 特约商户管理。

(1) 收单机构应当对特约商户实行实名制管理。

(2) 银行卡受理协议。收单机构应当与特约商户签订银行卡受理协议，就可受理的银行卡种类、开通的交易类型、收单银行结算账户的设置和变更、资金结算周期、结算手续费标准、差错和纠纷处置等事项，明确双方的权利、义务和违约责任。

(3) 结算账户。

①特约商户的收单银行结算账户应当为其同名单位银行结算账户，或其指定的、与其存在合法资金管理关系的单位银行结算账户。

②特约商户为个体工商户和自然人的，可使用其同名个人银行结算账户作为收单银行结算账户。

(4) 收单机构应当对实体特约商户收单业务进行本地化经营和管理，不得跨省（自治区、直辖市）域开展收单业务。

3. 业务与风险管理。

(1) 风险评级制度。建立对实体特约商户、网络特约商户分别进行风险评级制度，对于风险等级较高的特约商户，收单机构应当对其开通的受理卡种和交易类型进行限制，并采取强化交易监测、设置交易限额、延迟结算、增加检查频率、建立特约商户风险准备金等措施。

(2) 收单机构应按协议约定及时将交易资金结算到特约商户的收单银行结算账户，资金结算时限最迟不得超过持卡人确认可直接向特约商户付款的支付指令生效日后 **30 个自然日**，因涉嫌违法违规等风险交易需延迟结算的除外。

(3) 收单机构发现特约商户发生疑似银行卡套现、洗钱、欺诈、转机、留存或泄露持卡人账户信息等风险事件的，应当对特约商户采取的措施包括但不限于：

①延迟资金结算；

②暂停银行卡交易；

③收回受理终端（关闭网络支付接口）。

4. 结算收费基本规定（见表 3 – 15）。

表 3 – 15　　　　　　　　　　　　　　结算收费基本规定

项目	收费方式	管理方式	费率及标准
收单服务费	收单机构向商户收取	实行市场调节价	由收单机构与商户协商确定具体费率
发卡行服务费	发卡机构收取	实行政府指导价、上限管理	借记卡：不高于交易金额的 0.35%（单笔交易收费金额不超过 13 元）
			贷记卡：不高于交易金额的 0.45%（不实行单笔收费封顶控制）
网络服务费	银行卡清算机构收取	实行政府指导价、上限管理	收单和发卡机构不超过交易金额的 0.065%，收单机构各承担 50%（对非营利性机构刷卡交易，实行发卡行服务费、网络服务费全额减免）

二、例题点津

【例题 1·单选题】收单机构对特约商户的

交易资金结算，最迟不得超过持卡人确认可直接向特约商户付款的支付指令生效日后（　　）。

A. 15 个工作日　　　　B. 15 个自然日

C. 30 个工作日　　D. 30 个自然日

【答案】D

【解析】收单机构应按协议约定及时将交易资金结算到特约商户的收单银行结算账户，资金结算时限最迟不得超过持卡人确认可直接向特约商户付款的支付指令生效日后 30 个自然日，因涉嫌违法违规等风险交易需延迟结算的除外。

【例题 2 · 单选题】2023 年 10 月 11 日，李某持借记卡在宇达汽车销售公司刷卡消费 20 万元购买汽车一辆。根据支付结算法律制度的规定，收单银行就该笔业务应向宇达汽车销售公司收取的结算手续费为（　　）元。

A. 13　　　　　　B. 80

C. 700　　　　　D. 900

【答案】A

【解析】收单手续费标准为：不超过交易金额的 0.35%，单笔收费金额不超过 13 元。

【例题 3 · 多选题】根据《银行卡业务管理办法》的规定，发卡银行对下列银行卡账户内的存款，不计付利息的有（　　）。

A. 准贷记卡　　　B. 借记卡

C. 贷记卡　　　　D. 储值卡内的币值

【答案】CD

【解析】（1）发卡银行对准贷记卡和借记卡（不含储值卡）账户内存款计付利息；（2）发卡银行对贷记卡、储值卡内的币值不计付利息。

【例题 4 · 多选题】根据支付结算法律制度的规定，下列各项中，属于发卡银行追偿透支款项和诈骗款项的途径有（　　）。

A. 向保证人追索透支款项

B. 依法处理抵押物和质物

C. 通过司法机关的诉讼程序进行追偿

D. 冻结持卡人银行账户

【答案】ABC

【解析】发卡银行通过下列途径追偿透支款项和诈骗款项：（1）扣减持卡人保证金、依法处理抵押物和质物；（2）向保证人追索透支款项；（3）通过司法机关的诉讼程序进行追偿。

【例题 5 · 判断题】可以办理收单业务的机构仅为银行业金融机构。（　　）

【答案】×

【解析】银行卡收单机构包括银行业金融机构、获得许可的非银行金融支付机构，以及获得网络支付业务许可的支付机构。

12 银行电子支付 ★

一、考点解读

（一）网上银行

1. 网上银行的概念及分类。

网上银行包含两个层次的含义：一个是机构概念，指通过信息网络开办业务的银行；另一个是业务概念，指银行通过信息网络提供的金融服务，包括传统银行业务和因信息技术应用带来的新兴业务。

按照不同的标准，网上银行可以分为不同的类型：按主要服务对象分为企业网上银行和个人网上银行；按经营组织分为分支型网上银行和纯网上银行。

2. 网上银行的主要功能。

（1）企业网上银行子系统目前能够支持所有的对公企业客户，能够为客户提供网上账务信息服务、资金划拨、网上 B2B 支付和批量支付等服务，使集团公司总部能对其分支机构的财务活动进行实时监控，随时获得其账户的动态情况，同时还能为客户提供 B2B 网上支付。其主要业务功能包括：账户信息查询、支付指令、B2B（Business to Business）网上支付、批量支付。

（2）个人网上业务子系统主要提供银行卡、本外币活期一本通客户账务管理、信息管理、网上支付等功能，是网上银行对个人客户服务的窗口。其具体业务功能包括：账户信息查询、人民币转账业务、银证转账业务、外汇买卖业务、账户管理业务、B2C（Business to Customer）网上支付。

（二）条码支付

1. 条码支付的概念。

条码支付业务是指银行、支付机构应用条码技术，实现收付款人之间货币资金转移的业务活动。条码支付业务包括付款扫码和收款扫码。

2. 条码支付的交易验证及限额。

条码支付业务可以组合选用下列三种要素进行交易验证：

（1）知悉的要素，如静态密码等；

（2）不可复制或者不可重复利用的要素，如数字证书、电子签名，以及通过安全渠道生成和传输的一次性密码等；

（3）生物特征要素，如指纹等。

对同一客户单个银行账户或所有支付账户单日累计交易金额条码支付有四种限额要求：

A 级，自主约定单日累计限额；

B 级，单日累计交易金额应不超过 5 000 元；

C 级，单日累计交易金额应不超过 1 000 元；

D 级，即使用静态条码的，应不超过 500 元。

3. 商户管理。

以同一个身份证件在同一家银行、支付机构办理的全部小微商户基于信用卡的条码支付收款金额日累计不超过 1 000 元、月累计不超过 1 万元。

4. 风险管理。

银行、支付机构应建立条码支付交易风险监测体系，及时发现可疑交易，并采取阻断交易、联系客户核实交易等方式防范交易风险。银行、支付机构发现特约商户发生疑似套现、洗钱、恐怖融资、欺诈、留存或泄露账户信息等风险事件的，应对特约商户采取延迟资金结算、暂停交易、冻结账户等措施，并承担因未采取措施导致的风险损失责任；发现涉嫌违法犯罪活动的，应及时向公安机关报案。

二、例题点津

【例题 1·多选题】 可以通过网上银行办理的业务有（   ）。

A. 查询该借记卡中的账户余额

B. 向他人名下的银行卡转账

C. 向自己名下的其他银行转账

D. 支付网上购物款

【答案】 ABCD

【解析】 个人网上银行的主要业务功能有：（1）账户信息查询（选项 A 正确）；（2）人民币转账业务（选项 B、C 正确）；（3）银证转账业务（选项 B 正确）；（4）外汇买卖业务；（5）账户管理业务；（6）B2C 网上支付（选项 D 正确）。

【例题 2·多选题】 企业开通网上银行业务后，可以通过网上银行办理的业务有（   ）。

A. 账户信息查询   B. B2B 网上支付

C. 批量支付   D. B2C 网上支付

【答案】 ABC

【解析】（1）选项 A、B、C，企业网上银行的主要业务功能包括账户信息查询、支付指令、B2B 网上支付和批量支付；（2）选项 D，属于个人网上银行的主要功能之一。

第四单元   支付机构非现金支付业务

1 网络支付★

一、考点解读

（一）网络支付的概念

网络支付是指收款人或付款人通过计算机、移动终端等电子设备，依托公共网络信息系统远程发起支付指令，且付款人电子设备不与收款人特定专属设备交互，由支付机构为收付款人提供货币资金转移服务的活动。

（二）网络支付机构的分类

1. 金融型支付企业。

金融型支付企业是独立第三方支付模式，其不负有担保功能，仅仅为用户提供支付产品和支付系统解决方案，侧重行业需求和开拓行业应用，是立足于企业端的金融型支付企业。

2. 互联网支付企业。

互联网支付企业是依托于自有的电子商务网站并提供担保功能的第三方支付模式，以在线支付为主，是立足于个人消费者端的互联网型支付企业。

（三）支付账户

1. 支付账户的概念。

支付账户，是指获得互联网支付业务许可的支付机构，根据客户的真实意愿为其开立的，用于记录预付交易资金余额、客户凭以发起支付指令、反映交易明细信息的电子簿记。

支付账户不得透支，不得出借、出租、出

售，不得利用支付账户从事或者协助他人从事非法活动。

2. 支付账户的开户要求。

（1）对客户实行实名制管理，建立客户唯一识别编码，不得开立匿名、假名支付账户。

（2）应当与单位和个人签订协议，约定支付账户与支付账户、支付账户与银行账户之间的日累计转账限额和笔数，超出限额和笔数的，不得再办理转账业务。

（四）网络支付的相关规定

1. 网络支付的限额。

（1）采用包括数字证书或电子签名在内的两类（含）以上有效要素进行验证的交易，单日累计限额由支付机构与客户通过协议自主约定；

（2）采用不包括数字证书、电子签名在内的两类（含）以上有效要素进行验证的交易，单个客户所有支付账户单日累计金额应不超过5 000 元（不包括支付账户向客户本人同名银行账户转账）；

（3）采用不足两类有效要素进行验证的交易，单个客户所有支付账户单日累计金额应不超过1 000 元（不包括支付账户向客户本人同名银行账户转账），且支付机构应当承诺无条件全额承担此类交易的风险损失赔付责任。

2. 业务与风险管理。

支付机构应建立客户风险评级管理制度和机制以及交易风险管理制度和交易监测系统，动态调整客户风险评级及相关风险控制措施。

对疑似欺诈、套现、洗钱、非法融资、恐怖融资等交易，及时采取调查核实、延迟结算、终止服务等措施。

充分提示网络支付业务的潜在风险，对高风险业务在操作前、操作中进行风险警示。

履行客户信息保护责任，不得存储客户银行卡的磁道信息或芯片信息、验证码、密码等敏感信息，原则上不得存储银行卡的有效期。

二、例题点津

【例题·单选题】下列关于支付账户说法正确的是（　　）。

A. 支付账户可以透支

B. 支付账户向认识的人出借、出租、出售

C. 可以匿名开设支付账户

D. 对客户实行实名制管理

【答案】D

【解析】支付账户不得透支，不得出借、出租、出售，不得利用支付账户从事或者协助他人从事非法活动。对客户实行实名制管理，建立客户唯一识别编码，不得开立匿名、假名支付账户。

2　预付卡★★

一、考点解读

预付卡是指发卡机构以特定载体和形式发行的、可在发卡机构之外购买商品或服务的预付价值。预付卡按是否记载持卡人身份信息分为记名预付卡和不记名预付卡（见表3－16）。

表3－16　　　　记名预付卡与不记名预付卡的对比

项目	记名预付卡	不记名预付卡	备注
资金限额	单张记名预付卡资金限额不得超过5 000 元	单张不记名预付卡资金限额不得超过1 000 元	人民币计价不具有透支功能
期限	不得设置有效期	有效期不得低于3 年	超期且有余额，可通过延期、激活、换卡等方式继续使用
办理	1. 个人或单位购买记名预付卡或一次性购买不记名预付卡1 万元以上的，应当使用实名并向发卡机构提供有效身份证件。 2. 单位一次性购买预付卡5 000 元以上，个人一次性购买预付卡5 万元以上的，应当通过银行转账等非现金结算方式购买，不得使用现金。 3. 购卡人不得使用信用卡购买预付卡		使用实名购买预付卡的，发卡机构应当登记购卡人相关信息。代理购买的确认代理关系并留存代理人的相关信息

续表

项目	记名预付卡	不记名预付卡	备注
充值	1. 一次性充值金额 5 000 元以上的，不得使用现金。 2. 单张预付卡充值后的资金余额不得超过规定限额。 3. 预付卡现金充值通过发卡机构网点进行，但单张预付卡同日累计现金充值在 200 元以下的，可通过自助充值终端、销售合作机构代理等方式充值		预付卡只能通过现金或银行转账方式进行充值，不得使用信用卡为预付卡充值
赎回	1. 可赎回 2. 在购卡 3 个月后办理 3. 持卡人应当出示预付卡及持卡人和购卡人的有效身份证件	不赎回	由他人代理赎回的，应当同时出示代理人和被代理人的有效身份证件。 单位购买的记名预付卡，只能由单位办理赎回
挂失	可挂失	不挂失	

二、例题点津

【例题1·单选题】根据支付结算法律制度的规定，下列关于预付卡的有关论述，正确的是（　）。

A. 记名预付卡的有效期不得低于 3 年

B. 不记名预付卡的资金限额不得超过 1 000 元

C. 预付卡可以透支

D. 超过有效期尚有资金余额的预付卡，其卡废止

【答案】B

【解析】预付卡以人民币计价，不具有透支功能。记名预付卡可挂失，可赎回，不得设置有效期；不记名预付卡不挂失，不赎回，有效期不得低于 3 年。超过有效期尚有资金余额的预付卡，可通过延期、激活、换卡等方式继续使用。

【例题2·单选题】王某购买了一张记名预付卡，根据支付结算法律制度的规定，该张预付卡内的资金最高限额为（　）元。

A. 1 000　　　　B. 5 000

C. 10 000　　　D. 50 000

【答案】B

【解析】单张记名预付卡资金限额不得超过 5 000 元。

【例题3·多选题】下列关于预付卡的购买和充值办理中，可以使用现金的有（　）。

A. 某公司一次性购买预付卡 6 000 元

B. 小张购买记名预付卡 30 000 元

C. 某公司为其记名预付卡充值 3 000 元

D. 小李为其预付卡充值 6 000 元

【答案】BC

【解析】预付卡通过现金或银行转账方式进行充值，不得使用信用卡为预付卡充值。一次性充值金额 5 000 元以上的，不得使用现金。

【例题4·判断题】预付卡一律采用记名方式。（　）

【答案】×

【解析】预付卡包括记名预付卡和不记名预付卡。

第五单元　支付结算纪律和法律责任

1 支付结算纪律 ★

一、考点解读

结算纪律是银行、单位和个人办理支付结算业务所应遵守的基本规定。银行、单位和个人违反结算纪律，要分别承担相应的法律责任。

（一）单位和个人办理支付结算应遵守的纪律

1. 不准签发没有资金保证的票据或远期支票，套取银行信用。

2. 不准签发、取得和转让没有真实交易和债权债务的票据，套取银行和他人的资金。

3. 不准无理拒绝付款，任意占用他人资金。

4. 不准违反规定开立和使用账户。

（二）银行办理支付结算应遵守的纪律

1. 不准以任何理由压票，截留、挪用用户和他行的资金。

2. 不准无理由拒绝支付应由银行支付的票据款项。

3. 不准受理无理拒付，不扣少扣滞纳金。

4. 不准违章签发、承兑、贴现票据，套取银行资金。

5. 不准签发空头银行汇票、银行本票和办理空头汇款。

6. 不准在支付结算制度之外规定附加条件，影响汇路畅通。

7. 不准违反规定为单位和个人开立账户。

8. 不准拒绝受理、代理他行正常结算业务。

二、例题点津

【例题·多选题】根据支付结算法律制度的规定，以下选项属于银行办理支付结算必须遵守的结算纪律有（　　）。

A. 不准违反规定为单位和个人开立账户

B. 不准签发没有资金保证的票据或远期支票，套取银行信用

C. 不准签发空头银行汇票、银行本票和办理空头汇款

D. 不准受理无理拒付、不扣少扣滞纳金

【答案】ACD

【解析】《支付结算办法》规定："单位和个人办理支付结算"，不准签发没有资金保证的票据或远期支票，套取银行信用（选项B不选）；不准签发、取得和转让没有真实交易和债权债务的票据，套取银行和他人资金；不准无理拒绝付款，任意占用他人资金；不准违反规定开立和使用账户。

2 违反支付结算法律制度的法律责任★★

一、考点解读

银行、单位和个人违反结算纪律，要分别承担相应的法律责任（见表3-17）。

表3-17　　　　违反支付结算法律制度的责任

行为类型	具体表现	具体处罚
签发空头支票、印章与预留印鉴不符的支票，未构成犯罪行为	单位或个人签发空头支票或者签发与其预留的签章不符、使用支付密码但支付密码错误的支票，不以骗取财物为目的的	以票面金额5%但不低于1000元的罚款；持票人有权要求出票人赔偿支票金额2%的赔偿金
无理拒付，占用他人资金行为	故意压票、拖延支付的，银行机构违反票据承兑等结算业务规定，不予兑现，不予收付入账，压单、压票或者违反规定退票的	责令改正，有违法所得没收。 5万元以上的，处1倍以上5倍以下罚款； 没有或者不足5万元的，处5万元以上50万元以下罚款
开立、撤销过程中的违法行为	违反规定开立银行结算账户	属于非经营性存款人的，给予警告并处以1000元的罚款；属于经营性存款人的，给予警告并处以1万元以上3万元以下的罚款；构成犯罪的，移交司法机关依法追究刑事责任
	伪造、变造证明文件欺骗银行开立银行结算账户	
	违反规定不及时撤销银行结算账户	
	伪造、变造、私自印制开户许可证	属于非经营性的存款人处以1000元罚款；属于经营性的存款人处以1万元以上3万元以下的罚款；构成犯罪的，移交司法机关依法追究刑事责任

续表

行为类型	具体表现	具体处罚
使用过程中的违法行为	违反规定将单位款项转入个人银行结算账户	非经营性的存款人给予警告并处以1 000元罚款；经营性的存款人给予警告并处以5 000元以上3万元以下的罚款
	违反规定支取现金	
	利用开立银行结算账户逃废银行债务	
	出租、出借银行结算账户	
	从基本存款账户之外的银行结算账户转账存入、将销货收入存入或现金存入单位信用卡账户	
	法定代表人或主要负责人、存款人地址以及其他开户资料的变更事项未在规定期限内通知银行	给予警告并处以1 000元的罚款
票据欺诈行为	伪造、变造票据、托收凭证、汇款凭证、信用证，伪造信用卡	处5年以下有期徒刑或者拘役，并处或者单处2万元以上20万元以下罚金；严重的，处5年以上10年以下有期徒刑，并处5万元以上50万元以下罚金；特别严重的，处10年以上有期徒刑或者无期徒刑，并处5万元以上50万元以下罚金或者没收财产
	妨害信用卡管理	处3年以下有期徒刑或者拘役，并处或者单处1万元以上10万元以下罚金；数量巨大或者严重情节的，处3年以上10年以下有期徒刑，并处2万元以上20万元以下罚金
	进行信用卡诈骗活动	数额较大的，处5年以下有期徒刑或者拘役，并处2万元以上20万元以下罚金；数额巨大或者严重情节的，处5年以上10年以下有期徒刑，并处5万元以上50万元以下罚金；数额特别巨大或者特别严重情节的，处10年以上有期徒刑或者无期徒刑，并处5万元以上50万元以下罚金或者没收财产
非法出租、出借、出售、购买银行结算账户或支付账户行为	出租、出借、出售、购买银行结算账户，假冒他人身份或者虚构代理关系开立银行结算账户或者支付账户	5年内暂停其银行账户非柜面业务、支付账户所有业务，并不得为其新开立账户

二、例题点津

【例题·单选题】根据支付结算法律制度的

规定，空头支票罚款的标准为（　　）。

A．票面金额5%但不高于1 000元

B．票面金额5%但不低于1 000元

C. 票面金额 3% 但不低于 1 000 元

D. 票面金额 3% 但不高于 1 000 元

【答案】B

【解析】空头支票罚款的标准为票面金额 5% 但不低于 1 000 元，故选择选项 B。

本章综合题型精讲

2022 年 1 月，王某为方便投资理财、网上购物等到 A 银行办理一张借记卡并开通网上银行业务，存入存款 20 万元。2023 年 2 月，王某在 A 银行申请一张信用卡用于日常生活消费。2023 年 8 月，因女儿李某（15 周岁）即将到外地生活，为便利其学习生活，王某拟为李某申办一张信用卡，到 Q 银行办理相关事宜。

2023 年 3 月，王某的信用卡丢失，因担心被盗用，遂申请销户。

要求：根据上述资料，不考虑其他因素，分析回答下列问题。

1. 王某的借记卡通过网上银行可以办理的业务是（　　）。

A. 向李某的银行结算账户转款

B. 向王某的股票投资账户转款

C. 在某个网站购物向商家支付货款

D. 为王某的信用卡消费还款

【答案】ABCD

【解析】个人网上银行的主要业务功能有：账户信息查询；人民币转账业务；银证转账业务；外汇买卖业务；账户管理业务；B2C 网上支付。

2. 王某使用其信用卡可以办理的业务是（　　）。

A. 通过 ATM 等自助机具提取现金

B. 将该卡预借现金额度内的资金划转到王某本人的银行结算账户

C. 将该卡预借现金额度内的资金划转到王某的支付宝账户

D. 将该卡预借现金额度内的资金划转到李某的银行结算账户

【答案】ABC

【解析】信用卡预借现金业务包括现金提取、现金转账和现金充值。现金提取是指持卡人通过柜面和自动柜员机等自动机具，以现钞形式获得信用卡预借现金额度内的资金；现金转账是指持卡人将银行卡预借现金额度内资金划转到本人银行结算账户；现金充值是指持卡人将信用卡预借现金额度内资金划转到本人在非银行支付机构开立的支付账户。

3. 关于王某为女儿李某申办信用卡的下列表述中，符合法律规定的是（　　）。

A. 王某可以以自己的名义再办一张信用卡交由李某使用

B. 李某申办信用卡需要父母提供担保

C. 王某出示本人和李某的身份证即可为李某办理信用卡

D. 李某不符合信用卡申领条件，不能申领

【答案】D

【解析】银行卡及其账户只限经发卡银行批准的持卡人本人使用，不得出租和转借。个人贷记卡的申请条件为年满 18 周岁，有固定职业和稳定收入，工作单位和户口在常住地的城乡居民。

4. 关于王某信用卡销户有关事项的下列表述中，符合法律规定的是（　　）。

A. 王某须还清该卡的全部透支利息

B. 王某须还清该卡的全部交易款项

C. A 银行受理注销之日起 30 日后，被注销银行卡账户方能清户

D. 王某须还清该卡的有关费用

【答案】ABD

【解析】发卡行受理注销之日起 45 日后，被注销信用卡账户方能清户。

本章考点巩固练习题

一、单项选择题

1. 根据支付结算法律制度的规定，下列票据欺诈行为中，属于伪造票据的是（　　）。
   A. 假冒出票人在票据上签章
   B. 涂改票据号码
   C. 对票据金额进行挖补篡改
   D. 修改票据密押

2. 根据支付结算法律制度的规定，临时存款账户的有效期最长不得超过一定期限，该期限为（　　）年。
   A. 1　　　　　　　B. 10
   C. 5　　　　　　　D. 2

3. 根据支付结算法律制度的规定，预算单位应向（　　）申请开立零余额账户。
   A. 中国人民银行　　B. 财政部门
   C. 上级主管部门　　D. 社保部门

4. 下列存款人中，于2021年11月在银行开立基本存款账户，无须核发开户许可证的是（　　）。
   A. 甲税务局
   B. 乙有限责任公司
   C. 丙市人民医院
   D. 丁村委会

5. 根据支付结算法律制度的规定，下列关于预算单位零余额账户使用的表述中，正确的是（　　）。
   A. 不得支取现金
   B. 可以向所属下级单位账户划拨资金
   C. 可以向上级主管单位账户划拨资金
   D. 可以向本单位按账户管理规定保留的相应账户划拨工会经费

6. 对于按照账户管理规定应撤销而未办理销户手续的单付银行结算账户，银行通知该单位银行结算账户的存款人自发出通知之日起一定时间内办理销户手续，逾期视同自愿销户。该期限为（　　）。

A. 2 日　　　　　　B. 5 日
C. 10 日　　　　　D. 30 日

7. 根据支付结算法律制度的规定，下列各项中，属于存款人在开立一般存款账户之前必须开立的账户是（　　）。
   A. 基本存款户
   B. 单位银行卡账户
   C. 专业存款户
   D. 临时存款户

8. 下列银行结算账户中，不能支取现金的是（　　）。
   A. 党、团、工会经费专用存款账户
   B. 个人银行结算账户
   C. 预算单位零余额账户
   D. 单位银行卡账户

9. 根据票据法律制度的规定，接受汇票出票人的付款委托，同意承担支付票款义务的人是（　　）。
   A. 票据债权人　　　B. 票据保证人
   C. 票据主债务人　　D. 票据次债务人

10. 甲地为完成棚户区改造工程，成立了 Z 片区拆迁工程指挥部。为发放拆迁户安置资金，该指挥部向银行申请开立的存款账户的种类是（　　）。
    A. 基本存款账户
    B. 临时存款账户
    C. 一般存款账户
    D. 专用存款账户

11. 下列关于票据背书行为的表述中，正确的是（　　）。
    A. 甲公司委托 P 银行收取支票款项，被背书人可继续背书转让该支票
    B. 乙公司可将一张商业汇票金额的50%背书转让给丙公司
    C. 王某在银行汇票上背书时未记载背书日期，背书无效
    D. 杨某在本票上背书时未记载被背书人刘

某的姓名,刘某可自行记载

12. 下列行为中,属于给付对价取得票据权利的是(　　)。

A. 继承取得的银行承兑汇票

B. 捐赠获得的转账支票

C. 销售后得到商业汇票

D. 税务机关征税取得的票据

13. 商业汇票出票人的下列表述,正确的是(　　)。

A. 商业承兑汇票只能由付款人签发并承兑

B. 商业承兑汇票可以由付款人签发并承兑,也可以由收款人签发并承兑

C. 银行承兑汇票应由在承兑银行开立存款账户的存款人签发

D. 银行承兑汇票应由承兑银行签发

14. 甲在将一汇票背书转让给乙时,未将乙的姓名记载于被背书人栏内。乙发现后将自己的姓名填入被背书人栏内。下列关于乙填入自己姓名的行为效力的表述中,正确的是(　　)。

A. 经甲追认后有效

B. 无效

C. 有效

D. 可撤销

15. 根据支付结算法律制度的规定,下列关于票据背书效力的表述中,正确的是(　　)。

A. 背书人可以将票据金额部分背书转让给被背书人

B. 背书人可以将票据金额转让给两个被背书人

C. 出票人记载"不得转让"字样的,票据不得背书转让

D. 背书附有条件的,所附条件具有票据上的效力

16. 张某因采购货物签发一张票据给王某,胡某从王某处窃取该票据,陈某明知胡某系窃取所得但仍受让该票据,并将其赠与不知情的黄某,下列取得票据的当事人中,享有票据权利的是(　　)。

A. 王某　　　　　B. 胡某

C. 陈某　　　　　D. 黄某

17. 根据票据法律制度的规定,下列关于票据追索的表述,不正确的是(　　)。

A. 票据追索适用于两种情形,分别为到期后追索和到期前追索

B. 被追索人只能是持票人的前手

C. 持票人应当自收到被拒绝承兑或者被拒绝付款的有关证明之日起3日内,将被拒绝事由书面通知其前手

D. 持票人行使追索权的内容包括票据金额、利息和费用

18. 2023年7月20日,甲公司持一张到期银行承兑汇票到P银行办理委托收款,该汇票由Q银行承兑。甲公司在委托收款凭证上可以不记载的事项是(　　)。

A. 收款人甲公司　　B. 付款人Q银行

C. 甲公司地址　　　D. 委托日期

19. 2022年10月15日,申请人甲公司发现一张出票日期为2022年10月12日的银行汇票的解讫通知丢失,立即向签发银行出具单位证明请求退回汇票款项。甲公司提出的下列请求符合法律规定的是(　　)。

A. 请求退款至法定代表人的个人账户

B. 请求退回现金

C. 请求银行在3日内办理退款事宜

D. 请求退款至甲公司银行结算账户

20. 不能用委托收款的是(　　)。

A. 存单

B. 债券

C. 已承兑的商业汇票

D. 现金支票

21. 根据支付结算法律制度的规定,下列关于支票的表述中,不正确的是(　　)。

A. 出票人在付款人处的存款足以支付支票金额时,付款人应当在见票当日足额付款

B. 出票人可以在支票上记载自己为收款人

C. 现金支票可以采用委托收款方式提示付款

D. 申请人开立支票存款账户必须使用本名

22. 下列选项正确的是(　　)。

A. 将信用卡提取现金额度转账到非本人支付账户

B. 将信用卡提取现金额度转到另一张信用卡上

C. 信用卡提取现金额度由发卡机构与个人

协议约定

D. 信用卡不得在 ATM 上自助提现

23. 根据票据法律制度的规定，支票的提示付款期限为（　　）。

A. 自出票日起 10 日内

B. 自出票日起 1 个月内

C. 自出票日起 2 个月内

D. 自出票日起 6 个月内

24. 关于记名预付卡，下列说法正确的是（　　）。

A. 不得设置有效期

B. 不能赎回

C. 不能挂失

D. 卡内资金无限额

25. 根据支付结算法律制度的规定，下列关于经营性存款人违反账户结算的行为中，适用给予警告并处以 5 000 元以上 3 万元以下罚款的是（　　）。

A. 出租、出借银行结算账户

B. 违反规定不及时撤销银行结算账户

C. 伪造、变造开户许可证

D. 伪造、变造证明文件欺骗银行开立结算账户

二、多项选择题

1. 甲企业申请出票银行签发银行汇票用于结算与乙企业的货款。下列表述中，正确的有（　　）。

A. 该银行汇票只能用于转账，不得用于支取现金

B. 该银行汇票可以用于转账，也可以用于支取现金

C. 甲企业在银行汇票记载"不得转让"，导致该银行汇票无效

D. 若该银行汇票丧失，失票人可以凭人民法院出具的除权判决书，向出票银行请求付款

2. 根据支付结算法律制度的规定，下列各项中，属于票据无效的有（　　）。

A. 更改出票金额的票据

B. 更改出票日期及收款人名称的票据

C. 出票日期使用小写填写的票据

D. 中文大写金额和阿拉伯数字不一致的票据

3. 根据支付结算法律制度的规定，关于票据保证的下列表述中，正确的有（　　）。

A. 票据上未记载保证日期的，被保证人的背书日期为保证日期

B. 保证人未在票据或粘单上记载被保证人名称的已承兑票据，承兑人为被保证人

C. 保证人为两人以上的，保证人之间承担连带责任

D. 保证人清偿票据债务后，可以对被保证人及其前手行使追索权

4. 下列关于背书的说法，正确的有（　　）。

A. 背书时附有条件的，所附条件具有票据上的效力

B. 部分背书属于无效背书

C. 背书人在票据上记载"不得转让"字样，其后手再背书转让的，原背书人对后手的被背书人承担保证责任

D. 期后背书是指票据被拒绝承兑、被拒绝付款或者超过付款提示期限的不得背书转让；背书转让的，背书人应当承担票据责任

5. 根据票据法律制度的规定，持票人的票据权利在时效期间内不行使，会引起票据权利丧失的后果，下列有关票据权利时效的表述中，正确的有（　　）。

A. 持票人对票据的出票人和承兑人的权利自票据到期日起 2 年不行使而消灭

B. 持票人对支票出票人的权利，自到期日起 6 个月不行使而消灭

C. 持票人对银行本票的出票人的权利自票据出票日起 2 年不行使而消灭

D. 持票人对前手的再追索权，自清偿日或者被提起诉讼之日起 3 个月不行使而消灭

6. 根据支付结算法律制度的规定，下列各项中，持票人行使追索权时可以请求被追索人支付的金额和费用有（　　）。

A. 票据金额自到期日或者提示付款日起到清偿日止，按照中国人民银行规定的利率计算的利息

B. 被拒绝付款的票据金额

C. 发出通知书的费用

D. 取得有关拒绝证明的费用

7. 关于商业汇票贴现的下列表述中，正确的有

（   ）。

A. 贴现是一种非票据转让行为

B. 贴现申请人与出票人或直接前手之间具有真实的商品交易关系

C. 贴现申请人是在银行开立存款账户的企业法人以及其他组织

D. 贴现到期不获付款的，贴现银行可从贴现申请人的存款账户直接收取票款

8. 2023 年 8 月 13 日 A 公司持一张出票日期为 2023 年 6 月 11 日、到期日为 2023 年 12 月 11 日、金额为 500 万元的银行承兑汇票向 P 银行申请贴现，双方约定贴现利率为 3%。关于该汇票贴现的下列表述中，正确的有（   ）。

A. P 银行应向 A 公司实付贴现金额 500 万元

B. 汇票上应未记载"不得转让"事项

C. 贴现的期限自 2023 年 6 月 11 日起至 2023 年 12 月 11 日止

D. 必须记载贴现利率 3%

9. 根据支付结算法律制度的规定，关于支票的下列表述中，正确的有（   ）。

A. 支票基本当事人包括出票人、付款人、收款人

B. 支票金额和收款人名称可以由出票人授权补记

C. 出票人不得在支票上记载自己为收款人

D. 支票的付款人是出票人的开户银行

10. 根据支付结算法律制度的规定，下列各项中，属于收单机构业务与风险管理措施的有（   ）。

A. 建立资金结算风险管理制度

B. 建立特约商户检查制度

C. 建立对特约商户风险评级制度

D. 建立特约商户收单银行变更审核制度

11. 根据支付结算法律制度的规定，下列非现金支付工具中，属于结算方式的有（   ）。

A. 票据

B. 银行卡

C. 汇兑

D. 委托收款

12. 关于汇兑的下列表述中，符合法律制度规定的有（   ）。

A. 单位和个人均可使用汇兑

B. 汇款人对汇出银行尚未汇出的款项可以申请撤销

C. 汇兑以收账通知为汇出银行受理汇款的依据

D. 汇兑以汇款回单为银行将款项确已收入收款人账户的凭据

13. 根据支付结算法律制度的规定，下列关于预付卡使用的表述中，正确的有（   ）。

A. 记名预付卡可挂失，可赎回

B. 有资金余额但超过有效期的预付卡可通过延期、激活、换卡等方式继续使用

C. 记名预付卡不得设置有效期

D. 不记名预付卡有效期可设置为 2 年

14. 根据支付结算法律制度的规定，下列关于预付卡的表述中，正确的有（   ）。

A. 预付卡可以外币计价

B. 单张记名预付卡资金限额不得超过 5 000 元

C. 预付卡不得透支

D. 单张不记名预付卡资金限额不得超过 1 000 元

三、判断题

1. 撤销银行结算账户时，应先撤销基本存款账户，然后再撤销一般存款账户、专用存款账户和临时存款账户。（   ）

2. 银行有合理理由的，可以对银行承兑汇票压票。（   ）

3. 委托收款背书的被背书人不得再以背书转让票据权利。（   ）

4. 汇票上可以记载《票据法》规定事项以外的其他出票事项，但该记载事项不具有汇票上的效力。（   ）

5. 票据权利只体现为付款请求权。（   ）

6. 甲以背书方式将票据赠与乙，乙可以取得优于甲的票据权利。（   ）

7. 银行承兑汇票的出票人于汇票到期日未能足够交存票款的，承兑银行可以向持票人拒绝付款。（   ）

8. 屡次签发空头支票，银行有权停止所有支付业务。（   ）

9. 存款人应按照账户管理规定使用银行结算账

户办理结算业务，可以出租、出借银行结算账户，但不得利用银行结算账户套取银行信用或进行洗钱活动。　　　　　（　）

四、不定项选择题

1. 2023 年 1 月 8 日，甲公司成立，张某为法定代表人，李某为财务人员。1 月 10 日李某携带资料到 P 银行申请开立了基本存款账户。1 月 15 日甲公司在 Q 银行申请开立了基本建设资金专户。1 月 20 日甲公司签发一张金额为 360 万元、由 P 银行承兑的电子商业汇票交付乙公司。乙公司因急需资金，于 5 月 6 日向 M 银行申请办理了汇票贴现。

要求： 根据上述资料，不考虑其他因素，分析回答下列问题。

（1）关于甲公司在 P 银行开立账户的下列表述中，正确的是（　　）。

 A. P 银行应报经当地中国人民银行分支机构核准

 B. 甲公司应填制开立银行结算账户申请书

 C. 甲公司与 P 银行应签订银行结算账户管理协议

 D. 该账户 2023 年 1 月 10 日不能办理对外付款业务

（2）关于甲公司在 Q 银行开立账户的下列表述中，正确的是（　　）。

 A. 甲公司应向 Q 银行出具基本存款账户开户许可证

 B. Q 银行应向中国人民银行当地分支机构备案

 C. 该账户支取现金应在开户时报经中国人民银行当地分支机构批准

 D. 甲公司应向 Q 银行出具主管部门批文

（3）P 银行承兑该汇票应当办理的手续是（　　）。

 A. 与甲公司签订承兑协议

 B. 对汇票真实交易关系在线审核

 C. 审查甲公司的资格与资信

 D. 收取甲公司承兑手续费

（4）乙公司到 M 银行办理贴现必须记载的事项是（　　）。

 A. 贴现利率

B. 贴出人乙公司签章

C. 实付金额

D. 贴入人 M 银行名称

2. 甲公司的开户银行为 A 银行。2023 年 7 月 1 日，甲公司委派员工李某携带一张公司签发的出票日期为 2023 年 7 月 1 日、金额和收款人名称均空白的转账支票赴乙公司洽谈业务，为支付货款，李某在支票上填写金额 20 万元后交付乙公司。当日，为偿还所欠丙公司劳务费，乙公司将支票背书转让给丙公司，在背书栏内记载了"不得转让"，未记载背书日期。丙公司持票到 A 银行提示付款，被拒绝支付。丙公司拟行使追索权以实现票据权利。

要求： 根据上述材料，不考虑其他因素，分别回答下列问题。

（1）关于甲公司签发支票行为的效力及票据当事人的下列表述中，符合法律规定的是（　　）。

 A. 甲公司是支票的保证人

 B. 因出票时未记载确定的金额，支票无效

 C. A 银行是支票的付款人

 D. 因出票时未记载收款人姓名，支票无效

（2）关于乙公司将支票背书转让给丙公司行为效力的下列表述中，符合法律规定的是（　　）。

 A. 未记载背书日期，背书无效

 B. 背书附不得转让的条件，背书无效

 C. 未记载背书日期，视为在支票到期日前背书

 D. 丙公司再背书转让该支票，乙公司对丙公司的被背书人不承担保证责任

（3）关于丙公司行使票据追索权的下列表述中，不符合法律规定的是（　　）。

 A. 丙公司不享有票据追索权

 B. 丙公司可以同时对甲公司和乙公司行使票据追索权

 C. 丙公司应按照先乙公司后甲公司的顺序行使追索权

 D. 丙公司只能对乙公司或甲公司其中之一行使追索权

（4）关于丙公司提示付款的下列表述中，符合法律规定的是（　　）。

A. 丙公司可以委托开户银行向 A 银行提示付款

B. 支票无效，丙公司无权提示付款

C. 丙公司提示付款期限为 2023 年 7 月 2 日起 10 日

D. 丙公司提示付款期限为 2023 年 7 月 1 日起 10 日

3. 2022 年 3 月甲公司在 A 市承接一项为期 2 年的建筑工程项目。5 月 10 日甲公司向乙公司签发一张支票用于结算劳务款项。乙公司于 5 月 13 日将支票背书转让给丁公司；丁公司于 5 月 22 日提示付款被付款银行拒绝。6 月 18 日委托其开户银行向丙公司电汇 100 万元用于结算材料款。

要求：根据上述资料，不考虑其他因素，分析回答下列问题。

（1）甲公司在 A 市承接一项为期 2 年的建筑工程项目可以开立的银行结算账户是（　　）。

A. 基本存款账户

B. 一般存款账户

C. 预算单位专用存款账户

D. 临时存款账户

（2）丁公司提示付款的期限，下列说法不正确的是（　　）。

A. 支票的提示付款期限自出票日起 10 日

B. 支票的提示付款期限自票据到期日起 10 日

C. 支票的提示付款期限自收到票据之日起 10 日

D. 支票的提示付款期限自提示付款之日起 10 日

（3）丁公司被付款银行拒绝后，应当对丁公司承担票据责任的是（　　）。

A. 出票人　　　　B. 付款人
C. 背书人　　　　D. 承兑人

（4）甲公司 6 月 18 日委托其开户银行向丙公司电汇 100 万元的结算方式是（　　）。

A. 委托付款　　　B. 委托收款
C. 汇兑　　　　　D. 托收承付

4. 2021 年 4 月 6 日，甲公司为履行与乙公司的买卖合同，签发一张由本公司承兑的商业汇票交付乙公司，汇票收款人为乙公司。到期日为 10 月 6 日，4 月 14 日乙公司将该汇票背书转让给丙公司，9 月 8 日丙公司持该汇票向其开户银行 Q 银行办理贴现，该汇票到期后，Q 银行向异地的甲公司开户银行 P 银行发出委托收款，P 银行于收到委托收款的次日通知甲公司付款，甲公司以乙公司一直未发货为由拒绝付款。

要求：根据上述资料，分析回答下列问题。

（1）该汇票的付款人是（　　）。

A. 甲公司
B. 乙公司
C. P 银行
D. Q 银行

（2）下列各项中，属于转让背书行为的是（　　）。

A. 甲公司将汇票交付乙公司
B. 乙公司将汇票转让给丙公司
C. 丙公司持汇票向 Q 银行办理贴现
D. Q 银行持汇票到 P 银行办理委托收款

（3）下列当事人中，属于该汇票债务人的是（　　）。

A. 甲公司
B. 乙公司
C. 丙公司
D. P 银行

（4）Q 银行为丙公司办理该汇票贴现时，计算贴现利息的贴现天数是（　　）天。

A. 28　　　　　　B. 29
C. 30　　　　　　D. 31

（5）关于该汇票付款责任的下列判断中，正确的是（　　）。

A. 乙公司未发货，甲公司可以拒绝付款
B. 乙公司应当对 Q 银行承担第一付款责任
C. Q 银行是善意持票人，甲公司不得拒绝付款
D. Q 银行遭拒付后，可从丙公司的存款账户直接收取票款

5. 2021 年 3 月 11 日，甲公司签发一张商业汇票，收款人为乙公司，到期日为 2021 年 9 月 11 日，甲公司的开户银行 P 银行为该汇票承

兑。2021 年 6 月 30 日，乙公司从丙公司采购一批货物，将该汇票背书转让给丙公司，丙公司 9 月 30 日持该汇票到其开户银行 Q 银行办理委托收款，Q 银行为丙公司办理了委托收款手续，P 银行收到委托收款凭证后，拒绝付款。

要求： 根据上述资料，分析回答下列问题。

（1）丙公司应去银行办理该汇票提示付款的期限是（　　）。

  A. 自该汇票转让给丙公司之日起 10 日内

  B. 自该汇票转让给丙公司之日起 1 个月内

  C. 自该汇票到期日起 10 日

  D. 自该汇票到期日起 1 个月

（2）该汇票的付款人是（　　）。

  A. 甲公司　　　　B. P 银行

  C. 乙公司　　　　D. Q 银行

（3）在不考虑委托收款背书的情况下，关于确定该汇票非基本当事人的下列表述中，正确的是（　　）。

  A. 背书人是乙公司

  B. 被背书人是丙公司

  C. 承兑人是 Q 银行

  D. 保证人是 P 银行

（4）关于银行是否应受理该汇票并承担付款责任的下列判断中，正确的是（　　）。

  A. Q 银行不应受理

  B. Q 银行应当受理

  C. P 银行不再承担付款责任

  D. P 银行仍应承担付款责任

（5）丙公司委托收款被 P 银行拒绝后，正确的做法是（　　）。

  A. 向甲公司进行追索

  B. 向乙公司进行追索

  C. 出具书面说明，再次要求 Q 银行发出委托收款

  D. 出具书面说明，直接到 P 银行提示付款

本章考点巩固练习题参考答案及解析

一、单项选择题

1.【答案】A

【解析】票据的伪造，是指无权限人假冒他人或虚构他人名义签章的行为，例如，伪造出票签章、背书签章、承兑签章和保证签章等。

2.【答案】D

【解析】临时存款账户的有效期最长不得超过 2 年。

3.【答案】B

【解析】预算单位使用财政性资金，应当按照规定的程序和要求，向财政部门提出设立零余额账户的申请，财政部门同意预算单位开设零余额账户后通知代理银行。

4.【答案】B

【解析】选项 B，企业在境内设立的企业法人、非法人企业和个体工商户开立基本存款

账户、临时存款账户已取消核准制，由银行向中国人民银行当地分支机构备案，无须颁发开户许可证。选项 D，属于特别法人；选项 C，属于事业单位，其开立基本账户仍实行核准制。

5.【答案】D

【解析】预算单位零余额账户用于财政授权支付，可以办理转账、提取现金等结算业务，可以向本单位按账户管理规定保留的相应账户划拨工会经费、住房公积金及提租补贴，以及财政部门批准的特殊款项，不得违反规定向本单位其他账户和上级主管单位、所属下级单位账户划拨资金。

6.【答案】D

【解析】对于按照账户管理规定应撤销而未办理销户手续的单位银行结算账户，银行通知该单位银行结算账户的存款人自发出通知之日起

"30日"内办理销户手续，逾期视同自愿销户，未划转到款项列入久悬未取专户管理。

7.【答案】A

【解析】存款人申请开立一般存款账户，应向银行出具其开立基本存款账户规定的证明文件、基本存款账户开户许可证等文件，说明在开立一般存款账户前，需要先行开立基本存款账户。

8.【答案】D

【解析】（1）选项A，党、团、工会经费等专用存款账户支取现金应按照国家现金管理的规定办理。（2）选项B，个人银行结算账户用于办理个人转账收付和现金存取。（3）选项C，预算单位零余额账户用于财政授权支付，可以办理转账、提取现金等结算业务，可以向本单位按账户管理规定保留的相应账户划拨工会经费、住房公积金及提租补贴，以及财政部批准的特殊款项，不得违反规定向本单位其他账户和上级主管单位、所属下级单位账户划拨资金。（4）选项D，单位银行卡账户的资金必须由其基本存款账户转账存入，该账户不得办理现金收付业务。

9.【答案】C

【解析】接受汇票出票人的付款委托，同意承担支付票款义务的人是承兑人，是汇票的主债务人。

10.【答案】D

【解析】专用存款账户是存款人按照法律、行政法规和规章，对其"特定"用途资金进行"专项"管理和使用而开立的银行结算账户。

11.【答案】D

【解析】选项A，委托收款背书的被背书人有权代背书人行使被委托的票据权利，但被背书人不得再背书转让票据的权利。选项B，部分背书属于无效背书。选项C，背书未记载日期的，视为票据到期前背书。选项D，背书人未记载被背书人名称即将票据交付他人的，持票人在票据被背书人栏内记载自己的名称，与背书人记载具有同等法律效力。

12.【答案】C

【解析】票据的取得，必须给付对价。但如果是因为税收、继承、赠与可以依法无偿取得票据的，则不受给付对价的限制。

13.【答案】C

【解析】选项A、B，商业承兑汇票可以由付款人签发并承兑，也可以由收款人签发交由付款人承兑。选项C、D，银行承兑汇票应由在承兑银行开立存款账户的存款人签发。

14.【答案】C

【解析】背书人未记载被背书人名称即将票据交付他人的，持票人在票据被背书人栏内记载自己的名称，与背书人记载具有同等法律效力。

15.【答案】C

【解析】（1）选项A、B，将票据金额的一部分转让或者将票据金额分别转让给两人以上的，背书无效；（2）选项D，背书时附有条件的，所附条件不具有票据上的效力。

16.【答案】A

【解析】（1）持票人以欺诈、偷盗或者胁迫等手段取得票据的，或者明知有上述情形，出于恶意取得票据的，不享有票据权利。胡某和陈某均不享有票据权利。（2）因税收、继承、赠与可以依法无偿取得票据的，票据权利不得优于其前手。黄某虽然是善意不知情的，但是其未支付合理对价，其票据权利不优于其前手陈某，故黄某不享有票据权利。

17.【答案】B

【解析】选项B，票据的出票人、背书人、承兑人和保证人对持票人承担连带责任。到期后追索是指票据到期被拒绝付款的，持票人对背书人、出票人以及票据的其他债务人行使的追索。

18.【答案】C

【解析】签发委托收款凭证必须记载下列事项：表明"委托收款"的字样；确定的金额；付款人名称（选项B）；收款人名称（选项A）；委托收款凭据名称及附寄单证张数；委托日期（选项D）；收款人签章。

19.【答案】D

【解析】出票银行对于转账银行汇票的退款，只能转入原申请人账户；对于符合规定填明

"现金"字样银行汇票的退款，才能退付现金。申请人缺少解讫通知要求退款的，出票银行应于银行汇票提示付款期满1个月后办理。

20.【答案】D

【解析】单位和个人凭已经承兑的商业汇票、债券、存单等付款人债务证明办理款项的结算，均可以使用委托收款结算方式。

21.【答案】C

【解析】支票的持票人可以委托开户银行收款或直接向付款人提示付款。用于支取现金的支票仅限于收款人向付款人提示付款。

22.【答案】C

【解析】允许持卡人将信用卡预借现金额度内资金划转到本人在非银行支付机构开立的支付账户。持卡人通过柜面办理现金提取业务、通过各类渠道办理现金转账业务的每卡每日限额，由发卡机构与持卡人通过协议约定。

23.【答案】A

【解析】根据规定，支票的提示付款期限为自出票日起10日内。

24.【答案】A

【解析】记名预付卡可挂失（选项C错误）、可赎回（选项B错误）；单张记名预付卡资金限额不得超过5 000元（选项D错误）、不得设置有效期（选项A正确）。

25.【答案】A

【解析】选项B、D，经营性存款人适用给予警告并处以1万元以上3万元以下的罚款。选项C，经营性存款人适用处以1万元以上3万元以下的罚款。

二、多项选择题

1.【答案】AD

【解析】选项A、B，银行汇票可以用于转账，填明"现金"字样的银行汇票也可以用于支取现金。申请人或者收款人为单位的，不得在"银行汇票申请书"上填明"现金"字样。申请人和收款人均为个人的，可以在"出票金额"栏填写现金。题目中甲企业申请签发银行汇票是用于结算货款的，只能用于

转账，不得支取现金。选项C，出票人在汇票上记载"不得转让"事项为任意记载事项，不影响银行汇票的效力。选项D，银行汇票丧失，失票人可以凭人民法院出具的其享有票据权利的证明，向出票银行请求付款或退款。

2.【答案】ABCD

【解析】选项A，更改出票金额的票据无效。选项B，更改出票日期及收款人名称的票据无效。选项C，出票日期使用小写填写的票据无效。选项D，中文大写金额和阿拉伯数字不一致的票据也是无效的。注意票据的填写规范，金额、收款人、日期三者不能更改，出票日期必须用大写中文填写，金额中文大写和阿拉伯数码必须同时记载，缺一不可，且二者必须一致。

3.【答案】BCD

【解析】根据规定，保证人在票据或者粘单上未记载"保证日期"的，出票日期为保证日期，因此选项A的说法错误。

4.【答案】BD

【解析】选项A错误，背书不得附有条件，背书时附有条件的，所附条件不具有汇票上的效力；选项C错误，背书人在票据上记载"不得转让"字样其后手再背书转让的，原背书人对后手的被背书人不承担保证责任。

5.【答案】ACD

【解析】选项B，持票人对支票出票人的权利，自出票日起6个月不行使而消灭。

6.【答案】ABCD

【解析】持票人行使追索权，可以请求被追索人支付下列金额和费用：（1）被拒绝付款的票据金额；（2）票据金额自到期日或者提示付款日起至清偿日止，按照中国人民银行规定的利率计算的利息；（3）取得有关拒绝证明和发出通知书的费用。

7.【答案】BCD

【解析】（1）选项A，贴现是指票据持票人在票据未到期前为获得现金向银行贴付一定利息而发生的"票据转让行为"。（2）商业汇票的持票人向银行办理贴现必须具备下列条件：①在银行开立存款账户的企业法人以及

其他组织（选项 C 正确）；②与出票人或者直接前手之间具有真实的商品交易关系（选项 B 正确）；③提供与其直接前手之间进行商品交易的增值税发票和商品发运单据复印件。（3）选项 D，贴现到期，贴现银行应向付款人收取票款；不获付款的，贴现银行应向其前手追索票款；贴现银行追索票款时可从申请人的存款账户直接收取票款。

8.【答案】BD
【解析】选项 A 错误，实付贴现金额 = 票面金额 – 贴现利息，所以 P 银行向 A 公司实付的贴现金额应小于 500 万元；选项 B 正确，汇票未记载"不得转让"事项是商业汇票持票人向银行办理贴现必须具备的条件；选项 C 错误，贴现期限是自贴现日至汇票到期的前 1 日，即 2023 年 9 月 13 日起至 2023 年 12 月 10 日止；选项 D 正确，贴现利率是汇票贴现的必须记载事项。

9.【答案】ABD
【解析】出票人可以在支票上记载自己为收款人。

10.【答案】ABCD
【解析】收单机构应当强化业务和风险管理措施，建立特约商户检查制度、资金结算风险管理制度、收单交易风险监测系统以及特约商户收单银行结算账户设置和变更审核制度等。建立对实体特约商户、网络特约商户分别进行风险评级制度。

11.【答案】CD
【解析】我国目前使用的人民币非现金支付工具主要包括"三票一卡"和结算方式；"三票一卡"是指三种票据（汇票、本票和支票）和银行卡，结算方式包括汇兑、托收承付和委托收款。

12.【答案】AB
【解析】汇款回单为汇出银行受理汇款的依据；收账通知为银行将款项确已收入收款人账户的凭证。

13.【答案】ABC
【解析】选项 A、C 正确，记名预付卡可挂失，可赎回，不得设置有效期。选项 B 正确，超过有效期尚有资金余额的预付卡，可通过延期、激活、格卡等方式继续使用。选项 D

错误，不记名预付卡有效期不得少于 3 年。

14.【答案】BCD
【解析】预付卡以人民币计价。

三、判断题

1.【答案】×
【解析】撤销银行结算账户时，应先撤销一般存款账户、专用存款账户、临时存款账户，将账户资金转入基本存款账户后，方可办理基本存款账户的撤销。

2.【答案】×
【解析】银行办理支付结算，不准以任何理由压票。

3.【答案】√
【解析】委托收款背书是背书人委托被背书人行使票据权利的背书。委托收款背书的被背书人有权代背书人行使被委托的票据权利。但是，被背书人不得再以背书转让票据权利。

4.【答案】√
【解析】除绝对记载事项、相对记载事项、任意记载事项外，票据上还可以记其他一些事项，但这些事项不具有票据效力，银行不负责审查。

5.【答案】×
【解析】票据权利包括付款请求权和追索权。

6.【答案】×
【解析】如果是因为税收、继承、赠与行为依法无偿取得票据的，则不受给付对价的限制，所享有的票据权利不得优于其前手的权利。因此乙的票据权利不得优于甲。

7.【答案】×
【解析】银行承兑汇票的出票人于汇票到期日未能足额交存票款时，承兑银行除凭票向持票人无条件付款外，对出票人尚未支付的汇票金额按照每天万分之五计收利息。

8.【答案】×
【解析】屡次签发空头支票，银行有权停止其对外签发支票。

9.【答案】×
【解析】存款人应按照账户管理规定使用银行结算账户办理结算业务，不得出租、出借银行结算账户，不得利用银行结算账户套取银行信用或进行洗钱活动。

四、不定项选择题

1. (1)【答案】BC

【解析】选项 A, 自 2020 年起, 申请开立基本存款账户取消核准制, 实行备案制; 选项 B, 甲公司应填制开立银行结算账户申请书; 选项 C, 甲公司与 P 银行应签订银行结算账户管理协议; 选项 D, 企业银行结算账户自开立之日即可办理收付款业务。

(2)【答案】BCD

【解析】选项 A, 自 2020 年起, 取消核准制, 实行备案制, 不再核发开户许可证; 选项 B, Q 银行应向中国人民银行当地分支机构备案; 选项 C, 该账户支取现金应在开户时报经中国人民银行当地分支机构批准; 选项 D, 甲公司应向 Q 银行出具主管部门批文。

(3)【答案】ABCD

【解析】选项 A, 与甲公司签订承兑协议; 选项 B, 银行对 "资信良好的企业和电子商务企业" 进行在线审核; 选项 C, 审查甲公司的资格与资信; 选项 D, 收取甲公司承兑手续费。

(4)【答案】ABCD

【解析】电子商业汇票贴现必须记载: 贴出人名称、贴入人名称、贴现日期、贴现类型、贴现利率、实付金额、贴出人签章。

2. (1)【答案】C

【解析】选项 A, 支票的出票人, 是在银行开立存款账户的单位和个人, 付款人是出票人的开户银行。甲公司是支票的出票人, A 银行是支票的付款人。选项 B、D, 支票的金额、收款人名称, 可以由出票人授权补记。未记载, 并不导致支票无效。

(2)【答案】CD

【解析】选项 A, 背书未记载日期的, 视为在票据到期日前背书。选项 B, 背书时附有条件的, 所附条件不具有票据上的效力, 但是背书行为有效。

(3)【答案】ACD

【解析】选项 B, 持票人行使追索权, 可以不按照票据债务人的先后顺序, 对其中任何一人、数人或者全体行使追索权。持票人对票

据债务人中的一人或者数人已经进行追索的, 对其他票据债务人仍可以行使追索权。

(4)【答案】AD

【解析】选项 A, 持票人可以委托开户银行收款; 选项 D, 支票的提示付款期限自出票日 (2023 年 7 月 1 日) 起 10 日。

3. (1)【答案】D

【解析】临时存款账户是指存款人因临时需要并在规定期限内使用而开立的银行结算账户。

(2)【答案】BCD

【解析】支票的提示付款期限自出票日起 10 日。

(3)【答案】A

【解析】支票持票人超过提示付款期限提示付款的, 付款人可以不予付款, 付款人不予付款的, 出票人仍应对持票人承担票据责任。

(4)【答案】C

【解析】汇兑是汇款人委托银行将其款项支付给收款人的结算方式。汇兑分为信汇、电汇两种。

4. (1)【答案】A

【解析】汇票的付款人是指由出票人委托付款或自行承担付款责任的人。商业承兑汇票的承兑人为付款人, 本题承兑人为甲公司, 因此付款人为甲公司。

(2)【答案】BC

【解析】背书分为转让背书和非转让背书, 转让背书是指以转让票据权利为目的的背书。本题中, 只有乙公司背书行为和丙公司贴现行为都是以转让票据权利为目的的, 属于转让背书。选项 A 的表述是出票行为, 并非背书行为; 选项 D 的表述是 "委托收款", 是背书人委托被背书人行使票据权利的背书。

(3)【答案】ABC

【解析】汇票债务人包括出票人、承兑人、背书人。

(4)【答案】D

【解析】根据规定, 实付贴现金额按票面金额扣除贴现日至汇票到期前 1 日的利息计算。承兑人在异地的, 贴现的期限以及贴现利息的计算应另加 3 天的划款日期, 本题中, 由

于是在异地，贴现天数应该再另加 3 天的划款日期，即 9 月 8 日至 10 月 5 日的基础上再加 3 天，一共是 31 天。

(5)【答案】CD

【解析】根据规定，票据债务人不得以基础关系的抗辩事由对抗善意持票人，选项 A 的表述错误，选项 C 的表述正确；甲公司作为承兑人应当对 Q 银行承担第一付款责任，因此选项 B 的说法错误；贴现到期，贴现银行应向付款人收取票款。不获付款的，贴现银行应向其前手追索票款。贴现银行追索票款时可从申请人的存款账户直接收取票款，因此选项 D 的说法正确。

5. (1)【答案】C

【解析】根据规定，商业汇票的提示付款期限，自汇票到期日起 10 日。

(2)【答案】B

【解析】根据规定，付款人承兑汇票后，应当承担到期付款的责任，即成为付款人。

(3)【答案】AB

【解析】本题中，收款人乙公司将票据背书给丙公司，则乙公司是背书人，丙公司是被背书人；Q 银行是接受"委托收款背书"的人，不是承兑人；P 银行是承兑人，不是保证人。所以答案是选项 A、B。

(4)【答案】AD

【解析】根据规定，持票人应在提示付款期限内通过开户银行委托收款或直接向付款人提示付款。持票人超过提示付款期限提示付款的，持票人开户银行不予受理。所以选项 A 正确，选项 B 错误。持票人未按照规定期限提示付款的，在作出说明后，承兑人或者付款人仍应当继续对持票人承担付款责任。所以选项 D 正确，选项 C 错误。

(5)【答案】D

【解析】持票人未按照规定期限提示付款的，在作出说明后，承兑人或者付款人仍应当继续对持票人承担付款责任。

第四章 税法概述及货物和劳务税法律制度

考情分析

本章是历年考试的重点章节，所占比重较大，分值为 15 分左右，考查范围广，各个知识点均有涉及。本章须重点掌握增值税征税范围、应纳税额的计算及征收管理；消费税征税范围及应纳税额的计算。从题型看，各种题型在本章均有涉及。

教材变化

2024 年本章教材内容有较大改动，新增了全面数字化电子发票，对进出口货物完税价格的审定进行了新的诠释。另外，今年教材删除了增值税退（免）税计税依据、增值税免抵退税和免退税的计算等内容，难度有所降低。

考点提示

本章是经济法基础中计算最复杂、变化最多的一部分，考点多而分散。增值税法律制度中，要掌握和理解的知识点至少包括纳税人的划分、征税范围、增值税应纳税额的计算（销售额、进项税额等）、税收优惠、征收管理。消费税法律制度中要掌握的知识点包括税目、税率适用，计税依据等。

本章的学习需要反复通读教材，精确细致掌握每一个重要的知识点，并多下记忆的功夫。对重要的考点通过对各类题型的反复练习，达到灵活运用、精准辨析的境界，尤其是针对综合分析题的练习要给予足够的关注。

本章考点框架

税法概述及货物和劳务税法律制度
- 税收法律制度概述
  - 税收与税收法律关系★
  - 税法要素★★
- 增值税法律制度
  - 纳税人的划分★★
  - 征税范围★★
  - 混合销售和兼营★★★
  - 不征收增值税项目★★
  - 增值税税率和征收率★★★
  - 增值税应纳税额的计算★★★
  - 小规模纳税人应纳税额的计算★★
  - 进口货物应纳税额的计算★★
  - 税收优惠★
  - 起征点★
  - 小规模纳税人免税规定★
  - 征收管理★
  - 专用发票管理★
  - 全面数字化电子发票★
  - 增值税出口退税制度★★
- 消费税法律制度
  - 消费税税目★
  - 消费税征收环节★★
  - 消费税税率★★★
  - 应纳税额的计算★★★
  - 特殊情形下销售额和销售数量的确定★
  - 组成计税价格计算消费税应纳税额★★
  - 已纳消费税的扣除★★
  - 消费税征收管理★
- 其他税费
  - 城市维护建设税、教育费附加及地方教育附加★
  - 车辆购置税★★
  - 关税★★

考点解读及例题点津

第一单元　税收法律制度概述

1 税收与税收法律关系★

一、考点解读

（一）税收

税收是指以国家为主体，为实现国家职能，凭借政治权力，按照法定标准，无偿取得财政收入的一种特定分配形式。

（二）税收法律关系及构成要素

税收法律关系体现为国家征税与纳税人纳税的利益分配关系。在总体上税收法律关系与其他法律关系一样也是由主体、客体和内容三个方面构成。

1. 主体。主体是指税收法律关系中享有权利和承担义务的当事人。在我国税收法律关系中，主体一方是代表国家行使征税职责的国家税务机关，包括国家各级税务机关和海关；另一方是履行纳税义务的人，包括法人、自然人和其他组织。对这种权利主体的确定，我国采取属地兼属人原则，即在华的外国企业、组织、外籍人、无国籍人等凡在中国境内有所得来源的，都是我国税收法律关系的主体。

2. 客体。客体是指主体的权利、义务所共同指向的对象，也就是征税对象。如所得税法律关系客体就是生产经营所得和其他所得。

3. 内容。内容是指主体所享受的权利和所应承担的义务，这是税收法律关系中最实质的东西，也是税法的灵魂。

二、例题点津

【例题1·多选题】 税收法律关系的组成部分有（　　）。

A. 主体　　　　　　　B. 客体

C. 内容　　　　　　　D. 对象

【答案】 ABC

【解析】 税收法律关系与其他法律关系一样，也是由主体、客体和内容三个方面构成的。

【例题2·多选题】 根据税收征收管理法律制度的规定，下列各项中，属于税收法律关系主体的有（　　）。

A. 税务机关　　　　　B. 纳税人

C. 海关　　　　　　　D. 扣缴义务人

【答案】 ABCD

【解析】 税收法律关系主体分为征税主体（各级税务机关、海关等）和纳税主体（纳税人、扣缴义务人和纳税担保人）。

2 税法要素★★

一、考点解读

税法要素是指各单行税法共同具有的基本要素。税法要素如表4-1所示。

表4-1

要素	内容
纳税人	1. 纳税人是指依法直接负有纳税义务的法人、自然人和其他组织（增值税的一般纳税人、小规模纳税人、企业所得税的居民企业等）； 2. 扣缴义务人是税法规定的，在其经营活动中负有代扣税款并向国库缴纳义务的单位（个人所得税代扣代缴的扣缴义务人）

续表

要素	内容	
征税对象	1. 又称课税对象； 2. 是指税收法律关系的客体； 3. 不同的征税对象是区别不同税种的重要标志； 4. 税目，是征税对象的具体化	
税率	税率是指应征税额与计税金额（或数量单位）之间的比例，是计算税额的尺度。税率的高低直接体现国家的政策要求，直接关系到国家财政收入和纳税人的负担程度，是税收法律制度中的核心要素	
	我国现行税法规定的税率	1. 比例税率（如增值税、企业所得税）。 2. 累进税率。分为： （1）全额累进税率（我国不用）。 （2）超额累进税率（如个人工资、薪金所得）。 （3）超率累进税（如土地增值税）。 3. 定额税率（如啤酒的消费税）
计税依据	1. 从价计征，是以计税金额为计税依据； 2. 从量计征，是以征税对象的重量、体积、数量等为计税依据	
纳税环节	是指税法规定的征税对象在从生产到消费的流转过程中应当缴纳税款的环节	
纳税期限	包括纳税义务发生时间、纳税期限、缴库期限	
纳税地点	是指根据各税种的纳税环节和有利于对税款的源泉控制而规定的纳税人（包括代征、代扣、代缴义务人）的具体申报缴纳税款的地方	
税收优惠	减税和免税	
	起征点	
	免征额	

二、例题点津

【例题·判断题】起征点是指征税对象达到一定数额才开始征税的界限，征税对象的数额达到规定数额的，只对其超过起征点部分的数额征税。（　　）

【答案】×

【解析】应就其全部数额征税。

第二单元　增值税法律制度

1 纳税人的划分★★

一、考点解读（见表4-2）

表4-2

纳税人的一般规定	在中国境内销售货物或者劳务、进口货物以及销售服务、无形资产或不动产的单位和个人，为增值税的纳税人

续表

纳税人的一般规定	单位以承包、承租、挂靠方式经营的，承包人、承租人、挂靠人（以下统称"承包人"）以发包人、出租人、被挂靠人（以下统称"发包人"）名义对外经营并由发包人承担相关法律责任的，以该发包人为纳税人。否则，以承包人为纳税人	
	资管产品运营过程中发生的增值税应税行为，以资管产品管理人为增值税纳税人	
纳税人的划分（根据纳税人的经营规模以及会计核算健全程度的不同）	小规模纳税人	年应征增值税销售额为500万元及以下
	一般纳税人	年应税销售额超过小规模纳税人标准的企业和企业性单位
	不办理一般纳税人资格登记的情形	选择按照小规模纳税人纳税的
		年应税销售额超过规定标准的其他个人
扣缴义务人	中国境外单位或者个人在境内发生应税行为，在境内未设有经营机构的，以购买方为增值税扣缴义务人。财政部和国家税务总局另有规定的除外	

二、例题点津

【例题·单选题】下列纳税人中，不属于增值税一般纳税人的是（　　）。

A. 年销售额为600万元的从事货物生产的个体经营者

B. 年销售额为600万元的从事货物批发的个人

C. 年销售额为600万元的从事货物生产的企业

D. 年销售额为600万元的从事货物批发零售的企业

【答案】B

【解析】根据增值税法律制度的规定，年应税销售额超过规定标准的其他个人，按小规模纳税人办理。

2 征税范围 ★★★

一、考点解读

一般范围：增值税的征税范围包括在中国境内销售货物、销售劳务和进口货物，以及销售应税服务、销售无形资产和销售不动产。

（一）销售货物

销售货物是有偿转让货物的所有权。

解释（1）销售在境内：在中国境内销售货物，是指销售货物的起运地或者所在地在境内。

（2）货物，是指有形动产，包括电力、热力、气体在内。

（3）有偿，是指从购买方取得货币、货物或者其他经济利益。

（二）销售劳务

销售劳务，是指有偿提供加工、修理修配劳务。

解释（1）在中国境内提供加工、修理修配劳务，是指提供的应税劳务发生地在境内。

（2）单位或者个体工商户聘用的员工为本单位或者雇主提供加工、修理修配劳务不包括在内。

（3）加工，是指受托加工货物，即委托方提供原料及主要材料，受托方按照委托方的要求，制造货物并收取加工费的业务；修理修配，是指受托对损伤和丧失功能的货物进行修复，使其恢复原状和功能的业务。

（三）进口货物

进口货物，是指申报进入中国海关境内的货物。我国增值税法规定，只要是报关进口的应税货物，均属于增值税的征税范围，除享受免税政策外，在进口环节缴纳增值税。

（四）销售服务

销售服务，是指提供交通运输服务、邮政服务、电信服务、建筑服务、金融服务、现代服务、生活服务。

1. 交通运输服务。

（1）陆路运输服务。

解释 出租车公司向使用本公司自有出租车的出租车司机收取的管理费用，按照陆路运输服务缴纳增值税。

（2）水路运输服务。

解释 水路运输的程租、期租业务，属于水路运输服务。

（3）航空运输服务。

（4）管道运输服务。

解释 无运输工具承运业务，按照交通运输服务缴纳增值税。

2. 邮政服务。

（1）邮政普遍服务。

（2）邮政特殊服务。

（3）其他邮政服务。

3. 电信服务。

（1）基础电信服务，是指利用固网、移动网、卫星、互联网，提供语音通话服务的业务活动，以及出租或者出售带宽、波长等网络元素的业务活动。

（2）增值电信服务，是指利用固网、移动网、卫星、互联网、有线电视网络，提供短信和彩信服务、电子数据和信息的传输及应用服务、互联网接入服务等业务活动。

解释 卫星电视信号落地转接服务，按照增值电信服务缴纳增值税。

4. 建筑服务。

（1）工程服务，是指新建、改建各种建筑物、构筑物的工程作业，包括与建筑物相连的各种设备或者支柱、操作平台的安装或者装设工程作业，以及各种窑炉和金属结构工程作业。

（2）安装服务，是指生产设备、动力设备、起重设备、运输设备、传动设备、医疗实验设备以及其他各种设备、设施的装配、安置工程作业，包括与被安装设备相连的工作台、梯子、栏杆的装设工程作业，以及被安装设备的绝缘、防腐、保温、油漆等工程作业。

解释 固定电话、有线电视、宽带、水、电、燃气、暖气等经营者向用户收取的安装费、初装费、开户费、扩容费以及类似收费，按照安装服务缴纳增值税。

（3）修缮服务，是指对建筑物、构筑物进行修补、加固、养护、改善，使之恢复原来的使用价值或者延长其使用期限的工程作业。

（4）装饰服务，是指对建筑物、构筑物进行修饰装修，使之美观或者具有特定用途的工程作业。

（5）其他建筑服务，是指上列工程作业之外的各种工程作业服务，如钻井（打井）、拆除建筑物或者构筑物、平整土地、园林绿化、疏浚（不包括航道疏浚）、建筑物平移、搭脚手架、爆破、矿山穿孔、表面附着物（包括岩层、土层、沙层等）剥离和清理等工程作业。

5. 金融服务。

（1）贷款服务。贷款，是指将资金贷与他人使用而取得利息收入的业务活动。

各种占用、拆借资金取得的收入，包括金融商品持有期间（含到期）利息（保本收益、报酬、资金占用费、补偿金等）收入、信用卡透支利息收入、买入返售金融商品利息收入、融资融券收取的利息收入，以及融资性售后回租、押汇、罚息、票据贴现、转贷等业务取得的利息及利息性质的收入，按照贷款服务缴纳增值税。

融资性售后回租，是指承租方以融资为目的，将资产出售给从事融资性售后回租业务的企业后，从事融资性售后回租业务的企业将该资产出租给承租方的业务活动。

以货币资金投资收取的固定利润或者保底利润，按照贷款服务缴纳增值税。

（2）直接收费金融服务，是指为货币资金融通及其他金融业务提供相关服务并且收取费用的业务活动。包括提供货币兑换、账户管理、电子银行、信用卡、信用证、财务担保、资产管理、信托管理、基金管理、金融交易场所（平台）管理、资金结算、资金清算、金融支付等服务。

（3）保险服务，包括人身保险服务和财产保险服务。

（4）金融商品转让，是指转让外汇、有价证券、非货物期货和其他金融商品所有权的业务活动。其他金融商品转让包括基金、信托、理财产品等各类资产管理产品和各种金融衍生品的转让。

6. 现代服务。

（1）研发和技术服务，包括研发服务、合同能源管理服务、工程勘察勘探服务、专业技术服务。

（2）信息技术服务，是指利用计算机、通信网络等技术对信息进行生产、收集、处理、加工、存储、运输、检索和利用，并提供信息服务的业务活动。包括软件服务、电路设计及测试服务、信息系统服务、业务流程管理服务和信息系统增值服务。

（3）文化创意服务，包括设计服务、知识产权服务、广告服务和会议展览服务。

（4）物流辅助服务，包括航空服务、港口码头服务、货运客运场站服务、打捞救助服务、装卸搬运服务、仓储服务和收派服务。

（5）租赁服务，包括融资租赁服务和经营租赁服务。

解释 （1）融资性售后回租不按照本税目缴纳增值税。

（2）将建筑物、构筑物等不动产或者飞机、车辆等有形动产的广告位出租给其他单位或者个人用于发布广告，按照经营租赁服务缴纳增值税。

（3）车辆停放服务、道路通行服务（包括过路费、过桥费、过闸费等）等按照不动产经营租赁服务缴纳增值税。

（6）鉴证咨询服务，包括认证服务、鉴证服务和咨询服务。翻译服务和市场调查服务按照咨询服务缴纳增值税。

（7）广播影视服务，包括广播影视节目（作品）的制作服务、发行服务和播映（含放映，下同）服务。

（8）商务辅助服务，包括企业管理服务、经纪代理服务、人力资源服务、安全保护服务。

（9）其他现代服务，是指除研发和技术服务、信息技术服务、文化创意服务、物流辅助服务、租赁服务、鉴证咨询服务、广播影视服务和商务辅助服务以外的现代服务。

7. 生活服务。

（1）文化体育服务，包括文化服务和体育

服务。

（2）教育医疗服务，包括教育服务和医疗服务。

（3）旅游娱乐服务，包括旅游服务和娱乐服务。

（4）餐饮住宿服务，包括餐饮服务和住宿服务。

（5）居民日常服务，是指主要为满足居民个人及其家庭日常生活需求提供的服务，包括市容市政管理、家政、婚庆、养老、殡葬、照料和护理、救助救济、美容美发、按摩、桑拿、氧吧、足疗、沐浴、洗染、摄影扩印等服务。

（6）其他生活服务，是指除文化体育服务、教育医疗服务、旅游娱乐服务、餐饮住宿服务和居民日常服务之外的生活服务。

（五）销售无形资产

销售无形资产，是指转让无形资产所有权或者使用权的业务活动。无形资产，是指不具实物形态，但能带来经济利益的资产，包括技术、商标、著作权、商誉、自然资源使用权和其他权益性无形资产。

解释 （1）技术，包括专利技术和非专利技术。

（2）自然资源使用权，包括土地使用权、海域使用权、探矿权、采矿权、取水权和其他自然资源使用权。

（3）其他权益性无形资产，包括基础设施资产经营权、公共事业特许权、配额、经营权（包括特许经营权、连锁经营权、其他经营权）、经销权、分销权、代理权、会员权、席位权、网络游戏虚拟道具、域名、名称权、肖像权、冠名权、转会费等。

（六）销售不动产

销售不动产，是指转让不动产所有权的业务活动。

转让建筑物有限产权或者永久使用权的、转让在建的建筑物或者构筑物所有权的，以及在转让建筑物或者构筑物时一并转让其所占土地的使用权的，按照销售不动产缴纳增值税。

解释 不动产，是指不能移动或者移动后会引起性质、形状改变的财产，包括建筑物、构筑物等。

解释 建筑物，包括住宅、商业营业用房、办公楼等可供居住、工作或者进行其他活动的建造物。

构筑物，包括道路、桥梁、隧道、水坝等建造物。

（七）非经营活动的界定

销售服务、无形资产或者不动产，是指有偿提供服务、有偿转让无形资产或者不动产，但属于下列非经营活动的情形除外：

（1）行政单位收取的同时满足以下条件的政府性基金或者行政事业性收费：

①由国务院或者财政部批准设立的政府性基金，由国务院或者省级人民政府及其财政、价格主管部门批准设立的行政事业性收费；

②收取时开具省级以上（含省级）财政部门监（印）制的财政票据；

③所收款项全额上缴财政。

（2）单位或者个体工商户聘用的员工为本单位或者雇主提供取得工资的服务。

（3）单位或者个体工商户为聘用的员工提供服务。

（4）财政部和国家税务总局规定的其他情形。

（八）境内销售服务、无形资产或者不动产的界定

在境内销售服务、无形资产或者不动产，是指：

（1）服务（租赁不动产除外）或者无形资产（自然资源使用权除外）的销售方或者购买方在境内。

（2）所销售或者租赁的不动产在境内。

（3）所销售自然资源使用权的自然资源在境内。

（4）财政部和国家税务总局规定的其他情形。

下列情形不属于在境内销售服务或者无形资产：

（1）境外单位或者个人向境内单位或者个人销售完全在境外发生的服务。

（2）境外单位或者个人向境内单位或者个人销售完全在境外使用的无形资产。

（3）境外单位或者个人向境内单位或者个人出租完全在境外使用的有形动产。

（4）财政部和国家税务总局规定的其他情形。

（九）视同销售货物行为

单位或者个体工商户的下列行为，视同销售货物：

（1）将货物交付其他单位或者个人代销。

【举例】甲服装厂将应季服装委托乙商场代销，视同销售。

（2）销售代销货物。

【举例】乙商场将甲服装厂委托销售的应季服装销售给顾客，视同销售。

（3）设有两个以上机构并实行统一核算的纳税人，将货物从一个机构移送至其他机构用于销售，但相关机构设在同一县（市）的除外。

【举例】甲服装厂将自己生产的服装从企业经营地 A 市运往 B 市的第二销售门市部，视同销售（该移送涉及两个税务机关的管辖）。但运送至企业经营地 A 市的第一销售门市部不视同销售（该移送仍在同一税务机关管辖范围）。

（4）将自产、委托加工的货物用于非增值税应税项目。

（5）将自产、委托加工的货物用于集体福利或者个人消费。

（6）将自产、委托加工或者购进的货物作为投资，提供给其他单位或者个体工商户。

（7）将自产、委托加工或者购进的货物分配给股东或者投资者。

（8）将自产、委托加工或者购进的货物无偿赠送其他单位或者个人。

（十）下列情形视同销售服务、无形资产或者不动产，征收增值税

（1）单位或者个体工商户向其他单位或者个人无偿提供服务，但用于公益事业或者以社会公众为对象的除外。

（2）单位或者个人向其他单位或者个人无偿转让无形资产或者不动产，但用于公益事业或者以社会公众为对象的除外。

（3）财政部和国家税务总局规定的其他情形。

二、例题点津

【例题1·单选题】根据增值税法律制度的

规定，下列各项中，不应当按照租赁服务缴纳增值税的是（　　）。

A. 飞机广告位出租业务

B. 融资性售后回租

C. 停车场收费

D. 高速公路收取的过路费

【答案】B

【解析】融资性售后回租按照金融服务缴纳增值税。

【例题2·多选题】根据增值税法律制度的规定，下列各项中，应当按照金融服务缴纳增值税的有（　　）。

A. 银行销售金银

B. 贷款利息收入

C. 存款利息收入

D. 基金管理

【答案】BD

【解析】选项A，银行销售金银按销售货物缴纳增值税。选项C，存款利息收入不缴纳增值税。

【例题3·多选题】下列行为中，应视同销售货物征收增值税的有（　　）。

A. 将外购的货物用于分配股东

B. 将自产货物作为股利分配给股东

C. 将外购的货物用于集体福利

D. 将委托加工收回的货物用于个人消费

【答案】ABD

【解析】根据增值税法律制度的规定，选项A，将外购货物用于投资、分配股东或投资者、无偿赠送行为的，属于增值税视同销售行为。选项C，外购货物用于集体福利，不属于增值税视同销售行为。

【例题4·判断题】卫星电视信号落地转接服务属于增值电信服务。（　　）

【答案】√

【解析】卫星电视信号落地转接服务，按照增值电信服务计算缴纳增值税。

【例题5·判断题】出租车公司向使用本公司自有出租车的出租车司机收取的管理费用，按照有形动产租赁服务缴纳增值税。（　　）

【答案】×

【解析】应按照陆路运输服务缴纳增值税。

3　混合销售和兼营★★★

一、考点解读

（一）混合销售

1. 概念。

一项销售行为如果既涉及货物又涉及服务，为混合销售。

2. 税务处理。

从事货物的生产、批发或者零售的单位和个体工商户的混合销售行为，按照销售货物缴纳增值税；其他单位和个体工商户的混合销售行为，按照销售服务缴纳增值税。

上述从事货物的生产、批发或者零售的单位和个体工商户，包括以从事货物的生产、批发或者零售为主，并兼营销售服务的单位和个体工商户在内。

（二）兼营

兼营，是指纳税人的经营中既包括销售货物和加工修理修配劳务，又包括销售服务、无形资产和不动产的行为。

纳税人兼营销售货物、劳务、服务、无形资产或者不动产，适用不同税率或者征收率的，应当分别核算适用不同税率或者征收率的销售额；未分别核算的，从高适用税率（征收率）。

混合销售与兼营的区别，混合销售是纳税人的一项（次）销售行为同时涉及货物和服务，销售货物和服务的价款同时从同一个客户收取，这两种款项难以分别合理作价。兼营是纳税人兼有销售货物、服务、无形资产和不动产业务，这些业务不发生在同一项（次）销售活动中，收取的各类业务价款来自不同的客户，这些款项可以分别核算。

二、例题点津

【例题·多选题】下列各项中，属于增值税混合销售行为的有（　　）。

A. 百货商店在销售商品的同时又提供送货服务

B. 餐饮公司提供餐饮服务的同时又销售烟酒

C. 建材商店在销售木质地板的同时提供安装服务

D. KTV 在提供娱乐服务的同时销售酒水

【答案】ABCD

【解析】根据增值税法律制度的规定，选项A、B、C、D均属于增值税混合销售行为。

4 不征收增值税项目★★

一、考点解读

1. 根据国家指令无偿提供的铁路运输服务、航空运输服务，属于《营业税改征增值税试点实施办法》规定的用于公益事业的服务。

2. 存款利息。

3. 被保险人获得的保险赔付。

4. 房地产主管部门或者其指定机构、公积金管理中心、开发企业以及物业管理单位代收的住宅专项维修资金。

5. 在资产重组过程中，通过合并、分立、出售、置换等方式，将全部或者部分实物资产以及与其相关联的债权、负债和劳动力一并转让给其他单位和个人，其中涉及不动产、土地使用权转让行为。

6. 纳税人在资产重组过程中，通过合并、分立、出售、置换等方式，将全部或者部分实物资产以及与其相关联的债权、负债和劳动力一并转让给其他单位和个人，不属于增值税的征税范围，其中涉及的货物转让，不征收增值税。

7. 纳税人取得的财政补贴收入，与其销售货物、劳务、服务、无形资产、不动产的收入或者数量直接挂钩的，应按规定计算缴纳增值税。纳税人取得的其他情形的财政补贴收入，不属于增值税应税收入，不征收增值税。

二、例题点津

【例题·多选题】根据增值税法律制度的规定，下列各项中，不征收增值税的有（　　）。

A. 根据国家指令无偿提供的铁路运输服务

B. 存款利息

C. 被保险人获得的保险赔付

D. 公积金管理中心代收的住宅专项维修资金

【答案】ABCD

【解析】上述选项均属于不征收增值税的情形。

5 增值税税率和征收率★★★

一、考点解读

（一）基本税率13%的适用范围

销售货物、劳务、有形动产租赁服务或者进口货物，除特殊规定外，税率为13%。

（二）低税率9%的适用范围

纳税人销售交通运输、邮政、基础电信、建筑、不动产租赁服务、销售不动产、转让土地使用权，销售或进口下列货物，税率为9%：

1. 涉农。

农产品、农药、农膜、化肥、沼气。

2. 涉民。

自来水、暖气、石油液化气、天然气、食用植物油、冷气、热水、煤气、居民煤炭制品、食用盐。

3. 涉文。

图书、报纸、杂志、音像制品、电子出版物。

4. 二甲醚。

（三）销售服务、无形资产的税率为6%

（四）零税率的适用范围

纳税人出口货物、境内单位和个人销售国际运输服务、航天运输服务、向境外提供的完全在境外消费的研发服务、合同能源管理服务、设计服务、广播影视节目（作品）的制作和发行服务、软件服务、电路设计和测试服务、信息系统服务、业务流程管理服务、离岸服务外包业务、转让技术。

（五）征收率

1. 小规模纳税人采用简易办法征收增值税，征收率为3%。

2. 纳税人销售旧货、固定资产征收率的具体适用（见表4-3）。

表 4 - 3

纳税人	销售对象	计税方法
一般纳税人	按规定不得抵扣且未抵扣过进项税的固定资产	按照简易办法依3%的征收率减按2%征收增值税，可以放弃减免，按照简易办法依照3%的征收率缴纳增值税，并可以开具增值税专用发票： 应缴纳的增值税=含税售价÷(1+3%)×2% **【举例】** *甲公司为增值税一般纳税人：* *2016年3月10日将自己购进的一台机器设备出售，售价103万元（含税）。该设备是甲公司10年前购入的，甲公司此项业务应纳增值税税额=103÷(1+3%)×2%=2（万元）*
	按规定可以抵扣进项税的固定资产	按正常销售货物适用税率征收增值税： 应缴纳的增值税=含税售价÷(1+增值税税率)×增值税税率 **【举例】** *甲公司为增值税一般纳税人：* *2019年10月10日将自己购进的一台仪器出售，售价116万元（含税）。该仪器是甲公司5年前购入的，甲公司此项业务增值税销项税额=116÷(1+13%)×13%=13.35（万元）*
	固定资产以外的其他物品	
小规模纳税人	销售自己使用过的固定资产	依3%的征收率减按2%征收增值税，可以放弃减免，依3%征收率缴纳增值税，并可以开具增值税专用发票： 应缴纳的增值税=含税售价÷(1+3%)×2% **【举例】** *乙公司为增值税小规模纳税人：* *2019年3月10日将自己购进的一台机器设备出售，售价103万元（含税）。该设备是甲公司10年前购入的，甲公司此项业务应纳增值税税额=103÷(1+3%)×2%=2（万元）*
	销售自己使用过的固定资产以外的其他物品	按3%的征收率征收增值税： 应缴纳的增值税=含税售价÷(1+3%)×3% **【举例】** *乙公司为增值税小规模纳税人：* *2019年5月10日将自己购进的原材料出售，售价103万元（含税）。该原材料是甲公司5年前购入的，甲公司此项业务应纳增值税税额=103÷(1+3%)×3%=3（万元）*

纳税人销售旧货，按照简易办法依照3%的征收率减按2%征收增值税。自2020年5月1日至2027年12月31日，从事二手车经销业务的纳税人销售其收购的二手车，由原按照简易办法依3%征收率减按2%征收增值税，改为减按0.5%征收增值税，并按下列公式计算销售额：
销售额=含税销售额÷(1+0.5%)

3. 一般纳税人销售自产的下列货物，可选择按照简易办法依照3%征收率计算缴纳增值税，选择简易办法计算缴纳增值税后，36个月内不得变更，具体适用范围为：

（1）县级及县级以下小型水力发电单位生产的电力。小型水力发电单位，是指各类投资主体建设的装机容量为5万千瓦以下（含5万千瓦）的小型水力发电单位。

（2）建筑用和生产建筑材料所用的砂、土、石料。

（3）以自己采掘的砂、土、石料或其他矿物连续生产的砖、瓦、石灰（不含黏土实心砖、瓦）。

（4）用微生物、微生物代谢物、动物毒素、人或动物的血液或组织制成的生物制品。

（5）自来水（对属于一般纳税人的自来水公司销售自来水按简易办法依照3%征收率征收增值税，不得抵扣其购进自来水取得增值税扣税凭证上注明的增值税税款）。

（6）商品混凝土（仅限于以水泥为原料生产的水泥混凝土）。

4. 一般纳税人销售货物属于下列情形之一

的，暂按简易办法依照 3% 征收率计算缴纳增值税：

（1）寄售商店代销寄售物品（包括居民个人寄售的物品在内）。

（2）典当业销售死当物品。

5. 建筑企业一般纳税人提供建筑服务属于老项目的，可以选择简易办法依照 3% 的征收率征收增值税。

6. 征收率的特殊规定（征收率 5%）。

（1）小规模纳税人转让其取得的不动产。

（2）一般纳税人转让其 2016 年 4 月 30 日前取得的不动产，选择简易计税方法计税的。

（3）小规模纳税人出租其取得的不动产（不含个人出租住房）。

（4）一般纳税人出租其 2016 年 4 月 30 日前取得的不动产，选择简易计税方法计税的。

（5）房地产开发企业（一般纳税人）销售自行开发的房地产老项目，选择简易计税方法计税的。

（6）房地产开发企业（小规模纳税人）销售自行开发的房地产项目。

（7）一般纳税人提供劳务派遣服务，可以按照《财政部　国家税务总局关于全面推开营业税改征增值税试点的通知》的有关规定，以取得的全部价款和价外费用为销售额，按照一般计税方法计算缴纳增值税；也可以选择差额纳税，以取得的全部价款和价外费用，扣除代用工单位支付给劳务派遣员工的工资、福利和为其办理社会保险及住房公积金后的余额为销售额，按照简易计税方法依 5% 的征收率计算缴纳增值税。

（8）自 2021 年 10 月 1 日起，住房租赁企业中的增值税一般纳税人向个人出租住房取得的全部出租收入，可以选择适用简易计税方法，按照 5% 的征收率减按 1.5% 计算缴纳增值税，或适用一般计税方法计算缴纳增值税。住房租赁企业中的增值税小规模纳税人向个人出租住房，按照 5% 的征收率减按 1.5% 计算缴纳增值税。

二、例题点津

【例题 1·单选题】某电脑股份有限公司一般纳税人 2022 年 9 月 30 日销售给某商场 100 台电脑，不含税单价为 4 300 元/台，已开具税控专用发票。双方议定送货上门，另收取商场运费 1 500 元，开具增值税专用发票。该电脑股份公司该笔业务的销项税额为（　　）元。

A. 74 205　　　　　　B. 68 936. 36

C. 56 023. 85　　　　D. 76 127. 95

【答案】C

【解析】销售电脑的销项税额 = 4 300 × 100 × 13% = 55 900（元）；收取运费的销项税额 = 1 500 ÷（1 + 9%）× 9% = 123.85（元），该笔业务应纳销项税额 = 55 900 + 123.85 = 56 023.85（元）。

【例题 2·多选题】根据增值税法律制度的规定，一般纳税人销售的下列货物中，适用 9% 增值税税率的有（　　）。

A. 音像制品　　　　B. 电子出版物

C. 食用盐　　　　　D. 暖气

【答案】ABCD

6 增值税应纳税额的计算 ★★★

一、考点解读

解释 基本公式：

当期应纳税额 = 当期销项税额 − 当期进项税额 = 当期销售额 × 适用税率 − 当期进项税额

销项税额的计算：纳税人销售货物、提供应税劳务以及发生应税行为时，按照销售额或提供应税劳务和应税行为收入与规定的税率计算并向购买方收取的增值税税额，为销项税额。具体计算公式如下：

销项税额 = 销售额 × 税率

（一）销售额的确定

1. 销售额的含义。

销售额是指纳税人销售货物、劳务、服务、无形资产或者不动产向购买方收取的全部价款和价外费用，但是不包括收取的销项税额。

价外费用，包括价外向购买方收取的手续费、补贴、基金、集资费、返还利润、奖励费、违约金、滞纳金、延期付款利息、赔偿金、代收款项、代垫款项、包装费、包装物租金、储备费、优质费、运输装卸费以及其他各种性质的价外收费。

但下列项目不包括在销售额内：

（1）受托加工应征消费税的消费品所代收代缴的消费税。

（2）同时符合以下条件代为收取的政府性基金或者行政事业性收费：由国务院或者财政部批准设立的政府性基金，由国务院或者省级人民政府及其财政、价格主管部门批准设立的行政事业性收费；收取时开具省级以上财政部门印制的财政票据；所收款项全额上缴财政。

（3）销售货物的同时代办保险等而向购买方收取的保险费，以及向购买方收取的代购买方缴纳的车辆购置税、车辆牌照费。

（4）以委托方名义开具发票代委托方收取的款项。

解释 销售额可分为四类（见表4－4）。

表4－4

销售额的类别	适用情况
一般销售方式下的销售额	包括向购买方收取的全部价款和价外费用，价外费用一般为含税收入，在征税时换算成不含税收入，再并入销售额。 销售额不包括向购买方收取的增值税销项税额，如果纳税人取得的是价税合计金额，还需换算成不含增值税的销售额。 销售额＝含增值税销售额÷（1＋税率）
特殊销售方式下的销售额	采取折扣方式销售、采取以旧换新方式销售、采取还本销售方式销售、采取以物易物方式销售、包装物押金是否计入销售额、销售已使用过的固定资产的税务处理
按差额确定的销售额	金融商品转让销售额、经纪代理服务的销售额、融资租赁和融资性售后回租业务的销售额、"营改增"应税服务差额计税等
视同销售的销售额	按照规定的顺序来确定销售额

2. 含税销售额的换算。

增值税实行价外税，计算销项税额时，销售额中不应含有增值税税款。如果销售额中包含了增值税款即销项税额，则应将含税销售额换算成不含税销售额。其计算公式为：

不含税销售额＝含税销售额÷（1＋增值税税率）

3. 视同销售货物的销售额的确定。

税务机关对8种视同销售货物行为，有权按照下列顺序核定其销售额：

（1）按纳税人最近时期同类货物的平均销售价格确定；

（2）按其他纳税人最近时期同类货物的平均销售价格确定；

（3）按组成计税价格确定。其计算公式为：

组成计税价格＝成本×（1＋成本利润率）

征收增值税的货物，同时又征收消费税的，其组成计税价格中应包含消费税税额。其计算公式为：

组成计税价格＝成本×（1＋成本利润率）＋消费税税额

或：组成计税价格＝成本×（1＋成本利润率）÷（1－消费税税率）

公式中的成本分两种情况：一是销售自产货物的为实际生产成本；二是销售外购货物的为实际采购成本。公式中的成本利润率为10%。但属于应从价定率征收消费税的货物，其组成计税价格公式中的成本利润率，为《消费税若干具体问题的规定》中规定的成本利润率。

4. 价格不合理的销售额的确定。

纳税人销售货物或者提供应税劳务的价格明显偏低并无正当理由的，由税务机关按照上述方法核定其销售额。

《营业税改征增值税试点实施办法》规定，纳税人发生应税行为价格明显偏低或者偏高且不具有合理商业目的的，或者发生无销售额的，主管税务机关有权按照下列顺序确定销售额：

（1）按照纳税人最近时期销售同类服务、无形资产或者不动产的平均价格确定。

（2）按照其他纳税人最近时期销售同类服务、无形资产或者不动产的平均价格确定。

（3）按照组成计税价格确定。组成计税价格的公式为：

组成计税价格＝成本×（1＋成本利润率）

成本利润率由国家税务总局确定。

解释 不具有合理商业目的，是指以谋取税收利益为主要目的，通过人为安排，减少、免除、推迟缴纳增值税税款，或者增加退还增值税税款。

5. 混合销售的销售额的确定。

依照《营业税改征增值税试点实施办法》及相关规定，混合销售的销售额为货物的销售额与服务销售额的合计。

6. 兼营的销售额的确定。

依照《营业税改征增值税试点实施办法》及相关规定，纳税人兼营不同税率的货物、劳务、服务、无形资产或者不动产，应当分别核算不同税率或者征收率的销售额；未分别核算销售额的，从高适用税率。

7. 特殊销售方式下销售额的确定（见表4-5）。

表4-5

销售方式	定义	销售额的确定
折扣方式销售	折扣销售是指销货方在销售货物、应税劳务或发生应税行为时，因购货方购货数量较大等原因而给予购货方的价格优惠	如果销售额和折扣额在同一张发票上分别注明，可以按折扣后的销售额征收增值税；如果将折扣额另开发票，不论其在财务上如何处理，均不得从销售额中减除折扣额
以旧换新方式销售	以旧换新销售是指纳税人在销售货物时，折价收回同类旧货物，并以折价款部分冲减新货物价款的一种销售方式	按新货物的同期销售价格确定销售额，不得扣减旧货物的收购价格。但是对金银首饰以旧换新业务，可以按销售方实际收取的不含增值税的全部价款征收增值税
还本销售方式销售	还本销售是指纳税人在销售货物后，到一定期限将货款一次或分次退还给购货方全部或部分价款的一种销售方式	销售额就是货物的销售价格，不得从销售额中减除还本支出
以物易物方式销售	以物易物是指购销双方不是以货币结算，而是以同等价款的货物相互结算，实现货物购销的一种方式	以物易物双方都应作购销处理，以各自发出的货物核算销售额并计算销项税额，以各自收到的货物按规定核算购货额并计算进项税额。在以物易物活动中，应分别开具合法的票据，如收到的货物不能取得相应的增值税专用发票或其他合法票据的，不能抵扣进项税额
直销方式销售	直销企业先将货物销售给直销员，直销员再将货物销售给消费者	直销企业的销售额为其向直销员收取的全部价款和价外费用。直销员将货物销售给消费者时，应按照现行规定缴纳增值税。 直销企业通过直销员向消费者销售货物，直接向消费者收取货款，直销企业的销售额为其向消费者收取的全部价款和价外费用

8. 包装物押金。

包装物是指纳税人包装本单位货物的各种物品。

一般情况下，销货方向购货方收取包装物押金，购货方在规定时间内返还包装物，销货方再将收取的包装物押金返还。纳税人为销售货物而出租、出借包装物收取的押金，单独记账核算的，且时间在1年以内，又未过期的，不并入销售额征税；但对因逾期未收回包装物不再退还的押金，应按所包装货物的适用税率计算增值税款。

提示 实践中，应注意以下具体规定：

（1）"逾期"是指按合同约定实际逾期或以1年为期限，对收取1年以上的押金，无论是否退还均并入销售额征税。

（2）包装物押金是含税收入，在并入销售额征税时，需要先将该押金换算为不含税收入，再计算应纳增值税款。

（3）包装物押金不同于包装物租金，包装物租金属于价外费用，在销售货物时随同货款一并计算增值税款。

（4）从1995年6月1日起，对销售除啤酒、黄酒外的其他酒类产品而收取的包装物押金，无论是否返还以及会计上如何核算，均应并入当期销售额征收增值税。

9.“营改增”行业销售额的规定（见表4-6）。

表4-6

类型	行业分类	销售额确定
全额计税	贷款服务	全部利息及利息性质的收入
	直接收费金融服务	收取的手续费、佣金、酬金、管理费、服务费、经手费、开户费、过户费、结算费、转托管费等各类费用
差额计税	金融商品转让	卖出价扣除买入价后的余额。转让金融商品出现的正负差，按盈亏相抵后的余额为销售额。若相抵后出现负差，可结转下一纳税期与下期转让金融商品销售额相抵，但年末时仍出现负差的，不得转入下一个会计年度。 金融商品的买入价，可以选择按照加权平均法或者移动加权平均法进行核算，选择后36个月内不得变更。 纳税人无偿转让股票时，转让方以该股票的买入价为卖出价，按照"金融商品转让"计算缴纳增值税；在转入方将上述股票再转让时，以原转出方的卖出价为买入价，按照"金融商品转让"计算缴纳增值税
	经纪代理服务	以取得的全部价款和价外费用，扣除向委托方收取并代为支付的政府性基金或者行政事业性收费后的余额
	航空运输服务	不包括代收的机场建设费和代售其他航空运输企业客票而代收转付的价款
	试点纳税人中的一般纳税人提供客运场站服务	以取得的全部价款和价外费用扣除支付给承运方的运费后的余额
	试点纳税人提供旅游服务	可以选择以取得的全部价款和价外费用，扣除向旅游服务购买方收取并支付给其他单位或者个人的住宿费、餐饮费、交通费、签证费、门票费和支付给其他接团旅游企业的旅游费用后的余额
	试点纳税人提供建筑服务适用简易计税方法	以取得的全部价款和价外费用扣除支付的分包款后的余额
	房地产开发企业中的一般纳税人销售其开发的房地产项目（选择简易计税方法的房地产老项目除外）	以取得的全部价款和价外费用，扣除受让土地时向政府部门支付的土地价款后的余额

提示 （1）金融商品转让中，转让金融商品出现的正负差，按盈亏相抵后的余额为销售额。若相抵后出现负差，可结转下一纳税期与下期转让金融商品销售额相抵，但年末时仍出现负差的，不得转入下一个会计年度。

金融商品的买入价，可以选择按照加权平均法或者移动加权平均法进行核算，选择后36个月内不得变更。

金融商品转让，不得开具增值税专用发票。

（2）经纪代理服务中，向委托方收取的政府性基金或者行政事业性收费，不得开具增值税专用发票。

（3）试点纳税人提供旅游服务中，选择上述办法计算销售额的试点纳税人，向旅游服务购买方收取并支付的上述费用，不得开具增值税专用发票，可以开具普通发票。

（4）房地产老项目，是指《建筑工程施工许可证》注明的合同开工日期在2016年4月30日前的房地产项目。

10. 销售额确定的特殊规定。

（1）纳税人兼营免税、减税项目的，应当分别核算免税、减税项目的销售额；未分别核算的，不得免税、减税。

（2）纳税人销售货物、提供应税劳务或者发生应税行为，开具增值税专用发票后，发生开票有误或者销售折让、中止、退回等情形的，应当按照国家税务总局的规定开具红字增值税专用发票；未按照规定开具红字增值税专用发票的，不得扣减销项税额或者销售额。

（3）纳税人销售货物、提供应税服务或者发生应税行为，将价款和折扣额在同一张发票上分别注明的，以折扣后的价款为销售额；未在同一张发票上分别注明的，以价款为销售额，不得扣减折扣额。

11. 外币销售额的折算。

纳税人按人民币以外的货币结算销售额的，其销售额的人民币折合率可以选择销售额发生的当天或者当月1日的人民币外汇中间价。纳税人应在事先确定采用何种折合率，确定后在1年内不得变更。

（二）进项税额的确定

进项税额是指纳税人购进货物、加工修理修配劳务、服务、无形资产或者不动产，支付或者负担的增值税。

1. 准予从销项税额中抵扣的进项税额。

（1）凭票抵扣。

①从销售方或提供方取得的增值税专用发票（含税控机动车销售统一发票，下同）上注明的增值税税额。

②从海关取得的海关进口增值税专用缴款书上注明的增值税税额。

③从境外单位或者个人购进服务、无形资产或者境内的不动产，为税务机关或者扣缴义务人取得的解缴税款的完税凭证上注明的增值税税额。

④原增值税一般纳税人购进货物或者接受加工、修理修配劳务，用于《销售服务、无形资产或者不动产注释》所列项目的，不属于《增值税暂行条例》第十条所称的用于非增值税应税项目，其进项税额准予从销项税额中抵扣。

⑤原增值税一般纳税人购进服务、无形资产或者不动产，取得的增值税专用发票上注明的增值税额为进项税额，准予从销项税额中抵扣。

⑥原增值税一般纳税人自用的应征消费税的摩托车、汽车、游艇，其进项税额准予从销项税额中抵扣。

提示　纳税人取得的增值税扣税凭证不符合法律、行政法规或者国家税务总局有关规定的，其进项税额不得从销项税额中抵扣。

增值税扣税凭证，是指增值税专用发票、海关进口增值税专用缴款书、农产品收购发票、农产品销售发票、完税凭证和符合规定的国家旅客运输发票。

纳税人凭完税凭证抵扣进项税额的，应当具备书面合同、付款证明和境外单位的对账单或者发票。资料不全的，其进项税额不得从销项税额中抵扣。

（2）计算抵扣。

①购进农产品，取得一般纳税人开具的增值税专用发票或者海关进口增值税专用缴款书的，以增值税专用发票或海关进口增值税专用缴款书上注明的增值税额为进项税额；从按照简易计税方法依照3%征收率计算缴纳增值税的小规模纳税人取得增值税专用发票的，以增值税专用发票上注明的金额和9%的扣除率计算进项税额；取得（开具）农产品销售发票或收购发票的，以农产品收购发票或销售发票上注明的农产品买价和9%的扣除率计算进项税额；纳税人购进用于生产或者委托加工13%税率货物的农产品，按照10%的扣除率计算进项税额。进项税额计算公式为：

进项税额 = 买价 × 扣除率

购进农产品，按照《农产品增值税进项税额

核定扣除试点实施办法》抵扣进项税额的除外。

②纳税人购进国内旅客运输服务未取得增值税专用发票的，暂按照以下规定确定进项税额：

取得增值税电子普通发票的，为发票上注明的税额；

取得注明旅客身份信息的航空运输电子客票行程单的，按照下列公式计算进项税额：

航空旅客运输进项税额 =（票价 + 燃油附加费）÷（1 + 9%）× 9%

取得注明旅客身份信息的铁路车票的，按照下列公式计算进项税额：

铁路旅客运输进项税额 = 票面金额 ÷（1 + 9%）× 9%

取得注明旅客身份信息的公路、水路等其他客票的，按照下列公式计算进项税额：

公路、水路等其他旅客运输进项税额 = 票面金额 ÷（1 + 3%）× 3%

2. 不得从销项税额中抵扣的进项税额。

（1）用于简易计税方法计税项目、免征增值税项目、集体福利或者个人消费的购进货物、加工修理修配劳务、服务、无形资产和不动产。其中涉及的固定资产、无形资产、不动产，仅指专用于上述项目的固定资产、无形资产（不包括其他权益性无形资产）、不动产。其中纳税人的交际应酬消费属于个人消费。如果是既用于上述不允许抵扣项目又用于抵扣项目的，该进项税额准予全部抵扣。自 2018 年 1 月 1 日起，纳税人租入固定资产、不动产，既用于一般计税方法计税项目，又用于简易计税方法计税项目、免征增值税项目、集体福利或者个人消费的，其进项税额准予从销项税额中全额抵扣。

解释（1）涉及的固定资产、无形资产、不动产，仅指"专用于"上述项目的固定资产、无形资产（不包括其他权益性无形资产）、不动产。

（2）纳税人外购的固定资产，既用于增值税应税项目，又用于免征增值税项目、集体福利或个人消费的，其进项税额可以抵扣。

（3）用于劳动保护方面的外购货物，其进项税额可以抵扣。

（4）由于建筑服务、销售不动产已经"营改增"，因此，纳税人将外购的货物用于修建仓库、装饰办公楼的，其进项税额可以抵扣；但是将外购的货物用于集体福利（如修建职工食堂、单位幼儿园）的，其进项税额不得抵扣。

（2）非正常损失的购进货物，以及相关的加工修理修配劳务和交通运输服务。

（3）非正常损失的在产品、产成品所耗用的购进货物（不包括固定资产）、加工修理修配劳务和交通运输服务。

（4）非正常损失的不动产，以及该不动产所耗用的购进货物、设计服务和建筑服务。

（5）非正常损失的不动产在建工程所耗用的购进货物、设计服务和建筑服务。

纳税人新建、改建、扩建、修缮、装饰不动产，均属于不动产在建工程。

解释（1）非正常损失，是指因"管理不善"造成货物被盗、丢失、霉烂变质的损失，以及因违反法律法规造成货物或者不动产被依法没收、销毁、拆除的情形。

（2）因"不可抗力"造成损失的购进货物，其进项税额可抵扣。

（6）购进的贷款服务、餐饮服务、居民日常服务和娱乐服务。

（7）纳税人接受贷款服务向贷款方支付的与该笔贷款直接相关的投融资顾问费、手续费、咨询费等费用，其进项税额不得从销项税额中抵扣。

（8）财政部和国家税务总局规定的其他情形。

3. 适用一般计税方法的纳税人，兼营简易计税方法计税项目、免征增值税项目而无法划分不得抵扣的进项税额，按照下列公式计算不得抵扣的进项税额：

不得抵扣的进项税额 = 当期无法划分的全部进项税额 ×（当期简易计税方法计税项目销售额 + 免征增值税项目销售额）÷ 当期全部销售额

主管税务机关可以按照上述公式依据年度数据对不得抵扣的进项税额进行清算。

4. 扣减进项税额。

（1）根据《增值税暂行条例实施细则》的规定，一般纳税人当期购进的货物或应税劳务用于生产经营，其进项税额在当期销项税额中予以抵扣。但已抵扣进项税额的购进货物或应税劳务如果事后改变用途，用于集体福利或者个人消费、购进货物发生非正常损失、在品或产成品发生非正常损失等，应当将该项购进货物或者应税劳务的进项税额从当期的进项税额中扣减；无法确定该项进项税额的，按当期外购项目的实际成本计算应扣减的进项税额。

（2）已抵扣进项税额的固定资产，发生《增值税暂行条例》规定的不得从销项税额中抵扣情形的，应在当月按下列公式计算不得抵扣的进项税额：

不得抵扣的进项税额＝固定资产净值×适用税率

固定资产净值，是指纳税人按照财务会计制度计提折旧后计算的固定资产净值。

（3）已抵扣进项税额的购进服务，发生《营业税改征增值税试点实施办法》规定的不得从销项税额中抵扣情形（简易计税方法计税项目、免征增值税项目除外）的，应当将该进项税额从当期进项税额中扣减；无法确定该进项税额的，按照当期实际成本计算应扣减的进项税额。

（4）已抵扣进项税额的无形资产，发生《营业税改征增值税试点实施办法》规定的不得从销项税额中抵扣情形的，按照下列公式计算不得抵扣的进项税额：

不得抵扣的进项税额＝无形资产净值×适用税率

无形资产净值，是指纳税人根据财务会计制度摊销后的余额。

（5）已抵扣进项税额的不动产，发生非正常损失，或者改变用途，专用于简易计税方法计税项目、免征增值税项目、集体福利或者个人消费的，按照下列公式计算不得抵扣的进项税额，并从当期进项税额中扣减：

不得抵扣的进项税额＝已抵扣进项税额×不动产净值率

不动产净值率＝（不动产净值÷不动产原值）×100%

5. 纳税人适用一般计税方法计税的，因销售折让、中止或者退回而退还给购买方的增值税额，应当从当期的销项税额中扣减；因销售折让、中止或者退回而收回的增值税税额，应当从当期的进项税额中扣减。

6. 有下列情形之一者，应当按照销售额和增值税税率计算应纳税额，不得抵扣进项税额，也不得使用增值税专用发票：

（1）一般纳税人会计核算不健全，或者不能够提供准确税务资料的。

（2）应当办理一般纳税人资格登记而未办理的。

7. 自2019年4月1日起，增值税一般纳税人取得不动产或者不动产在建工程的进项税额不再分2年抵扣。此前按照规定尚未抵扣完毕的待抵扣进项税额，可自2019年4月税款所属期起从销项税额中抵扣。

取得不动产，包括以直接购买、接受捐赠、接受投资入股、自建以及抵债等各种形式取得不动产。

8. 转增进项税额。

按照《营业税改征增值税试点实施办法》及相关规定，不得抵扣且未抵扣进项税额的固定资产、无形资产，发生用途改变，用于允许抵扣进项税额的应税项目，可在用途改变的次月按照下列公式，计算可以抵扣的进项税额：

可以抵扣的进项税额＝固定资产、无形资产÷（1＋适用税率）×适用税率

上述可以抵扣的进项税额应取得合法有效的增值税扣税凭证。

9. 按照规定不得抵扣进项税额的不动产，发生改变用途，用于允许抵扣进项税额项目的，按照下列公式在改变用途的次月计算可抵扣进项税额：

可抵扣进项税额＝增值税扣税凭证注明或计算的进项税额×不动产净值率

10. 一般纳税人发生下列应税行为可以选择适用简易计税方法计税，不允许抵扣进项税额。

（1）公共交通运输服务，包括轮客渡、公交客运、地铁、城市轻轨、出租车、长途客运、班车。

（2）经认定的动漫企业为开发动漫产品提供的动漫脚本编撰、形象设计、背景设计、动画设计、分镜、动画制作、摄制、描线、上色、画面合成、配音、配乐、音效合成、剪辑、字幕制作、压缩转码（面向网络动漫、手机动漫格式适配）服务，以及在境内转让动漫版权（包括

动漫品牌、形象或者内容的授权及再授权）。

（3）电影放映服务、仓储服务、装卸搬运服务、收派服务和文化体育服务。

（4）以纳入"营改增"试点之日前取得的有形动产为标的物提供的经营租赁服务。

（5）在纳入"营改增"试点之日前签订的尚未执行完毕的有形动产租赁合同。

二、例题点津

【例题1·单选题】 甲公司为增值税一般纳税人，其销售的钢笔标明零售价为18元/支，乙公司为甲公司的大宗客户，与甲公司之间业务往来较多，享有八折优惠（商业折扣）。已知增值税税率为13%。2020年12月1日，乙公司采购钢笔1万支，甲公司将销售额与折扣开在同一张发票上，则甲公司应缴纳增值税销项税额为（　　）元。

A. 21 205. 3　　　B. 19 982. 5

C. 19 862. 07　　D. 16 566. 37

【答案】 D

【解析】 因为销售额与折扣开在同一张发票上，所以增值税销项税额 = 18 × 10 000 × 80% ÷ (1 + 13%) × 13% = 16 566. 37（元）。

【例题2·单选题】 下列关于出租、出借包装物押金的处理，正确的是（　　）。

A. 纳税人为销售货物而出租、出借包装物收取的押金，单独记账核算的，一律不并入销售额征税

B. 对逾期超过1年的包装物押金，无论是否退还，都要并入销售额征税

C. 对超过2年的包装物押金，如合同约定期限长于2年，则不并入销售额

D. 对销售啤酒产品收取的包装物押金，无论是否返还以及会计上如何核算，均应并入当期销售额征税

【答案】 B

【解析】 纳税人为销售货物而出租、出借包装物收取的押金，单独记账核算的，且时间在1年以内，又未过期的，不并入销售额征税；但对因逾期未收回包装物不再退还的押金，应按所包装货物的适用税率计算增值税款。"逾期"是指按合同约定实际逾期或以1年为期限，对收取

1年以上的押金，无论是否退还均并入销售额征税。对销售除啤酒、黄酒外的其他酒类产品而收取的包装物押金，无论是否返还以及会计上如何核算，均应并入当期销售额征收增值税。

【例题3·多选题】 根据营业税改增值税的相关规定，一般纳税人发生的下列应税销售行为中，可以选择使用简易计税方法计缴增值税的有（　　）。

A. 提供电影放映服务

B. 销售资产建筑用的砂、土、石料

C. 销售煤气

D. 提供公交客运服务

【答案】 ABD

【解析】 一般纳税人可以按照法律规定选择简易计税方法的应税销售行为：公共交通运输服务，包括轮客渡、公交客运、地铁、城市轻轨、出租车、长途客运；电影放映服务、仓储服务、装卸搬运服务、收派服务和文化体育服务；销售自产的自来水；县级和县级以下的小型水力发电单位生产的电力，销售资产建筑用和生产建筑材料所用的砂、土、石料等。

【例题4·多选题】 下列各项中，不得从销项税额中抵扣进项税额的有（　　）。

A. 购进生产用燃料所支付的增值税款

B. 不合格产品耗用材料所支付的增值税款

C. 因管理不善霉烂变质材料所支付的增值税款

D. 被执法部门依法没收的货物所支付的增值税款

【答案】 CD

【解析】 根据增值税法律制度的规定，因管理不善造成被盗、丢失、霉烂变质的损失，以及被执法部门依法没收或者强令自行销毁的货物的增值税款不允许从销项税额中抵扣。

7 小规模纳税人应纳税额的计算 ★★

一、考点解读

应纳税额 = 不含税销售额 × 征收率

不含税销售额 = 含税销售额 ÷ (1 + 征收率)

解释 小规模纳税人购进货物时即使取得了增值税专用发票，也不能抵扣进项税额。

二、例题点津

【例题·单选题】甲公司为小规模纳税人、2021 年 8 月发生销售业务，不含税收入为 50 000 元，购买办公用品，支出 10 000 元，则当月甲公司应缴纳增值税为（　　）元。

A. 1 500　B. 4 500　C. 6 500　D. 1 200

【答案】A

【解析】小规模纳税人无进项税额。应缴纳增值税额 = 不含税销售额 × 征收率，则本题为 50 000 × 3% = 1 500（元）。

8　进口货物应纳税额的计算 ★★

一、考点解读

纳税人进口货物，无论是一般纳税人还是小规模纳税人，均应按照组成计税价格和规定的税率计算应纳税额，不允许抵扣发生在境外的任何税金。

应纳税额 = 组成计税价格 × 税率

组成计税价格的构成分两种情况：

1. 如果进口货物不征收消费税，则上述公式中组成计税价格的计算公式为：

组成计税价格 = 关税完税价格 + 关税

2. 如果进口货物征收消费税，则上述公式中组成计税价格的计算公式为：

组成计税价格 = 关税完税价格 + 关税 + 消费税

〔解释〕（1）一般贸易下进口货物的关税完税价格以海关审定的成交价格为基础的到岸价格作为完税价格。

（2）所谓成交价格是一般贸易项下进口货物的买方为购买该项货物向卖方实际支付或应当支付的价格。

（3）到岸价格，包括货价，加上货物运抵我国关境内输入地点起卸前的包装费、运费、保险费和其他劳务费等费用构成的一种价格。

二、例题点津

【例题·单选题】甲公司为增值税一般纳税人，2022 年 6 月从国外进口一批音响，海关核定的关税完税价格为 117 万元，缴纳关税 11.7 万元。已知增值税税率为 13%，甲公司该笔业务应缴纳增值税税额的下列计算中，正确的是（　　）。

A. 117 × 13% = 15.21（万元）

B. （117 + 11.7）× 13% = 16.731（万元）

C. 117 ÷ （1 + 13%）× 13% = 13.46（万元）

D. （117 + 11.7）÷ （1 + 13%）× 13% = 14.81（万元）

【答案】B

【解析】甲公司进口音响应缴纳的增值税税额 = （关税完税价格 + 关税）× 增值税税率 = （117 + 11.7）× 13% = 16.731（万元）。

9　税收优惠 ★

一、考点解读

（一）免税项目

1. 农业生产者销售的自产农产品。

2. 避孕药品和用具。

3. 古旧图书。古旧图书，是指向社会收购的古书和旧书。

4. 直接用于科学研究、科学试验和教学的进口仪器、设备。

5. 外国政府、国际组织无偿援助的进口物资和设备。

6. 由残疾人的组织直接进口供残疾人专用的物品。

7. 销售自己使用过的物品。自己使用过的物品，是指其他个人自己使用过的物品。

（二）"营改增"试点过渡政策的免税规定

1. 下列项目免征增值税。

（1）托儿所、幼儿园提供的保育和教育服务。

（2）养老机构提供的养老服务。

（3）残疾人福利机构提供的育养服务。

（4）婚姻介绍服务。

（5）殡葬服务。

（6）残疾人员本人为社会提供的服务。

（7）医疗机构提供的医疗服务。

（8）从事学历教育的学校提供的教育服务。

（9）学生勤工俭学提供的服务。

（10）农业机耕、排灌、病虫害防治、植物保护、农牧保险以及相关技术培训业务，家禽、牲畜、水生动物的配种和疾病防治。

（11）纪念馆、博物馆、文化馆、文物保护单位管理机构、美术馆、展览馆、书画院、图书馆在自己的场所提供文化体育服务取得的第一道门票收入。

（12）寺院、宫观、清真寺和教堂举办文化、宗教活动的门票收入。

（13）行政单位之外的其他单位收取的符合《试点实施办法》第十条规定条件的政府性基金和行政事业性收费。

（14）个人转让著作权。

（15）个人销售自建自用住房。

（16）台湾航运公司、航空公司从事海峡两岸海上直航、空中直航业务在大陆取得的运输收入。

（17）纳税人提供的直接或者间接国际货物运输代理服务。

（18）符合规定条件的贷款、债券利息收入。

（19）被撤销金融机构以货物、不动产、无形资产、有价证券、票据等财产清偿债务。

（20）保险公司开办的一年期以上人身保险产品取得的保费收入。

（21）符合规定条件的金融商品转让收入。

（22）金融同业往来利息收入。

（23）同时符合规定条件的担保机构从事中小企业信用担保或者再担保业务取得的收入（不含信用评级、咨询、培训等收入）3年内免征增值税。

（24）国家商品储备管理单位及其直属企业承担商品储备任务，从中央或者地方财政取得的利息补贴收入和价差补贴收入。

（25）纳税人提供技术转让、技术开发和与之相关的技术咨询、技术服务。

（26）同时符合规定条件的合同能源管理服务。

（27）政府举办的从事学历教育的高等、中等和初等学校（不含下属单位），举办进修班、培训班取得的全部归该学校所有的收入。

（28）政府举办的职业学校设立的主要为在校学生提供实习场所，并由学校出资自办、由学校负责经营管理、经营收入归学校所有的企业，从事《销售服务、无形资产或者不动产注释》中"现代服务"（不含融资租赁服务、广告服务和其他现代服务）、"生活服务"（不含文化体育服务、其他生活服务和桑拿、氧吧）业务活动

取得的收入。

（29）家政服务企业由员工制家政服务员提供家政服务取得的收入。

（30）福利彩票、体育彩票的发行收入。

（31）军队空余房产租赁收入。

（32）为了配合国家住房制度改革，企业、行政事业单位按房改成本价、标准价出售住房取得的收入。

（33）将土地使用权转让给农业生产者用于农业生产。

（34）涉及家庭财产分割的个人无偿转让不动产、土地使用权。

（35）土地所有者出让土地使用权和土地使用者将土地使用权归还给土地所有者。

（36）县级以上地方人民政府或自然资源行政主管部门出让、转让或收回自然资源使用权（不含土地使用权）。

（37）随军家属就业。

（38）军队转业干部就业。

（39）提供社区养老、托育、家政等服务取得的收入。

（40）对法律援助人员按照《中华人民共和国法律援助法》规定获得的法律援助补贴。

2. 增值税即征即退。

（1）一般纳税人提供管道运输服务，对其增值税实际税负超过3%的部分实行增值税即征即退政策。

（2）经中国人民银行、国家金融监督管理总局或者商务部批准从事融资租赁业务的试点纳税人中的一般纳税人，提供有形动产融资租赁服务和有形动产融资性售后回租服务，对其增值税实际税负超过3%的部分实行增值税即征即退政策。

（3）本规定所称增值税实际税负，是指纳税人当期提供应税服务实际缴纳的增值税额占纳税人当期提供应税服务取得的全部价款和价外费用的比例。

3. 扣减增值税规定。

（1）退役士兵创业就业。

自主就业退役士兵从事个体经营的，自办理个体工商户登记当月起，在3年（36个月，下同）内按每户每年20 000元为限额依次扣减其当年实际应缴纳的增值税、城市维护建设税、教

育费附加、地方教育附加和个人所得税。限额标准最高可上浮20%，各省、自治区、直辖市人民政府可根据本地区实际情况在此幅度内确定具体限额标准。

纳税人年度应缴纳税款小于上述扣减限额的，减免税额以其实际缴纳的税款为限；大于上述扣减限额的，以上述扣减限额为限。纳税人的实际经营期不足1年的，应当按月换算其减免税限额。换算公式为：减免税限额＝年度减免税限额÷12×实际经营月数。城市维护建设税、教育费附加、地方教育附加的计税依据是享受本项税收优惠政策前的增值税应纳税额。

自主就业退役士兵在企业工作不满1年的，应当按月换算减免税限额。计算公式为：企业核算减免税总额＝∑每名自主就业退役士兵本年度在本单位工作月份÷12×具体定额标准。

城市维护建设税、教育费附加、地方教育附加的计税依据是享受本项税收优惠政策前的增值税应纳税额。

（2）重点群体创业就业。

脱贫人口（含防止返贫监测对象）、持《就业创业证》（注明"自主创业税收政策"或"毕业年度内自主创业税收政策"）或《就业失业登记证》（注明"自主创业税收政策"）的人员，从事个体经营的，自办理个体工商户登记当月起，在3年（36个月，下同）内按每户每年20 000元为限额依次扣减其当年实际应缴纳的增值税、城市维护建设税、教育费附加、地方教育附加和个人所得税。限额标准最高可上浮20%，各省、自治区、直辖市人民政府可根据本地区实际情况在此幅度内确定具体限额标准。

企业招用脱贫人口，以及在人力资源社会保

障部门公共就业服务机构登记失业半年以上且持《就业创业证》或《就业失业登记证》（注明"企业吸纳税收政策"）的人员，与其签订1年以上期限劳动合同并依法缴纳社会保险费的，自签订劳动合同并缴纳社会保险当月起，在3年内按实际招用人数予以定额依次扣减增值税、城市维护建设税、教育费附加、地方教育附加和企业所得税优惠。定额标准为每人每年6 000元，最高可上浮30%，各省、自治区、直辖市人民政府可根据本地区实际情况在此幅度内确定具体定额标准。城市维护建设税、教育费附加、地方教育附加的计税依据是享受本项税收优惠政策前的增值税应纳税额。

4. 金融企业发放贷款后，自结息日起90天内发生的应收未收利息按现行规定缴纳增值税，自结息日起90天后发生的应收未收利息暂不缴纳增值税，待实际收到利息时按规定缴纳增值税。

5. 个人将购买不足2年的住房对外销售的，按照5%的征收率全额缴纳增值税；个人将购买2年以上（含2年）的住房对外销售的，免征增值税。上述政策适用于北京市、上海市、广州市和深圳市之外的地区。

个人将购买不足2年的住房对外销售的，按照5%的征收率全额缴纳增值税；个人将购买2年以上（含2年）的非普通住房对外销售的，以销售收入减去购买住房价款后的差额按照5%的征收率缴纳增值税；个人将购买2年以上（含2年）的普通住房对外销售的，免征增值税。上述政策仅适用于北京市、上海市、广州市和深圳市。

6. 增值税期末留抵退税。

（1）增值税期末留抵退税的规定（见表4－7）。

表4－7

项目	一般企业（2019年4月1日起）	部分先进制造业（2019年6月1日起）
享受增值税期末留抵退税的条件	自2019年4月税款所属起，连续6个月（按季纳税的，连续两个季度）增量留抵税额均大于零，且第6个月增量留抵税额不低于50万元	
	纳税信用等级为A级或者B级	
	申请退税前36个月未发生骗取留抵退税、出口退税或虚开增值税专用发票情形的	
	申请退税前36个月未因偷税被税务机关处罚两次以上的	
	自2019年4月1日起未享受即征即退、先征后返（退）政策的	

续表

项目	一般企业（2019年4月1日起）	部分先进制造业（2019年6月1日起）
增量留抵税额的含义	与2019年3月底相比新增加的期末留抵税额	
允许退还的增量留抵税额	增量留抵税额×进项构成比例×60%	增量留抵税额×进项构成比例
	进项构成比例，为2019年4月至申请退税前一税款所属期内已抵扣的增值税专用发票（含税控机动车销售统一发票）、海关进口增值税专用缴款书、解缴税款完税凭证注明的增值税占同期全部已抵扣进项税额的比重	

提示 自2021年4月1日起，将部分先进制造业纳税人退还增量留抵税额有关政策扩大至先进制造业，增加医药、化学纤维、铁路、船舶、航空航天和其他运输设备、电气机械和器材、仪器仪表销售额占全部销售额的比重超过50%的纳税人。

（2）小微企业和制造业等行业期末留抵退税。

①自2021年4月1日起，加大小微企业增值税期末留抵退税政策力度，将先进制造业按月全额退还增值税增量留抵税额政策范围扩大至符合条件的小微企业（含个体工商户，下同），并一次性退还小微企业存量留抵税额。

②自2021年4月1日起，加大"制造业""科学研究和技术服务业""电力、热力、燃气及水生产和供应业""软件和信息技术服务业""生态保护和环境治理业"和"交通运输、仓储和邮政业"（以下简称"制造业等行业"）增值税期末留抵退税政策力度，将先进制造业按月全额退还增值税增量留抵税额政策范围扩大至符合条件的制造业等行业企业（含个体工商户，下同），并一次性退还制造业等行业企业存量留抵税额。

③小微企业和制造业等行业纳税人办理期末留抵税，需同时符合以下条件：

a. 纳税信用等级为A级或者B级；

b. 申请退税前36个月未发生骗取留抵退税、骗取出口退税或虚开增值税专用发票情形；

c. 申请退税前36个月未因偷税被税务机关处罚两次及以上；

d. 2019年4月1日起未享受即征即退、先征后返（退）政策。

④增量留抵税额，区分以下情形确定：

纳税人获得一次性存量留抵退税前，增量留抵税额为当期期末留抵税额与2019年3月31日相比新增加的留抵税额。

纳税人获得一次性存量留抵退税后，增量留抵税额为当期期末留抵税额。

⑤存量留抵税额，区分以下情形确定：

纳税人获得一次性存量留抵退税前，当期期末留抵税额大于或等于2019年3月31日期末留抵税额的，存量留抵税额为2019年3月31日期末留抵税额；当期期末留抵税额小于2019年3月31日期末留抵税额的，存量留抵税额为当期期末留抵税额。

纳税人获得一次性存量留抵退税后，存量留抵税额为零。

⑥纳税人按照以下公式计算允许退还的留抵税额：

允许退还的增量留抵税额＝增量留抵税额×进项构成比例×100%

允许退还的存量留抵税额＝存量留抵税额×进项构成比例×100%

进项构成比例，为2019年4月至申请退税前一税款所属期已抵扣的增值税专用发票（含带有"增值税专用发票"字样全面数字化的电子发票、税控机动车销售统一发票）、收费公路通行费增值税电子普通发票、海关进口增值税专用缴款书、解缴税款完税凭证注明的增值税额占同期全部已抵扣进项税额的比重。

⑦自2022年7月1日起，将制造业等行业按月全额退还增值税增量留抵税额、一次性退还存量留抵税额的政策范围，扩大至"批发和零售业""农、林、牧、渔业""住宿和餐饮业""居民服务、修理和其他服务业""教育""卫生

和社会工作"和"文化、体育和娱乐业"。

二、例题点津

【例题1·多选题】下列属于免征增值税的有（　　）。

A. 农业生产者销售的自产农品

B. 残疾人企业直接进口供残疾人专用的物品

C. 其他个人销售自己使用过的物品

D. 外国企业无偿援助的进口物资和设备

【答案】AC

【解析】增值税法律制度规定的免税项目包括：（1）农业生产者销售的自产农品；（2）避孕药品和用具；（3）古旧图书；（4）直接用于科学研究、科学试验和教学的进口仪器、设备；（5）外国政府、国际组织无偿援助的进口物资和设备；（6）由残疾人的组织直接进口供残疾人专用的物品；（7）销售自己使用过的物品。

【例题2·多选题】以下适用"营改增"相关免税政策的有（　　）。

A. 个人转让著作权

B. 个人转让商标权

C. 残疾人员本人为社会提供的服务

D. 个人销售自建自用住房

【答案】ACD

【解析】选项B，"营改增"过渡期免税政策中不包括个人转让商标权。

10 起征点★

一、考点解读

纳税人销售货物、提供应税劳务或者发生应税行为的销售额未达到增值税起征点的，免征增值税；达到起征点的，全额计算缴纳增值税。

增值税起征点的适用范围限于个人，且不适用于登记为一般纳税人的个体工商户。

起征点的幅度规定如下：

1. 按期纳税的，为月销售额5 000～20 000元（含本数）。

2. 按次纳税的，为每次（日）销售额300～500元（含本数）。

起征点的调整由财政部和国家税务总局规定。省、自治区、直辖市财政厅（局）和国家

税务局应当在规定的幅度内，根据实际情况确定本地区适用的起征点，并报财政部和国家税务总局备案。

二、例题点津

【例题·单选题】根据现行增值税规定，下列说法正确的是（　　）。

A. 增值税对单位和个人规定了起征点

B. 对于达到或超过起征点的，仅将超过起征点的金额纳入增值税征税范围

C. 登记为一般纳税人的个体工商户不适用起征点的规定

D. 某小规模纳税人（小微企业）2016年3月价税合并收取销售款3.02万元，则当月的收入应缴纳增值税

【答案】C

【解析】选项A，增值税的起征点只涉及个人，不涉及单位。选项B，对于达到或超过起征点的，全部销售额纳入征税范围。选项D，不含税销售额＝3.02÷（1＋3%）＝2.93（万元），小于3万元，免征增值税。

11 小规模纳税人免税规定★

一、考点解读

自2023年1月1日至2027年12月31日，对月销售额10万元以下（含本数）的增值税小规模纳税人，免征增值税。增值税小规模纳税人适用3%征收率的应税销售收入，减按1%征收率征收增值税；适用3%预征率的预缴增值税项目，减按1%预征率预缴增值税。

二、例题点津

【例题·单选题】甲公司采取按季度收取租金的方式出租了一套别墅给某公司办公使用，甲公司为小规模纳税人，月营业额为16万元，2023年10月收取季度不含税租金4.2万元，则甲公司该季度收取房屋租金应缴纳增值税（　　）万元。

A. 0   B. 0.04

C. 0.13   D. 0.21

【答案】B

【解析】根据增值税相关法律制度的最新规

定，甲公司可减按1%缴纳增值税，即4.2÷(1+3%)×1%＝0.04(万元)。

12 征收管理★

一、考点解读

（一）纳税义务发生时间

1. 纳税人销售货物或提供应税劳务的纳税义务发生时间。

纳税人销售货物或者应税劳务，其纳税义务发生时间为收讫销售款项或者取得索取销售款项凭据的当天；先开具发票的，为开具发票的当天。按销售结算方式的不同，具体分为：

（1）采取直接收款方式销售货物，不论货物是否发出，均为收到销售款或者取得索取销售款凭据的当天。

纳税人生产经营活动中采取直接收款方式销售货物，已将货物移送对方并暂估销售收入入账，但既未取得销售款或取得索取销售款凭据也未开具销售发票的，其纳税义务发生时间为取得销售款或取得索取销售款凭据的当天；先开具发票的，为开具发票的当天。

（2）采取托收承付和委托银行收款方式销售货物，为发出货物并办妥托收手续的当天。

（3）采取赊销和分期收款方式销售货物，为书面合同约定的收款日期的当天，无书面合同的或者书面合同没有约定收款日期的，为货物发出的当天。

（4）采取预收货款方式销售货物，为货物发出的当天，但生产销售生产工期超过12个月的大型机械设备、船舶、飞机等货物，为收到预收款或者书面合同约定的收款日期的当天。

（5）委托其他纳税人代销货物，为收到代销单位的代销清单或者收到全部或部分货款的当天。未收到代销清单及货款的，为发出代销货物满180天的当天。

（6）销售应税劳务，为提供劳务同时收讫销售款或者取得索取销售款的凭据的当天。

（7）纳税人发生相关视同销售货物行为，为货物移送的当天。

（8）纳税人进口货物，其纳税义务发生时间为报关进口的当天。

2. 纳税人发生应税行为的纳税义务发生时间。

纳税人发生应税行为并收讫销售款项或者取得索取销售款项凭据的当天；先开具发票的，为开具发票的当天。

收讫销售款项，是指纳税人销售服务、无形资产、不动产过程中或者完成后收到款项。

取得索取销售款项凭据的当天，是指书面合同确定的付款日期；未签订书面合同或者书面合同未确定付款日期的，为服务、无形资产转让完成的当天或者不动产权属变更的当天。具体分为：

（1）纳税人提供租赁服务采取预收款方式的，其纳税义务发生时间为收到预收款的当天。

（2）纳税人从事金融商品转让的，为金融商品所有权转移的当天。

（3）纳税人发生视同销售情形的，其纳税义务发生时间为服务、无形资产转让完成的当天或者不动产权属变更的当天。

3. 增值税扣缴义务发生时间为纳税人增值税纳税义务发生的当天。

（二）纳税地点

1. 固定业户应当向其机构所在地的主管税务机关申报纳税。

2. 固定业户到外县（市）销售货物或者劳务，应当向其机构所在地的税务机关报告外出经营事项，并向其机构所在地的税务机关申报纳税；未报告的，应当向销售地或者劳务发生地的税务机关申报纳税；未向销售地或者劳务发生地的税务机关申报纳税的，由其机构所在地的税务机关补征税款。

3. 非固定业户销售货物或者应税劳务，应当向销售地或者劳务发生地的主管税务机关申报纳税；未向销售地或者劳务发生地的主管税务机关申报纳税的，由其机构所在地或者居住地的主管税务机关补征税款。

4. 进口货物，应当向报关地海关申报纳税。

5. 其他个人提供建筑服务、销售或者租赁不动产、转让自然资源使用权，应向建筑服务发生地、不动产所在地、自然资源所在地主管税务机关申报纳税。

6. 扣缴义务人应当向其机构所在地或者居住地的主管税务机关申报缴纳其扣缴的税款。

（三）纳税期限

根据《增值税暂行条例》及其实施细则的规定，增值税的纳税期限分别为1日、3日、5日、10日、15日、1个月或者1个季度。

二、例题点津

【例题1·单选题】 根据增值税法律制度的规定，下列关于增值税纳税义务发生时间的表述中，不正确的是（　　）。

A. 纳税人采取直接收款方式销售货物，为货物发出的当天

B. 纳税人销售应税劳务，为提供劳务同时收讫销售款或者取得索取销售款凭据的当天

C. 纳税人采取委托银行收款方式销售货物，为发出货物并办妥托收手续的当天

D. 纳税人进口货物，为报关进口的当天

【答案】 A

【解析】 采取直接收款方式销售货物，不论货物是否发出，增值税纳税义务发生时间均为收到销售款或者取得索取销售款凭据的当天。

【例题2·多选题】 下列关于增值税纳税义务发生时间的表述中，正确的有（　　）。

A. 纳税人发生视同销售货物行为，为货物移送的当天

B. 销售应税劳务，为提供劳务同时收讫销售款或者取得索取销售款的凭据的当天

C. 纳税人进口货物，为从海关提货的当天

D. 采取托收承付方式销售货物，为发出货物的当天

【答案】 AB

【解析】 根据增值税法律制度的规定，纳税人进口货物，为进口报关的当天。采取托收承付方式销售货物，为发出货物并办妥托收手续的当天。

【例题3·不定项选择题】 某工业企业增值税一般纳税人2023年9月购销业务情况如下：

（1）购进生产原料一批，已验收入库取得的防伪税控系统开具的增值税专用发票上注明的价款、税款分别为23万元、2.99万元。

（2）购进钢材20吨，未入库，取得的防伪税控系统开具的增值税专用发票上注明价款、税款分别为8万元、1.04万元。

（3）直接向农民收购用于生产加工的农产

品一批，取得农产品销售发票，注明价款42万元，运费4万元。

（4）销售产品一批，已发出并办妥银行托收手续，但货款尚未收到，向买方开具的专用发票注明销售额82万元。

（5）将本月外购20吨钢材及库存的同价钢材20吨移送本企业修建产品仓库工程使用，已抵扣进项税额。

期初留抵进项税额0.5万元，以上防伪税控系统开具的增值税专用发票均在取得当月通过了税务机关的认证。企业产品适用的增值税税率为13%。

要求：根据上述资料，分别回答下列问题。

（1）本期收购农产品可抵扣的进项税额为（　　）万元。

A. 0　　　　　　　　B. 4.6

C. 7.14　　　　　　D. 4.14

【答案】 D

【解析】 纳税人购进农产品，按照农产品收购发票或者销售发票上注明的农产品买价和9%的扣除率计算进项税额。运费可按9%的扣除率计算进项税额。进项税额＝42×9%＋4×9%＝4.14（万元）。

（2）关于业务（4）中销售产品纳税义务发生的时间的确定，下列说法中正确的是（　　）。

A. 上述业务因为尚未收到货款，不能确认销售收入，也不能确定纳税义务已经发生

B. 上述业务应当在货物发出时确认纳税义务发生

C. 上述业务应当在发出货物并办妥托收手续的当天确认纳税义务发生

D. 上述业务应当在开具发票的当天确认纳税义务发生

【答案】 C

【解析】 采取托收承付和委托银行收款方式销售货物，为发出货物并办妥托收手续的当天。

（3）下列进项税额中，不得从销项税额中抵扣的是（　　）。

A. 将业务（1）中购进的原材料用于个人消费

B. 业务（2）中购买农产品发生的运费的进项税额

C. 将本月购进的钢材用于修建仓库

D. 将本月购进的钢材用于修建职工宿舍

【答案】A

【解析】用于非增值税应税项目、免征增值税项目、集体福利或者个人消费的购进货物或者应税劳务，其进项税额不得从销项税额中抵扣，但不包括固定资产。

（4）该企业本期销项税额为（　）万元。

A. 0　　　　　　　B. 10.66

C. 8.2　　　　　　D. 13.9

【答案】B

【解析】该企业本期可以确认当期销项税额 = $82 \times 13\% = 10.66$（万元）。

（5）本期应纳增值税额或者期末留抵进项税额为（　）万元。

A. 13.44　　　　　B. 1.99

C. 8.43　　　　　D. 3.06

【答案】B

【解析】当期实际抵扣进项税额合计 = $2.99 + 1.04 + 4.14 + 0.5 = 8.67$（万元）；应纳增值税额 = $10.66 - 8.67 = 1.99$（万元）。

13 专用发票管理 ★

一、考点解读

（一）专用发票的领购

增值税专用发票，是增值税一般纳税人销售货物、劳务、服务、无形资产和不动产开具的发票，是购买方支付增值税额并可按照增值税有关规定据以抵扣增值税进项税额的凭证。一般纳税人领购专用设备后，凭《最高开票限额申请表》《发票领购簿》到主管税务机关办理初始发行。一般纳税人凭《发票领购簿》、IC卡和经办人身份证明领购专用发票。

一般纳税人销售货物、劳务、服务、无形资产和不动产，应向购买方开具专用发票。

属于下列情形之一的，不得开具增值税专用发票：

（1）商业企业一般纳税人零售烟、酒、食品、服装、鞋帽（不包括劳保专用部分）、化妆品等消费品的；

（2）销售货物、劳务、服务、无形资产和不动产适用免税规定的（法律、法规及国家税务总局另有规定的除外）；

（3）向消费者个人销售货物、劳务、服务、无形资产和不动产的；

（4）小规模纳税人销售货物、劳务、服务、无形资产和不动产的（需要开具专用发票的，可向主管税务机关申请代开）。

（二）专用发票的使用管理

1. 专用发票开票限额。

最高开票限额由一般纳税人申请，区县税务机关依法审批。一般纳税人申请最高开票限额时，需填报《增值税专用发票最高开票限额申请单》。主管税务机关受理纳税人申请以后，根据需要进行实地查验，实地查验的范围和方法由各省税务机关确定。自2014年5月1日起，一般纳税人申请增值税专用发票最高开票限额不超过10万元的，主管税务机关不需要事前进行实地查验。

2. 专用发票开具范围。

一般纳税人销售货物、提供应税劳务和应税服务，应向购买方开具专用发票。属于下列情形之一的，不得开具增值税专用发票：商业企业一般纳税人零售烟、酒、食品、服装、鞋帽（不包括劳保专用部分）、化妆品等消费品的；销售货物、提供应税劳务和应税服务适用免税规定的（法律、法规及国家税务总局另有规定的除外）；向消费者个人销售货物、提供应税劳务和应税服务的。

二、例题点津

【例题·多选题】增值税一般纳税人发生的下列情形中，不得开具增值税专用发票的有（　）。

A. 商业企业零售烟酒

B. 工业企业销售白酒

C. 向消费者个人提供加工劳务

D. 向个人销售房屋

【答案】ACD

【解析】一般纳税人销售货物或者劳务，应向购买方开具专用发票。属于下列情形之一的，不得开具专用发票：商业企业一般纳税人零售烟、酒、食品、服装、鞋帽、化妆品等消费品的；销售货物或者应税劳务适用免税规定的；向消费者个人销售货物或者提供应税劳务的。

14　全面数字化电子发票★

一、考点解读

1. 截至2023年11月1日，除西藏外，全国其他省（区、市）均已在部分纳税人中开展全面数字化的电子发票（以下简称数电票）试点，试点纳税人通过电子发票服务平台开具发票的受票方范围为全国，并作为受票方接收全国其他数电票试点省（区、市）纳税人开具的数电票。

2. 数电票的法律效力、基本用途等与现有纸质发票相同。其中，带有"增值税专用发票"字样的数电票，其法律效力、基本用途与现有增值税专用发票相同；带有"普通发票"字样的数电票，其法律效力、基本用途与现有普通发票相同；带有"航空运输电子客票行程单"字样的数电票，其法律效力、基本用途与现有航空运输电子客票行程单相同；带有"铁路电子客票"字样的数电票，其法律效力、基本用途与现有铁路车票相同。

3. 数电票由各省（区、市）税务局监制。数电票无联次，基本内容包括：发票号码、开票日期、购买方信息、销售方信息、项目名称、规格型号、单位、数量、单价、金额、税率/征收率、税额、合计、价税合计（大写、小写）、备注、开票人等，如图4-2所示。（见附件1）

4. 电子发票服务平台支持开具增值税纸质专用发票和增值税纸质普通发票（折叠票）。

5. 试点纳税人通过实人认证等方式进行身份验证后，无需使用税控专用设备即可通过电子发票服务平台开具发票，无需进行发票验旧操作。其中，数电票无需进行发票票种核定和发票领用。

6. 税务机关对使用电子发票服务平台开具发票的试点纳税人开票实行发票总额度管理。发票总额度，是指一个自然月内，试点纳税人发票开具总金额（不含增值税）的上限额度。

7. 试点纳税人通过电子发票服务平台税务自动交付数电票，也可通过电子邮件、二维码等方式自行交付数电票。

二、例题点津

【例题·多选题】下列各项中，属于数电票基本内容的有（　　　）。

A. 发票号码　　　　B. 购买方信息
C. 收款人　　　　　D. 开票人

【答案】ABD

【解析】根据全面数字化电子发票的规定，数电票的基本内容不包括收款人。

15　增值税出口退税制度★★

一、考点解读（见表4-8）

表4-8

项目	内容
适用增值税退（免）税政策范围	对下列出口货物、劳务、零税率应税服务，除适用增值税免税和征税政策外，实行免征并退还增值税政策。 （1）出口企业出口货物。 （2）出口企业或其他单位视同出口货物。 ①出口企业对外援助、对外承包、境外投资的出口货物。 ②出口企业经海关报关进入国家批准的出口加工区、保税物流园区、保税港区、综合保税区等并销售给特殊区域内单位或境外单位、个人的货物。 ③免税品经营企业销售的货物（国家规定不允许经营和限制出口的货物、卷烟和超出免税品经营企业《企业法人营业执照》规定经营范围的货物除外）。 ④出口企业或其他单位销售给用于国际金融组织或外国政府贷款国际招标建设项目的中标机电产品。 ⑤生产企业向海上石油天然气开采企业销售的自产的海洋工程结构物。 ⑥出口企业或其他单位销售给国际运输企业用于国际运输工具上的货物。 ⑦出口企业或其他单位销售给特殊区域内生产企业生产耗用且不向海关报关而输入特殊区域的水（包括蒸汽）、电力、燃气。 （3）出口企业对外提供加工修理修配劳务。

续表

项目	内容	
适用增值税退（免）税政策范围	对外提供加工修理修配劳务，是指对进境复出口货物或从事国际运输的运输工具进行的加工修理修配。 （4）增值税一般纳税人提供零税率应税服务。 ①自 2014 年 1 月 1 日起，增值税一般纳税人提供适用零税率的应税服务，实行增值税退（免）税办法。 ②自 2016 年 5 月 1 日起，跨境应税行为适用增值税零税率跨境应税行为，是指中国境内的单位和个人销售规定的服务和无形资产，规定的服务和无形资产范围参见《关于全面推开营业税改征增值税试点的通知》	
增值税退（免）税办法	出口货物、劳务、零税率应税服务，实行增值税退（免）税政策，包括免抵退税办法和免退税办法	
	增值税免抵退税，是指生产企业出口自产货物和视同自产货物及对外提供加工修理修配劳务，以及《财政部　国家税务总局关于出口货物劳务增值税和消费税政策的通知》。列名的生产企业出口非自产货物，免征增值税，相应的进项税额抵减应纳增值税额（不包括适用增值税即征即退、先征后退政策的应纳增值税额），未抵减完的部分予以退还。 境内的单位和个人提供适用增值税零税率的服务和无形资产，适用一般计税方法的，生产企业实行免抵退税办法，外贸企业直接将服务或自行研发的无形资产出口，视同生产企业连同其出口货物统一实行免抵退税办法	增值税免退税，是指不具有生产能力的出口企业或其他单位出口货物劳务，免征增值税，相应的进项税额予以退还。 适用一般计税方法的外贸企业购进服务或者无形资产出口实行免退税办法
增值税出口退税率	退税率的一般规定：除财政部和国家税务总局根据国务院决定而明确的增值税出口退税率外，出口货物、服务、无形资产的退税率为其适用税率，目前我国出口退税率分为五档：13%、10%、9%、6% 和零税率	退税率的特殊规定：（1）外贸企业购进按简易办法征税的出口货物、从小规模纳税人购进的出口货物，其退税率分别为简易办法实际执行的征收率、小规模纳税人征收率。（2）出口企业委托加工修理修配货物，其加工修理修配费用的退税率，为出口货物的退税率。（3）适用不同退税率的货物、劳务以及跨境应税行为，应分开报关、核算并申报退（免）税，未分开报关、核算或划分不清的，从低适用退税率

二、例题点津

【例题·单选题】甲企业为增值税一般纳税人，该公司实行"免抵退"税管理办法。于 2022 年 10 月实际发生如下业务：（1）当月承接了 8 个国际运输业务，取得收入 80 万元人民币；（2）增值税纳税申报时，期末留抵税额为 14 万元人民币。则甲企业结转下期的留抵税额为（　　）万元。

A. 0　　　　　　　　B. 6.8

C. 7.2　　　　　　　D. 8

【答案】B

【解析】当期零税率应税服务免抵退税额＝当期零税率应税服务免抵退税计税依据×外汇人民币折合率×零税率应税服务增值税退税率＝80×9%＝7.2（万元人民币）。当期期末留抵税额 14 万元＞当期免抵退税额 7.2 万元。当期应退税额＝当期免抵退税额＝7.2 万元。退税申报后，结转下期留抵的税额＝14－7.2＝6.8（万元）。

第三单元 消费税法律制度

1 消费税税目 ★

一、考点解读

1. 烟。包括卷烟、雪茄烟、烟丝以及电子烟。

2. 酒。包括白酒、黄酒、啤酒和其他酒。

解释 酒精不属于应税消费品。调味料酒不征收消费税。

3. 高档化妆品。包括高档美容、修饰类化妆品，高档护肤类化妆品和成套化妆品。

解释 舞台戏剧影视演员化妆用的上妆油、卸妆油、油彩，不属于本税目的征收范围。

4. 贵重首饰及珠宝玉石。包括各种金银珠宝首饰和经采掘、打磨、加工的各种珠宝玉石。

5. 鞭炮、焰火。

解释 体育上用的发令纸、鞭炮药引线，不征收消费税。

6. 成品油。包括汽油、柴油、石脑油、溶剂油、航空煤油、润滑油、燃料油。

7. 摩托车。包括气缸容量为 250 毫升的摩托车和气缸容量在 250 毫升（不含）以上的摩托车两种。

解释 对最大设计车速不超过 50 公里/小时、发动机气缸总工作容量不超过 50 毫升的三轮摩托车不征收消费税。

8. 小汽车。包括乘用车和中轻型商用客车和超豪华小汽车。

解释

（1）不包括大型商用客车、大货车、大卡车。

（2）电动汽车不征收消费税。

（3）沙滩车、雪地车、卡丁车、高尔夫车不征收消费税。

（4）对于购进乘用车和中轻型商用客车整车改装生产的汽车，征收消费税。

（5）超豪华小汽车，是每辆零售价为 130 万元（不含增值税）及以上的乘用车和中轻型商用客车。

9. 高尔夫球及球具。包括高尔夫球、高尔夫球杆及高尔夫球包（袋），高尔夫球杆的杆头、杆身和握把。

10. 高档手表，是指销售价格（不含增值税）每只在 10 000 元（含）以上的各类手表。

11. 游艇。

12. 木制一次性筷子。包括各种规格的木制一次性筷子和未经打磨、倒角的木制一次性筷子。

13. 实木地板。包括各类规格的实木地板、实木指接地板、实木复合地板及用于装饰墙壁、天棚的侧端面为榫、槽的实木装饰板以及未经涂饰的素板。

14. 电池。包括：原电池、蓄电池、燃料电池、太阳能电池和其他电池。

解释 对无汞原电池、金属氢化物镍蓄电池（又称"氢镍蓄电池"或"镍氢蓄电池"）、锂原电池、锂离子蓄电池、太阳能电池、燃料电池和全钒液流电池免征消费税。

2015 年 12 月 31 日前对铅蓄电池缓征消费税；自 2016 年 1 月 1 日起，对铅蓄电池按 4% 税率征收消费税。

15. 涂料。

解释 对施工状态下挥发性有机物含量低于 420 克/升（含）的涂料免征消费税。

二、例题点津

【例题·多选题】下列各项中，属于消费税征税范围的有（　　）。

A. 调味料酒　　　　B. 电动汽车

C. 木制一次性筷子　D. 涂料

【答案】CD

【解析】调味料酒和电动汽车免征消费税。

2 消费税征收环节 ★★

一、考点解读

消费税征收环节，分为基本环节和特殊环节

两个,其中基本环节包括生产环节、进口环节、委托加工环节;特殊环节包括零售环节和批发环节。生产环节,具体是指纳税人生产出应税消费品,将其销售出去时,在销售时纳税。就是说,如果不销售,就不会产生消费税。如图 4-1 所示。

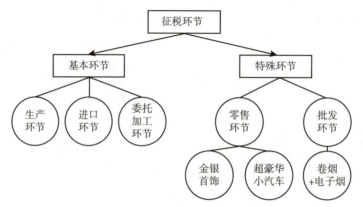

图 4-1 消费税征税环节

(一)生产环节的具体规定

1. 视同生产。

工业企业以外的单位和个人的下列行为视为应税消费品的生产行为,按规定征收消费税:

(1)将外购的消费税非应税产品以消费税应税产品对外销售的(例如,外购普通护肤类化妆品,以高档护肤类化妆品对外销售);

(2)将外购的消费税低税率应税产品以高税率应税产品对外销售。

2. 自产自用的处理(见表 4-9)。

表 4-9

用途	举例	税务处理
将自产的应税消费品,用于连续生产应税消费品	例如,将自产的未涂饰实木地板移送生产漆饰实木地板;将自产的烟丝移送生产卷烟	移送时不征收消费税;终端应税消费品出厂销售时按规定征收消费税
将自产的应税消费品,用于连续生产非应税消费品	例如,将自产的高档保湿精华液移送生产普通护肤品;将自产的黄酒移送生产调味料酒	移送时征收消费税;终端产品出厂销售时不征收消费税
将自产的应税消费品,用于在建工程、管理部门、非生产机构、提供劳务、馈赠、赞助、集资、广告、样品、职工福利、奖励等方面	例如,将自产的白酒发放职工福利;将自产的实木地板用于装修办公楼;将自产的高档化妆品用于馈赠客户	移送时征收消费税

(二)委托加工环节的具体规定

1. 委托加工的应税消费品,除受托方为个人外,由受托方在向委托方交货时代收代缴消费税;委托个人加工的应税消费品,由委托方收回后缴纳消费税(见表 4-10)。

表 4 – 10

受托方	消费税纳税人	消费税的征收
个人	委托方	由委托方收回后缴纳
单位		由受托方在向委托方交货时代收代缴

2. 委托加工收回的应税消费品对外出售。

（1）委托方将收回的应税消费品，以不高于受托方的计税价格出售的，为直接出售，不再缴纳消费税；

（2）委托方以高于受托方计税价格出售的，不属于直接出售，需按规定申报缴纳消费税，在计税时准予扣除受托方已代收代缴的消费税。

（三）进口环节的具体规定

单位和个人进口应税消费品，于报关进口时缴纳消费税。

（四）商业零售金银首饰

在零售环节征收消费税的金银首饰（以下简称"金银铂钻"）包括：

1. 金基、银基合金首饰以及金、银和金基、银基合金的镶嵌首饰；

2. 钻石及钻石饰品；

3. 铂金首饰。

（五）零售超豪华小汽车

对超豪华小汽车，在生产（进口）环节按现行税率征收消费税的基础上，在零售环节加征消费税，税率为 10%。

将超豪华小汽车销售给消费者的单位和个人为超豪华小汽车零售环节纳税人。

（六）批发销售卷烟、电子烟的具体规定

1. 自 2009 年 5 月 1 日起，在卷烟批发环节加征一道消费税，从价计征；自 2015 年 5 月 10 日起，卷烟批发环节消费税采用复合计税办法计征。

2. 卷烟消费税改为在生产和批发两个环节征收后，批发企业在计算应纳税额时不得扣除已含的生产环节的消费税税款。

3. 纳税人兼营卷烟批发和零售业务的，应当分别核算批发和零售环节的销售额、销售数量；未分别核算的，按照全部销售额、销售数量计征批发环节消费税。

4. 纳税人生产、批发电子烟的，按照生产、批发电子烟的销售额计算纳税。电子烟生产环节纳税人采用代销方式销售电子烟的，按照经销商（代理商）销售给电子烟批发企业的销售额计算纳税。纳税人进口电子烟的，按照组成计税价格计算纳税。电子烟生产环节纳税人从事电子烟代加工业务的，应当分开核算持有商标电子烟的销售额和代加工电子烟的销售额；未分开核算的，一并缴纳消费税。

二、例题点津

【例题·多选题】下列各项中，属于消费税征收范围的有（　　）。

A. 汽车销售公司销售汽车

B. 烟草专卖店批发卷烟

C. 轮胎厂销售生产的汽车轮胎

D. 商场销售黄金项链

【答案】ABD

【解析】卷烟在零售环节不征收消费税，汽车轮胎不征收消费税。

3 消费税税率 ★★★

一、考点解读

消费税税率采取比例税率和定额税率两种形式，对卷烟和白酒，则采取了比例税率和定额税率双重征收的形式。

（一）基本规定（见表 4 – 11）

表 4 – 11

税率	适用	计税公式
从价定率	除适用从量计税、复合计税以外的其他项目	应纳税额 = 销售额或组成计税价格 × 比例税率
从量定额	啤酒、黄酒、成品油	应纳税额 = 销售数量 × 定额税率

续表

税率	适用	计税公式
复合计税	卷烟、白酒	应纳税额 = 销售数量 × 定额税率 + 销售额或组成计税价格 × 比例税率

（二）纳税人兼营不同税率的应税消费品，应当分别核算不同税率应税消费品的销售额、销售数量。未分别核算销售额、销售数量，或者将不同税率的应税消费品组成成套消费品销售的，从高适用税率。

二、例题点津

【例题·单选题】以下应税消费品中，不适用从量定额税率的是（　　）。

A. 汽油　　　　　　B. 啤酒

C. 黄酒　　　　　　D. 其他酒

【答案】D

【解析】汽油、啤酒、黄酒适用定额税率，其他酒为10%的比例税率。

4 应纳税额的计算 ★★★

一、考点解读

消费税应纳税额的计算分为从价计征、从量计征和从价从量复合计征三种方法。

（一）从价计征销售额的确定

实行从价定率计征消费税的，其计算公式为：

应纳税额 = 销售额 × 比例税率

销售额，是指为纳税人销售应税消费品向购买方收取的全部价款和价外费用，不包括应向购买方收取的增值税税款。价外费用，是指价外向购买方收取的手续费、补贴、基金、集资费、返还利润、奖励费、违约金、滞纳金、延期付款利息、赔偿金、代收款项、代垫款项、包装费、包装物租金、储备费、优质费、运输装卸费以及其他各种性质的价外收费。

（二）从量计征销售数量的确定

实行从量定额计征消费税的，其计算公式为：

应纳税额 = 销售数量 × 定额税率

1. 销售应税消费品的，为应税消费品的销售数量。

2. 自产自用应税消费品的，为应税消费品的移送使用数量。

3. 委托加工应税消费品的，为纳税人收回的应税消费品数量。

4. 进口应税消费品的，为海关核定的应税消费品进口征税数量。

（三）复合计征销售额和销售数量的确定

实行从价定率和从量定额复合方法计征消费税的，其计算公式为：

应纳税额 = 销售额 × 比例税率 + 销售数量 × 定额税率

卷烟和白酒实行从价定率和从量定额相结合的复合计征办法征收消费税。

销售额为纳税人生产销售卷烟、白酒向购买方收取的全部价款和价外费用。销售数量为纳税人生产销售、进口、委托加工、自产自用卷烟、白酒的销售数量、海关核定数量、委托方收回数量和移送使用数量。

二、例题点津

【例题1·多选题】下列货物中，采用复合计税办法征收消费税的有（　　）。

A. 粮食白酒　　　　B. 薯类白酒

C. 啤酒　　　　　　D. 卷烟

【答案】ABD

【解析】啤酒不采用复合计税办法，而采用从量定额的方法征收消费税。

【例题2·多选题】根据消费税法律制度的规定，下列各项中，实行从价计征消费税的有（　　）。

A. 高档手表　　　　B. 烟丝

C. 高尔夫球　　　　D. 黄酒

【答案】ABC

【解析】选项D，实行从量计征消费税。

5 特殊情形下销售额和销售数量的确定 ★

一、考点解读

1. 纳税人应税消费品的计税价格明显偏低并无正当理由的，由税务机关核定计税价格。

2. 纳税人通过自设非独立核算门市部销售的自产应税消费品，应当按照门市部对外销售额或者销售数量征收消费税。

3. 纳税人用于换取生产资料和消费资料、投资入股和抵偿债务等方面的应税消费品，应当以纳税人同类应税消费品的最高销售价格作为计税依据计算消费税。

4. 白酒生产企业向商业销售单位收取的各种价款，均应并入白酒的销售额中缴纳消费税。

5. 实行从价计征办法征收消费税的应税消费品连同包装销售的，无论包装物是否单独计价以及在会计上如何核算，均应并入应税消费品的销售额中缴纳消费税。

如果包装物不作价随同产品销售，而是收取押金，此项押金则不应并入应税消费品的销售额中征税。

对酒类生产企业销售酒类产品而收取的包装物押金，无论押金是否返还及会计上如何核算，均应并入酒类产品销售额，征收消费税。

6. 纳税人采用以旧换新（含翻新改制）方式销售的金银首饰，应按实际收取的不含增值税的全部价款确定计税依据征收消费税。

7. 纳税人销售的应税消费品，以人民币以外的货币结算销售额的，其销售额的人民币折合率可以选择销售额发生的当天或者当月1日的人民币汇率中间价。纳税人应在事先确定采取何种折合率，确定后1年内不得变更。

二、例题点津

【例题·多选题】下列各项中关于从量计征消费税计税依据确定方法的表述中，正确的有（　　）。

A. 销售应税消费品的，为应税消费品的销售数量

B. 进口应税消费品的，为海关核定的应税消费品数量

C. 以应税消费品投资入股的，为应税消费品移送使用数量

D. 委托加工应税消费品，为加工完成的应税消费品数量

【答案】 AB

【解析】 从量计征消费税的应税消费品的销

售数量，具体规定为：（1）销售应税消费品的，为应税消费品的销售数量；（2）自产自用应税消费品的，为应税消费品的移送使用数量；（3）委托加工应税消费品的为纳税人收回应税消费品的数量；（4）进口应税消费品，为海关核定的应税消费品进口征税数量。

6 组成计税价格计算消费税应纳税额★★

一、考点解读

（一）纳税人自产自用的应税消费品，用于连续生产应税消费品的，不纳税；凡用于其他方面的，于移送使用时，按照纳税人生产的同类消费品的销售价格计算纳税；没有同类消费品销售价格的，按照组成计税价格计算纳税。

委托加工的应税消费品，按照受托方的同类消费品的销售价格计算纳税，没有同类消费品销售价格的，按照组成计税价格计算纳税。

纳税人进口应税消费品，按照组成计税价格和规定的税率计算应纳税额。

（二）自产自用应纳消费税的计算

纳税人自产自用的应税消费品，用于连续生产应税消费品的，不纳税；凡用于其他方面的，于移送使用时，按照纳税人生产的同类消费品的销售价格计算纳税；没有同类消费品销售价格的，按照组成计税价格计算纳税。

1. 实行从价定率办法计征消费税的，其计算公式为：

组成计税价格 =（成本 + 利润）÷（1 - 比例税率）

应纳税额 = 组成计税价格 × 比例税率

2. 实行复合计税办法计征消费税的，其计算公式为：

组成计税价格 =（成本 + 利润 + 自产自用数量 × 定额税率）÷（1 - 比例税率）

应纳税额 = 组成计税价格 × 比例税率 + 自产自用数量 × 定额税率

上述公式中所说的"成本"，是指应税消费品的产品生产成本。

上述公式中所说的"利润"，是指根据应税消费品的全国平均成本利润率计算的利润。应税消费

品全国平均成本利润率由国家税务总局确定。

同类消费品的销售价格是指纳税人或者代收代缴义务人当月销售的同类消费品的销售价格，如果当月同类消费品各期销售价格高低不同，应按销售数量加权平均计算。但销售的应税消费品有下列情况之一的，不得列入加权平均计算：

（1）销售价格明显偏低又无正当理由的；

（2）无销售价格的。

如果当月无销售或者当月未完结，应按照同类消费品上月或者最近月份的销售价格计算纳税。

（三）委托加工应纳消费税的计算

委托加工的应税消费品，按照受托方的同类消费品的销售价格计算纳税，没有同类消费品销售价格的，按照组成计税价格计算纳税。

1. 实行从价定率办法计征消费税的，其计算公式为：

组成计税价格 ＝（材料成本 ＋ 加工费）÷（1 － 比例税率）

应纳税额 ＝ 组成计税价格 × 比例税率

2. 实行复合计税办法计征消费税的，其计算公式为：

组成计税价格 ＝（材料成本 ＋ 加工费 ＋ 委托加工数量 × 定额税率）÷（1 － 比例税率）

应纳税额 ＝ 组成计税价格 × 比例税率 ＋ 委托加工数量 × 定额税率

材料成本，是指委托方所提供加工材料的实际成本。委托加工应税消费品的纳税人，必须在委托加工合同上如实注明（或以其他方式提供）材料成本，凡未提供材料成本的，受托方主管税务机关有权核定其材料成本。

加工费，是指受托方加工应税消费品向委托方所收取的全部费用（包括代垫辅助材料的实际成本），不包括增值税税款。

（四）进口环节应纳消费税的计算

纳税人进口应税消费品，按照组成计税价格和规定的税率计算应纳税额。

1. 从价定率计征消费税的，其计算公式为：

组成计税价格 ＝（关税完税价格 ＋ 关税）÷（1 － 消费税比例税率）

应纳税额 ＝ 组成计税价格 × 消费税比例税率

公式中所称"关税完税价格"，是指海关核定的关税计税价格。

2. 实行复合计税办法计征消费税的，其计算公式为：

组成计税价格 ＝（关税完税价格 ＋ 关税 ＋ 进口数量 × 定额税率）÷（1 － 消费税比例税率）

应纳税额 ＝ 组成计税价格 × 消费税比例税率 ＋ 进口数量 × 定额税率

进口环节消费税除国务院另有规定外，一律不得给予减税、免税。

二、例题点津

【例题1·单选题】某啤酒厂销售甲类啤酒10吨给某商业公司，开具专用发票注明价款42 760元，收取包装物押金1 500元，另外收取本批次的塑料周转箱押金3 000元。该啤酒厂2022年9月应缴纳的消费税是（　　）元。

A. 2 300　　　　　　B. 2 600

C. 2 200　　　　　　D. 2 500

【答案】D

【解析】甲类啤酒的单位售价 ＝ 42 760 ÷ 10 ＝ 4 276（元/吨），出厂价在3 000元/吨以上为甲类啤酒，适用消费税税率是250元/吨，应纳消费税税额 ＝ 10 × 250 ＝ 2 500（元）。

【例题2·判断题】进口应税消费品的组成计税价格是：（关税完税价格 ＋ 关税）÷（1 － 消费税税率）。（　　）

【答案】√

7 已纳消费税的扣除 ★★

一、考点解读

（一）外购应税消费品已纳税款的扣除

由于某些应税消费品是用外购已缴纳消费税的应税消费品连续生产出来的，在对这些连续生产出来的应税消费品计算征税时，税法规定应按当期生产领用数量计算准予扣除外购的应税消费品已纳的消费税税款。

扣除范围包括：外购已税烟丝生产的卷烟；外购已税化妆品原料生产的化妆品；外购已税珠宝、玉石原料生产的贵重首饰及珠宝、玉石；外购已税鞭炮、焰火原料生产的鞭炮、焰火；外购已税杆头、杆身和握把为原料生产的高尔夫球杆；外购已税木制一次性筷子原料生产的木制一次性筷子；外购已税实木地板原料生产的实木地板；外购已税石脑油、润滑油、燃料油为原料生产的成品油；外购已税汽油、柴油为原料生产的汽油、柴油。

当期准予扣除的外购应税消费品已纳税款＝当期准予扣除的外购应税消费品买价×外购应税消费品适用税率

外购已税消费品的买价是指购货发票上注明的销售额（不包括增值税税款）。

（二）委托加工收回的应税消费品已纳税款的扣除

委托加工的应税消费品因为已由受托方代收代缴消费税，因此，委托方收回货物后用于连续生产应税消费品的，其已纳税款准予按照规定从连续生产的应税消费品应纳消费税税额中抵扣。

二、例题点津

【例题·多选题】 下列各项中，外购应税消费品已纳消费税税款准予扣除的有（　　）。

A. 外购已税烟丝生产的卷烟

B. 外购汽车轮胎生产的小轿车

C. 外购已税珠宝原料生产的金银镶嵌首饰

D. 外购已税石脑油为原料生产的应税消费品

【答案】 AD

【解析】 外购应税消费品已纳税款扣除项目共9项，汽车轮胎已免征消费税，不存在扣除的问题；外购已税珠宝生产的金银镶嵌首饰不可以抵扣已税珠宝的消费税。

8 消费税征收管理 ★

一、考点解读

（一）纳税义务发生时间

1. 纳税人销售应税消费品的，按不同的销售结算方式分别确定。

（1）采取赊销和分期收款结算方式的，为书面合同约定的收款日期的当天，书面合同没有约定收款日期或者无书面合同的，为发出应税消费品的当天。

（2）采取预收货款结算方式的，为发出应税消费品的当天。

（3）采取托收承付和委托银行收款方式的，

为发出应税消费品并办妥托收手续的当天。

（4）采取其他结算方式的，为收讫销售款或者取得索取销售款凭据的当天。

2. 纳税人自产自用应税消费品的，为移送使用的当天。

3. 纳税人委托加工应税消费品的，为纳税人提货的当天。

4. 纳税人进口应税消费品的，为报关进口的当天。

（二）纳税地点

1. 纳税人销售的应税消费品，以及自产自用的应税消费品，应当向纳税人机构所在地或者居住地的主管税务机关申报纳税。

2. 委托加工的应税消费品，除受托方为个人外，由受托方向机构所在地或者居住地的主管税务机关解缴消费税税款。受托方为个人的，由委托方向机构所在地的主管税务机关申报纳税。

3. 进口的应税消费品，由进口人或者其代理人向报关地海关申报纳税。

4. 纳税人到外县（市）销售或者委托外县（市）代销自产应税消费品的，于应税消费品销售后，向机构所在地或者居住地主管税务机关申报纳税。

5. 纳税人的总机构与分支机构不在同一县（市）的，应当分别向各自机构所在地的主管税务机关申报纳税。

6. 纳税人销售的应税消费品，如因质量等原因由购买者退回时，经机构所在地或者居住地主管税务机关审核批准后，可退还已缴纳的消费税税款。

7. 出口的应税消费品办理退税后，发生退关，或者国外退货进口时予以免税的，报关出口者必须及时向其机构所在地或者居住地主管税务机关申报补缴已退还的消费税税款。

纳税人直接出口的应税消费品办理免税后，发生退关或者国外退货，进口时已予以免税的，经机构所在地或者居住地主管税务机关批准，可暂不办理补税，待其转为国内销售时，再申报补缴消费税。

8. 个人携带或者邮寄进境的应税消费品的消费税，连同关税一并计征，具体办法由国务院关税税则委员会会同有关部门制定。

（三）纳税期限

消费税的纳税期限分别为 1 日、3 日、5 日、10 日、15 日、1 个月或者 1 个季度；纳税人的具体纳税期限，由主管税务机关根据纳税人应纳税额的大小分别核定；不能按照固定期限纳税的，可以按次纳税。

二、例题点津

【例题 1·单选题】 纳税人采取预收货款结算方式销售应税消费品的，其消费税纳税义务发生时间为（　　）。

A. 签订销售合同的当天

B. 收到预收货款的当天

C. 发出应税消费品的当天

D. 书面合同约定支付预付款的当天

【答案】 C

【解析】 纳税人采取预收货款结算方式销售

应税消费品的，其消费税纳税义务发生时间为发出应税消费品的当天。

【例题 2·多选题】 下列关于消费税征收的表述中，正确的有（　　）。

A. 纳税人自产自用的应税消费品，用于连续生产应税消费品的，不缴纳消费税

B. 纳税人将自产自用的应税消费品用于馈赠、赞助的，缴纳消费税

C. 委托加工的应税消费品，受托方在交货时已代收代缴消费税，委托方收回后直接销售的，再缴纳一道消费税

D. 卷烟在生产和批发两个环节均征收消费税

【答案】 ABD

【解析】 根据消费税法律制度的规定，委托加工的应税消费品，受托方在交货时已代收代缴消费税，委托方收回后直接销售的，不再缴纳消费税。

第四单元　其他税费

1 城市维护建设税、教育费附加及地方教育附加★

一、考点解读

（一）城市维护建设税纳税人

城市维护建设税的纳税人，是指在中华人民共和国境内缴纳增值税、消费税的单位和个人，包括各类企业（含外商投资企业、外国企业）、行政单位、事业单位、军事单位、社会团体及其他单位，以及个体工商户和其他个人（含外籍个人）。

（二）城市维护建设税税率

城市维护建设税实行差别比例税率。按照纳税人所在地区的不同，设置了 3 档比例税率，即：

1. 纳税人所在地在市区的，税率为 7%；

2. 纳税人所在地在县城、镇的，税率为 5%；

3. 纳税人所在地不在市区、县城或者镇的，税率为 1%。

（三）城市维护建设税计税依据

城市维护建设税的计税依据为纳税人实际缴

纳的增值税、消费税税额。在计算计税依据时，应当按照规定扣除期末留抵退税退还的增值税税额。

（四）城市维护建设税应纳税额的计算

应纳税额 = 实际缴纳的增值税、消费税税额 × 适用税率

（五）城市维护建设税税收优惠

城市维护建设税属于增值税、消费税的一种附加税，原则上不单独规定税收减免条款。如果税法规定减免增值税、消费税，也就相应地减免了城市维护建设税。现行城市维护建设税的减免规定主要有：

1. 对进口货物或者境外单位和个人向境内销售劳务、服务、无形资产缴纳的增值税、消费税税额，不征收城市维护建设税。

2. 对出口货物、劳务和跨境销售服务、无形资产以及因优惠政策退还增值税、消费税的，不退还已缴纳的城市维护建设税。

3. 对增值税、消费税实行先征后返、先征后退、即征即退办法的，除另有规定外，对随增值税、消费税附征的城市维护建设税，一律不予

退（返）还。

4. 根据国民经济和社会发展的需要，国务院对重大公共基础设施建设、特殊产业和群体以及重大突发事件应对等情形可以规定减征或者免征城市维护建设税，报全国人民代表大会常务委员会备案。

（六）教育费附加与地方教育附加

1. 征收范围。教育费附加与地方教育附加的征收范围为税法规定征收增值税、消费税的单位和个人。

2. 计征依据。教育费附加与地方教育附加以纳税人实际缴纳的增值税、消费税税额之和为计征依据。

3. 征收比率。教育费附加与地方教育附加的征收比率为3%，地方教育附加的征收比率为2%。

4. 计算与缴纳。

应纳教育费附加 = 实际缴纳增值税、消费税税额之和 × 征收比率

【举例】某大型国有商场2022年12月应缴纳增值税260 000元，实际缴纳增值税200 000元；实际缴纳消费税100 000元。计算该商场当月应纳地方教育附加。

【解析】应纳地方教育附加 =（200 000 + 100 000）× 2% = 300 000 × 2% = 6 000（元）。

教育费附加分别与增值税、消费税税款同时缴纳。

二、例题点津

【例题1·单选题】2022年9月M市甲企业接受N县乙企业委托加工应税消费品，取得不含增值税加工费30万元，代收代缴消费税12万元。已知M市和N县的城市维护建设税税率分别为7%和5%。计算甲企业就该笔业务应代收代缴城市维护建设税税额的下列算式中，正确的是（　　）。

A.（30 + 12）× 7% = 2.94（万元）

B.（30 + 12）× 5% = 2.1（万元）

C. 12 × 7% = 0.84（万元）

D. 12 × 5% = 0.6（万元）

【答案】C

【解析】（1）由受托方代扣代缴、代收代缴增值税、消费税的单位和个人，其代扣代缴、代收代缴的城市维护建设税按受托方所在地适用税率执行；（2）甲企业该笔业务应代收代缴城市维护建设税税额 = 12 × 7% = 0.84（万元）。选项C正确。

【例题2·判断题】城市维护建设税的计税依据，是纳税人实际缴纳的增值税、消费税，以及违反有关增值税、消费税规定而加收的滞纳金和罚款。（　　）

【答案】×

【解析】城市维护建设税的计税依据为纳税人实际缴纳的增值税、消费税税额。

2 车辆购置税 ★★

一、考点解读（见表4-12）

表4-12

项目	车辆购置税
纳税人	在中华人民共和国境内购置汽车、有轨电车、汽车挂车、排气量超过150毫升的摩托车（以下统称"应税车辆"）的单位和个人，为车辆购置税的纳税人
征收范围	包括汽车、有轨电车、汽车挂车、排气量超过150毫升的摩托车
税目	同征收范围
税率	10%

续表

项目	车辆购置税
计税依据	1. 纳税人购买自用应税车辆的计税价格，为纳税人实际支付给销售者的全部价款，不包括增值税税款。自 2020 年 6 月 1 日起，纳税人购置车辆，以电子发票信息中的不含增值税价作为计税价格。纳税人依据相关规定提供其他有效价格凭证的情形除外。 2. 纳税人进口自用应税车辆的计税价格，为关税完税价格加上关税和消费税。 3. 纳税人自产自用应税车辆的计税价格，按照纳税人生产的同类应税车辆的销售价格确定，不包括增值税税款。假设无同类应税车辆销售价格的，按照组成计税价格确定，计算公式为： 组成计税价格 = 成本 ×（1 + 成本利润率） 4. 纳税人以受赠、获奖或者其他方式取得自用应税车辆的计税价格，按照购置应税车辆时相关凭证载明的价格确定，不包括增值税税款。 5. 纳税人申报的应税车辆计税价格明显偏低，又无正当理由的，由税务机关依照《中华人民共和国税收征收管理法》的规定核定其应纳税额
应纳税额的计算	应纳税额 = 计税价格 × 税率 进口应税车辆应纳税额 =（关税完税价格 + 关税 + 消费税）× 税率
税收优惠	下列车辆免征车辆购置税： （1）依照法律规定应当予以免税的外国驻华使馆、领事馆和国际组织驻华机构及其有关人员自用的车辆。 （2）中国人民解放军和中国人民武装警察部队列入装备订货计划的车辆。 （3）悬挂应急救援专用号牌的国家综合性消防救援车辆。 （4）设有固定装置的非运输专用作业车辆。 （5）城市公交企业购置的公共汽电车辆。 对购置日期在 2023 年 1 月 1 日至 2023 年 12 月 31 日期间内的新能源汽车，免征车辆购置税。 对购置日期在 2024 年 1 月 1 日至 2025 年 12 月 31 日期间的新能源汽车免征车辆购置税，其中，每辆新能源乘用车免税额不超过 3 万元；对购置日期在 2026 年 1 月 1 日至 2027 年 12 月 31 日期间的新能源汽车减半征收车辆购置税，其中，每辆新能源乘用车减税额不超过 1.5 万元。 享受车辆购置税减免政策的新能源汽车，是指符合新能源汽车产品技术要求的纯电动汽车、插电式混合动力（含增程式）汽车、燃料电池汽车
征收管理	纳税义务发生时间为：纳税人购置应税车辆的当日。纳税人应当自纳税义务发生之日起 60 日内申报缴纳车辆购置税
	纳税地点：应当向车辆登记地的主管税务机关申报缴纳车辆购置税；购置不需要办理车辆登记的应税车辆的，应当向纳税人所在地的主管税务机关申报缴纳车辆购置税
	纳税申报：车辆购置税实行一次性征收。购置已征车辆购置税的车辆，不再征收车辆购置税

二、例题点津

【例题 1·单选题】关于车辆购置税的计税依据，下列说法中错误的是（   ）。

A. 纳税人购买自用的车辆的计税价格，为纳税人购买应税车辆实际支付给销售者的全部价款和价外费用，包括增值税税款

B. 纳税人进口自用应税车辆的计税价格，为关税完税价格加上关税和消费税之和

C. 纳税人受赠并自用的应税车辆的计税价格，按照购置应税车辆时相关凭证载明的价格确定，不包括增值税

D. 纳税人申报的应税车辆计税价格明显偏低，又无正当理由的，由税务机关依照《中华人民共和国税收征收管理法》的规定核定其应纳税额

【答案】A

【解析】纳税人购买自用的车辆的计税价格，为纳税人购买应税车辆实际支付给销售者的全部价款和价外费用，不包括增值税税款。

【例题 2·单选题】根据车辆购置税法律制度的规定，下列车辆中，不属于车辆购置税免税项目的是（   ）。

A. 外国驻华使馆的自用小汽车

B. 悬挂应急救援专用号牌的国家综合性消防救援车辆

C. 城市公交企业购置的公共汽电车

D. 个人购买的经营用小汽车

【答案】D

【解析】选项 A、B、C，均属于免征车辆购置税的范围。

3 关税 ★★

一、考点解读

（一）纳税人

1. 贸易性商品的纳税人是经营进出口货物的收、发货人。

（1）外贸进出口公司；

（2）工贸或农贸结合的进出口公司；

（3）其他经批准经营进出口商品的企业。

2. 物品的纳税人。

（1）入境旅客随身携带的行李、物品的持有人；

（2）各种运输工具上服务人员入境时携带自用物品的持有人；

（3）馈赠物品以及其他方式入境个人物品的所有人；

（4）个人邮递物品的收件人。

（二）税率的种类

关税的税率分为进口税率和出口税率两种。

其中，进口税率又分为普通税率、最惠国税率、协定税率、特惠税率、关税配额税率和暂定税率。

进口货物适用何种关税税率是以进口货物的原产地为标准的。进口关税一般采用比例税率，实行从价计征的办法，但对啤酒、原油等少数货物则实行从量计征。对广播用录像机、放像机、摄像机等实行从价加从量的复合税率。

1. 普通税率。对原产于未与我国共同适用最惠国条款的世界贸易组织成员，未与我国订有相互给予最惠国待遇、关税优惠条款贸易协定和特殊关税优惠条款贸易协定的国家或者地区的进口货物，以及原产地不明的货物，按照普通税率征税。

2. 最惠国税率。对原产于与我国共同适用最惠国条款的世界贸易组织成员的进口货物，原产于与我国签订含有相互给予最惠国待遇的双边贸易协定的国家或者地区的进口货物，以及原产于我国境内的进口货物，按照最惠国税率征税。

3. 协定税率。对原产于与我国签订含有关税优惠条款的区域性贸易协定的国家或地区的进口货物，按协定税率征税。

4. 特惠税率。对原产于与我国签订含有特殊关税优惠条款的贸易协定的国家或地区的进口货物，按特惠税率征收。

5. 关税配额税率，是指关税配额限度内的税率。关税配额是进口国限制进口货物数量的措施，把征收关税和进口配额相结合以限制进口。对于在配额内进口的货物可以适用较低的关税配额税率，对于配额之外的则适用较高税率。

6. 暂定税率，是在最惠国税率的基础上，对于一些国内需要降低进口关税的货物，以及出于国际双边关系的考虑需要个别安排的进口货物，可以实行暂定税率。

（三）计税依据——完税价格

1. 一般贸易项下进口货物的完税价格。

（1）一般贸易项下进口的货物以海关审定的成交价格为基础的到岸价格作为完税价格。

（2）到岸价格。

①成交价格——进口货物的买方为购买该项货物向卖方实际支付或应当支付的价格。

> **解释** 向境外采购代理人支付的"买方"佣金不得计入完税价格。

②货物运抵我国关境内输入地点起卸前的包装费、运费、保险费和其他劳务费等费用。

③为了在境内生产、制造、使用或出版、发行的目的而向境外支付的与该进口货物有关的专利、商标、著作权，以及专有技术、计算机软件和资料等费用。

（3）不应计入完税价格的项目（如已计入应予扣除）。

①向境外采购代理人支付的"买方"佣金。

②卖方付给进口人的"正常回扣"，应从成交价格中扣除。

③卖方违反合同规定延期交货的罚款（补偿），卖方在货价中冲减时，"罚款"（补偿）则不能从成交价格中扣除。

【举例】甲公司为增值税一般纳税人，主要从事化妆品生产和销售业务。2023 年 3 月有关经营情况如下：进口一批高档化妆品，海关审定的货价为 210 万元，运抵我国关境内输入地点起卸前的包装费 11 万元、运输费 20 万元、保险费 4 万元。则甲公司进口高档化妆品的下列各项支出中，应计入进口货物关税完税价格的是多少？

【解析】一般贸易项下进口的货物以海关审定的成交价格为基础的到岸价格作为完税价格。到岸价格是指包括货价以及货物运抵我国关境内输入地点起卸前的包装费、运费、保险费和其他劳务等费用构成的一种价格。210 + 11 + 20 + 4 = 245（万元）。

2. 出口货物的完税价格。

出口货物应当以海关审定的货物售予境外的离岸价格，扣除出口关税后作为完税价格。计算公式为：

出口货物完税价格 = 离岸价格 ÷（1 + 出口税率）

（四）应纳税额的计算（见表 4 - 13）

表 4 - 13

计算方法	适用范围	计算公式
从价税	一般进出口货物	应纳税额 = 应税进（出）口货物数量×单位完税价格×适用税率
从量税	进口啤酒、原油等	应纳税额 = 应税进口货物数量×关税单位税额
复合税	进口广播用录像机、放像机、摄像机等	应纳税额 = 应税进口货物数量×关税单位税额 + 应税进口货物数量×单位完税价格×适用税率
滑准税	进口规定适用滑准税的货物	进口商品价格越高，（比例）税率越低；税率与进口商品价格呈反方向变动

（五）税收优惠

关税的减税、免税分为法定性减免税、政策性减免税和临时性减免税。

1. 法定性减免税：

（1）一票货物关税税额、进口环节增值税或者消费税税额在人民币 50 元以下的；

（2）无商业价值的广告品及货样；

（3）国际组织、外国政府无偿赠送的物资；

（4）进出境运输工具装载的途中必需的燃料、物料和饮食用品以及在海关放行前损失的货物；

（5）因故退还的中国出口货物，可以免征进口关税，但已征收的出口关税，不予退还；

（6）因故退还的境外进口货物，可以免征出口关税，但已征收的进口关税不予退还。

2. 政策性减免税：

（1）在境外运输途中或者在起卸时，遭受到损坏或者损失的；

（2）起卸后海关放行前，因不可抗力遭受损坏或者损失的；

（3）海关查验时已经破漏、损坏或者腐烂，经证明不是保管不慎造成的。

（六）征收管理

1. 征收时间。

关税是在货物实际出境时，即在纳税人按进出口货物通关规定向海关申报后、海关放行前一次性缴纳。纳税人应当在海关填发税款缴款书之日起 15 日内（星期日和法定节假日除外），向指定银行缴纳税款。

2. 税款的退还、补征与追征。

（1）税款的退还。

①适用情形：对由于海关误征，多缴纳税款的；海关核准免验的进口货物在完税后，发现有短卸情况，经海关审认可的；已征出口关税的货物，因故未装运出口申报退关，经海关查验属实的。

②纳税人可以从缴纳税款之日起的 1 年内申请退税，逾期不予受理。

（2）税款的补征和追征。

①进出口货物完税后，如发现少征或漏征税款（非因收发货人或其代理人违规），海关有权自缴纳税款或者货物、物品放行之日起 1 年内予以补征；

②进出口货物完税后，如因收发货人或其代理人违反规定而造成少征或漏征税款的，海关自缴纳税款或者货物、物品放行之日起 3 年内可以追缴。

（3）海关暂不予放行的旅客携运进出境的行李物品。

①旅客不能当场缴纳进境物品税款的；

②进出境的物品属于许可证件管理的范围，但旅客不能当场提交的；

③进出境的物品超出自用合理数量，按规定应当办理货物报关手续或其他海关手续，其尚未办理的；

④对进出境物品的属性、内容存疑，需要由有关主管部门进行认定、鉴定、验核的；

⑤按规定暂不予以放行的其他行李物品。

二、例题点津

【例题1·单选题】根据关税法律制度的规定，对原产于与我国签订含有特殊关税优惠条款的贸易协定的国家或地区的进口货物，适用特定的关税税率。该税率为（   ）。

A. 普通税率　　　　B. 协定税率

C. 特惠税率　　　　D. 最惠国税率

【答案】C

【解析】对原产于与我国签订含有特殊关税优惠条款的贸易协定的国家或者地区的进口货物，适用特惠税率。

【例题2·单选题】下列各项关于关税适用税率的表述中，正确的是（   ）。

A. 出口货物，按货物实际出口离境之日实施的税率征税

B. 进口货物，按纳税义务人申报进口之日实施的税率征税

C. 暂时进口货物转为正式进口需予补税时，按其申报暂时进口之日实施的税率征税

D. 查获的走私进口货物需补税时，按海关确认其实际走私进口日期实施的税率征税

【答案】B

【解析】选项A，出口货物，应当按照纳税义务人申报出口实施的税率征税；选项C，暂时进口货物转为正式进口需予补税时，应按其申报正式进口之日实施的税率征税；选项D，查获的走私进口货物需补税时，应按查获日期实施的税率征税。

【例题3·多选题】下列各项中，属于关税征税对象的有（   ）。

A. 贸易性商品

B. 个人邮寄物品

C. 入境旅客随身携带的行李和物品

D. 馈赠物品或以其他方式进入关境的个人物品

【答案】ABCD

【解析】关税的征税对象是准许进出境的货物和物品。货物是指贸易性商品；物品是指入境旅客随身携带的行李物品、个人邮递物品、各种运输工具上的服务人员携带进口的自用物品、馈赠物品以及其他方式进境的个人物品。

本章综合题型精讲

甲公司为增值税一般纳税人，主要从事化妆品生产和销售业务，2023年10月有关经营情况如下：

（1）进口一批高档化妆品，海关审定的进货价为100万元，运抵我国边境运费为10万元，包装费20万元，保险费5万元。

（2）接受乙公司委托加工的一批高档口红，不含增值税加工费30万元，乙公司提供原材料成本84万元，该批高档口红无同类产品销售价格。

（3）销售一批高档香水，取得不含增值税价款700万元，另收取包装费5.85万元。

已知：高档化妆品适用的消费税税率为15%，关税税率为10%，增值税税率为13%。

要求：根据上述资料，不考虑其他因素，分析回答下列问题。

（1）甲公司在进口高档化妆品的下列支出中，应计入进口货物关税完税价格的是（   ）。

A. 包装费20万元　　B. 保险费5万元

C. 运输费10万元　　D. 货款100万元

【答案】ABCD

【解析】以上答案全部构成进口货物的关税完税价格。

（2）进口高档化妆品应缴纳的消费税税额为（　　）万元。

A. 37.95　　　　B. 37.13

C. 47.56　　　　D. 26.21

【答案】D

【解析】（100＋10＋20＋5）×（1＋10%）÷（1－15%）×15% =26.21（万元）。

（3）甲公司受托加工高档口红应代收代缴消费税税额为（　　）万元。

A. 17.85　　　　B. 20.12

C. 20.7　　　　D. 18.78

【答案】B

【解析】受托方应代收代缴消费税 =（材料成本＋加工费）÷（1－消费税税率）×消费税税率 =（84＋30）÷（1－15%）×15% =20.12（万元）。

（4）甲公司销售高档香水应缴纳消费税税额为（　　）万元。

A. 90.78　　　　B. 106.06

C. 105.78　　　　D. 105.3

【答案】C

【解析】包装费中含有增值税销项税额，应首先作价税分离，所以应为 [700＋5.85÷（1＋13%）]×15% =105.78（万元）。

本章考点巩固练习题

一、单项选择题

1. 甲公司为增值税一般纳税人，2023 年 6 月从国外进口一批音响，海关核定的关税完税价格为 117 万元，缴纳关税 11.7 万元。已知增值税税率为 13%，甲公司该笔业务应缴纳增值税税额的下列计算中，正确的是（　　）。

A. 117×13% =15.21（万元）

B. （117＋11.7）×13% =16.731（万元）

C. 117÷（1＋13%）×13% =13.46（万元）

D. （117＋11.7）÷（1＋13%）×13% =14.81（万元）

2. 关于增值税纳税义务和扣缴义务发生时间，下列说法不正确的是（　　）。

A. 从事金融商品转让的，为收到销售额的当天

B. 赠送不动产的，为不动产权属变更的当天

C. 扣缴义务发生时间为纳税人增值税纳税义务发生的当天

D. 以预收款方式销售货物（除特殊情况外）的，为货物发出的当天

3. 根据消费税法律制度的规定，关于消费税征收范围的说法不正确的是（　　）。

A. 用于水上运动和休闲娱乐等活动的非机动艇属于"游艇"的征收范围

B. 对于购进乘用车或中轻型商用客车整车改装生产的汽车属于"小汽车"的征收范围

C. 实木指接地板及用于装饰墙壁、天棚的实木装饰板属于"实木地板"的征收范围

D. 以汽油、汽油组分调和生产的"甲醇汽油"和"乙醇汽油"属于"汽油"的征收范围

4. 2023 年 6 月，甲公司销售产品实际缴纳增值税 100 万元，实际缴纳消费税 80 万元；进口产品实际缴纳增值税 20 万元，已知城市维护建设税税率为 7%，甲公司当月应缴纳城市维护建设税税额的下列计算列式中，正确的是（　　）。

A. （100＋80＋20）×7% =14（万元）

B. （100＋20）×7% =8.4（万元）

C. （100＋80）×7% =12.6（万元）

D. 80×7% =5.6（万元）

5. 下列各项中，应计入出口货物完税价格的是（　　）。

A. 出口关税税额

B. 单独列明的支付给境外的佣金

C. 货物在我国境内输出地点装载后的运输费用

D. 货物运至我国境内输出地点装载前的保险费

6. 下列业务属于在我国境内发生增值税应税行

为的是（　　）。

A. 日本会展单位在我国境内为境内 A 公司提供会议展览服务

B. 境外企业在坦桑尼亚为我国境内 A 公司提供工程勘察勘探服务

C. 我国境内 A 公司转让在澳大利亚境内的酒庄

D. 印度汽车租赁公司向我国境内 A 公司出租汽车，供其在印度考察中使用

7. 根据增值税法律制度的规定，下列各项业务中，属于"金融服务——贷款服务"的是（　　）。

A. 资金结算

B. 账户管理

C. 金融支付

D. 融资性售后回租

8. 某增值税一般纳税人提供咨询服务，取得含税收入 318 万元，取得奖金 5.3 万元。咨询服务的增值税税率为 6%，该业务销项税额的下列计算式中正确的是（　　）。

A. $(318 + 5.3) \div (1 + 6\%) \times 6\% = 18.3$（万元）

B. $318 \div (1 + 6\%) \times 6\% = 18$（万元）

C. $[318 \div (1 + 6\%) + 5.3] \times 6\% = 18.318$（万元）

D. $318 \times 6\% = 19.08$（万元）

9. 根据营业税改增值税试点的相关规定，下列各项中，应征收增值税的是（　　）。

A. 商业银行提供直接收费金融服务收取的手续费

B. 物业管理单位代收的住宅专项维修资金

C. 被保险人获得的保险赔付

D. 存款人取得的存款利息

10. 根据增值税法律制度的规定，下列行为中，应视同销售货物行为征收增值税的是（　　）。

A. 购进货物用于非增值税应税项目

B. 购进货物用于个人消费

C. 购进货物用于无偿赠送其他单位

D. 购进货物用于集体福利

11. 2022 年 9 月甲公司销售产品取得含增值税价款 117 000 元，另收取包装物租金 7 020 元。已知增值税税率为 13%。甲公司当月该笔业务增值税销项税额的下列计算中，正确的是（　　）。

A. $117\ 000 \times (1 + 13\%) \times 13\% = 17\ 187.3$（元）

B. $(117\ 000 + 7\ 020) \div (1 + 13\%) \times 13\% = 14\ 267.79$（元）

C. $117\ 000 \times 13\% = 15\ 210$（元）

D. $(117\ 000 + 7\ 020) \times 13\% = 16\ 122.6$（元）

12. 根据增值税法律制度的规定，一般纳税人购进货物发生的下列情形中，不得从销项税额中抵扣进项税额的是（　　）。

A. 将购进的货物分配给股东

B. 将购进的货物用于修缮厂房

C. 将购进的货物无偿赠送给客户

D. 将购进的货物用于集体福利

13. 下列各项中，不得从销项税额中抵扣的进项税额的是（　　）。

A. 购进生产用燃料所支付的增值税税款

B. 不合格产品耗用材料所支付的增值税税款

C. 因管理不善被盗材料所支付的增值税税款

D. 购进不动产耗用装修材料所支付的增值税税款

14. 下列项目中免征增值税的是（　　）。

A. 存款利息

B. 流动资金贷款利息

C. 学历教育收取的学费

D. 非学历教育收取的学费

15. 根据增值税法律制度的规定，下列各项中，免征增值税的是（　　）。

A. 商店销售水果糖

B. 木材加工厂销售原木

C. 粮店销售面粉

D. 农民销售自产粮食

16. 下列产品中，应征收消费税的是（　　）。

A. 实木复合地板

B. 电动汽车

C. 网球及球具

D. 气缸容量在 250 毫升（不含）以下的摩托车

17. 2023 年 10 月甲烟草批发企业向乙卷烟零售店销售卷烟 200 标准条，取得不含增值税销售额 20 000 元；向丙烟草批发企业销售卷烟 300 标准条，取得不含增值税销售额 30 000

元。已知卷烟批发环节消费税比例税率为11%，定额税率为 0.005 元/支；每标准条200 支卷烟。计算甲烟草批发企业当月上述业务应缴纳消费税税额的下列计算算式中，正确的是（　　）。

A. 20 000 × 11% + 30 000 × 11% = 5 500（元）

B. 20 000 × 11% + 200 × 200 × 0.005 = 2 400（元）

C. 30 000 × 11% + 300 × 200 × 0.005 = 3 600（元）

D. 20 000 × 11% + 200 × 200 × 0.005 + 30 000 × 11% + 300 × 200 × 0.005 = 6 000（元）

18. 甲汽车厂将 1 辆生产成本 5 万元的自产小汽车用于抵偿债务，同型号小汽车不含增值税的平均售价为 10 万元/辆，不含增值税最高售价为 12 万元/辆。已知小汽车消费税税率为 5%。甲汽车厂该笔业务应缴纳消费税税额的下列计算算式中，正确的是（　　）。

A. 1 × 5 × 5% = 0.25（万元）

B. 1 × 10 × 5% = 0.5（万元）

C. 1 × 12 × 5% = 0.6（万元）

D. 1 × 5 × (1 + 5%) × 5% = 0.2625（万元）

19. 根据消费税法律制度的规定，下列各项中，采取从价定率和从量定额相结合的复合计征办法征收消费税的是（　　）。

A. 黄酒　　　　　B. 啤酒

C. 果木酒　　　　D. 白酒

20. 根据车辆购置税法律制度的规定，下列不属于车辆购置税征税范围的是（　　）。

A. 三轮农用运输车　B. 电动自行车

C. 有轨电车　　　　D. 挂车

21. 对原产于与我国签订含有关税优惠条款的区域性贸易协定的国家或者地区的进口货物，适用的税率是（　　）。

A. 最惠国税率　　B. 协定税率

C. 特惠税率　　　D. 普通税率

22. 根据关税法律制度的规定，一般贸易项下进口的货物以海关审定的成交价格为基础的到岸价格作为完税价格。下列关于成交价格的表述中，正确的是（　　）。

A. 在货物成交过程中，向境外采购代理人支付的买方佣金，应计入成交价格

B. 在货物成交过程中，进口人在成交价格外另支付给卖方的佣金，应计入成交价格

C. 卖方付给进口人的正常回扣，应计入成交价格

D. 卖方违反合同规定延期交货的罚款，可以从成交价格中扣除

23. 根据车辆购置税法律制度的规定，下列各项中，不属于车辆购置税征税范围的是（　　）。

A. 货车　　　　　B. 摩托车

C. 汽车　　　　　D. 火车

24. 根据增值税法律制度的规定，包装物押金的下列处理方式中正确的是（　　）。

A. 纳税人为销售货物而出租、出借包装物收取的押金，单独记账核算的，一律不并入销售额征税

B. 对逾期超过 1 年的包装物押金，无论是否退还，都要并入销售额征税

C. 对超过 1 年的包装物押金，如合同约定期限长于 1 年，则不并入销售额

D. 对销售酒类产品收取的包装物押金，无论是否返还以及会计上如何核算，均应并入当期销售额征税

25. 甲合伙企业为小规模纳税人，2022 年 8 月发生销售业务，不含税收入为 50 000 元，购买办公用品，支出 10 000 元，则当月甲合伙企业应缴纳增值税为（　　）。

A. 50 000 × 3% = 1 500（元）

B. (50 000 − 10 000) × 3% = 1 200（元）

C. 50 000 ÷ (1 + 3%) × 3% = 1 456（元）

D. 0

26. 某金店为增值税一般纳税人，2022 年 4 月采取以旧换新方式零售金银首饰，向顾客收取差价 20 万元。已知旧款金银首饰回收折价 5 万元。该金店当月销售额是（　　）。

A. 20 + 5 = 25（万元）

B. 20 − 5 = 15（万元）

C. 20 万元

D. 20 ÷ (1 + 13%) = 17.7（万元）

27. 下列项目免征增值税的是（　　）。

A. 销售不动产

B. 退役士兵创业就业

C. 个人转让著作权

D. 一般纳税人提供管道运输服务

28. 根据消费税法律制度的规定，下列各项中，应作为委托加工应税消费品缴纳消费税的是（ ）。

A. 受托方将原材料卖给委托方，然后再接受加工的应税消费品

B. 由委托方提供原料和主要材料，受托方只收取加工费加工的应税消费品

C. 受托方以委托方名义购进原材料生产的应税消费品

D. 由受托方提供原材料生产的应税消费品

二、多项选择题

1. 根据消费税法律制度的规定，下列各项中，属于消费税征收范围的有（ ）。

A. 汽车销售公司销售汽车

B. 烟草专卖店零售卷烟

C. 轮胎厂销售生产的汽车轮胎

D. 商场销售黄金项链

2. 下列关于消费税征收的表述中，正确的有（ ）。

A. 纳税人自产自用的应税消费品，用于连续生产应税消费品的，不缴纳消费税

B. 纳税人将自产自用的应税消费品用于馈赠、赞助的，缴纳消费税

C. 委托加工的应税消费品，受托方在交货时已代收代缴消费税，委托方回后直接销售的，再缴纳一道消费税

D. 卷烟在生产和批发两个环节均征收消费税

3. 根据增值税法律制度的规定，下列行为应视同销售，缴纳增值税的有（ ）。

A. 思高在线教育平台提供免费视听课程

B. 东方健身俱乐部向本单位员工免费提供健身服务

C. 宏兴化工试剂公司以固定资产入股投资

D. 美源食品有限公司将外购食品给员工发福利

4. 根据增值税法律制度的规定，一般纳税人提供的下列服务中，可以选择适用简易计税方法的有（ ）。

A. 装卸搬运服务

B. 仓储服务

C. 电影放映服务

D. 文化体育服务

5. 根据消费税法律制度的规定，下列有关消费税纳税环节的表述中，正确的有（ ）。

A. 纳税人生产应税消费品对外销售的，在销售时纳税

B. 纳税人自产自用应税消费品，用于连续生产应税消费品以外用途的，在移送使用时纳税

C. 纳税人委托加工应税消费品，收回后直接销售的，在销售时纳税

D. 纳税人委托加工应税消费品，由受托方向委托方交货时代收代缴税款，但受托方为其他个人或个体工商户的除外

6. 根据车辆购置税法律制度的规定，下列车辆中，免征车辆购置税的有（ ）。

A. 城市公交企业购置的公共汽电车辆

B. 设有固定装置的非运输专用作业车辆

C. 学校购置的燃油通勤车辆

D. 悬挂应急救援专用号牌的国家综合性消防救援车辆

7. 根据增值税法律制度的规定，下列说法正确的有（ ）。

A. 增值税一般纳税人资格实行审批制度，符合增值税一般纳税人条件的纳税人应向主管税务机关申请认定

B. 纳税人年应税销售额超过财政部、国家税务总局规定标准，且符合有关政策规定，选择按小规模纳税人纳税的，应当向税务机关提交书面说明

C. 个体工商户以外的其他个人年应税销售额超过规定标准的，不需要向税务机关提交书面说明

D. 增值税一般纳税人不得转登记为小规模纳税人

8. 下列各项中，属于增值税混合销售的有（ ）。

A. 百货商店在销售空调时提供安装服务

B. 酒店提供餐饮服务的同时又销售酒水、饮料

C. 建材商店在销售地板的同时提供安装服务

D. 歌舞厅在提供娱乐服务的同时销售食品、饮料

9. 某公司采取预收货款方式销售产品，销售数

量为 100 台，含税销售单价为 5 000 元。2020 年 10 月 10 日双方签订销售合同，10 月 15 日该公司收到全部货款，10 月 20 日和 10 月 30 日各发出 50 台。该公司销售货物缴纳增值税的纳税义务发生时间有（　　）。

A. 10 月 10 日　　　B. 10 月 15 日

C. 10 月 20 日　　　D. 10 月 30 日

10. 根据增值税法律制度的规定，下列各项中，免予缴纳增值税的有（　　）。

A. 果农销售自产水果

B. 药店销售避孕药品

C. 李某销售自己使用过的空调

D. 直接用于教学的进口设备

11. 根据增值税法律制度的规定，下列服务中，免征增值税的有（　　）。

A. 学生勤工俭学提供的服务

B. 火葬场提供的殡葬服务

C. 医疗机构提供的医疗服务

D. 婚姻介绍所提供的婚姻介绍服务

12. 根据增值税法律制度的规定，下列各项中，应按照"交通运输服务"税目计缴增值税的有（　　）。

A. 车辆停放服务　　B. 湿租业务

C. 程租业务　　　　D. 期租业务

13. 根据增值税法律制度的规定，下列各项中，不征收增值税的有（　　）。

A. 公积金管理中心代收的住宅专项维修资金

B. 被保险人获得的医疗保险赔付

C. 保险人取得的财产保险费收入

D. 物业管理单位收取的物业费

14. 根据消费税法律制度的规定，下列应税消费品中，采用从量计征办法计缴消费税的有（　　）。

A. 黄酒　　　　　　B. 葡萄酒

C. 啤酒　　　　　　D. 药酒

15. 2023 年 12 月，甲酒厂发生的下列业务中，应缴纳消费税的有（　　）。

A. 以自产低度白酒用于奖励员工

B. 以自产高度白酒用于馈赠客户

C. 以自产高度白酒用于连续加工低度白酒

D. 以自产低度白酒用于市场推广

16. 甲酒厂主要从事白酒生产销售业务，该酒厂销售白酒收取的下列款项中，应并入销售额缴纳消费税的有（　　）。

A. 向 W 公司收取的产品优质费

B. 向 X 公司收取的包装物租金

C. 向 Y 公司收取的品牌使用费

D. 向 Z 公司收取的储备费

17. 根据消费税法律制度的规定，下列各项中，属于消费税征税范围的有（　　）。

A. 电动汽车　　　　B. 汽油

C. 烟丝　　　　　　D. 啤酒

18. 根据消费税法律制度的规定，下列各项中，应按纳税人同类应税消费品的最高销售价格作为计税依据计征消费税的有（　　）。

A. 用于抵债的应税消费品

B. 用于投资入股的应税消费品

C. 用于换取生产资料的应税消费品

D. 用于换取消费资料的应税消费品

三、判断题

1. 单位或者个体工商户聘用的员工为本单位或者雇主提供加工、修理修配劳务，征收增值税。（　　）

2. 单位租赁或者承包给其他单位或个人经营的，以出租方或发包人为纳税人。（　　）

3. 纳税人出口货物，免缴增值税。（　　）

4. 纳税人外购货物因管理不善丢失的，该外购货物的增值税进项税额不得作进项税额转出。（　　）

5. 个人向其他单位或者个人无偿提供公益的导游服务应视同销售服务缴纳增值税。（　　）

6. 出租车公司向使用本公司自有出租车的出租车司机收取的管理费用，按陆路运输服务征收增值税。（　　）

7. 卫星电视信号落地转接服务，按照基础电信服务计算缴纳增值税。（　　）

8. 因故退换的中国出口货物，可以免征进口关税。（　　）

9. 增值税一般纳税人将购进的汽车作为投资提供给联营单位，该汽车的进项税额不得从销项税额中扣除。（　　）

10. 对出口产品退还增值税、消费税的，应同时退还已缴纳的城市维护建设税。（　　）

四、不定项选择题

1. 甲航空公司为增值税一般纳税人，主要提供国内国际运输服务，2023 年 10 月有关经营情况如下：

（1）提供国内旅客运输服务取得含增值税收入 9 800 万元，特价机票改签、变更费用 480 万元，代收转服航空意外保险费 200 万元，代收民航发展基金 260 万元，代收转服其他航空公司客票款 190 万元。

（2）出租飞机广告位取得含税收入 200 万元，提供湿租服务取得含增值税收入 100 万元。

（3）业务部门使用的一处房产因违规被执法部门依法拆除，该房产原值 500 万元，现净值 400 万元，购进时取得增值税专用发票并依法抵扣了进项税额，增值税专用发票上注明税额 45 万元。

已知销售交通运输服务、不动产增值税税率均为 9%，销售有形动产租赁服务增值税税率为 13%。

要求： 根据上述资料，不考虑其他因素，分析回答下列问题。

（1）甲航空公司提供的下列服务中，适用增值税零税率的是（ ）。

    A. 提供国内旅客运输服务

    B. 提供国内货物运输服务

    C. 提供国际旅客运输服务

    D. 提供国际货物运输服务

（2）甲航空公司当月提供国内旅客运输服务增值税销项税额为（ ）万元。

    A. 848.81   B. 940.89

    C. 849   D. 950

（3）甲航空公司当月提供飞机广告位出租和湿租服务增值税销项税额为（ ）万元。

    A. 35   B. 39

    C. 31.27   D. 34.5

（4）原业务部门使用的一处房产被执法部门依法拆除，甲航空公司当月针对此业务应转出进项税额（ ）万元。

    A. 45   B. 36

    C. 41.28   D. 33.03

2. 位于市区的某软件公司为增值税一般纳税人，2023 年 1 月经营业务如下：

（1）进口一台设备，国外买价折合人民币 850 000 元，运抵我国关境输入地点起卸前支付的运费折合人民币 36 000 元、保险费折合人民币 30 000 元；入关后运抵企业所在地，取得运输公司开具的专票，注明运费 16 000 元、税额 1 440 元。

（2）支付给境外某公司特许权使用费，扣缴相应税款并取得税收缴款凭证。合同约定的特许权使用费金额为人民币 1 250 000 元（含按税法规定应由该软件公司代扣代缴的税款）。

（3）购进一辆小汽车自用，取得的税控机动车销售统一发票上注明车辆金额为 280 000 元，税额合计 36 400 元。

（4）支付办公用矿泉水水费，取得专票，发票注明金额 6 000 元、税额 780 元。

（5）将部分实物资产以及相关联的债权、负债和劳动力一并转出，收取转让款 8 000 000 元。

（6）销售本公司开发软件取得不含税收入 8 000 000 元。

（其他相关资料：进口机器设备关税税率为 10%。涉及的相关票据均已用途确认并申报抵扣。期初留抵税额为 0。）

要求： 根据上述资料，按照下列顺序计算回答问题，如有计算需计算出合计数。

（1）业务（1）应缴纳的进口关税为（ ）元。

    A. 95 600   B. 91 600

    C. 85 600   D. 64 500

（2）当月该公司应缴纳的增值税税款为（ ）元。

    A. 799 637.28   B. 856 124.11

    C. 161 542.11   D. 165 852.13

（3）该公司应缴纳的城建税、教育费附加和地方教育附加（不含代扣代缴的税款）合计为（ ）元。

    A. 55 974.61   B. 23 989.12

    C. 15 992.75   D. 95 956.48

（4）该公司应缴纳的车辆购置税为（ ）元。

    A. 14 000   B. 15 000

    C. 28 000   D. 25 000

3. 甲企业为增值税一般纳税人，主要从事设备制造和销售业务，2023 年 10 月有关经营情况如下：

（1）购入原材料取得增值税专用发票注明税额 45 万元，进口材料取得海关进口增值税专用缴款书注明税额 2 万元；

（2）报销销售人员国内差旅费，取得网约车增值税电子普通发票注明税额 0.1 万元；取得住宿费增值税普通发票注明税额 0.5 万元；取得注明销售人员身份信息的铁路车票，票面金额 10.9 万元；取得注明销售人员身份信息的公路客票，票面金额合计 5.15 万元。

（3）甲企业雇用退伍军人 10 名，都与其签订 1 年以上期限劳动合同并依法缴纳社会保险费，按照国家标准统一实行，无上浮。

（4）甲企业当月计算得出增值税销项税额为 60.8 万元。

要求：根据上述资料，不考虑其他因素，分析回答下列问题。

（1）甲企业当月下列进项税额中，准予从销项税额中抵扣的是（　　）。
 A. 原材料的进项税额 45 万元
 B. 进口材料的进项税额 2 万元
 C. 网约车的进项税额 0.1 万元
 D. 住宿费的进项税额 0.5 万元

（2）甲企业当月铁路车票和公路客票准予抵扣的进项税额为（　　）万元。
 A. 1.05   B. 1.5
 C. 2.3   D. 6

（3）甲企业当月应缴纳的增值税为（　　）万元。
 A. 11.7   B. 12.65
 C. 13.7   D. 5

（4）甲企业当月实际缴纳的增值税、城市维护建设税、教育费附加合计为（　　）万元。
 A. 13.415   B. 12.875
 C. 16.5   D. 20.33

本章考点巩固练习题参考答案及解析

一、单项选择题

1.【答案】B
【解析】甲公司进口音响应缴纳的增值税税额 =（关税完税价格 + 关税）× 增值税税率 =（117 + 11.7）× 13% = 16.731（万元）。

2.【答案】A
【解析】选项 A，从事金融商品转让的，为金融商品所有权转移的当天；选项 B，注意：赠送不动产视同销售。

3.【答案】A
【解析】符合条件且用于水上运动和休闲娱乐等非营利活动的各类机动艇才属于"游艇"的征收范围。

4.【答案】C
【解析】海关对进口产品代征的增值税、消费税，不征收城市维护建设税。城市维护建设税的应纳税额 =（实际缴纳的增值税 100 万元 +

实际缴纳的消费税 80 万元）× 适用税率 7% = 12.6（万元）。

5.【答案】D
【解析】出口货物的完税价格，由海关以该货物向境外销售的成交价格为基础审查确定，并应包括货物运至我国境内输出地点装载前的运输及其相关费用、保险费，但其中包含的出口关税税额，应当扣除。

6.【答案】A
【解析】选项 B，向境内单位或者个人提供的工程、矿产资源在境外的工程勘察勘探服务，不属于在境内销售服务；选项 C，销售的不动产在境外的，不属于在境内销售不动产；选项 D，境外单位或者个人向境内单位或者个人出租完全在境外使用的有形动产，不属于在境内销售服务。

7.【答案】D
【解析】选项 A、B、C 属于"销售金融服务——直接收费金融服务"。

8.【答案】A

【解析】318 万元是含税收入，应当首先进行价税分离。取得的奖金属于价外费用，也应当进行价税分离处理。

9.【答案】A

【解析】选项 A 按照"销售金融服务——直接收费金融服务"缴纳增值税；选项 B、C、D 不征收增值税。

10.【答案】C

【解析】将购进货物用于投资、分配、赠送，视同销售货物行为；用于非增值税应税项目、集体福利和个人消费不视同销售。

11.【答案】B

【解析】增值税的计税销售额 = 含税销售额 ÷（1 + 适用税率），价外费用是含税金额。甲公司当月该笔业务增值税销项税额 =（117 000 + 7 020）÷（1 + 13%）× 13% = 14 267.79（元）。

12.【答案】D

【解析】选项 A、C，将外购的货物用于"投资、分配、无偿赠送"，应视同销售计算销项税额，其对应的进项税额准予抵扣；选项 B，"营改增"后销售不动产纳入增值税范畴，购进材料修缮厂房允许抵扣进项税额；选项 D，将外购的货物用于"集体福利和个人消费"，不视同销售，不得抵扣进项税额。

13.【答案】C

【解析】根据增值税法律制度的规定，因管理不善造成货物被盗、丢失、霉烂变质，以及因违反法律法规造成货物或者不动产被依法没收、销毁、拆除的情形属于非正常损失，不得抵扣进项税额。

14.【答案】C

【解析】选项 C，学历教育收取的学费免税。选项 A，存款利息属于"不征收增值税"范畴，两者不同。

15.【答案】D

【解析】选项 A，属于常规的货物销售行为，应依法缴纳增值税。选项 B、C、D，农业生产者销售自产的农产品免征增值税，选项 B

是加工者销售，不符合免税规定；选项 C 是零售者销售，不符合免税规定。

16.【答案】A

【解析】电动汽车、网球及球具不属于消费税的征收范围。消费税政策调整取消了气缸容量在 250 毫升（不含）以下的摩托车征收消费税的规定。

17.【答案】B

【解析】卷烟和白酒实行从价定率和从量定额相结合的复合计征办法征收消费税。应纳税额 = 销售额 × 比例税率 + 销售数量 × 定额税率。

18.【答案】C

【解析】抵偿债务，应选择不含增值税最高售价来计算缴纳消费税。

19.【答案】D

【解析】消费税中只有卷烟和白酒是采用从价定率和从量定额相结合的复合计征办法征税的。

20.【答案】B

【解析】车辆购置税的征税范围包括汽车、有轨电车、汽车挂车、排气量超过 150 毫升的摩托车，选项 B 电动自行车不包括在内。

21.【答案】B

【解析】对原产于与我国签订含有关税优惠条款的区域性贸易协定的国家或者地区的进口货物，按协定税率征税。

22.【答案】B

【解析】选项 A，境外采购代理人支付的买方佣金不得计入进口货物关税完税价格；选项 C，卖方付给进口人的正常回扣，应从成交价格中扣除；选项 D，卖方违反合同规定延期交货的罚款，卖方在货价中冲减时，罚款不能从成交价格中扣除。

23.【答案】D

【解析】车辆购置税的征收范围包括汽车、有轨电车、汽车挂车、排气量超过 150 毫升的摩托车。

24.【答案】B

【解析】纳税人为销售货物而出租、出借包装物收取的押金，单独记账核算的，且时间在 1 年以内，又未过期的，不并入销售额征税；但对因逾期未收回包装物不再退还的押金，应按所包装货物的适用税率计算增值税税款。"逾期"是指按合同约定实际逾期或以1年为期限，对收取1年以上的押金，无论是否退还均并入销售额征税。对销售除啤酒、黄酒外的其他酒类产品而收取的包装物押金，无论是否返还以及会计上如何核算，均应并入当期销售额征收增值税。

25.【答案】D
【解析】自2022年4月1日至2022年12月31日，增值税小规模纳税人适用3%征收率的应税收入，免征增值税。

26.【答案】C
【解析】纳税人采取以旧换新方式销售货物的，应按新货物的同期销售价格确定销售额，不得扣减旧货物的收购价格。对金银首饰以旧换新业务，可以按销售方实际收取的不含增值税的全部价款征收增值税。

27.【答案】C
【解析】选项A，除了个人销售自建自用住房免征增值税外，其他的销售不动产行为没有免税规定。选项B，自主就业退役士兵从事个体经营的，自办理个体工商户登记当月起，在3年（36个月）内按每户每年20 000元为限额依次扣减其当年实际应缴纳的增值税、城市维护建设税、教育费附加、地方教育附加和个人所得税。选项C，免征增值税。选项D，一般纳税人提供管道运输服务，对其增值税实际税负超过3%的部分实行增值税即征即退。

28.【答案】B
【解析】选项A、C、D，应当按照销售自制应税消费品缴纳消费税。

二、多项选择题

1.【答案】AD
【解析】选项B，卷烟在零售环节不征收消费税；选项C，汽车轮胎不征收消费税。

2.【答案】ABD
【解析】根据消费税法律制度的规定，委托加工的应税消费品，受托方在交货时已代收代缴消费税，委托方收回后直接销售的，不再缴纳消费税。

3.【答案】AC
【解析】选项B，单位或者个体工商户为员工提供应税服务，属于非营业活动，不属于视同销售情形；选项D，将外购的货物用于集体福利，不属于视同销售情形。

4.【答案】ABCD
【解析】一般纳税人可以按照税法规定选择简易计税方法计税的应税行为包括但不限于：（1）公共交通运输服务；（2）电影放映服务（选项C）、仓储服务（选项B）、装卸搬运服务（选项A）、收派服务和文化体育服务（选项D）。

5.【答案】ABD
【解析】选项C，委托方将收回的应税消费品，以"不高于受托方的计税价格"出售的，为直接出售，不再缴纳消费税。

6.【答案】ABD
【解析】选项C，学校购置的燃油通勤车辆不征收车辆购置税。

7.【答案】BC
【解析】增值税一般纳税人资格实行登记制度，登记事项由增值税纳税人向其税务机关办理，因此，选项A错误；已登记为增值税一般纳税人的单位和个人，达成某些条件后，可以转登记为小规模纳税人，选项D错误。

8.【答案】ABCD
【解析】根据增值税法律制度规定，一项销售行为如果既涉及货物又涉及服务，为混合销售，选项A、B、C、D均属于混合销售。

9.【答案】CD
【解析】根据增值税税收法律规定，纳税人采取预收货款方式销售货物，纳税义务发生时间为货物发出的当天。

10.【答案】ABCD
【解析】农业生产者销售的自产农产品免征增值税；避孕药品和用具免征增值税；其他个人销售的自己使用过的物品免征增值税；直接用于科学研究、科学实验和教学的进口仪器设备，免征增值税。

11.【答案】ABCD
【解析】以上答案全对，学生勤工俭学提供

的服务、火葬场提供的殡葬服务、医疗机构提供的医疗服务、婚姻介绍所提供的婚姻介绍服务都属于增值税免税项目。

12.【答案】BCD

【解析】选项A，车辆停放业务按照不动产经营租赁业务缴纳增值税。

13.【答案】AB

【解析】保险人取得的财产保险费收入属于"金融服务——保险服务"；物业管理单位收取的物业费属于"现代服务——商务辅助服务"。

14.【答案】AC

【解析】实行从量定额计征消费税的应税消费品有啤酒、黄酒、成品油。

15.【答案】ABD

【解析】纳税人自产的应税消费品，用于连续生产应税消费品的，移送时不缴纳消费税；用于其他方面的，于移送使用时，缴纳消费税。

16.【答案】ABCD

【解析】实行从价定率及复合计税办法计征消费税的应税消费品，其销售额为纳税人销售应税消费品向购买方收取的全部价款和价外费用（包括但不限于包装物租金、优质费、储备费）；白酒生产企业向商业销售单位收取的"品牌使用费"，不论企业采取何种方式或以何种名义收取价款，均应并入白酒的销售额中缴纳消费税。

17.【答案】BCD

【解析】选项A不属于消费税的征税范围。

18.【答案】ABCD

【解析】纳税人用于换取生产资料和消费资料、投资入股和抵偿债务等方面的应税消费品，应当以纳税人同类应税消费品的最高消费价格作为计税依据计算消费税。

三、判断题

1.【答案】×

【解析】单位或者个体工商户聘用的员工为本单位或者雇主提供加工、修理修配劳务，不征收增值税。

2.【答案】×

【解析】单位以承包、承租、挂靠方式经营的，承包人、承租人、挂靠人（统称"承包人"）以发包人、出租人、被挂靠人（统称"发包人"）名义对外经营并由发包人承担相关法律责任的，以该发包人为纳税人。否则，以承包人为纳税人。

3.【答案】×

【解析】纳税人出口货物，适用零税率。零税率不同于免税。

4.【答案】×

【解析】因管理不善丢失的，需作进项转出处理。

5.【答案】×

【解析】视同销售服务、无形资产或者不动产包括：（1）单位或者个体工商户向其他单位或者个人无偿提供服务，但用于公益事业或者以社会公众为对象的除外；（2）单位或者个人向其他单位或者个人无偿转让无形资产或者不动产，但用于公益事业或者以社会公众为对象的除外；（3）财政部和国家税务总局规定的其他情形。

6.【答案】√

【解析】题干表述正确。

7.【答案】×

【解析】根据增值电信服务规定，卫星电视信号落地转接服务，按照增值电信服务缴纳增值税。

8.【答案】√

【解析】因故退换的中国出口货物，可以免征进口关税，但已经征收的出口关税，不予退还。

9.【答案】×

【解析】单位或者个体工商户将购进的货物作为投资，提供给其他单位或者个体工商户，增值税视同销售，一般计税方法下应确认销项税额，对应的进项税额可以抵扣。

10.【答案】×

【解析】对由于减免增值税、消费税和营业税而发生退税的，可同时退还已征收的城市维护建设税；但对出口产品退还增值税、消费税的，不退还已缴纳的城市维护建设税。

四、不定项选择题

1.（1）【答案】CD

【解析】境内单位和个人销售的国际运输服务

（包括客运和货运），享受增值税零税率。

（2）【答案】A

【解析】特价机票改签变更费，属于价外费用，应先作价税分离，航空运输企业的销售额，不包括代收的民航发展基金和代收其他航空运输企业客票业务，销售货物或者服务等同时代办保险等而向购买方收取的保险费，不算在销售额内，所以算式为（9 800 + 480）÷（1 + 9%）× 9% = 848.81（万元）。

（3）【答案】C

【解析】飞机广告位出租，属于有形动产租赁服务，适用增值税税率为13%，湿租服务属于交通运输服务，适用增值税税率为9%。所以应为200 ÷（1 + 13%）× 13% + 100 ÷（1 + 9%）× 9% = 31.27（万元）。

（4）【答案】B

【解析】购进房产原用于业务部门，进项税额已抵扣45万元，现发生非正常损失，进项税额不得抵扣，要作转出处理，45万元是税额，不需要作价税分离，所以此业务应转出的进项税税额 = 45 ×（400 ÷ 500 × 100%）= 36（万元）。

2.（1）【答案】B

【解析】业务（1）的关税 =（850 000 + 36 000 + 30 000）× 10% = 91 600（元）。

（2）【答案】A

【解析】业务（1）进口环节增值税 =（850 000 + 36 000 + 30 000）×（1 + 10%）× 13% = 130 988（元）。

业务（2）应代扣代缴的增值税 = 1 250 000 ÷（1 + 6%）× 6% = 70 754.72（元）。

本月增值税进项税额 = 130 988 + 1 440 + 70 754.72 + 36 400 + 780 = 240 362.72（元）。

业务（5）的销项税额为0，因为通过合并、分立、出售、置换等方式，将全部或部分实物资产以及与其相关的债权、负债和劳动力一并转让给其他单位和个人，属于资产重组，资产重组涉及的货物、不动产、土地使用权转让行为不征收增值税。

本月增值税销项税额 = 8 000 000 × 13% = 1 040 000（元）。

本月应缴纳的增值税税款 = 1 040 000 − 240 362.72 = 799 637.28（元）。

（3）【答案】D

【解析】该公司应纳城建税 = 799 637.28 × 7% = 55 974.61（元）。

该公司应纳城建税 = 799 637.28 × 3% = 23 989.12（元）。

该公司应纳城建税 = 799 637.28 × 2% = 15 992.75（元）。

合计 = 95 956.48 元

（4）【答案】C

【解析】该公司应纳车辆购置税 = 280 000 × 10% = 28 000（元）。

3.（1）【答案】ABC

【解析】住宿费进项税额开的是增值税普通发票，进项税不得抵扣。

（2）【答案】A

【解析】计算式为：当月铁路车票和公路客票准予抵扣的进项税额 = 10.9 ÷（1 + 9%）× 9% + 5.15 ÷（1 + 3%）× 3% = 1.05（万元）。

（3）【答案】B

【解析】计算式为：当月应缴纳增值税 = 60.8 − 1.05 − 0.1 − 2 − 45 = 12.65（万元）。

（4）【答案】A

【解析】企业招用自主就业退役士兵，与其签订1年以上期限劳动合同并依法缴纳社会保险费的，自签订劳动合同并缴纳社会保险当月起，在3年内按实际招用人数以定额依次扣减增值税、城市维护建设税、教育费附加、地方教育附加和企业所得税优惠。定额标准为每人每年6 000元。

所以，当月应缴纳的城市维护建设税和教育费附加 = 12.65 ×（7% + 3%）= 1.265（万元）。

实际缴纳的增值税、城市维护建设税、教育费附加合计 = 1.265 + 12.65 − 0.6 × 10 ÷ 12 = 13.415（万元）。

第五章　所得税法律制度

考情分析

从往年考试情况来看，本章所占比重较大，从题型来看，各种题型在本章均有涉及，尤其是不定项选择题一般都会涉及本章的内容。本章整体难度较大，考生应重点复习企业所得税、个人所得税的应纳税额计算及税收优惠。本章在历年考试中所占分值约为 19~21 分。

教材变化

2024 年本章教材变化包括以下两点：

（1）企业所得税部分，新增以下税收优惠内容：中国保险保障基金有限责任公司取得收入，从事污染防治的第三方企业，企业出资给非营利单位用于基础研究的支出，金融机构农户小额贷款的利息收入，保险公司为种植业、养殖业提供保险业务取得的保费收入，符合条件的小额贷款公司取得农户小额贷款利息收入。企业所得税部分还对小型微利企业减低税率、研究开发费用加计扣除等税收优惠内容进行了调整，并对企业所得税特别纳税调整的相关内容进行了精简。

（2）个人所得税部分，对居民个人综合所得专项附加扣除的子女教育、赡养老人、3 岁以下婴幼儿照护等相关内容进行了调整，对个人所得税应纳税额计算特殊规定、个人所得税税收优惠的具体内容进行了调整。

考点提示

本章教材内容包括了企业所得税和个人所得税两种法律制度，其中企业所得税部分应纳税所得额确定的诸要素是非常重要的核心考点，其他如税收优惠、征收管理等也是常见的考点。个人所得税部分各类所得、所得额的确定，应纳税额的计算，税收优惠都是常规考点，也是计算型题目必须要掌握的知识点。对重要的考点要边读边练，学练结合，融会贯通，灵活运用。

本章考点框架

```
                          ┌ 纳税人、纳税义务及税率★★
                          │ 企业所得税应纳税所得额的计算★★
                          │ 收入总额★★★
                          │ 税前扣除项目★
                          │ 税前扣除项目的扣除标准★★
                          │ 不得税前扣除项目★★
                          │ 亏损弥补★★
              企业所得税法律制度┤ 非居民企业应纳税所得额的计算★
                          │ 资产的税收处理★★
                          │ 企业所得税应纳税额的计算★★
                          │ 税收优惠★★
                          │ 企业所得税特别纳税调整★★
                          │ 企业重组业务企业所得税处理★★
                          └ 征收管理★★
所得税法律制度┤
                          ┌ 居民纳税人和非居民纳税人★★
                          │ 所得来源的确定★★
                          │ 个人所得税应税所得项目★★★
                          │ 个人所得税税率★★
                          │ 个人所得税应纳税所得额的确定★★★
              个人所得税法律制度┤ 公益捐赠支出的扣除★★
                          │ 每次收入的确定★★
                          │ 个人所得税应纳税额的计算★★
                          │ 个人所得税应纳税额计算的特殊规定★★
                          │ 个人所得税税收优惠★★
                          └ 个人所得税征收管理★★
```

考点解读及例题点津

第一单元　企业所得税法律制度

1 纳税人、纳税义务及税率★★

一、考点解读

（一）企业所得税的定义及纳税人

企业所得税是对企业和其他取得收入的组织生产经营所得和其他所得征收的一种所得税。企业所得税纳税人包括各类企业、事业单位、社会团体、民办非企业单位和从事经营活动的其他组织。个人独资企业、合伙企业不缴纳企业所得税。

（二）企业所得税纳税人分类、征税对象及适用税率（见表5－1）

表5－1

纳税人分类	分类标准	纳税义务	税率适用	
居民企业	依法在中国境内成立，或者依照外国（地区）法律成立但实际管理机构在中国境内	境内所得＋境外所得	25%	
非居民企业	依照外国（地区）法律成立且实际管理机构不在中国境内，但在境内设立机构、场所	与机构场所有实际联系的境内外所得	25%	
		与机构场所无实际联系的来源于境内的所得	20%	优惠税率10%
	依照外国（地区）法律成立且实际管理机构不在中国境内，在境内未设立机构、场所，但有来源于境内所得的	来源于境内所得	20%	优惠税率10%

（三）来源于中国境内、境外的所得的确定

1. 销售货物所得，按照交易活动发生地确定；

2. 提供劳务所得，按照劳务发生地确定；

3. 转让财产所得，不动产转让所得按照不动产所在地确定，动产转让所得按照转让动产的企业或者机构、场所所在地确定，权益性投资资产转让所得按照被投资企业所在地确定；

4. 股息、红利等权益性投资所得，按照分配所得的企业所在地确定；

5. 利息所得、租金所得、特许权使用费所得，按照负担、支付所得的企业或者机构、场所所在地确定，或者按照负担、支付所得的个人的住所地确定；

6. 其他所得，由国务院财政、税务主管部门确定。

二、例题点津

【例题1·单选题】按照企业所得税法律制度的规定，下列企业不缴纳企业所得税的是（　　）。

A. 国有企业　　　B. 个人独资企业

C. 上市企业　　　D. 外商投资企业

【答案】B

【解析】依照中国法律、行政法规成立的个人独资企业、合伙企业，不属于企业所得税纳税义务人，不缴纳企业所得税。

【例题2·单选题】根据企业所得税法律制度，企业来源于中国境内、境外的所得的确定，以下说法不正确的是（　　）。

A. 提供劳务所得，按照劳务发生地确定

B. 销售货物所得，按照交易活动发生地确定

C. 股息、红利等权益性投资所得，按照取得所得的企业所在地确定

D. 销售货物所得，按照交易活动发生地确定

【答案】C

【解析】股息、红利等权益性投资所得，按照分配所得的企业所在地确定，选项C的说法不正确。

【例题3·多选题】企业所得税的纳税人包括（　　）。

A. 企业　　　　　B. 社会团体

C. 事业单位　　　D. 民办非企业单位

【答案】ABCD

【解析】企业所得税是对企业和其他取得收入的组织生产经营所得和其他所得征收的一种所得税。企业所得税纳税人包括各类企业、事业单位、社会团体、民办非企业单位和从事经营活动的其他组织。

2 企业所得税应纳税所得额的计算★★

一、考点解读

（一）直接法

1. 企业所得税应纳税所得额计算公式。

应纳税所得额 = 收入总额 - 不征税收入 - 免税收入 - 各项扣除 - 以前年度亏损

提示（1）注意区分"应纳税额"和"应纳税所得额"：本章中，"应纳税额"是指企业按照税法的规定，经过计算得出的应向税务机关缴纳的所得税金额。"应纳税所得额"是计算企业所得税的计税依据。

（2）"以前年度亏损"是指税法口径的亏损，而非会计口径的亏损。

（3）区分收入总额、不征税收入、免税收入：①收入总额是指以货币形式和非货币形式从各种来源取得的收入。②不征税收入，从性质上讲不属于企业营利性活动带来的经济利益，不应计入企业应纳税所得额。③免税收入，是指企业应税收入或所得，按照税法的规定免予征收企业所得税。

2. 不征税收入和免税收入（见表5-2）。

表5-2

不征税收入	免税收入
1. 财政拨款； 2. 依法收取并纳入财政管理的行政事业性收费、政府性基金； 3. 国务院规定的其他不征税收入	1. 国债利息收入； 2. 符合条件的居民企业之间的股息、红利等权益性投资收益； 3. 在中国境内设立机构、场所的非居民企业从居民企业取得与该机构、场所有实际联系的股息、红利等权益性投资收益； 4. 符合条件的非营利组织的收入

（二）间接法

企业应纳税所得额的计算，以权责发生制为原则。在计算应纳税所得额时，企业财务、会计处理办法与税收法律法规的规定不一致的，**应当依照税收法律法规的规定计算**。当存在税会差异时，需要运用间接法进行纳税调整（调增或调减）。间接法计算公式如下：

应纳税所得额 = 会计利润 + 纳税调整增加额 - 纳税调整减少额

二、例题点津

【例题·多选题】根据企业所得税法律制度，下列收入中属于不征税收入的有（　　）。

A. 国债利息收入

B. 财政拨款

C. 依法收取并纳入财政管理的政府性基金

D. 依法收取并纳入财政管理的行政事业性收费

【答案】BCD

【解析】国债利息收入属于免税收入。

3 收入总额★★★

一、考点解读

企业收入总额是指以货币形式和非货币形式从各种来源取得的收入。

（一）销售货物收入

1. 销售货物收入的确认原则。

除法律另有规定外，企业销售货物收入的确认，必须遵循权责发生制原则和实质重于形式原则。

2. 售后回购。

采用售后回购方式销售商品的，销售的商品按售价确认收入，回购的商品作为购进商品处理。

3. 以旧换新。

销售商品以旧换新的，销售商品应当按照销售商品收入确认条件确认收入，回收的商品作为购进商品处理。

4. 销售折扣（见表5-3）。

表5-3

序号	销售折扣类型	规定
1	商业折扣	应当按照**扣除商业折扣后**的金额确定销售商品收入金额

续表

序号	销售折扣类型	规定
2	现金折扣	应当按扣除现金折扣前的金额确定销售商品收入金额，现金折扣在实际发生时作为财务费用扣除
3	销售折让、销售退回	应当在发生当期冲减当期销售商品收入

（二）提供劳务收入

企业在各个纳税期末，提供劳务交易的结果能够可靠估计的，应采用完工进度（百分比）法确认提供劳务收入。

（三）转让财产收入

按照从财产受让方已收或应收的合同或协议价款确认收入。

（四）股息、红利等权益性投资收益

按照被投资方作出利润分配决定的日期确认收入的实现。

（五）利息收入

按照合同约定的债务人应付利息的日期确认收入的实现。

（六）租金收入

1. 租金收入，按照合同约定的承租人应付租金的日期确认收入的实现。

2. 如果交易合同或协议中规定的租赁期限跨年度，且租金提前一次性支付的，出租人可对上述已确认的收入，在租赁期内，分期均匀计入相关年度收入。

（七）特许权使用费收入

按照合同约定的特许权使用人应付特许权使用费的日期确认收入的实现。

（八）接受捐赠收入

按照实际收到捐赠资产的日期确认收入的实现。

（九）其他收入

包括企业资产溢余收入、逾期未退包装物押金收入、确实无法偿付的应付款项、已作坏账损失处理后又收回的应收款项、债务重组收入、补贴收入、违约金收入、汇兑收益等。

（十）特殊收入的确认

以分期收款方式销售货物的，按照合同约定的收款日期确认收入的实现。

企业受托加工制造大型机械设备、船舶、飞机，以及从事建筑、安装、装配工程业务或者提供其他劳务等，持续时间超过12个月的，按照纳税年度内完工进度或者完成的工作量确认收入的实现。

采取产品分成方式取得收入的，按照企业分得产品的日期确认收入的实现，其收入额按照产品的公允价值确定。

企业发生非货币性资产交换，以及将货物、财产、劳务用于捐赠、偿债、赞助、集资、广告、样品、职工福利或者利润分配等用途的，应当视同销售货物、转让财产或者提供劳务，但国务院财政、税务主管部门另有规定的除外。

企业以"买一赠一"等方式组合销售本企业商品的，不属于捐赠，应将总的销售金额按各项商品的公允价值的比例来分摊确认各项的销售收入。

常考知识点见表5-4。

表5-4

收入类别	收入确定
销售货物收入	采用托收承付方式的，办妥托收手续时确认
	采取预收款方式的，发出商品时确认
	商品需要安装和检验的：（1）一般来说，购买方接受商品以及安装和检验完毕时确认；（2）安装程序比较简单的，发出商品时确认
	采用支付手续费方式委托代销的，收到代销清单时确认
提供劳务收入	在各个纳税期末采用完工进度（完工百分比）法确认

续表

收入类别	收入确定
转让财产收入	按照从财产受让方已收或应收的合同或协议价款确认收入
股息、红利等权益性投资收益	按照被投资方作出利润分配决定的日期确认收入的实现
利息收入	按照合同约定的债务人应付利息的日期确认收入的实现
租金收入	按照合同约定的承租人应付租金的日期确认收入的实现 提示 跨年度租金一次性支付的，租赁期内分期均匀计入相关年度收入
特许权使用费收入	按照合同约定的特许权使用人应付特许权使用费的日期确认收入的实现
接受捐赠收入	按实际收到捐赠资产的日期确认收入

二、例题点津

【例题1·单选题】2023年3月1日，A公司与B公司签订合同，采用预收款方式销售一批商品。A公司于3月15日收到全部价款，并于3月20日发出商品，B公司3月25日收到该批商品。A公司确认这笔业务企业所得税销售收入实现时间为（　　）。

A. 3月1日

B. 3月15日

C. 3月20日

D. 3月25日

【答案】C

【解析】采用预收款方式销售货物，在发出商品时确认收入。

【例题2·单选题】根据企业所得税法律制度的规定，下列关于确定销售收入实现时间的表述中，正确的是（　　）。

A. 销售商品采用托收承付方式的，在收到货款时确认收入

B. 销售商品需要安装和检验的，在销售合同签订时确认收入

C. 销售商品采用支付手续费方式委托代销的，在发出代销商品时确认收入

D. 销售商品采用预收款方式的，在发出商品时确认收入

【答案】D

【解析】选项A，在办妥托收手续时确认；

选项B，在购买方接受商品以及安装和检验完毕时确认；选项C，在收到代销清单时确认收入。

【例题3·多选题】根据企业所得税法律制度相关规定，销售货物涉及销售折扣政策的收入金额确定，以下说法正确的有（　　）。

A. 商业折扣应当按照扣除商业折扣后的金额确定销售商品收入金额

B. 现金折扣应当按扣除现金折扣后的金额确定销售商品收入金额

C. 销售折让应当在发生当期冲减当期销售商品收入

D. 销售退回应当在发生当期冲减当期销售商品收入

【答案】ACD

【解析】现金折扣应当按扣除现金折扣前的金额确定销售商品收入金额，现金折扣在实际发生时作为财务费用扣除。

4 税前扣除项目★

一、考点解读

企业实际发生的与取得收入有关的、合理的支出，包括成本、费用、税金、损失和其他支出，准予在计算应纳税所得额时扣除。

（一）成本

成本是指企业在生产经营活动中发生的销售成本、销货成本、业务支出以及其他耗费。即企

业销售商品（产品、材料、下脚料、废旧物资等）、提供劳务、转让固定资产、无形资产的成本。

（二）费用

费用是指企业在生产经营活动中发生的销售费用、管理费用和财务费用。已经计入成本的有关费用除外。

（三）税金

税金是指企业发生的除企业所得税和允许抵扣的增值税以外的各项税金及其附加。企业缴纳的增值税属于价外税，不计入企业收入总额，故不在扣除之列。

（四）损失

企业发生的损失，减除责任人赔偿和保险赔款后的余额，依照国务院财政、税务主管部门的规定扣除。企业已经作为损失处理的资产，在以后纳税年度又全部收回或者部分收回时，应当计入当期收入。

（五）其他支出

其他支出是指除成本、费用、税金、损失外，企业在生产经营活动中发生的与生产经营活动有关的、合理的支出。

二、例题点津

【例题1·多选题】根据企业所得税法律制度的规定，企业缴纳的下列税金中，可以在计算企业所得税应纳税所得额时扣除的有（　　）。

A. 允许抵扣的增值税

B. 消费税

C. 企业所得税

D. 房产税

【答案】BD

【解析】企业所得税和允许抵扣的增值税不在扣除之列。

【例题2·判断题】企业实际发生的所有实际支出，准予在计算企业所得税应纳税所得额时扣除。（　　）

【答案】×

【解析】企业实际发生的与取得收入有关的、合理的支出，包括成本、费用、税金、损失和其他支出，准予在计算应纳税所得额时扣除。

5 税前扣除项目的扣除标准 ★★

一、考点解读

（一）工资、薪金支出

企业发生的合理的工资、薪金支出，准予扣除。工资、薪金，包括基本工资、奖金、津贴、补贴、年终加薪、加班工资，以及与员工任职或者受雇有关的其他支出。

（二）职工福利费、工会经费、职工教育经费

企业实际发生的职工福利费、工会经费和职工教育经费按标准扣除，未超过标准的按实际数扣除，超过标准的只能按标准扣除，见表5-5。

表5-5

项目	扣除限额	超过的处理
福利费	不超过工资、薪金总额14%的部分	不得扣除
工会经费	不超过工资、薪金总额2%的部分	不得扣除
职工教育经费	不超过工资、薪金总额8%的部分	准予在以后纳税年度结转扣除

（三）社会保险（见表5-6）

表5-6

类型	扣除规定
基本养老保险、基本医疗保险、失业保险、工伤保险	准予扣除
补充养老保险、补充医疗保险	工资总额5%以内准予扣除

（四）借款费用

1. 企业在生产经营活动中发生的合理的不需要资本化的借款费用，准予扣除。

2. 企业为购置、建造固定资产、无形资产和经过12个月以上的建造才能达到预定可销售状态的存货发生借款的，在有关资产购置、建造

期间发生的合理的借款费用，应予以资本化，作为资本性支出计入有关资产的成本。

（五）利息费用（见表5－7）

表5－7

类型	具体规定	扣除标准
向金融企业借款	非金融企业向金融企业借款的利息支出、金融企业各项存款利息支出和同业拆借利息支出、经批准发行债券的利息支出：准予扣除	据实扣除
向非金融企业借款	非金融企业向非金融企业借款的利息支出：不超过按照金融企业同期同类贷款利率计算的数额的部分准予扣除，超过部分不许扣除	限额扣除
向自然人借款	向关联方自然人借款的利息支出——企业向股东或其他与企业有关联关系的自然人借款的利息支出，符合规定条件的（关联方债资比例和利率标准），按规定计算扣除额	按规定扣除
	向非关联方自然人借款的利息支出——企业向除上述规定以外的内部职工或其他人员借款的利息支出，其借款情况同时符合以下条件的，其利息支出在不超过按照金融企业同期同类贷款利率计算的数额的部分，准予扣除： （1）企业与个人之间的借贷是真实、合法、有效的，并且不具有非法集资目的或其他违反法律、法规的行为； （2）企业与个人之间签订了借款合同	

（六）汇兑损失

汇兑损失除已经计入有关资产成本以及与向所有者进行利润分配相关的部分外，准予扣除。

（七）公益性捐赠

企业通过公益性社会组织或者县级以上人民政府及其部门，用于慈善活动、公益事业的捐赠支出，**不超过年度利润总额12%的部分**，在计算应纳税所得额时**准予扣除**；超过年度利润总额12%的部分，准予结转以后三年内在计算应纳税所得额时扣除。企业在对公益性捐赠支出计算扣除时，应先扣除以前年度结转的捐赠支出，再扣除当年发生的捐赠支出。

[解释] 符合条件的扶贫捐赠支出，准予在计算企业所得税应纳税所得额时据实扣除，在计算公益性捐赠支出年度扣除限额时不计算在内。

（八）业务招待费

企业发生的与生产经营活动有关的**业务招待费支出，按照发生额的60%扣除**，但最高不得超过当年销售（营业）收入的5‰。

（九）广告费和业务宣传费

1. **不超过当年销售（营业）收入15%的部分，准予扣除**；超过部分，准予在以后纳税年度结转扣除。

2. 企业在筹建期间，发生的广告费和业务宣传费支出，可按实际发生额计入企业筹办费，并按有关规定在税前扣除。

3. 对化妆品制造或者销售、医药制造和饮料制造（不含酒精类制造）企业发生的广告费和业务宣传费，不超过当年销售（营业）收入30%的部分准予扣除；超过部分，准予在以后纳税年度结转扣除。

4. **烟草企业的烟草广告费和业务宣传费支出，一律不得在计算应纳税所得额时扣除。**

[解释]

（1）业务招待费、广告费和业务宣传费的计算限度的基数都是销售（营业）收入，不是企业全部收入。

（2）广告费和业务宣传费的超标准部分可无限期向以后纳税年度结转，属于税法与会计制度的暂时性差异；而业务招待费的超标准部分不能向以后纳税年度结转，属于税法与会计制度的永久性差异。

（十）环境保护专项资金

企业依照法律、行政法规有关规定提取的用于环境保护、生态恢复等方面的专项资金，准予扣除。上述专项资金提取后改变用途的，不得扣除。

（十一）保险费（见表5-8）

表5-8

种类	规定
财产保险	准予扣除
为特殊工种职工支付的人身安全保险费	
雇主责任险、公众责任险等责任保险	
企业职工因公出差乘坐交通工具发生的人身意外保险费支出	
企业其他为投资者或职工支付的商业保险费	不得扣除

（十二）租赁费

1. 以经营租赁方式租入固定资产发生的租赁费支出，按照租赁期限均匀扣除；

2. 以融资租赁方式租入固定资产发生的租赁费支出，按照规定构成融资租入固定资产价值的部分应当提取折旧费用，分期扣除。

（十三）劳动保护支出

企业发生的合理的劳动保护支出，准予扣除。

（十四）有关资产的费用

企业转让各类固定资产发生的费用，允许扣除。企业按规定计算的固定资产折旧费、无形资产和递延资产的摊销费，准予扣除。

（十五）总机构分摊的费用

非居民企业在中国境内设立的机构、场所，就其中国境外总机构发生的与该机构、场所生产经营有关的费用，能够提供总机构证明文件，并合理分摊的，准予扣除。

（十六）手续费及佣金支出

1. 自2019年1月1日起，保险企业发生与其经营活动有关的手续费及佣金支出，不超过当年全部保费收入扣除退保金等后余额的18%（含本数）的部分，在计算应纳税所得额时准予扣除；超过部分，允许结转以后年度扣除。

2. 其他企业：按服务协议或合同确认的收入金额的5%计算限额。

3. 从事代理服务、主营业务收入为手续费、佣金的企业，其为取得该类收入而实际发生的营业成本（包括手续费及佣金支出），准予在企业所得税税前据实扣除。

（十七）党组织工作经费

国有企业纳入管理费用的党组织工作经费，实际支出不超过职工年度工资薪金总额1%的部分，可以据实扣除。非公有制企业党组织工作经费纳入企业管理费列支，不超过职工年度工资薪金总额1%的部分，可以据实扣除。

（十八）其他支出项目

依照有关法律、行政法规和国家有关税法规定准予扣除的其他项目，如会员费、合理的会议费、差旅费、违约金、诉讼费用等。

二、例题点津

【例题1·单选题】2022年某化妆品生产企业收入总额8 000万元（其中接受捐赠收入为20万元，取得投资境内非上市公司的股息红利100万元），发生的成本、税金及附加合计3 200万元，销售费用2 500万元（其中广告费、业务宣传费合计2 200万元），管理费用500万元，财务费用200万元。已知上年结转的广告费200万元，假设不存在其他调整项目。2022年该企业应缴纳企业所得税（　　）万元。

A. 400　　　　B. 350

C. 334　　　　D. 459

【答案】C

【解析】对化妆品制造或销售、医药制造和饮料制造（不含酒类制造）企业发生的广告费和业务宣传费支出，不超过当年销售收入30%的部分，准予扣除；超过部分，准予在以后纳税年度结转扣除。本年允许扣除的广告费限额=（8 000-100-20）×30%=2 364（万元），本年实际发生了2 200万元，上年结转的200万元中可以扣除164万元，需要纳税调减164万元。应缴纳企业所得税=（8 000-100-3 200-2 500-164-500-200）×25%=334（万元）。

【例题2·单选题】境内某居民企业2022年取得销售收入2 000万元，出租包装物收入10万元，发生与其生产经营活动有关的业务招待费

40 万元。根据企业所得税法律制度的规定，该企业在计算 2022 年应纳税所得额时，准予扣除的业务招待费为（　　）万元。

A. 40　　　　　　　B. 24

C. 15.01　　　　　D. 10.05

【答案】D

【解析】当年销售（营业）收入 2 010 万元，允许扣除的最高业务招待费为 2 010×5‰＝10.05（万元），小于实际发生额 40 万元的 60%，允许扣除 10.05 万元。

【例题 3·单选题】某企业 2022 年度实现利润总额 20 万元，在营业外支出账户列支了通过公益性社会组织向贫困地区捐款 5 万元。根据企业所得税法律制度的规定，在计算该企业 2022 年度应纳税所得额时，允许扣除的捐款数额为（　　）万元。

A. 5　　　　　　　B. 2.4

C. 1.5　　　　　　D. 1

【答案】B

【解析】企业发生的公益性捐赠支出，不超过年度利润总额 12% 的部分，准予在计算应纳税所得额时扣除。该企业 2022 年全年扣除的捐款数额＝20×12%＝2.4（万元）＜5 万元。

6 不得税前扣除项目★★

一、考点解读

在计算应纳税所得额时，下列支出不得扣除：

1. 向投资者支付的股息、红利等权益性投资收益款项。

2. 企业所得税税款。

3. 税收滞纳金。

4. 罚金、罚款和被没收财物的损失。

5. 超过规定标准的捐赠支出。

6. 赞助支出。

7. 未经核定的准备金支出。

8. 企业之间支付的管理费、企业内营业机构之间支付的租金和特许权使用费，以及非银行企业内营业机构之间支付的利息。

9. 与取得收入无关的其他支出。

提示　一般而言，不得税前扣除的项目有以下特征之一：（1）并非实际发生；（2）与取得收入无关；（3）并非合理的。

二、例题点津

【例题 1·单选题】根据企业所得税法律制度的规定，纳税人的下列支出或损失，在计算企业所得税应纳税所得额时不得扣除的是（　　）。

A. 税收滞纳金

B. 企业职工因公出差乘坐交通工具发生的人身意外保险费支出

C. 购买劳动保护用品的合理支出

D. 在生产经营活动中发生的合理利息支出

【答案】A

【解析】选项 A，税收滞纳金不得在税前扣除；选项 B，企业职工因公出差乘坐交通工具发生的人身意外保险费支出，准予扣除；选项 C，企业发生的合理的劳动保护支出，准予税前扣除；选项 D，在生产经营活动中发生的合理利息支出，准予税前扣除。

【例题 2·单选题】在计算应纳税所得额时，下列支出中不得扣除的是（　　）。

A. 缴纳的关税

B. 合理分配的材料成本

C. 销售固定资产的损失

D. 企业所得税税款

【答案】D

【解析】在计算应纳税所得额时，下列支出不得扣除：（1）向投资者支付的股息、红利等权益性投资收益款项。（2）企业所得税税款。（3）税收滞纳金。（4）罚金、罚款和被没收财物的损失。（5）超过规定标准的捐赠支出。（6）赞助支出。（7）未经核定的准备金支出。（8）企业之间支付的管理费、企业内营业机构之间支付的租金和特许权使用费，以及非银行企业内营业机构之间支付的利息。（9）与取得收入无关的其他支出。

【例题 3·多选题】根据企业所得税法律制度的规定，下列项目中，不得从应纳税所得额中扣除的有（　　）。

A. 企业支付的违约金

B. 企业之间支付的管理费

C. 企业内营业机构之间支付的租金

D. 非银行企业内营业机构之间支付的利息

【答案】BCD

【解析】选项 A，会员费、合理的会议费、差旅费、违约金、诉讼费等依照有关法律、行政法规和国家有关税法规定准予扣除。选项 B、C、D，企业之间支付的管理费、企业内营业机构之间支付的租金和特许权使用费，以及非银行企业内营业机构之间支付的利息，不得扣除。

7　亏损弥补★★

一、考点解读

企业某一纳税年度发生的亏损可以用下一年度的所得弥补，下一年度的所得不足以弥补的，可以逐年延续弥补，但最长不得超过 5 年。自 2018 年 1 月 1 日起，当年具备高新技术企业或科技型中小企业资格的企业，其具备资格年度之前 5 个年度发生的尚未弥补完的亏损，准予结转以后年度弥补，最长结转年限由 5 年延长至 10 年。

二、例题点津

【例题·单选题】企业某一纳税年度发生的亏损可以用下一年度的所得弥补；下一年度的所得不足以弥补的，可以逐年延续弥补，但最长不得超过（　　）。

A. 12 个月　　　　　B. 3 年
C. 5 年　　　　　　D. 10 年

【答案】C

【解析】企业某一纳税年度发生的亏损可以用下一年度的所得弥补，下一年度的所得不足以弥补的，可以逐年延续弥补，但最长不得超过 5 年。

8　非居民企业应纳税所得额的计算★

一、考点解读

在中国境内未设立机构、场所的，或者虽设立机构、场所但取得的所得与其所设机构、场所没有实际联系的非居民企业，其取得的来源于中国境内的所得，按照下列方法计算其应纳税所得额：

（1）股息、红利等权益性投资收益和利息、租金、特许权使用费所得，以收入全额为应纳税所得额。

（2）转让财产所得，以收入全额减除财产净值后的余额为应纳税所得额。

（3）其他所得，参照前两项规定的方法计算应纳税所得额。

二、例题点津

【例题·多选题】根据企业所得税的相关规定，在中国境内未设立机构、场所的非居民企业取得的下列收入中，以收入全额为应纳税所得额的有（　　）。

A. 股息、红利所得
B. 利息收入
C. 租金收入
D. 财产转让所得

【答案】ABC

【解析】选项 A、B、C，股息、红利等权益性投资收益和利息、租金、特许权使用费所得，以收入全额为应纳税所得额。选项 D，财产转让所得，以收入全额减除财产净值后的余额为应纳税所得额。

9　资产的税收处理★★★

一、考点解读

（一）固定资产

在计算应纳税所得额时，企业按照规定计算的固定资产折旧，准予扣除。

1. 下列固定资产不得计算折旧扣除：

（1）房屋、建筑物以外未投入使用的固定资产。

（2）以经营租赁方式租入的固定资产。

（3）以融资租赁方式租出的固定资产。

（4）已足额提取折旧仍继续使用的固定资产。

提示　已足额提取折旧的固定资产的改建支出，作为长期待摊费用，按照固定资产预计尚可使用年限分期摊销。

（5）与经营活动无关的固定资产。

（6）单独估价作为固定资产入账的土地。

（7）其他不得计算折旧扣除的固定资产。

2. 固定资产按照表 5 - 9 所示方法确定计税基础。

表 5 – 9

取得方式	固定资产计税基础
外购	购买价款 + 支付的相关税费 + 直接归属于使该资产达到预定用途发生的其他支出
自行建造	竣工结算前发生的支出
融资租入	租赁合同约定的付款总额 + 承租人在签订租赁合同过程中发生的相关费用（租赁合同未约定付款总额的，以该资产的公允价值和承租人在签订租赁合同过程中发生的相关费用为计税基础）
盘盈	同类固定资产的重置完全价值
捐赠、投资、非货币性资产交换、债务重组等方式	公允价值 + 支付的相关税费
改建	以改建过程中发生的改建支出增加计税基础

3. 折旧方法及起止月份（见表 5 – 10）。

表 5 – 10

项目	固定资产折旧
折旧方法	直线法
计算折旧（起于）	固定资产投入使用月份的次月
计算折旧（止于）	停止使用月份的次月

4. 除国务院财政、税务主管部门另有规定外，固定资产计算折旧的最低年限如下：

（1）房屋、建筑物，为 20 年；

（2）飞机、火车、轮船、机器、机械和其他生产设备，为 10 年；

（3）与生产经营活动有关的器具、工具、家具等，为 5 年；

（4）飞机、火车、轮船以外的运输工具，为 4 年；

（5）电子设备，为 3 年。

（二）生产性生物资产

生产性生物资产，包括经济林、薪炭林、产畜和役畜等。

1. 计税基础对比（见表 5 – 11）。

表 5 – 11

取得方式	固定资产计税基础	生产性生物资产计税基础
外购	购买价款 + 支付的相关税费 + 直接归属于使该资产达到预定用途发生的其他支出	购买价款 + 支付的相关税费
自行建造	竣工结算前发生的支出	—
融资租入	租赁合同约定的付款总额 + 承租人在签订租赁合同过程中发生的相关费用（租赁合同未约定付款总额的，以该资产的公允价值和承租人在签订租赁合同过程中发生的相关费用为计税基础）	—
盘盈	同类固定资产的重置完全价值	
捐赠、投资、非货币性资产交换、债务重组等方式	公允价值 + 支付的相关税费	公允价值 + 支付的相关税费
改建	以改建过程中发生的改建支出增加计税基础	—

2. 折旧方法及起止月份（见表 5 – 12）。

表 5 – 12

项目	生产性生物资产折旧
折旧方法	直线法
计算折旧（起于）	投入使用月份的次月
计算折旧（止于）	停止使用月份的次月

3. 生产性生物资产计算折旧的最低年限如下：

（1）林木类生产性生物资产，为 10 年；

（2）畜类生产性生物资产，为 3 年。

（三）无形资产

无形资产，包括专利权、商标权、著作权、土地使用权、非专利技术、商誉等。在计算应纳税所得额时，企业按照规定计算的无形资产摊销费用，准予扣除。

1. 下列无形资产不得计算摊销费用扣除：

（1）自行开发的支出已在计算应纳税所得额时扣除的无形资产；

（2）自创商誉；

（3）与经营活动无关的无形资产；

（4）其他不得计算摊销费用扣除的无形资产。

2. 无形资产按照表 5 – 13 所示方法确定计税基础（与固定资产、生产性生物资产对比）。

表 5 – 13

取得方式	固定资产计税基础	生产性生物资产计税基础	无形资产计税基础
外购	购买价款＋支付的相关税费＋直接归属于使该资产达到预定用途发生的其他支出	购买价款＋支付的相关税费	购买价款＋支付的相关税费＋直接归属于使该资产达到预定用途发生的其他支出
自行建造（自行开发）	竣工结算前发生的支出	—	开发过程中该资产符合资本化条件后至达到预定用途前发生的支出
融资租入	租赁合同约定的付款总额＋承租人在签订租赁合同过程中发生的相关费用 （租赁合同未约定付款总额的，以该资产的公允价值和承租人在签订租赁合同过程中发生的相关费用为计税基础）	—	—
盘盈	同类固定资产的重置完全价值	—	—
捐赠、投资、非货币性资产交换、债务重组等方式	公允价值＋支付的相关税费	公允价值＋支付的相关税费	公允价值＋支付的相关税费
改建	以改建过程中发生的改建支出增加计税基础	—	—

3. 无形资产按照直线法计算的摊销费用，准予扣除。无形资产的摊销年限不得低于 10 年。

作为投资或者受让的无形资产，有关法律规定或者合同约定了使用年限的，可以按照规定或者约定的使用年限分期摊销。外购商誉的支出，在企业整体转让或者清算时，准予扣除。

（四）长期待摊费用

长期待摊费用，是指企业发生的应在1个年度以上或几个年度进行摊销的费用。在计算应纳税所得额时，企业发生的下列支出作为长期待摊费用，按照规定摊销的，准予扣除：

1. 已足额提取折旧的固定资产的改建支出，按照固定资产预计尚可使用年限分期摊销。

2. 租入固定资产的改建支出，按照合同约定的剩余租赁期限分期摊销。

所谓固定资产的改建支出，是指改变房屋或建筑物结构、延长使用年限等发生的支出。

改建的固定资产延长使用年限的，除前述规定外，应当适当延长折旧年限。

3. 固定资产的大修理支出，按照固定资产尚可使用年限分期摊销。

固定资产的大修理支出，是指同时符合下列条件的支出：

（1）修理支出达到取得固定资产时的计税基础50%以上；

（2）修理后固定资产的使用年限延长2年以上。

4. 其他应当作为长期待摊费用的支出，自支出发生月份的次月起，分期摊销，摊销年限不得低于3年。

（五）投资资产

企业对外投资期间，投资资产的成本在计算应纳税所得额时不得扣除。企业在转让或者处置投资资产时，投资资产的成本，准予扣除。投资资产按照以下方式确定成本：（1）通过支付现金方式取得的投资资产，以购买价款为成本；（2）通过支付现金以外的方式取得的投资资产，以该资产的公允价值和支付的相关税费为成本。

（六）存货

存货，是指企业持有以备出售的产品或者商品、处在生产过程中的在产品、在生产或者提供劳务过程中耗用的材料和物料等。企业使用或者销售存货，按照规定计算的存货成本，准予在计算应纳税所得额时扣除。

存货按照以下方法确定成本：（1）通过支付现金方式取得的存货，以购买价款和支付的相关税费为成本；（2）通过支付现金以外的方式取得的存货，以该存货的公允价值和支付的相关税费为成本；（3）生产性生物资产收获的农产品，以产出或者采收过程中发生的材料费、人工费和分摊的间接费用等必要支出为成本。

企业使用或者销售的存货的成本计算方法，可以在先进先出法、加权平均法、个别计价法中选用一种。计价方法一经选用，不得随意变更。

（七）资产损失

企业发生资产损失，应在按税法规定实际确认或者实际发生的当年申报扣除。企业以前年度发生的资产损失未能在当年税前扣除的，可以按照规定，向税务机关说明并进行专项申报扣除。

二、例题点津

【例题1·单选题】 2020年3月甲公司以经营租赁方式租入一间楼房底商用作产品宣传展示，租期8年。2022年3月公司发生底商改建支出20万元。关于该笔改建支出，正确的企业所得税处理是（　　）。

A. 按2年分期摊销扣除

B. 按6年分期摊销扣除

C. 按8年分期摊销扣除

D. 在发生的当期一次性扣除

【答案】 B

【解析】 租入固定资产的改建支出，按照合同约定的剩余租赁期限分期摊销。该题中剩余租赁期为6年，所以按照6年分期摊销扣除。

【例题2·单选题】 下列各项固定资产中，可以提取折旧的是（　　）。

A. 经营租赁方式租出的固定资产

B. 以融资租赁方式租出的固定资产

C. 未使用的固定资产（机器设备）

D. 单独估价作为固定资产入账的土地

【答案】 A

【解析】 下列固定资产不得计算折旧扣除：（1）房屋、建筑物以外未投入使用的固定资产；（2）以经营租赁方式租入的固定资产；（3）以融资租赁方式租出的固定资产；（4）已足额提取折旧仍继续使用的固定资产；（5）与经营活动无关的固定资产；（6）单独估价作为固定资产入账的土地；（7）其他不得计算折旧扣除的固定资产。

【例题3·单选题】某公司外购一专利权，使用期限为6年，该公司为此支付价款和税费600万元。同时，该公司自行开发一商标权，开发费用为500万元，按10年摊销。则专利权和商标权所支付的费用，该公司应当每年摊销费用合计为（　　）万元。

A. 100　　　　　　　B. 150

C. 110　　　　　　　D. 183.33

【答案】B

【解析】无形资产的摊销年限不得低于10年；作为投资或者受让的无形资产，有关法律规定或者合同约定了使用年限的，可以按照规定或者约定的使用年限分期返销。应摊销费用＝600÷6＋500÷10＝150（万元）。

【例题4·多选题】根据企业所得税法律制度的规定，下列关于生产性生物资产的说法中，不正确的有（　　）。

A. 林木类生产性生物资产计算折旧的最低年限为3年

B. 畜类生产性生物资产计算折旧的最低年限为10年

C. 企业外购的生产性资产，以购买价款和支付的相关费用作为计税基础

D. 生产性生物资产按照直线法计算的折旧，准予扣除

【答案】AB

【解析】林木类生产性生物资产最低折旧年限为10年；畜类生产性生物资产最低折旧年限为3年。

10　企业所得税应纳税额的计算★★★

一、考点解读

（一）计算公式

企业所得税应纳税额＝应纳税所得额×适用税率－减免税额－抵免税额

（二）境外所得税收抵免

1. 适用情形

（1）居民企业来源于中国境外的应税所得；

（2）非居民企业在中国境内设立机构、场所，取得发生在中国境外但与该机构、场所有实际联系的应税所得。

2. 抵免限额为该项所得依照规定计算的应纳税额。

3. 抵免年限。

企业取得的已在境外缴纳的所得税税额，可从其当期应纳税额中抵免，抵免限额为该项所得依法计算的应纳税额；超过抵免限额的部分，可在以后5个年度内，用每年抵免限额抵免当年应抵税额后的余额进行抵补。

4. 自2017年1月1日起，企业可以选择按国（地区）别分别计算〔即"分国（地区）不分项"〕，或者不按国（地区）别汇总计算〔即"不分国（地区）不分项"〕其来源于境外的应纳税所得额，按照规定的税率，分别计算其可抵免境外所得税税额和抵免限额。上述方式一经选择，5年内不得改变。

二、例题点津

【例题1·单选题】2022年某居民企业实现产品销售收入1 200万元，视同销售收入400万元，债务重组收益100万元，发生的成本费用总额1 600万元，其中业务招待费支出20万元。假定不存在其他纳税调整事项，2022年度该企业应缴纳企业所得税（　　）万元。

A. 16.2　　　　　　B. 16.8

C. 27　　　　　　　D. 28

【答案】D

【解析】业务招待费税前扣除限额计算：（1 200＋400）×5‰＝8（万元）＜20×60%＝12（万元）；业务招待费应调增应纳税所得额＝20－8＝12（万元）；应纳税所得额＝1 200＋400＋100－1 600＋12＝112（万元）；该企业应纳企业所得税＝112×25%＝28（万元）。

【例题2·单选题】某居民企业2022年度境内所得应纳税所得额为200万元，在当年已预缴税款50万元，来源于境外某国税前所得100万元，境外实纳税款20万元，该企业在我国适用的企业所得税率是25%，计算该企业当年汇算清缴应补（退）的税款为（　　）万元。

A. 10　　　　　　　B. 12

C. 5　　　　　　　　D. 79

【答案】C

【解析】该企业汇总纳税应纳税额＝（200＋

100）×25% = 75（万元），境外已纳税款抵免限额 = 100 × 25% = 25（万元），境外实纳税额 20万元，可全额扣除。境内已预缴 50 万元，则汇总纳税应补缴税款 = 75 − 20 − 50 = 5（万元）。

11 税收优惠 ★★

一、考点解读

（一）免税收入

免税收入包括：

1. 国债利息收入。

2. 符合条件的居民企业之间的股息、红利等权益性投资收益。

3. 在中国境内设立机构、场所的非居民企业从居民企业取得与该机构、场所有实际联系的股息、红利等权益性投资收益。

4. 符合条件的非营利组织的收入。

5. 基础研究资金收入。自 2022 年 1 月 1 日起，对非营利性科研机构、高等学校接收企业、个人和其他组织机构基础研究资金收入，免征企业所得税。

6. 中国保险保障基金有限责任公司取得的收入，包括：（1）境内保险公司依法缴纳的保险保障基金；（2）依法从撤销或破产保险公司清算财产中获得的受偿收入和向有关责任方追偿所得，以及依法从保险公司风险处置中获得的财产转让所得；（3）接受捐赠收入；（4）银行存款利息收入；（5）购买政府债券、中央银行、中央企业和中央级金融机构发行债券的利息收入；（6）国务院批准的其他资金运用取得的收入。

（二）所得减免

1. 免征企业所得税的项目。

企业从事下列项目的所得，免征企业所得税：

（1）蔬菜、谷物、薯类、油料、豆类、棉花、麻类、糖料、水果、坚果的种植；

（2）农作物新品种的选育；

（3）中药材的种植；

（4）林木的培育和种植；

（5）牲畜、家禽的饲养；

（6）林产品的采集；

（7）灌溉、农产品初加工、兽医、农技推广、农机作业和维修等农、林、牧、渔服务业项目；

（8）远洋捕捞。

2. 减半征收企业所得税的项目。

企业从事下列项目的所得，减半征收企业所得税：

（1）花卉、茶以及其他饮料作物和香料作物的种植；

（2）海水养殖、内陆养殖。

3. 三免三减半征收企业所得税。

（1）企业从事国家重点扶持的公共基础设施项目的投资经营的所得，自项目取得第 1 笔生产经营收入所属纳税年度起，第 1 年至第 3 年免征企业所得税，第 4 年至第 6 年减半征收企业所得税，简称"三免三减半"。但是企业承包经营、承包建设和内部自建自用规定的项目，不得享受上述企业所得税优惠。

（2）企业从事相关规定的符合条件的环境保护、节能节水项目的所得，自项目取得第 1 笔生产经营收入所属纳税年度起，第 1 年至第 3 年免征企业所得税，第 4 年至第 6 年减半征收企业所得税。

4. 符合条件的技术转让所得。

一个纳税年度内，居民企业技术转让所得不超过 500 万元的部分，免征企业所得税；超过 500 万元的部分，减半征收企业所得税。

5. 非居民企业减免税所得。

相关情形见表 5 − 1，减按 10% 的税率征收企业所得税。

6. 境外机构投资者免税所得。

从 2014 年 11 月 17 日起，对 QFII、RQFII 取得来源于中国境内的股票等权益性投资资产转让所得，暂免征收企业所得税。

（三）不同类型企业税收优惠

1. 小型微利企业。

减按 25% 计入应纳税所得额，按 20% 的税率缴纳企业所得税。

2. 高新技术企业。

国家需要重点扶持的高新技术企业，减按 15% 的税率征收企业所得税。

3. 技术先进型服务企业。

对经认定的技术先进型服务企业（服务贸易类），减按 15% 的税率征收企业所得税。

4. 从事污染防治的第三方企业。

减按 15% 的税率征收企业所得税。

5. 集成电路生产企业或项目（见表 5 - 14）。

表 5 - 14

类型	经营期	税收优惠
集成电路线宽小于 28 纳米（含）	15 年以上	第 1 年至第 10 年免征企业所得税
集成电路线宽小于 65 纳米（含）	15 年以上	第 1 年至第 5 年免征企业所得税，第 6 年至第 10 年按照 25% 的法定税率减半征收企业所得税
集成电路线宽小于 130 纳米（含）	10 年以上	第 1 年至第 2 年免征企业所得税，第 3 年至第 5 年按照 25% 的法定税率减半征收企业所得税

6. 集成电路相关企业和软件企业（见表 5 - 15）。

表 5 - 15

类型	税收优惠起始年度	优惠政策
国家鼓励的集成电路设计、装备、材料、封装、测试企业和软件企业	自获利年度起	第 1 年至第 2 年免征企业所得税，第 3 年至第 5 年按照 25% 的法定税率减半征收企业所得税
国家鼓励的重点集成电路设计企业和软件企业	自获利年度起	第 1 年至第 5 年免征企业所得税，接续年度减按 10% 的税率征收企业所得税

7. 经营性文化事业单位转制为企业。

经营性文化事业单位转制为企业，自转制注册之日起 5 年内免征企业所得税（执行至 2027 年 12 月 31 日。届时享受政策不满 5 年的，可享受至 5 年期满）。

8. 生产和装配伤残人员专门用品企业。

对符合条件的生产和装配伤残人员专门用品，且在民政部发布的《中国伤残人员专门用品目录》范围之内的居民企业，免征企业所得税。

（四）民族自治地方的减免税（见图 5 - 1）

图 5 - 1　民族自治地方的减免税

（五）加计扣除

1. 研究开发费用。

企业开展研究活动中实际发生的研发费用，未形成无形资产计入当期损益的，在按规定据实扣除的基础上，自 2023 年 1 月 1 日起，再按照实际发生额的 100% 在税前加计扣除；形成无形资产的，自 2023 年 1 月 1 日起按照无形资产成本的 200% 在税前摊销。

符合条件的集成电路企业和工业母机企业开展研发活动中实际发生的研发费用，未形成无形资产计入当期损益的，在按规定据实扣除的基础上，在 2023 年 1 月 1 日至 2027 年 12 月 31 日期间，再按照实际发生额的 120% 在税前扣除；形成无形资产的，在上述期间按照无形资产成本的 220% 在税前摊销。

2. 安置国家鼓励就业人员所支付的工资。

在据实扣除的基础上，按照支付给残疾职工工资的 100% 加计扣除。

3. 出资给非营利单位用于基础研究的支出。

自 2022 年 1 月 1 日起，对企业出资给非营利性科学技术研究开发机构、高等学校和政府性自然科学基金用于基础研究的支出，在计算应纳税所得额时可按实际发生额在税前扣除，并可按 100% 在税前加计扣除。

（六）抵扣应纳税所得额

创业投资企业采取股权投资方式投资于未上市的中小高新技术企业 **2 年以上的**，可以按照其**投资额的 70%** 在股权持有满 2 年的当年抵扣该创业投资企业的应纳税所得额；当年不足抵扣的，可以在以后纳税年度结转抵扣。

公司制创业投资企业采取股权投资方式直接投资于种子期、初创期科技型企业**满 2 年（24 个月）的**，可以按照**投资额的 70%** 在股权持有满 2 年的当年抵扣该公司制创业投资企业的应纳税所得额；当年不足抵扣的，可以在以后纳税年度结转抵扣。

有限合伙制创业投资企业采取股权投资方式直接投资于初创科技型企业**满 2 年的**，该有限合伙创投企业的法人合伙人可以按照对初创科技型企业**投资额的 70%** 抵扣法人合伙人从合伙创投企业分得的所得；当年不足抵扣的，可以在以后纳税年度结转抵扣。

有限合伙制创投企业采取股权投资方式投资于未上市的中小高新技术企业**满 2 年（24 个月）的**，其法人合伙人可以按照对未上市中小高新技术企业**投资额的 70%** 抵扣该法人合伙人从该有限合伙制创业投资企业分得的应纳税所得额；当年不足抵扣的，可以在以后纳税年度结转抵扣。

（七）加速折旧

1. 可以采取缩短折旧年限或者采取加速折旧方法的固定资产：

（1）由于技术进步，产品更新换代较快的固定资产；

（2）常年处于强震动、高腐蚀状态的固定资产。

2. 采取缩短折旧年限方法的，最低折旧年限不得低于法定折旧年限的 60%。

3. 采取加速折旧方法的，可以采取双倍余额递减法或者年数总和法。

4. 自 2019 年 1 月 1 日起适用固定资产加速折旧优惠相关规定的行业范围，扩大至全部制造业领域。

5. 企业在 2018 年 1 月 1 日至 2027 年 12 月 31 日期间新购进（包括自行建造）的设备、器具，单位价值不超过 500 万元的，允许一次性计入当期成本费用在计算应纳税所得额时扣除，不再分年度计算折旧。

（八）减计收入（见表 5-16）

表 5-16

序号	情形	政策
1	资源综合利用生产规定产品	按 90% 计入收入总额
2	社区养老、托育、家政服务机构提供相应服务的收入	
3	金融机构农户小额贷款的利息收入	
4	保险公司为种植业、养殖业提供保险业务取得的保费收入	
5	经省级地方金融监督管理部门批准成立的小额贷款公司取得的农户小额贷款利息收入	

（九）税额抵免

企业购置并实际使用符合规定的**环境保护、节能节水、安全生产**等专用设备的，**该专用设备投资额的 10%** 可以从企业当年的应纳税额中抵免；当年不足抵免的，可以在以后 5 个纳税年度结转抵免。

（十）西部地区减免税（见表 5 – 17）

表 5 – 17

政策期间	自 2021 年 1 月 1 日至 2030 年 12 月 31 日
企业类型	鼓励类产业企业是指以《西部地区鼓励类产业目录》中规定的产业项目为主营业务，且其主营业务收入占企业收入总额 60% 以上的企业
税收优惠	减按 15% 的税率征收企业所得税

（十一）海南自由贸易港企业所得税优惠（见表 5 – 18）

表 5 – 18

序号	类型	政策
1	注册在海南自由贸易港并实性性运营的鼓励类产业企业	减按 15% 的税率征收企业所得税
2	在海南自由贸易港设立的旅游业、现代服务业、高新技术产业企业新增境外直接投资取得的所得	免征企业所得税
3	在海南自由贸易港设立的企业，新购置（含自建、自行开发）固定资产或无形资产，单位价值不超过 500 万元（含）的	允许一次性计入当期成本费用在计算应纳税所得额时扣除，不再分年度计算折旧和摊销
4	在海南自由贸易港设立的企业，新购置（含自建、自行开发）固定资产或无形资产，单位价值超过 500 万元的	可以缩短折旧、摊销年限或采取加速折旧、摊销的方法

（十二）债券利息减免税（见表 5 – 19）

表 5 – 19

序号	具体政策
1	对企业取得的 2012 年及以后年度发行的地方政府债券利息收入，免征企业所得税
2	自 2021 年 11 月 7 日至 2025 年 12 月 31 日，对境外机构投资境内债券市场取得的债券利息收入暂免征收企业所得税。暂免征收企业所得税的范围不包括境外机构在境内设立的机构、场所取得的与该机构、场所有实际联系的债券利息
3	对企业投资者持有 2019 ~ 2023 年发行的铁路债券取得的利息收入，减半征收企业所得税

二、例题点津

【例题 1 · 单选题】2020 年 6 月 1 日，甲创业投资企业采取股权投资方式向未上市的取得高新技术企业资格的乙公司（该公司属于中小企业）投资 100 万元，股权持有至 2023 年 6 月 1 日，甲创业投资企业 2022 年度计算应纳税所得额时，对乙公司的投资额可以抵扣的数额为（　　）万元。

A. 0　　　　　　　　　B. 70

C. 80　　　　　　　　 D. 90

【答案】B

【解析】创业投资企业采取股权投资方式投资于未上市的中小高新技术企业 2 年以上的，可以按照其投资额的 70% 在持有股权满 2 年的当年抵扣该企业的应纳税所得额。

【例题 2·多选题】 根据企业所得税法律制度，下列关于企业所得税税收优惠的说法中，正确的有（　　）。

A. 对小型微利企业，减按 25% 计入应纳税所得额，按 20% 的税率缴纳企业所得税

B. 符合条件的生产和装配伤残人员专门用品，且在民政部发布的《中国伤残人员专门用品目录》范围之内的居民企业，免征企业所得税

C. 民族自治地方的自治机关对本民族自治地方的企业应缴纳的企业所得税，可以决定全部免征

D. 企业安置残疾人员的，在按照支付给残疾职工工资据实扣除的基础上，按照支付给残疾职工工资的 100% 加计扣除

【答案】 ABD

【解析】 民族自治地方的自治机关对本民族自治地方的企业应缴纳的企业所得税中属于地方分享的部分，可以决定减征或者免征

【例题 3·多选题】 根据企业所得税税收优惠相关规定，以下企业取得收入的情形，可以减按 90% 计入收入总额的有（　　）。

A. 购买地方政府债券取得利息收入

B. 资源综合利用生产规定产品

C. 金融机构农户小额贷款的利息收入

D. 保险公司为种植业、养殖业提供保险业务取得的保费收入

【答案】 BCD

【解析】 对企业取得的 2012 年及以后年度发行的地方政府债券利息收入，免征企业所得税。

【例题 4·多选题】 根据企业所得税税收优惠相关规定，下列选项适用减按 15% 税率征收企业所得税的有（　　）。

A. 小型微利企业

B. 经营性文化事业单位转制为企业

C. 技术先进型服务企业

D. 从事污染防治的第三方企业

【答案】 CD

【解析】 小型微利企业减按 25% 计入应纳税所得额，按 20% 的税率缴纳企业所得税，选项 A 不正确。经营性文化事业单位转制为企业，自转制注册之日起 5 年内免征企业所得税，选项 B 不正确。

【例题 5·多选题】 下列各项中，在计算应纳税所得额时符合加计扣除规定的有（　　）。

A. 企业开发新技术、新产品、新工艺发生的研究开发费用

B. 创业投资企业从事国家需要重点扶持和鼓励的创业投资项目

C. 企业综合利用资源生产符合国家产业政策规定的产品

D. 企业安置残疾人员及国家鼓励安置的其他就业人员所支付的工资

【答案】 AD

【解析】 研究开发费用和企业安置残疾人员及国家鼓励安置的其他就业人员所支付的工资，可以在计算应纳税所得额时加计扣除。

12 企业所得税特别纳税调整 ★★

一、考点解读

（一）转让定价税制

1. 基本概念。

企业与其关联方之间的业务往来，不符合独立交易原则而减少企业或者其关联方应纳税收入或者所得额的，税务机关有权按照合理方法调整。

2. 成本分摊。

企业与其关联方共同开发、受让无形资产，或者共同提供、接受劳务发生的成本，在计算应纳税所得额时应当按照独立交易原则进行分摊。

3. 预约定价安排。

企业可以向税务机关提出与其关联方之间业务往来的定价原则和计算方法，税务机关与企业协商、确认后，达成预约定价安排。

预约定价安排，是指企业就其未来年度关联交易的定价原则和计算方法，向税务机关提出申请，与税务机关按照独立交易原则协商、确认后达成的协议。

4. 核定应纳税所得额。

企业不提供与其关联方之间业务往来资料，或者提供虚假、不完整资料，未能真实反映其关联业务往来情况的，税务机关有权依法核定其应纳税所得额。

（二）受控外国企业税制

由居民企业，或者由居民企业和中国居民控制的设立在实际税负低于 12.5% 的国家（地区）

的企业，并非由于合理的经营需要而对利润不作分配或者减少分配的，上述利润中应归属于该居民企业的部分，应当计入该居民企业的当期收入。

（三）资本弱化税制

企业从其关联方接受的债权性投资与权益性投资的比例超过规定标准而发生的利息支出，不得在计算应纳税所得额时扣除。企业实际支付给关联方的利息支出，其接受关联方债权性投资与其权益性投资比例为：（1）金融企业，为5∶1；（2）其他企业，为2∶1。

（四）一般反避税制度

企业实施其他不具有合理商业目的（以减少、免除或者推迟缴纳税款为主要目的）的安排而减少其应纳税收入或者所得额的，税务机关有权按照合理方法调整。

（五）对避税行为的处理

包括：加收利息、特别纳税调整期限。

二、例题点津

【例题1·单选题】 某企业注册资本为3 000万元，2022年按同期金融机构贷款利率从其关联方借款6 800万元，发生利息408万元。该企业在计算企业所得税应纳税所得额时，准予扣除的利息金额为（　　）万元。

A. 408　　　　　　B. 360

C. 180　　　　　　D. 90

【答案】 B

【解析】 根据规定，企业实际支付给关联方的利息支出，除另有规定外，其接受关联方债权性投资与其权益性投资比例为：除金融企业外的其他企业为2∶1。该企业的注册资本为3 000万元，关联方债权性投资不应超过3 000×2＝6 000（万元），现借款6 800万元，准予扣除的利息金额是6 000万元产生的利息：6 000÷6 800×408＝360（万元）。

【例题2·多选题】 企业从其关联方接受的债权性投资与权益性投资的比例超过规定标准而发生的利息支出，不得在计算应纳税所得额时扣除。企业实际支付给关联方的利息支出，其接受关联方债权性投资与其权益性投资比例为（　　）。

A. 金融企业为2∶1

B. 金融企业以外的其他企业为5∶1

C. 金融企业为5∶1

D. 金融企业以外的其他企业为2∶1

【答案】 CD

【解析】 企业从其关联方接受的债权性投资与权益性投资的比例超过规定标准而发生的利息支出，不得在计算应纳税所得额时扣除。企业实际支付给关联方的利息支出，其接受关联方债权性投资与其权益性投资比例为：（1）金融企业为5∶1；（2）其他企业2∶1。

13 企业重组业务企业所得税处理★★

一、考点解读

（一）相关概念

1. 企业重组类型。

企业重组是指企业在日常经营活动以外发生的法律结构或经济结构重大改变的交易，包括企业法律形式改变、债务重组、股权收购、资产收购、合并、分立等。

2. 股权支付。

股权支付是指企业重组中购买、换取资产的一方支付的对价中，以本企业或其控股企业的股权、股份作为支付的形式。

3. 非股权支付。

非股权支付是指以本企业的现金、银行存款、应收款项、本企业或其控股企业股权和股份以外的有价证券、存货、固定资产、其他资产以及承担债务等作为支付的形式。

（二）企业重组一般性税务处理规定

1. 企业法律形式改变。

（1）企业由法人转变为个人独资企业、合伙企业等非法人组织，或将登记注册地转移至中华人民共和国境外（包括中国港澳台地区）：应视同企业进行清算、分配，股东重新投资成立新企业。企业的全部资产以及股东投资的计税基础均应以公允价值为基础确定。

（2）企业发生其他法律形式简单改变的：可直接变更税务登记。有关企业所得税纳税事项（包括亏损结转、税收优惠等权益和义务）由变更后企业承继，但因住所发生变化而不符合税收优惠条件的除外。

2. 企业债务重组。

（1）以非货币资产清偿债务，应当分解为转让相关非货币性资产、按非货币性资产公允价值清偿债务两项业务，确认相关资产的所得或损失。

（2）发生债权转股权的，应当分解为债务清偿和股权投资两项业务，确认有关债务清偿所得或损失。

（3）债务人应当按照支付的债务清偿额低于债务计税基础的差额，确认债务重组所得；债权人应当按照收到的债务清偿额低于债权计税基础的差额，确认债务重组损失。

3. 企业股权收购、资产收购重组交易。

（1）被收购方应确认股权、资产转让所得或损失。

（2）收购方取得股权或资产的计税基础应以公允价值为基础确定。

（3）被收购企业的相关所得税事项原则上保持不变。

4. 企业合并。

（1）合并企业应按公允价值确定接受被合并企业各项资产和负债的计税基础。

（2）被合并企业及其股东都应按清算进行所得税处理。

（3）被合并企业的亏损不得在合并企业结转弥补。

5. 企业分立。

（1）被分立企业对分立出去资产应按公允价值确认资产转让所得或损失。

（2）分立企业应按公允价值确认接受资产的计税基础。

（3）被分立企业继续存在时，其股东取得的对价应视同被分立企业分配进行处理。

（4）被分立企业不再继续存在时，被分立企业及其股东都应按清算进行所得税处理。

（5）企业分立相关企业的亏损不得相互结转弥补。

二、例题点津

【例题·单选题】 A 化妆品生产企业为增值税一般纳税人，2022 年 5 月与 B 公司达成债务重组协议，A 化妆品生产企业以自产的化妆品抵偿所欠 B 公司一年前发生的债务 300 万元，该批化妆品成本为 200 万元，市场不含税价值为 260 万元。该项业务中，A 企业应缴纳的企业所得税为（　　）万元（不考虑其他税费）。

A. 16. 55　　　　B. 15

C. 25　　　　　D. 75

【答案】 A

【解析】 A 企业以自产货物抵债应确认的所得为：260 − 200 = 60（万元）。债务重组所得为：300 − (260 + 260 × 13%) = 6.2（万元）。因此，A 企业该项业务应缴纳的企业所得税：(60 + 6.2) × 25% = 16.55（万元）。

14 征收管理 ★★

一、考点解读

（一）纳税地点

1. 居民企业的纳税地点。

除税收法律、行政法规另有规定外，居民企业以企业登记注册地为纳税地点；但登记注册地在境外的，以实际管理机构所在地为纳税地点。

2. 非居民企业的纳税地点。

非居民企业在中国境内设立机构、场所的，以机构、场所所在地为纳税地点。非居民企业在中国境内设立 2 个或者 2 个以上机构、场所的，符合国务院税务主管部门规定条件的，可以选择由其主要机构、场所汇总缴纳企业所得税。

在中国境内未设立机构、场所的，或者虽设立机构、场所但取得的所得与其所设机构、场所没有实际联系的非居民企业，以扣缴义务人所在地为纳税地点。

（二）按年计征与分期预缴

企业所得税按年计征，分月或者分季预缴，年终汇算清缴，多退少补。纳税年度自公历 1 月 1 日起至 12 月 31 日止。

企业在一个纳税年度中间开业，或者终止经营活动，使该纳税年度的实际经营期不足 12 个月的，应当以其实际经营期为 1 个纳税年度。企业依法清算时，应当以清算期间作为 1 个纳税年度。

（三）纳税申报

按月或按季预缴的，应当自月份或者季度终了之日起 15 日内，向税务机关报送预缴企业所得税纳税申报表，预缴税款。

二、例题点津

【例题·多选题】根据企业所得税法律制度的规定，下列关于企业所得税征收管理的说法中，正确的有（　　）。

A. 企业在一个纳税年度中间开业或者终止经营活动，使该纳税年度的实际经营期不足 12 个月的，应当以其实际经营期为 1 个纳税年度

B. 企业只有在盈利情况下，才需要依照规定期限，向税务机关报送预缴企业所得税纳税申报表

C. 按月或按季预缴企业所得税的，应当自月份或者季度终了之日起 15 日内，向税务机关报送预缴企业所得税纳税申报表，预缴税款

D. 企业依法清算时，应当为清算日开始到当年年末作为 1 个纳税年度

【答案】AC

【解析】企业无论是否盈利，都需要按期向税务机关报送预缴企业所得税纳税申报表；企业依法清算时，应当以清算期间作为 1 个纳税年度。

第二单元　个人所得税法律制度

1 居民纳税人和非居民纳税人★★

一、考点解读

在中国境内有住所，或者无住所而一个纳税年度内在中国境内居住累计满 183 天的个人，为居民个人。居民个人从中国境内和境外取得的所得，缴纳个人所得税。

在中国境内无住所又不居住，或者无住所而一个纳税年度内在中国境内居住累计不满 183 天的个人，为非居民个人。非居民个人从中国境内取得的所得，缴纳个人所得税。

二、例题点津

【例题 1·单选题】根据个人所得税法律制度的规定，在中国境内有住所，或者无住所而 1 个纳税年度内在中国境内居住累计满（　　）天的个人，为居民个人。

A. 100　　B. 183　　C. 270　　D. 365

【答案】B

【解析】在中国境内有住所，或者无住所而 1 个纳税年度内在中国境内居住累计满 183 天的个人，为居民个人。

2 所得来源的确定★★

一、考点解读

（一）来源于中国境内的所得

下列所得，不论支付地点是否在中国境内，均为来源于中国境内的所得：

（1）因任职、受雇、履约等在中国境内提供劳务取得的所得；

（2）将财产出租给承租人在中国境内使用而取得的所得；

（3）许可各种特许权在中国境内使用而取得的所得；

（4）转让中国境内的不动产等财产或者在中国境内转让其他财产取得的所得；

（5）从中国境内企业、事业单位、其他组织以及居民个人取得的利息、股息、红利所得。

（二）来源于中国境外的所得

下列所得，为来源于中国境外的所得：

（1）因任职、受雇、履约等在中国境外提供劳务取得的所得。

（2）中国境外企业以及其他组织支付且负担的稿酬所得。

（3）许可各种特许权在中国境外使用而取得的所得。

（4）在中国境外从事生产、经营活动而取得的与生产、经营活动相关的所得。

（5）从中国境外企业、其他组织以及非居民个人取得的利息、股息、红利所得。

（6）将财产出租给承租人在中国境外使用而取得的所得。

（7）转让中国境外的不动产、转让对中国境外企业以及其他组织投资形成的股票、股权以及其他权益性资产（以下简称"权益性资产"）

或者在中国境外转让其他财产取得的所得。但转让对中国境外企业以及其他组织投资形成的权益性资产，该权益性资产被转让前3年（连续36个公历月份）内的任一时间，被投资企业或其他组织的资产公允价值50%以上直接或间接来自位于中国境内的不动产的，取得的所得为来源中国境内的所得。

（8）中国境外企业、其他组织以及非居民个人支付且负担的偶然所得。

（9）财政部、税务总局另有规定的，按照相关规定执行。

二、例题点津

【例题1・单选题】个人取得的下列所得中，应确定为来源于中国境内所得的是（　　）。

A. 在境外开办教育培训取得的所得

B. 拥有的专利在境外使用而取得的所得

C. 从境外上市公司取得的股息所得

D. 将境内房产转让给外国人取得的所得

【答案】D

【解析】下列所得，不论支付地点是否在中国境内，均为来源于中国境内的所得：（1）因任职、受雇、履约等而在中国境内提供劳务取得的所得；（2）将财产出租给承租人在中国境内使用而取得的所得；（3）转让中国境内的建筑物、土地使用权等财产或者在中国境内转让其他财产取得的所得；（4）许可各种特许权在中国境内使用而取得的所得；（5）从中国境内的公司、企业以及其他经济组织或者个人取得的利息、股息、红利所得。选项A，不属于来源于中国境内的所得。选项B，专利在境外使用，不属于来源于中国境内的所得。选项C，从境外上市公司取得的股息，不属于来源于中国境内的所得。选项D，将境内的不动产转让取得的所得，属于来源于中国境内的所得。

【例题2・多选题】根据个人所得税法律制度，下列所得中属于来源于中国境外所得的有（　　）。

A. 甲在美国工作取得的工资

B. 乙在英国某期刊发表文章取得的稿酬

C. 丙在泰国购买一处房产用于出租而取得的租金

D. 丁将北京闲置住房出租给外国人而取得的租金

【答案】ABC

【解析】将财产出租给承租人在中国境内使用而取得的所得，属于来源于中国境内的所得。

3　个人所得税应税所得项目★★★

一、考点解读

个人所得税共分为9个应税项目。

（一）工资、薪金所得

工资、薪金所得，是指个人因任职或者受雇而取得的工资、薪金、奖金、年终加薪、劳动分红、津贴、补贴以及与任职或者受雇有关的其他所得。

下列项目不属于工资、薪金性质的补贴、津贴，不予征收个人所得税。这些项目包括：独生子女补贴；执行公务员工资制度未纳入基本工资总额的补贴、津贴差额和家属成员的副食补贴；托儿补助费；差旅费津贴、误餐补助。

（二）劳务报酬所得

劳务报酬所得，是指个人从事劳务取得的所得。区分"劳务报酬所得"和"工资、薪金所得"，主要看是否存在雇佣与被雇佣的关系。

（三）稿酬所得

稿酬所得，是指个人因其作品以图书、报刊形式出版、发表而取得的所得。作品包括文学作品、书画作品、摄影作品，以及其他作品。作者去世后，财产继承人取得的遗作稿酬，也应按"稿酬所得"征收个人所得税。

（四）特许权使用费所得

特许权使用费所得，是指个人提供专利权、商标权、著作权、非专利技术以及其他特许权的使用权取得的所得。

以下应按"特许权使用费所得"项目征收个人所得税：（1）作者将自己的文字作品手稿原件或复印件拍卖取得的所得；（2）个人取得专利赔偿所得；（3）剧本作者从电影、电视剧的制作单位取得的剧本使用费（不再区分剧本的使用方是否为其任职单位）。

（五）经营所得

经营所得包括：（1）个体工商户从事生产、

经营活动取得的所得，个人独资企业投资人、合伙企业的个人合伙人来源于境内注册的个人独资企业、合伙企业生产、经营的所得；（2）个人依法从事办学、医疗、咨询以及其他有偿服务活动取得的所得；（3）个人对企业、事业单位承包经营、承租经营以及转包、转租取得的所得；（4）个人从事其他生产、经营活动取得的所得。

（六）利息、股息、红利所得

利息、股息、红利所得，是指个人拥有债权、股权而取得的利息、股息、红利所得。

（七）财产租赁所得

财产租赁所得，是指个人出租不动产、机器设备、车船以及其他财产取得的所得。个人取得的房屋转租收入，属于"财产租赁所得"项目。

（八）财产转让所得

财产转让所得，是指个人转让有价证券、股权、合伙企业中的财产份额、不动产、机器设备、车船以及其他财产取得的所得。

（九）偶然所得

偶然所得，是指个人得奖、中奖、中彩以及其他偶然性质的所得。企业对累积消费达到一定额度的顾客，给予额外抽奖机会，个人的获奖所得，按照"偶然所得"项目，全额缴纳个人所得税。个人取得单张有奖发票奖金所得超过800元的，应全额按"偶然所得"项目征收个人所得税。

各应税项目计征方式见表5-20。

表5-20

应税所得项目	居民个人	非居民个人
工资、薪金所得	综合征收（按年）	分类征收（按月或按次）
劳务报酬所得		
稿酬所得		
特许权使用费所得		
经营所得	分类征收	
利息、股息、红利所得		
财产租赁所得		
财产转让所得		
偶然所得		

二、例题点津

【例题1·单选题】 退休职工刘某取得的下列收入中，免予缴纳个人所得税的是（　　）。

A. 退休工资5 000元

B. 商场有奖销售中奖210元

C. 其任职单位重阳节发放补贴800元

D. 报刊上发表文章取得报酬1 000元

【答案】 A

【解析】 选项A，免征个人所得税。选项B，按照"偶然所得"计征个人所得税。选项C，离退休人员除按规定领取退休工资或养老金外，另从原任职单位取得的各类补贴、奖金、实物，不属于免税的退休工资、离休工资、离休生活补助费，应按"工资、薪金所得"应税项目缴纳个人所得税。选项D，应按照"稿酬所得"计征个人所得税。

【例题2·单选题】 关于个人所得税应税项目，以下说法不正确的是（　　）。

A. 独生子女补贴不属于"工资、薪金所得"

B. 作者将自己的文字作品手稿原件或复印件拍卖取得的所得按"特许权使用费所得"项目征收个人所得税

C. 剧本作者从电影制作单位取得的剧本使用费，按"特许权使用费所得"项目征收个人所得税

D. 作者去世后，财产继承人取得的遗作稿酬，应按"财产转让所得"征收个人所得税

【答案】 D

【解析】 作者去世后，财产继承人取得的遗作稿酬，也应按"稿酬所得"征收个人所得税。

【例题3·多选题】 下列各项中，应当按照工资、薪金所得项目征收个人所得税的有（　　）。

A. 劳动分红

B. 离退休后再任职的收入

C. 差旅费津贴

D. 发放给职工的午餐费

【答案】 ABD

【解析】 选项C为不属于工资、薪金性质的补贴、津贴，不予征收个人所得税。

【例题4·多选题】 下列所得中，属于个人所得税"工资、薪金所得"应税项目的有（　　）。

A. 甲公司会计张三利用每周末到乙事务所做业余审计助理的兼职所得

B. 李四退休后再任职取得的所得

C. 任职于杂志社的记者王五在本单位杂志上发表作品取得的所得

D. 某公司总经理赵六兼任本公司董事取得的董事费所得

【答案】BCD

【解析】选项 A 属于"劳务报酬所得"。

【例题 5·判断题】个人所得税应税项目中，区分"劳务报酬所得"和"工资、薪金所得"，主要看是否为定期取得收入。（   ）

【答案】×

【解析】劳务报酬所得，是指个人从事劳务取得的所得。区分"劳务报酬所得"和"工资、薪金所得"，主要看是否存在雇佣与被雇佣的关系。

【例题 6·判断题】居民个人取得稿酬所得，应该按次计征个人所得税。（   ）

【答案】×

【解析】居民个人取得综合所得（包括工资、薪金所得，劳务报酬所得，稿酬所得，特许权使用费所得）应该按年计征个人所得税。

4 个人所得税税率★★

一、考点解读

（一）综合所得（适用 3%～45% 的超额累进税率）

表 5－21 所称全年应纳税所得额是指依照法律规定，居民个人取得综合所得以每一纳税年度收入额减除费用 6 万元以及专项扣除、专项附加扣除和依法确定的其他扣除后的余额。

表 5－21

级数	全年应纳税所得额	税率（%）	速算扣除数
1	不超过 36 000 元的	3	0
2	超过 36 000 元至 144 000 元的部分	10	2 520
3	超过 144 000 元至 300 000 元的部分	20	16 920

续表

级数	全年应纳税所得额	税率（%）	速算扣除数
4	超过 300 000 元至 420 000 元的部分	25	31 920
5	超过 420 000 元至 660 000 元的部分	30	52 920
6	超过 660 000 元至 960 000 元的部分	35	85 920
7	超过 960 000 元的部分	45	181 920

（二）经营所得（适用 5%～35% 的超额累进税率）

表 5－22 所称全年应纳税所得额是指依照法律规定，以每一纳税年度的收入总额减除成本、费用以及损失后的余额。

表 5－22

级数	全年应纳税所得额	税率（%）	速算扣除数
1	不超过 30 000 元的	5	0
2	超过 30 000 元至 90 000 元的部分	10	1 500
3	超过 90 000 元至 300 000 元的部分	20	10 500
4	超过 300 000 元至 500 000 元的部分	30	40 500
5	超过 500 000 元的部分	35	65 500

（三）其他所得适用的税率

利息、股息、红利所得，财产租赁所得，财产转让所得和偶然所得适用比例税率，税率为20%，自 2001 年 1 月 1 日起，对个人出租住房取得的所得暂减按 10% 的税率征收个人所得税。

二、例题点津

【例题·判断题】个人出租住房属于"财产租赁所得"，暂减按 10% 的税率征收个人所得税。（   ）

【答案】√

5 个人所得税应纳税所得额的确定★★★

一、考点解读

个人所得税的计税依据是纳税人取得的应纳税所得额。应纳税所得额为个人取得的各项收入减去税法规定的费用扣除金额和减免税收入后的余额。应纳税所得额确定方式如下：

（一）居民个人综合所得应纳税所得额的确定

居民个人的综合所得，以每一纳税年度的收入额减除费用 **6 万元**以及专项扣除、专项附加扣除和依法确定的其他扣除后的余额，为应纳税所得额。

各类型扣除见表 5 – 23。

综合所得，包括工资、薪金所得，劳务报酬所得，稿酬所得，特许权使用费所得四项。劳务报酬所得、稿酬所得、特许权使用费所得以收入减除 20% 的费用后的余额为收入额。稿酬所得的收入额减按 70% 计算。

表 5 – 23

扣除类型		具体规定
专项扣除		包括居民个人按照国家规定的范围和标准缴纳的基本养老保险、基本医疗保险、失业保险等社会保险费和住房公积金等
专项附加扣除	子女教育	标准：每个子女 2 000 元/月（2023 年 1 月 1 日起）
	继续教育	标准：学历（学位）400 元/月（同一不超过 48 个月）；技能（专业技术）人员职业资格继续教育 3 600 元（当年）
	大病医疗	个人负担超 15 000 元的部分，在 80 000 元限额内据实扣除
	住房贷款利息	1 000 元/月，最长不超过 240 个月
	住房租金	直辖市、省会（首府）城市、计划单列市以及国务院确定的其他城市，扣除标准为每月 1 500 元；除上述所列城市以外，市辖区户籍人口超过 100 万的城市，扣除标准为每月 1 100 元；市辖区户籍人口不超过 100 万的城市，扣除标准为每月 800 元
	赡养老人	自 2023 年 1 月 1 日起，纳税人为独生子女的，按照每月 3 000 元的标准定额扣除。纳税人为非独生子女的，由其与兄弟姐妹分摊每年每月 3 000 元的扣除额度
	3 岁以下婴幼儿照护	自 2023 年 1 月 1 日起，每个婴幼儿子女每月 2 000 元的定额扣除标准，可一方扣 100%，也可双方分别扣 50%
依法确定的其他扣除		包括个人缴付符合国家规定的企业年金、职业年金，个人购买符合国家规定的商业健康保险、税收递延型商业养老保险的支出，以及国务院规定可以扣除的其他项目

（二）非居民个人应纳税所得额的确定

非居民个人的工资、薪金所得，以每月收入额减除费用 5 000 元后的余额为应纳税所得额；劳务报酬所得、稿酬所得、特许权使用费所得，以每次收入额为应纳税所得额。

（三）经营所得应纳税所得额的确定

1. 经营所得应纳税所得额的计算。

经营所得，以每一纳税年度的收入总额减除成本、费用以及损失后的余额，为应纳税所得额。取得经营所得的个人，没有综合所得的，计算其每一纳税年度的应纳税所得额时，应当减除费用 6 万元、专项扣除、专项附加扣除以及依法确定的其他扣除。从事生产、经营活动，未提供完整、准确的纳税资料，不能正确计算应纳税所得额的，由主管税务机关核定应纳税所得额或者应纳税额。

2. 个体工商户经营所得应纳税所得额计算的具体规定（扣除标准见表5-24）。

个体工商户的生产、经营所得，以每一纳税年度的收入总额，减除成本、费用、税金、损失、其他支出以及允许弥补的以前年度亏损后的余额，为应纳税所得额。

表5-24

可以/不得扣除	项目	定义
可以扣除	成本	个体工商户在生产经营活动中发生的销售成本、销货成本、业务支出以及其他耗费
	费用	个体工商户在生产经营活动中发生的销售费用、管理费用和财务费用，已经计入成本的有关费用除外
	税金	个体工商户在生产经营活动中发生的除个人所得税和允许抵扣的增值税以外的各项税金及其附加
	损失	个体工商户在生产经营活动中发生的固定资产和存货的盘亏、毁损、报废损失，转让财产损失，坏账损失，自然灾害等不可抗力因素造成的损失以及其他损失
	其他支出	除成本、费用、税金、损失外，个体工商户在生产经营活动中发生的与生产经营活动有关的、合理的支出
	允许弥补的以前年度亏损	个体工商户依照规定计算的应纳税所得额小于零的数额
不得扣除	1. 个人所得税税款； 2. 税收滞纳金； 3. 罚金、罚款和被没收财物的损失； 4. 不符合扣除规定的捐赠支出； 5. 赞助支出； 6. 用于个人和家庭的支出； 7. 与取得生产经营收入无关的其他支出； 8. 个体工商户代其从业人员或者他人负担的税款； 9. 国家税务总局规定不准扣除的支出	

注：个体工商户发生的损失，减除责任人赔偿和保险赔款后的余额，参照财政部、国家税务总局有关企业资产损失税前扣除的规定扣除。个体工商户已经作为损失处理的资产，在以后纳税年度又全部收回或者部分收回时，应当计入收回当期的收入。

扣除标准如表5-25所示。

表5-25

项目	扣除标准
工资薪金支出	支付给从业人员的准予扣除；业主的工资薪金支出不得税前扣除
"四险一金"	为其业主和从业人员缴纳的，都准予扣除
补充养老保险费、补充医疗保险费	为从业人员缴纳的，分别在不超过从业人员工资总额5%标准内的部分据实扣除；超过部分，不得扣除。为业主本人缴纳的，以当地（地级市）上年度社会平均工资的3倍为计算基数，分别在不超过该计算基数5%标准内的部分据实扣除；超过部分，不得扣除
商业保险费	不得扣除 （例外：个体工商户依照国家有关规定为特殊工种从业人员支付的人身安全保险费和财政部、国家税务总局规定可以扣除的其他商业保险费）

续表

项目	扣除标准
工会经费、职工福利费、职工教育经费	分别在工资薪金总额的2%、14%、2.5%的标准内据实扣除。职工教育经费的实际发生数额超出规定比例当期不能扣除的数额，准予在以后纳税年度结转扣除。个体工商户业主本人向当地工会组织缴纳的"三费"，以当地（地级市）上年度社会平均工资的3倍为计算基数，在规定比例内据实扣除
劳动保护支出	准予扣除
借款费用与利息支出	1. 合理的不需要资本化的借款费用，准予扣除。2. 下列利息支出，准予扣除：（1）向金融企业借款的利息支出；（2）向非金融企业和个人借款的利息支出，不超过按照金融企业同期同类贷款利率计算的数额的部分
业务招待费	按照实际发生额的60%扣除，但最高不得超过当年销售（营业）收入的5‰
广告费和业务宣传费	不超过当年销售（营业）收入15%的部分，可以据实扣除；超过部分，准予在以后纳税年度结转扣除
开办费及研发费支出	1. 除为取得固定资产、无形资产的支出，以及应计入资产价值的汇兑损益、利息支出外，开办费可以在开始生产经营的当年一次性扣除，也可以自生产经营月份起在不短于3年期限内摊销扣除，但一经选定，不得改变。2. 个体工商户研究开发新产品、新技术、新工艺所发生的开发费用，以及研究开发新产品、新技术而购置单台价值在10万元以下的测试仪器和试验性装置的购置费准予直接扣除
公益性捐赠的扣除	符合规定的公益事业的捐赠（可以全额扣除的除外），捐赠额不超过其应纳税所得额30%的部分可以据实扣除；个体工商户直接对受益人的捐赠不得扣除
摊位费、行政性收费、协会会费等	按实际发生数额扣除
财产保险费	准予扣除
生产经营费用和个人、家庭费用	应当分别核算；难以分清的费用，其40%视为与生产经营有关的费用，准予扣除
亏损结转	个体工商户纳税年度发生的亏损，准予向以后年度结转，用以后年度的生产经营所得弥补，但结转年限最长不得超过5年

3. 个人独资企业和合伙企业经营所得应纳税所得额计算的具体规定。

（1）个人独资企业和合伙企业应纳税所得额的确定。

①个人独资企业的投资者以全部生产经营所得为应纳税所得额。兴办2个或2个以上个人独资企业，汇算清缴时，应汇总其投资兴办的所有企业的经营所得作为应纳税所得额，计算出全年应纳税额后，再按每个企业的经营所得占比分别计算相应的应纳税额和应补缴税额。

②合伙企业的投资者按照图5-2所示原则确定应纳税所得额。

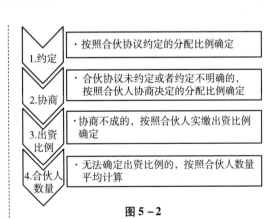

图5-2

（2）查账征收的个人独资企业和合伙企业各项支出的扣除：①查账征收的个人独资企业和合伙企业（以下简称"企业"）的扣除项目比照个体工商户经营所得应纳税所得额计算的具体规定确定。②投资者兴办2个或2个以上企业的，其投资者个人费用扣除标准由投资者选择在其中一个企业的生产经营所得中扣除。③企业计提的各种准备金不得扣除。

（四）其他所得应纳税所得额的确定

1. 财产租赁所得，每次收入不超过4 000元的，减除费用800元；4 000元以上的，减除20%的费用，其余额为应纳税所得额。

2. 财产转让所得，以转让财产的收入额减除财产原值和合理费用后的余额，为应纳税所得额。

3. 利息、股息、红利所得和偶然所得，以每次收入额为应纳税所得额。

二、例题点津

【例题1·单选题】 下列关于继续教育专项附加扣除的表述中，说法不正确的是（　　）。

A. 纳税人接受技能人员职业资格继续教育、专业技术人员职业资格继续教育支出，在取得相关证书的年度，按照每年3 600元定额扣除

B. 个人接受硕士学历继续教育，可以选择由父母扣除

C. 个人接受本科学历继续教育，可以选择由父母扣除

D. 纳税人接受职业资格继续教育，应当留存相关证书等备查

【答案】 B

【解析】 根据个人所得税法的规定，纳税人接受学历继续教育的支出，在学历教育期间按照每月400元定额扣除。纳税人接受技能人员职业资格继续教育、专业技术人员职业资格继续教育支出，在取得相关证书的年度，按照每年3 600元定额扣除。个人接受本科及以下学历（学位）继续教育，符合本办法规定扣除条件的，可以选择由其父母扣除，也可以选择由本人扣除，接受本科以上学历（学位）继续教育的，只能由本人扣除，选项B错误。

【例题2·单选题】 居民个人甲任职于境内某企业，2023年每月从该企业取得工资薪金所得10 000元，每月符合规定的专项扣除是2 250元，其2岁女儿的照护支出是3 000元/月，相关专项附加扣除选择由甲100%扣除。累计应纳税所得额不超过36 000元的，适用预扣率3%，速算扣除数是0。该企业2023年1月预扣预缴甲的个人所得税金额为（　　）。

A. （10 000 - 2 250 - 3 000）× 3% = 142.5（元）

B. （10 000 - 5 000 - 2 250 - 2 000）× 3% = 22.5（元）

C. （10 000 - 5 000 - 3 000）× 3% = 60（元）

D. 0

【答案】 B

【解析】 自2023年1月1日起，3岁以下婴幼儿照护按每个婴幼儿子女2 000元/月的标准定额扣除。

【例题3·单选题】 根据个人所得税的相关规定，下列关于个体工商户税前扣除的说法，正确的是（　　）。

A. 个体工商户为业主本人支付的商业保险金，可以在税前扣除

B. 个体工商户被税务机关加收的税收滞纳金，可以在税前扣除

C. 个体工商户按照规定缴纳的行政性收费，按实际发生额在税前扣除

D. 个体工商户发生的经营费用与生活费用划分不清的，可全额在税前扣除

【答案】 C

【解析】 选项A，除个体工商户依照国家有关规定为特殊工种从业人员支付的人身安全保险费和财政部、国家税务总局规定可以扣除的其他商业保险费外，个体工商户业主本人或者为从业人员支付的商业保险费，不得扣除；选项B，税收滞纳金不能扣除；选项D，个体工商户生产经营活动中，应当分别核算生产经营费用和个人、家庭费用，对于生产经营与个人、家庭生活混用难以分清的费用，其40%视为与生产经营有关费用，准予扣除。

【例题4·多选题】 根据个人所得税法律制度，个体工商户下列支出中，不得在计算应纳税所得额时扣除的有（　　）。

A. 个体工商户代其从业人员或者他人负担

的税款

　　B. 用于个人和家庭的支出

　　C. 罚金、罚款和被没收财物的损失

　　D. 税收滞纳金

　　【答案】ABCD

　　【解析】个体工商户下列支出不得扣除：（1）个人所得税税款；（2）税收滞纳金；（3）罚金、罚款和被没收财物的损失；（4）不符合扣除规定的捐赠支出；（5）赞助支出；（6）用于个人和家庭的支出；（7）与取得生产经营收入无关的其他支出；（8）个体工商户代其从业人员或者他人负担的税款；（9）国家税务总局规定不准扣除的支出。

　　【例题5·多选题】根据个人所得税相关规定，以下关于居民个人综合所得应纳税所得额以及收入额确定的说法中，正确的有（　　）。

　　A. 劳务报酬所得以收入减除20%的费用后的余额为收入额

　　B. 居民个人的综合所得，以每一纳税年度的收入额减除费用6万元以及专项扣除、专项附加扣除和依法确定的其他扣除后的余额，为应纳税所得额

　　C. 特许权使用费以实际收入为收入额

　　D. 稿酬所得以收入减除20%的费用后的余额为收入额，且收入额减按70%计算

　　【答案】ABD

　　【解析】特许权使用费以收入减除20%的费用后的余额为收入额，选项C不正确。

　　【例题6·多选题】根据个人所得税相关规定，下列关于应税所得项目应纳税所得额确定的说法中，正确的有（　　）。

　　A. 偶然所得，以每次收入额减去合理费用后的余额，为应纳税所得额

　　B. 财产租赁所得，每次收入不超过4000元的，减除费用800元；4000元以上的，减除20%的费用，其余额为应纳税所得额

　　C. 利息、股息、红利所得，以每次收入额为应纳税所得额

　　D. 财产转让所得，以转让财产的收入额减除财产原值和合理费用后的余额，为应纳税所得额

　　【答案】BCD

　　【解析】偶然所得，以每次收入额为应纳税

所得额，选项A说法不正确。

　　【例题7·多选题】非居民个人个人所得税应纳税所得额的确定，以下说法正确的有（　　）。

　　A. 劳务报酬所得以每次收入额为应纳税所得额

　　B. 特许权使用费所得以每次收入额为应纳税所得额

　　C. 稿酬所得以每次收入额为应纳税所得额

　　D. 工资、薪金所得，以每月收入额减除费用5000元后的余额为应纳税所得额

　　【答案】ABCD

　　【解析】本题考核非居民个人个人所得税应纳税所得额的确定，要注意与居民个人相关知识点的区分。

　　【例题8·判断题】根据个人所得税法律制度，个体工商户业主的工资薪金支出，可以在计算应纳税所得额时扣除。（　　）

　　【答案】×

　　【解析】个体工商户实际支付给从业人员的、合理的工资薪金支出，准予扣除。个体工商户业主的工资薪金支出不得税前扣除。

6 公益捐赠支出的扣除★★

一、考点解读

　　1. 个人将其所得对教育、扶贫、济困等公益慈善事业进行捐赠，捐赠额未超过纳税人申报的应纳税所得额30%的部分，可以从其应纳税所得额中扣除；国务院规定对公益慈善事业捐赠实行全额税前扣除的，从其规定。应纳税所得额，是指计算扣除捐赠额之前的应纳税所得额。

　　2. 个人通过非营利性的社会团体和国家机关向红十字事业的捐赠，在计算缴纳个人所得税时，准予在税前的所得额中全额扣除。

　　3. 个人通过境内非营利的社会团体、国家机关向教育事业的捐赠，准予在个人所得税前全部扣除。

　　4. 个人通过非营利的社会团体和国家机关向农村义务教育的捐赠，在计算缴纳个人所得税时，准予在税前的所得额中全额扣除。

　　5. 个人通过非营利性社会团体和国家机关

对公益性青少年活动场所（其中包括新建）的捐赠，在计算缴纳个人所得税时，准予在税前的所得额中全额扣除。

6. 根据财政部、国家税务总局有关规定，个人通过非营利性的社会团体和政府部门向福利性、非营利性老年服务机构捐赠、通过宋庆龄基金会等 6 家单位、中国医药卫生事业发展基金会、中国教育发展基金会、中国老龄事业发展基金会等 8 家单位、中华健康快车基金会等 5 家单位用于公益救济性的捐赠，符合相关条件的，准予在缴纳个人所得税税前全额扣除。

二、例题点津

【例题·判断题】个人直接向农村义务教育的捐赠，在计算缴纳个人所得税时，准予在税前的所得额中全额扣除。（　　）

【答案】×

【解析】个人须通过非营利的社会团体和国家机关向农村义务教育进行捐赠，才能在计算缴纳个人所得税时在税前的所得额中全额扣除。

7　每次收入的确定 ★★

一、考点解读

1. 财产租赁所得，以 1 个月内取得的收入为 1 次。

2. 利息、股息、红利所得，以支付利息、股息、红利时取得的收入为 1 次。

3. 偶然所得，以每次取得该项收入为 1 次。

4. 非居民个人取得的劳务报酬所得、稿酬所得、特许权使用费所得，属于一次性收入的，以取得该项收入为 1 次；属于同一项目连续性收入的，以 1 个月内取得的收入为 1 次。

二、例题点津

【例题·判断题】财产租赁所得，以每次取得该项收入为 1 次。（　　）

【答案】×

【解析】财产租赁所得，以 1 个月内取得的收入为 1 次。

8　个人所得税应纳税额的计算 ★★

一、考点解读

（一）综合所得

应纳税额 = 应纳税所得额 × 适用税率 – 速算扣除数 =（每一纳税年度的收入额 – 费用 6 万元 – 专项扣除 – 专项附加扣除 – 依法确定的其他扣除）× 适用税率 – 速算扣除数

（二）扣缴义务人对居民综合所得预扣预缴个人所得税的计算

1. 扣缴义务人向居民个人支付工资、薪金所得时，应当按照累计预扣法计算预扣税款，并按月办理全员全额扣缴申报。

具体计算公式如下：

本期应预扣预缴税额 =（累计预扣预缴应纳税所得额 × 预扣率 – 速算扣除数）– 累计减免税额 – 累计已预扣预缴税额

累计预扣预缴应纳税所得额 = 累计收入 – 累计免税收入 – 累计减除费用 – 累计专项扣除 – 累计专项附加扣除 – 累计依法确定的其他扣除

其中：累计减除费用，按照 5 000 元/月乘以纳税人当年截至本月在本单位的任职受雇月份数计算。自 2020 年 7 月 1 日起，对一个纳税年度内首次取得工资、薪金所得的居民个人，扣缴义务人在预扣预缴个人所得税时，可按照 5 000 元/月乘以纳税人当年截至本月月份数计算累计减除费用。首次取得工资、薪金所得的居民个人，是指自纳税年度首月起至新入职时，未取得工资、薪金所得或者未按照累计预扣法预扣预缴过连续性劳务报酬所得个人所得税的居民个人。

居民个人工资、薪金所得预扣预缴适用的预扣率见表 5 – 26。

表 5 – 26　个人所得税预扣率表

（居民个人工资、薪金所得预扣预缴适用）

级数	累计预扣预缴应纳税所得额	预扣率（%）	速算扣除数
1	不超过 36 000 元的部分	3	0
2	超过 36 000 元至 144 000 元的部分	10	2 520

续表

级数	累计预扣预缴应纳税所得额	预扣率（%）	速算扣除数
3	超过 144 000 元至 300 000 元的部分	20	16 920
4	超过 300 000 元至 420 000 元的部分	25	31 920
5	超过 420 000 元至 660 000 元的部分	30	52 920
6	超过 660 000 元至 960 000 元的部分	35	85 920
7	超过 960 000 元的部分	45	181 920

2. 扣缴义务人向居民个人支付劳务报酬所得、稿酬所得、特许权使用费所得，按次或者按月预扣预缴个人所得税。

具体预扣预缴方法如下：（1）劳务报酬所得、稿酬所得、特许权使用费所得以收入减除费用后的余额为收入额。其中，稿酬所得的收入额减按70%计算。（2）减除费用：劳务报酬所得、稿酬所得、特许权使用费所得每次收入不超过 4 000 元的，减除费用按 800 元计算；每次收入 4 000 元以上的，减除费用按 20% 计算。（3）应纳税所得额：劳务报酬所得、稿酬所得、特许权使用费所得，以每次收入额为预扣预缴应纳税所得额。

劳务报酬所得应预扣预缴税额＝预扣预缴应纳税所得额×预扣率－速算扣除数

稿酬所得、特许权使用费所得应预扣预缴税额＝预扣预缴应纳税所得额×20%

稿酬所得、特许权使用费所得适用 20% 的比例预扣率。劳务报酬所得适用 20% ~ 40% 的超额累进预扣率（见表 5 - 27）。

表 5 - 27 个人所得税预扣率表
（居民个人劳务报酬所得预扣预缴适用）

级数	预扣预缴应纳税所得额	预扣率（%）	速算扣除数
1	不超过 20 000 元的部分	20	0

续表

级数	预扣预缴应纳税所得额	预扣率（%）	速算扣除数
2	超过 20 000 元至 50 000 元的部分	30	2 000
3	超过 50 000 元的部分	40	7 000

（三）非居民个人扣缴个人所得税的计算

非居民个人工资、薪金所得，劳务报酬所得，稿酬所得，特许权使用费所得应纳税额＝应纳税所得额×税率－速算扣除数

扣缴义务人向非居民个人支付工资、薪金所得，劳务报酬所得，稿酬所得和特许权使用费所得时，应当按以下方法按月或者按次代扣代缴个人所得税：非居民个人的工资、薪金所得，以每月收入额减除费用 5 000 元后的余额为应纳税所得额；劳务报酬所得、稿酬所得、特许权使用费所得，以每次收入额为应纳税所得额，适用按月换算后的非居民个人月度税率表（见表 5 - 28）计算应纳税额。其中，劳务报酬所得、稿酬所得、特许权使用费所得以收入减除 20% 的费用后的余额为收入额。稿酬所得的收入额减按70%计算。

表 5 - 28 个人所得税税率表
（非居民个人工资、薪金所得，劳务报酬所得，稿酬所得，特许权使用费所得适用）

级数	应纳税所得额	税率（%）	速算扣除数
1	不超过 3 000 元的部分	3	0
2	超过 3 000 元至 12 000 元的部分	10	210
3	超过 12 000 元至 25 000 元的部分	20	1 410
4	超过 25 000 元至 35 000 元的部分	25	2 660
5	超过 35 000 元至 55 000 元的部分	30	4 410
6	超过 55 000 元至 80 000 元的部分	35	7 160
7	超过 80 000 元的部分	45	15 160

（四）居民个人取得全年一次性奖金

2027 年 12 月 31 日前，居民个人取得全年一次性奖金，符合《国家税务总局关于调整个人取得全年一次性奖金等计算征收个人所得税方法问题的通知》（国税发〔2005〕9 号）规定的，不并入当年综合所得，以全年一次性奖金收入除以 12 个月得到的数额，按照按月换算后的综合所得税率表，确定适用税率和速算扣除数，单独计算纳税。计算公式为：

应纳税额 = 全年一次性奖金收入 × 适用税率 – 速算扣除数

居民个人取得全年一次性奖金，也可以选择并入当年综合所得计算纳税。

（五）经营所得

个体工商户的生产、经营所得应纳税额的计算公式为：

应纳税额 = 应纳税所得额 × 适用税率 – 速算扣除数 =（全年收入总额 – 成本、费用、税金、损失、其他支出及以前年度亏损）× 适用税率 – 速算扣除数

自 2023 年 1 月 1 日至 2027 年 12 月 31 日，对个体工商户年应纳税所得额不超过 200 万元的部分，减半征收个人所得税。个体工商户在享受现行其他个人所得税优惠政策的基础上，可叠加享受前述优惠政策。个体工商户不区分征收方式，均可享受。个体工商户在预缴税款时即可享受，其年应纳税所得额暂按截至本期申报所属期末的情况进行判断，并在年度汇算清缴时按年计算、多退少补。若个体工商户从两处以上取得经营所得，需在办理年度汇总纳税申报时，合并个体工商户经营所得年应纳税所得额，重新计算减免税额，多退少补。

个体工商户按以下方法计算减免税额：

减免税额 =（经营所得应纳税所得额不超过 200 万元部分的应纳税额 – 其他政策减免税额 × 经营所得应纳税所得额不超过 200 万元部分 ÷ 经营所得应纳税所得额）× 50%

（六）利息、股息、红利所得

应纳税额 = 应纳税所得额 × 适用税率 = 每次收入额 × 适用税率

（七）财产租赁所得

（1）每次（月）收入不超过 4 000 元的：

应纳税额 =［每次（月）收入额 – 财产租赁过程中缴纳的税费 – 由纳税人负担的租赁财产实际开支的修缮费用（800 元为限）– 800 元］× 20%

（2）每次（月）收入超过 4 000 元的：

应纳税额 =［每次（月）收入额 – 财产租赁过程中缴纳的税费 – 由纳税人负担的租赁财产实际开支的修缮费用（800 元为限）］×（1 – 20%）× 20%

（八）财产转让所得

应纳税额 = 应纳税所得额 × 适用税率 =（收入总额 – 财产原值 – 合理费用）× 20%

（九）偶然所得

应纳税额 = 应纳税所得额 × 适用税率 = 每次收入额 × 20%

二、例题点津

【例题 1·单选题】2021 年 9 月李某为某公司提供技术服务，取得劳务报酬所得 8 000 元。李某当月该笔劳务报酬所得应预扣预缴的个人所得税税额为（　　）。

A. 8 000 ×（1 – 20%）× 20% = 1 280（元）

B.（8 000 – 800）× 20% = 1 440（元）

C. 8 000 ×（1 – 20%）× 70% × 20% = 896（元）

D.（8 000 – 800）× 70% × 20% = 1 008（元）

【答案】A

【解析】劳务报酬所得每次收入不超过 4 000 元的，减除费用按 800 元计算；每次收入 4 000 元以上的，减除费用按 20% 计算。预扣预缴应纳税所得额不超过 20 000 元的，预扣率为 20%。所以，应预扣预缴的个人所得税税额 = 8 000 ×（1 – 20%）× 20% = 1 280（元）。

【例题 2·单选题】依据个人所得税法律制度的相关规定，计算财产转让所得时，下列各项准予扣除的是（　　）。

A. 定额 800 元

B. 定额 800 元或定率 20%

C. 财产净值

D. 财产原值和合理费用

【答案】D

【解析】依据规定，计算财产转让所得时，准予扣除的是财产原值和合理费用。

9 个人所得税应纳税额计算的特殊规定 ★★

一、考点解读

个人所得税应纳税额计算的特殊规定如表5-29所示。

表5-29

序号	收入类型	特殊规定
1	达到国家规定的退休年龄，领取的企业年金、职业年金	不并入综合所得，全额单独计算应纳税款
2	解除劳动关系取得一次性补偿收入	在当地上年职工平均工资3倍数额以内的部分，免征个人所得税；超过3倍数额的部分，不并入当年综合所得，单独适用综合所得税率表，计算纳税
3	办理提前退休手续而取得的一次性补贴收入	应按照办理提前退休手续至法定离退休年龄之间实际年度数平均分摊，确定适用税率和速算扣除数，单独适用综合所得税率表
4	内部退养一次性收入	应按"工资、薪金所得"项目计征个人所得税
5	低价向职工售房，职工因此而少支出的差价部分	不并入当年综合所得，以差价收入除以12个月得到的数额，按照月度税率表确定适用税率和速算扣除数，单独计算纳税
6	公务交通、通信补贴	扣除一定标准的公务费用后，按照"工资、薪金所得"项目计征个人所得税
7	退休人员再任职取得的收入	在减除规定的费用扣除标准后，按"工资、薪金所得"应税项目缴纳个人所得税
8	离退休人员从原任职单位取得各类补贴、奖金、实物	应在减除费用扣除标准后，按"工资、薪金所得"应税项目缴纳个人所得税
9	超过规定的比例和标准缴付的基本养老保险费、基本医疗保险费和失业保险费	应将超过部分并入个人当期的工资、薪金收入，计征个人所得税
10	住房公积金	不超标的，允许在个人应纳税所得额中扣除；超标的，应将超过部分并入个人当期的工资、薪金收入，计征个人所得税
11	企业为员工支付保险金	缴付时并入员工当期的工资收入，按"工资、薪金所得"项目计征个人所得税
12	兼职律师从律师事务所取得工资、薪金性质所得	再减除个人所得税法规定的费用扣除标准，以收入全额（取得分成收入的为扣除办理案件支出费用后的余额）直接确定适用税率，计算扣缴个人所得税
13	从职务科技成果转化收入中给予科技人员的现金奖励	可减按50%计入科技人员当月工资、薪金所得，依法缴纳个人所得税
14	保险营销员、证券经纪人取得的佣金收入	属于"劳务报酬所得"，以不含增值税的收入减除20%的费用后的余额为收入额，收入额减去展业成本以及附加税费后，并入当年综合所得，计算缴纳个人所得税。保险营销员、证券经纪人展业成本按照收入额的25%计算

续表

序号	收入类型		特殊规定
15	股息红利所得	个人取得上市公司股息红利所得	个人从公开发行和转让市场取得的上市公司股票，持股期限在1个月以内（含1个月）的，其股息红利所得全额计入应纳税所得额；持股期限在1个月以上至1年（含1年）的，暂减按50%计入应纳税所得额；上述所得统一适用20%的税率计征个人所得税
16		个人持有的上市公司限售股，解禁后取得的股息红利	对个人持有的上市公司限售股，解禁后取得的股息红利，按照上市公司股息红利差别化个人所得税政策规定计算纳税，持股时间自解禁日起计算；解禁前取得的股息红利继续暂减按50%计入应纳税所得额，适用20%的税率计征个人所得税
17		个人持有全国中小企业股份转让系统挂牌公司的股票而取得的股息红利	自2019年7月1日至2024年6月30日，个人持有全国中小企业股份转让系统挂牌公司的股票，持股期限在1个月以内（含1个月）的，其股息红利所得全额计入应纳税所得额；持股期限在1个月以上至1年（含1年）的，其股息红利所得暂减按50%计入应纳税所得额；上述所得统一适用20%的税率计征个人所得税
18	个人转让限售股		按照"财产转让所得"项目征收个人所得税。以每次限售股转让收入，减除股票原值和合理税费后的余额，为应纳税所得额
19	两人以上共同取得同一项目收入		两个以上的个人共同取得同一项目收入的，应当对每个人取得的收入分别按照个人所得税法的规定计算纳税
20	出租车驾驶员收入	以单车承包或承租方式运营的	按"工资、薪金所得"项目征税
		出租车属于个人所有的	比照"经营所得"项目征税
		个体出租车运营	按"经营所得"项目缴纳个人所得税
21	企业改组改制过程中个人以股份形式取得的量化资产	仅作为分红依据，不拥有所有权的	不征收个人所得税
		拥有所有权的	暂缓征收个人所得税；待个人将股份转让时，就其转让收入额，减除个人取得该股份时实际支付的费用支出和合理转让费用后的余额，按"财产转让所得"项目计征个人所得税
		取得后参与企业分配而获得的股息、红利	应按"利息、股息、红利所得"项目征收个人所得税
22	企业为个人购房或其他财产	对个人独资企业、合伙企业的个人投资者或其家庭成员	视为企业对个人投资者的利润分配，按照"经营所得"项目计征个人所得税
		对除个人独资企业、合伙企业以外其他企业的个人投资者或其家庭成员	视为企业对个人投资者的红利分配，按照"利息、股息、红利所得"项目计征个人所得税
		对企业其他人员	按照"综合所得"项目计征个人所得税

注：（1）2027年12月31日前，创投企业可以选择按单一投资基金核算或者按创投企业年度所得整体核算两种方式之一，对其个人合伙人来源于创投企业的所得计算个人所得税应纳税额。创投企业选择按单一投资基金核算的，其个人合伙人从该基金应分得的股权转让所得和股息红利所得，按照20%税率计算缴纳个人所得税。创投企业选择按年度所得整体核算的，其个人合伙人应从创投企业取得的所得，按照"经营所得"项目、5%~35%的超额累进税率计算缴纳个人所得税。（2）2027年12月31日前，居民个人取得股票期权、股票增值权、限制性股票、股权奖励等股权激励，符合规定的相关条件的，不并入当年综合所得，全额单独适用综合所得税率表，计算纳税。计算公式为：应纳税额=股权激励收入×适用税率－速算扣除数。居民个人一个纳税年度内取得两次以上（含两次）股权激励的，应合并计算纳税。

10　个人所得税税收优惠 ★★

一、考点解读

（一）免税项目

（1）省级人民政府、国务院部委和中国人民解放军军以上单位，以及外国组织、国际组织颁发的科学、教育、技术、文化、卫生、体育、环境保护等方面的奖金。

（2）国债和国家发行的金融债券利息。

（3）按照国家统一规定发给的补贴、津贴。其是指按照国务院规定发给的政府特殊津贴、院士津贴，以及国务院规定免纳个人所得税的其他补贴、津贴。

（4）福利费、抚恤金、救济金。

（5）保险赔款。

（6）军人的转业费、复员费、退役金。

（7）按照国家统一规定发给干部、职工的安家费、退职费、基本养老金或者退休费、离休费、离休生活补助费。

（8）依照有关法律规定应予免税的各国驻华使馆、领事馆的外交代表、领事官员和其他人员的所得。

（9）中国政府参加的国际公约、签订的协议中规定免税的所得。

（10）国务院规定的其他免税所得。该项免税规定，由国务院报全国人民代表大会常务委员会备案。

（二）减税项目

（1）残疾、孤老人员和烈属的所得。

（2）因自然灾害造成重大损失的。

（三）暂免征税项目

个人转让自用达5年以上，并且是唯一的家庭生活用房取得的所得，暂免征收个人所得税；对个人购买福利彩票、体育彩票，一次中奖收入在1万元以下的（含1万元）暂免征收个人所得税，超过1万元的，全额征收个人所得税；个人取得单张有奖发票奖金所得不超过800元（含800元）的，暂免征收个人所得税。

二、例题点津

【例题1·单选题】根据个人所得税法律制度的规定，下列情形中，应缴纳个人所得税的是（　　）。

A. 甲将房屋无偿赠与其女

B. 乙转让自用达5年以上且唯一家庭生活用房

C. 丙转让无偿受赠的商铺

D. 丁将房屋无偿赠与其孙子

【答案】C

【解析】选项A、D，房屋产权所有人将房屋产权无偿赠与配偶、父母、子女、祖父母、外祖父母、孙子女、外孙子女、兄弟姐妹的，对双方当事人均不征收个人所得税；选项B，对个人转让自用达5年以上并且是家庭唯一生活用房取得的所得，暂免征收个人所得税。

【例题2·多选题】根据个人所得税法律制度的规定，下列各项中免征、暂免征个人所得税的项目有（　　）。

A. 个人转让自用2年以上的，家庭唯一生活用房取得的所得

B. 残疾、孤老人员的所得

C. 外籍个人从外商投资企业取得的股息、红利所得

D. 外国驻华使馆人员的所得

【答案】CD

【解析】个人转让自用达5年以上并且是唯一的家庭生活用房取得的所得，暂免征收个人所得税；残疾、孤老人员和烈属所得，属于减税项目。

11 个人所得税征收管理 ★★

一、考点解读

（一）纳税申报

个人所得税以所得人为纳税人，以支付所得的单位或者个人为扣缴义务人。税务机关对扣缴义务人按照所扣缴的税款，付给2%的手续费。

有下列情形之一的，纳税人应当依法办理纳税申报：（1）取得综合所得需要办理汇算清缴；（2）取得应税所得没有扣缴义务人；（3）取得应税所得，扣缴义务人未扣缴税款；（4）取得境外所得；（5）因移居境外注销中国户籍；（6）非居民个人在中国境内从两处以上取得工资、薪金所得；（7）国务院规定的其他情形。

（二）纳税期限

1. 居民个人取得综合所得，按年计算个人所得税；有扣缴义务人的，由扣缴义务人按月或者按次预扣预缴税款；需要办理汇算清缴的，应当在取得所得的次年3月1日至6月30日内办理汇算清缴。预扣预缴办法由国务院税务主管部门制定。

2. 非居民个人取得工资、薪金所得，劳务报酬所得，稿酬所得和特许权使用费所得，有扣缴义务人的，由扣缴义务人按月或者按次代扣代缴税款，不办理汇算清缴。

3. 纳税人取得经营所得，按年计算个人所得税，由纳税人在月度或者季度终了后15日内向税务机关报送纳税申报表，并预缴税款；在取得所得的次年3月31日前办理汇算清缴。

4. 纳税人取得利息、股息、红利所得，财产租赁所得，财产转让所得和偶然所得，按月或者按次计算个人所得税，有扣缴义务人的，由扣缴义务人按月或者按次代扣代缴税款。

5. 纳税人取得应税所得没有扣缴义务人的，应当在取得所得的次月15日内向税务机关报送纳税申报表，并缴纳税款。

6. 纳税人取得应税所得，扣缴义务人未扣缴税款的，纳税人应当在取得所得的次年6月30日前，缴纳税款；税务机关通知限期缴纳的，纳税人应当按照期限缴纳税款。

7. 居民个人从中国境外取得所得的，应当在取得所得的次年3月1日至6月30日内申报纳税。

8. 非居民个人在中国境内从两处以上取得工资、薪金所得的，应当在取得所得的次月15日内申报纳税。

9. 纳税人因移居境外注销中国户籍的，应当在注销中国户籍前办理税款清算。

10. 扣缴义务人每月或者每次预扣、代扣的税款，应当在次月15日内缴入国库，并向税务机关报送扣缴个人所得税申报表。

二、例题点津

【例题·判断题】纳税人取得应税所得没有扣缴义务人的，应当在取得所得的次月5日内向税务机关报送纳税申报表，并缴纳税款。（   ）

【答案】×

【解析】纳税人取得应税所得没有扣缴义务人的，应当在取得所得的次月15日内向税务机关报送纳税申报表，并缴纳税款。

本章综合题型精讲

1. 某居民企业于2022年的生产经营情况如下：

（1）销售产品取得不含税收入9 000万元；

取得违约金收入10万元；

（2）从另一非上市的居民企业处取得权益性投资收益30万元；

（3）产品销售成本 3 500 万元、消费税金及附加 200 万元、销售费用 1 000 万元、财务费用 200 万元、管理费用 1 200 万元，另外，企业当年共缴纳 540 万元增值税；

（4）营业外支出 800 万元，其中赞助支出 60 万元，被市场监督管理部门罚款 20 万元；

（5）全年计入成本费用并实际支付工资 800 万元，发生的工会经费 17.5 万元，职工福利费 90 万元（不包括列入企业员工工资薪金制度、固定与工资薪金一起发放的福利性补贴），职工教育经费 89 万元。已知：上年企业亏损 300 万元。

要求： 根据上述资料，回答下列问题。

（1）下列关于违约金及权益性投资收益的表述中正确的是（　　）。

A. 该企业取得违约金收入不计入应纳税所得额

B. 该企业取得违约金收入计入应纳税所得额

C. 该企业取得的权益性投资收益为免税收入

D. 该企业取得的权益性投资收益为征税收入

【答案】BC

【解析】企业取得的违约金收入属于征税收入，选项 B 正确。符合条件的居民企业之间的股息、红利等权益性投资收益为免税收入。所以该企业从另一非上市的居民企业处取得权益性投资收益 30 万元免税，选项 C 正确。

（2）下列关于所得税税前扣除项目的说法中，不正确的是（　　）。

A. 企业消费税金及附加 200 万元可以税前扣除

B. 企业当年缴纳的增值税可以税前扣除

C. 企业的赞助支出可以税前扣除

D. 企业被市场监督管理部门罚款可以税前扣除

【答案】BCD

【解析】企业缴纳的增值税属于价外税，故不在扣除之列，选项 B 错误；企业的赞助支出和罚款不得税前扣除。选项 C、D 错误。

（3）下列关于该企业计算应纳税所得额时，三项经费的调整中，说法正确的是（　　）。

A. 工会经费应调增应纳税所得额 1.5 万元

B. 职工福利费应调增应纳税额 22 万元

C. 职工福利费可以据实扣除

D. 职工教育经费应调增应纳税所得额 25 万元

【答案】ACD

【解析】工会经费限额 = 800 × 2% = 16（万元），应调增应纳税所得额 = 17.5 − 16 = 1.5（万元）；

职工福利费限额 = 800 × 14% = 112（万元），实际发生 90 万元，可以据实扣除；

职工教育经费限额 = 800 × 8% = 64（万元），应调增应纳税额 = 89 − 64 = 25（万元）。

（4）该企业当年度应缴纳的企业所得税为（　　）万元。

A. 451.625　　　　B. 479.125

C. 534.125　　　　D. 596.625

【答案】B

【解析】①赞助支出 60 万元以及被工商机关罚款 20 万元，不能扣除。营业外支出可扣除金额 = 800 − 60 − 20 = 720（万元）。

②工会经费限额 = 800 × 2% = 16（万元），应调增应纳税所得额 = 17.5 − 16 = 1.5（万元）。

③职工福利费限额 = 800 × 14% = 112（万元），实际发生 90 万元，可以据实扣除。

④职工教育经费限额 = 800 × 8% = 64（万元），应调增应纳税所得额 = 89 − 64 = 25（万元）。

⑤上年亏损可以在计算本年应纳税所得额时扣除。

⑥应纳税所得额 = 9 000 + 10 − 3 500 − 200 − 1 000 − 200 − 1 200 − 720 + 1.5 + 25 − 300 = 1 916.5（万元）；该企业本年应缴纳企业所得税 = 1 916.5 × 25% = 479.125（万元）。

本章考点巩固练习题

一、单项选择题

1. 根据企业所得税法律制度有关规定，以下关于收入确认时间的说法，不正确的是（　）。

    A. 股息、红利等权益性投资收益按被投资方作出利润分配决定的日期确认收入的实现

    B. 租金收入按合同约定的承租人应付租金的日期确认收入的实现

    C. 利息收入按合同约定的债务人应付利息的日期确认收入的实现

    D. 特许权使用费收入按特许权使用人实际支付特许权使用费的日期确认收入的实现

2. 2023年度，某企业通过市政府向灾区捐款100万元，直接向受灾小学捐款20万元，两笔捐款均在营业外支出中列支。该企业当年的会计利润总额为1 000万元。假设不考虑其他纳税调整事项，根据企业所得税法律制度的规定，该企业2023年度应纳税所得额为（　）万元。

    A. 1 000　　　　　　B. 1 020

    C. 1 120　　　　　　D. 1 070

3. 2023年A企业实现利润总额1 000万元，发生公益性捐赠支出90万元。上年度未在税前扣除完的符合条件的公益性捐赠支出32万元。已知公益性捐赠支出在年度利润总额12%以内的部分，准予扣除。计算A企业2023年度企业所得税应纳税所得额时，准予扣除的公益性捐赠支出是（　）万元。

    A. 90　　　　　　　B. 120

    C. 122　　　　　　D. 100

4. 某公司2023年度支出合理的工资薪金总额1 000万元，按规定标准为职工缴纳基本社会保险费150万元，为受雇的全体员工支付补充养老保险费80万元，为公司高管缴纳商业保险费30万元。根据企业所得税法律制度的规定，该公司2023年度发生上述保险费在计算应纳税所得额时准予扣除的数额为（　）万元。

    A. 260　　　　　　　B. 230

    C. 200　　　　　　　D. 150

5. 下列各项中，属于企业所得税不征税收入的是（　）。

    A. 国债利息收入

    B. 财政拨款

    C. 基础研究资金收入

    D. 符合条件的居民企业之间的股息、红利收入

6. 根据企业所得税法律制度的规定，下列项目中，可以从应纳税所得额中扣除的是（　）。

    A. 企业支付的违约金

    B. 企业之间支付的管理费

    C. 企业内营业机构之间支付的租金

    D. 非银行企业内营业机构之间支付的利息

7. 根据《企业所得税法》的规定，不得提取折旧在税前扣除的固定资产是（　）。

    A. 接受投资的固定资产

    B. 未投入使用的房屋、建筑物

    C. 接受捐赠并开始使用的机器设备

    D. 与经营活动无关的固定资产

8. 以下各项固定资产最低折旧年限为5年的是（　）。

    A. 建筑物

    B. 与生产经营活动有关的家具

    C. 生产设备

    D. 电子设备

9. 根据企业所得税法律制度的规定，企业从事下列项目的所得，减半征收企业所得税的是（　）。

    A. 香料作物的种植　　B. 牲畜、家禽的饲养

    C. 棉花种植　　　　　D. 远洋捕捞

10. 减按15%优惠税率征收企业所得税的居民企业为（　）。

    A. 符合条件的高新技术企业

    B. 符合条件的个人独资企业

C. 符合条件的小型微利企业

D. 符合条件的一人有限责任公司

11. 依据企业所得税法的规定，企业购买专用设备的投资额可按一定比例实行税额抵免，该设备应符合的条件是（　　）。

A. 用于创业投资

B. 用于综合利用资源

C. 用于开发新产品

D. 用于环境保护

12. 2020 年 4 月 1 日，甲创业投资企业采取股权投资方式向未上市的取得高新技术企业资格的乙公司（该公司属于中小企业）投资 120 万元，股权持有至两年后的 2022 年 6 月 1 日，甲创业投资企业 2022 年度计算应纳税所得额时，对乙公司的投资额可以抵免的数额为（　　）万元。

A. 0

B. 84

C. 96

D. 108

13. 2023 年 A 公司因资金紧张，向银行贷款 100 万元，支付利息 6 万元。同时甲公司向乙公司贷款 100 万元，支付利息 13.5 万元。A 公司发生的利息费用可以税前扣除的金额是（　　）万元。

A. 6

B. 19.5

C. 12

D. 13.5

14. 根据企业所得税法律制度的规定，下列关于固定资产计税基础的说法中，正确的是（　　）。

A. 外购的固定资产，以购买价款和支付的相关税费以及直接归属于使该资产达到预定用途发生的其他支出为计税基础

B. 盘盈的固定资产，以企业同类资产的账面价值为计税基础

C. 通过债务重组取得的固定资产，以账面价值为计税基础

D. 改建的固定资产，以改建过程中发生的改建支出作为计税基础

15. 个人从公开发行和转让市场取得的上市公司股票，持股期限在 1 个月以内（含 1 个月）的，其股息、红利所得全额计入应纳税所得额；持股期限在 1 个月以上至 1 年（含 1 年）的，暂减按（　　）计入应纳税所得额。

A. 30%

B. 50%

C. 70%

D. 90%

16. 根据个人所得税法律制度相关规定，下列各项中，不属于特许权使用费所得的是（　　）。

A. 提供房屋使用权取得的所得

B. 提供专利权的使用权取得的所得

C. 提供著作权的使用权取得的所得

D. 提供商标权的使用权取得的所得

17. 下列关于个人所得的表述中，不属于来源于中国境内的所得的是（　　）。

A. 因任职、受雇、履约等而在中国境内提供劳务取得的所得

B. 将财产出租给承租人在中国境内使用而取得的所得

C. 将位于境外的不动产转让给境内企业

D. 许可各种特许权在中国境内使用而取得的所得

18. 根据个人所得税法律制度相关规定，下列各项中，按照"稿酬所得"征收个人所得税的是（　　）。

A. 作品出版或者发表

B. 审稿收入

C. 设计收入

D. 讲课收入

19. 居民个人的综合所得中，劳务报酬所得、稿酬所得、特许权使用费所得以收入减除 20% 的费用后的余额为收入额。稿酬所得的收入额减按（　　）计算。

A. 50%

B. 60%

C. 70%

D. 80%

20. 居民个人就其综合所得缴纳个人所得税时，根据子女教育专项附加扣除的相关规定，纳税人的子女接受学前教育和学历教育的相关支出，自 2023 年 1 月 1 日起，按照每个子女每月（　　）元的标准定额扣除。

A. 500

B. 1 000

C. 1 500

D. 2 000

21. 个人通过网络收购玩家的虚拟货币，加价后向他人出售取得的收入，应按照（　　）项目计算缴纳个人所得税。

A. 偶然所得

B. 特许权使用费所得

C. 劳务报酬所得

D. 财产转让所得

22. 2023年10月，王某从湖北应聘在北京工作，因其在京没有自有住房，经房屋中介介绍承租城西公寓房屋，月租赁5 500元。根据个人所得税法的规定，王某的居民个人综合所得应纳税所得额专项附加扣除中住房租金可以扣除的标准是（　　）元。

A. 1 000　　　　　B. 1 100

C. 1 500　　　　　D. 5 500

23. 2023年9月，贾某花费500元购买体育彩票，一次中奖60 000元，将其中2 000元直接捐赠给甲小学。已知偶然所得个人所得税税率为20%，贾某彩票中奖收入应缴纳个人所得税税额的下列计算中，正确的是（　　）。

A. （60 000 − 500）×20% = 11 900（元）

B. 60 000 × 20% = 12 000（元）

C. （60 000 − 2 000）×20% = 11 600（元）

D. （60 000 − 2 000 − 500）× 20% = 11 500（元）

24. 2023年3月金某购买福利彩票取得一次中奖收入16 000元，将其中5 000元通过国家机关向农村义务教育捐赠。已知，偶然所得个人所得税税率为20%。计算金某中奖收入应缴纳个人所得税税额的下列算式中，正确的是（　　）。

A. 16 000 × 20% = 3 200（元）

B. （16 000 − 5 000）×20% = 2 200（元）

C. 16 000 ×（1 − 20%）×20% = 2 560（元）

D. （16 000 − 5 000）×（1 − 20%）× 20% = 1 760（元）

25. 根据个人所得税法律制度相关规定，下列各项中，免征个人所得税的是（　　）。

A. 甲取得的保险赔款

B. 乙取得的年终加薪

C. 丙取得特许权的经济赔偿收入

D. 丁获得的县级人民政府颁发的教育方面的奖金

26. 根据个人所得税法律制度的规定，纳税人取得经营所得，应在取得所得的次年一定日期前办理汇算清缴。该日期为（　　）。

A. 5月31日

B. 6月30日

C. 4月15日

D. 3月31日

二、多项选择题

1. 根据企业所得税法律制度的规定，纳税人发生的下列行为中，应视同销售确认收入的有（　　）。

A. 将货物用于利润分配

B. 将货物用于换入设备

C. 将货物用于偿还债务

D. 将货物用于职工福利

2. 根据企业所得税法律制度的规定，纳税人取得的下列收入，应计入应纳税所得额的有（　　）。

A. 转让股权的收入

B. 接受捐赠的收入

C. 取得的财政拨款

D. 依法收取并纳入财政管理的政府性基金

3. 以下有关确定企业所得额扣除项目的表述，不正确的有（　　）。

A. 企业发生的合理的工资、薪金支出准予据实扣除

B. 企业发生的职工福利费支出，不超过工资薪金总额14%的部分准予扣除

C. 企业拨缴的工会经费，按照实际发生额2%的部分准予扣除

D. 企业为投资者支付的商业保险费，准予扣除

4. 根据企业所得税法的相关规定，企业下列支出超过税法规定扣除限额标准，准予向以后年度结转扣除的有（　　）。

A. 业务招待费支出

B. 公益性捐赠支出

C. 广告费支出

D. 职工教育经费支出

5. 甲公司2023年度取得销售收入为4 000万元，当年发生的与经营有关的业务招待费支出60万元、广告费和业务宣传费200万元。根据企业所得税法律制度的规定，甲公司在计算当年应纳税所得额时，下列关于业务招待费、广告费和业务宣传费准予扣除数额的表述中，

正确的有（　　）。

A. 业务招待费准予扣除的数额为 20 万元

B. 业务招待费准予扣除的数额为 36 万元

C. 广告费和业务宣传费准予扣除数额为 600 万元

D. 广告费和业务宣传费准予扣除的数额为 200 万元

6. 下列允许所得税前扣除项目表述正确的有（　　）。

A. 以经营租赁方式租入固定资产发生的租赁费支出，按照租赁期限均匀扣除

B. 企业发生的符合条件的广告费和业务宣传费支出可以据实扣除

C. 非金融企业向非金融企业借款的利息支出可以据实扣除

D. 非居民企业在中国境内设立的机构，就其中国境外总机构发生的与该机构有关的费用，能够提供证明文件的，合理分摊的部分准予扣除

7. 根据企业所得税法律制度的规定，下列各项中，在计算企业所得税应纳税所得额时，不得扣除的有（　　）。

A. 罚金

B. 诉讼费用

C. 税收滞纳金

D. 罚款

8. 在中国境内未设立机构、场所的非居民企业从中国境内取得的下列所得，应按收入全额计算征收企业所得税的有（　　）。

A. 股息

B. 转让财产所得

C. 租金

D. 特许权使用费

9. 企业发生的（　　）资产损失应在按税法规定实际确认或者实际发生的当年申报扣除。

A. 现金损失

B. 存款损失

C. 股权投资损失

D. 存货的被盗损失

10. 下列关于居民个人的表述不正确的有（　　）。

A. 在中国境内无住所且居住不满 90 天，但有来自境内所得的外籍个人

B. 2019 年 1 月 1 日至 5 月 30 日在境内居住之后再未入境的外籍个人

C. 在中国境内无住所且不居住，但有来自于境内所得的外籍个人

D. 2019 年 3 月 1 日至 10 月 31 日在境内履职的外籍个人

11. 下列各项中，应按照"工资、薪金所得"项目征收个人所得税的有（　　）。

A. 企业支付给营销人员的年终奖金

B. 个人取得的公务交通、通信补贴

C. 个体工商户业主的工资

D. 电视剧制作单位支付给本单位编剧的剧本使用费

12. 根据个人所得税法律制度的规定，下列各项中，免予缴纳个人所得税的有（　　）。

A. 省级人民政府颁发的文化方面的奖金

B. 孤老人员的所得

C. 军人的转业费

D. 模特的时装表演费

13. 下列所得属于特许权使用费所得的有（　　）。

A. 转让土地使用权取得的所得

B. 编辑从电视剧的制作单位取得的剧本使用费所得

C. 取得特许权的经济补偿收入

D. 作者将自己的文字作品手稿原件或复印件公开拍卖取得的所得

14. 根据个人所得税法律制度的规定，下列关于专项附加扣除的说法中，正确的有（　　）。

A. 自 2023 年 1 月 1 日起，子女教育专项附加扣除的定额扣除标准是每个子女每月 2 000 元

B. 住房贷款利息专项附加扣除的扣除期限最长不超过 240 个月

C. 自 2023 年 1 月 1 日起，纳税人为独生子女的，赡养老人专项附加扣除，按照每月 3 000 元的标准定额扣除

D. 纳税人及其配偶在 1 个纳税年度内可以同时分别享受住房贷款利息和住房租金专项附加扣除

15. 根据个人所得税法律制度的规定，下列说法正确的有（　　）。

A. 退休人员再任职取得的收入，按"劳务

报酬所得"应税项目缴纳个人所得税

B. 个人因公务用车和通信制度改革而取得的公务用车、通信补贴收入，扣除一定标准的公务费用后，按照"工资、薪金所得"项目计征个人所得税

C. 保险营销员、证券经纪人取得的佣金收入，属于"劳务报酬所得"

D. 对企业为员工支付各项免税之外的保险金，应在企业向保险公司缴付时并入员工当期的工资收入，按"工资、薪金所得"项目计征个人所得税

16. 根据个人所得税法律制度的规定，下列各项中，免征个人所得税的有（　　）。

A. 外籍个人以实报实销的方式取得的住房补贴

B. 保险赔款

C. 军人的转业费、复员费、退役金

D. 个人举报犯罪行为获得的奖金

三、判断题

1. 非居民企业委托营业代理人在中国境内从事生产经营活动的，包括委托单位或者个人经常代其签订合同，或者储存、交付货物等，该营业代理人不得视为非居民企业在中国境内设立的机构、场所。（　　）

2. 除法律另有规定外，企业销售货物收入的确认，可以选择权责发生制原则或者实质重于形式原则。（　　）

3. 企业发生的公益性捐赠支出，在年度利润总额12%以内的部分，准予在计算应纳税所得额时扣除，超过年度利润总额12%的部分，准予结转以后5年内在计算应纳税所得额时扣除。（　　）

4. 以融资租赁方式租入的固定资产，不得计算折旧在企业所得税税前扣除。（　　）

5. 自创商誉不得作为无形资产计算摊销费用扣除。（　　）

6. 一个纳税年度内，居民企业技术转让所得不超过500万元的部分，减半征收企业所得税；超过500万元的部分，免征企业所得税。（　　）

四、不定项选择题

1. 中国居民张某为甲科技公司高级工程师，2023年取得以下收入：

（1）每月应税工资50 000元。

（2）取得境内一次性稿酬收入3 000元。

（3）2023年5月，转让与王某共同享有专利权的一项专利技术，共取得特许权使用费收入100 000元。

（4）担任非任职公司独立董事，年终一次性取得董事费收入60 000元。

（其他相关资料：不考虑专项扣除、专项附加扣除以及其他扣除项目。相关资料见表5-30、表5-31）

表 5-30　　居民个人工资、薪金所得预扣预缴适用

级数	累计预扣预缴应纳税所得额	预扣率（%）	速算扣除数
1	不超过36 000元的部分	3	0
2	超过36 000元至144 000元的部分	10	2 520
3	超过144 000元至300 000元的部分	20	16 920
4	超过300 000元至420 000元的部分	25	31 920
5	超过420 000元至660 000元的部分	30	52 920
6	超过660 000元至960 000元的部分	35	85 920
7	超过960 000元的部分	45	181 920

表 5 – 31　　　　　　　　　居民个人劳务报酬所得预扣预缴适用

级数	预扣预缴应纳税所得额	预扣率（%）	速算扣除数
1	不超过 20 000 元的部分	20	0
2	超过 20 000 元至 50 000 元的部分	30	2 000
3	超过 50 000 元的部分	40	7 000

要求：根据上述资料，回答下列问题。

（1）张某 1 月工资、薪金所得预扣预缴的个人所得税为（　　）。

    A. $50\,000 \times 10\% - 2\,520 = 2\,480$（元）

    B. $50\,000 \times 3\% = 1\,500$（元）

    C. $(50\,000 - 5\,000) \times 3\% = 1\,350$（元）

    D. $(50\,000 - 5\,000) \times 10\% - 2\,520 = 1\,980$（元）

（2）张某稿酬所得预扣预缴的个人所得税为（　　）。

    A. $(3\,000 - 800) \times 20\% = 440$（元）

    B. $3\,000 \times 70\% \times 20\% = 420$（元）

    C. $3\,000 \times 20\% = 600$（元）

    D. $(3\,000 - 800) \times 70\% \times 20\% = 308$（元）

（3）张某取得的特许权使用费所得缴纳个人所得税的下列表述中，正确的是（　　）。

    A. 张某应当按照取得特许权使用费 100 000 元计算缴纳个人所得税

    B. 张某应当按照个人取得的特许权使用费收入部分依法计算缴纳个人所得税

    C. 张某取得的特许权使用费所得适用比例税率计算纳税

    D. 张某取得的特许权使用费所得适用超额累进税率计算纳税

（4）张某取得的董事费收入（　　）。

    A. 属于工资、薪金所得

    B. 属于劳务报酬所得

    C. 张某取得的董事费收入预扣预缴的个人所得税 $= 60\,000 \times 10\% - 2\,520 = 3\,480$（元）

    D. 张某取得的董事费收入预扣预缴的个人所得税 $= 60\,000 \times (1 - 20\%) \times 30\% - 2\,000 = 12\,400$（元）

2. 甲公司为居民企业。2023 年有关收支情况如下：

（1）取得产品销售收入 5 000 万元、转让机器设备收入 40 万元、国债利息收入 20 万元、客户合同违约金收入 2 万元。

（2）支付税收滞纳金 3 万元、银行加息 10 万元，向投资者支付股息 30 万元，向关联企业支付管理费 17 万元。

（3）发生业务招待费 50 万元，其他可在企业所得税税前扣除的成本、费用、税金合计 2 600 万元。

已知：在计算企业所得税应纳税所得额时，业务招待费支出按发生额的 60% 扣除，但最高不得超过当年销售（营业）收入的 5‰。

要求：根据上述资料，分析回答下列问题。

（1）甲公司下列收入中，应计入企业所得税应纳税所得额的是（　　）。

    A. 转让机器设备收入 40 万元

    B. 产品销售收入 5 000 万元

    C. 客户合同违约金收入 2 万元

    D. 国债利息收入 20 万元

（2）甲公司下列支出中，在计算 2023 年度企业所得税应纳税所得额时，不得扣除的是（　　）。

    A. 税收滞纳金 3 万元

    B. 银行加息 10 万元

    C. 向关联企业支付的管理费 17 万元

    D. 向投资者支付的股息 30 万元

（3）甲公司在计算 2023 年度企业所得税应纳税所得额时，允许扣除的业务招待费是（　　）万元。

    A. 50　　　　　　　B. 25.2

    C. 30　　　　　　　D. 25

（4）甲公司 2023 年度企业所得税应纳税所得额是（　　）万元。

    A. 2 352　　　　　B. 2 387.69

    C. 2 407　　　　　D. 2 406.8

本章考点巩固练习题参考答案及解析

一、单项选择题

1.【答案】D

【解析】特许权使用费收入按合同约定的特许权使用人应付特许权使用费的日期确认收入的实现，选项D的说法不正确。

2.【答案】B

【解析】(1) 企业通过市政府向灾区捐款100万元，属于公益性捐赠支出，在年度利润总额12%以内的部分，准予在计算应纳税所得额时扣除，该笔捐赠的税前扣除限额 = 1 000 × 12% = 120（万元），实际捐赠额为100万元，可以全额在税前扣除，无须调整；(2) 直接向受灾小学的捐款20万元不得在税前扣除，应调增20万元；(3) 该企业2023年度应纳税所得额 = 1 000 + 20 = 1 020（万元）。

3.【答案】B

【解析】公益性捐赠支出在年度利润总额12%以内的部分，准予扣除，则扣除限额 = 1 000 × 12% = 120（万元）。上年没有扣除完的部分可以在本年扣除，待扣除的公益性捐赠支出 = 90 + 32 = 122（万元）。待扣除的公益性捐赠支出122万元超过了扣除限额120万元，本年度只能按限额（120万元）扣除。

4.【答案】C

【解析】(1) 企业依照国务院有关主管部门或者省级人民政府规定的范围和标准为职工缴纳的基本社会保险费（150万元）可以全额在税前扣除；(2) 企业为在本企业任职或者受雇的全体员工支付的补充养老保险费、补充医疗保险费，分别在不超过职工工资总额5%标准内的部分 [1 000 × 5% = 50（万元）]，在计算企业所得税应纳税所得额时准予扣除；(3) 除企业依照国家有关规定为特殊工种职工支付的人身安全保险费和国务院财政、税务主管部门规定可以扣除的其他商业保险费外，企业为投资者或者职工支付的商业保险费（30万元），不得扣除。

5.【答案】B

【解析】选项A、C、D属于免税收入。应注意区分不征税收入和免税收入。

6.【答案】A

【解析】企业之间支付的管理费、企业内营业机构之间支付的租金和特许权使用费，以及非银行企业内营业机构之间支付的利息，不得扣除。

7.【答案】D

【解析】选项A、B、C均可依法计提折旧并在税前扣除。

8.【答案】B

【解析】与生产经营活动有关的器具、工具、家具等固定资产，折旧最低年限为5年。

9.【答案】A

【解析】企业从事下列项目的所得，减半征收企业所得税：(1) 花卉、茶以及其他饮料作物和香料作物的种植；(2) 海水养殖、内陆养殖。选项B、C、D属于免征企业所得税。

10.【答案】A

【解析】高新技术企业适用税率15%。选项B，个人独资企业不适用企业所得税法。选项C，对小型微利企业，减按25%计入应纳税所得额，按20%的税率缴纳企业所得税。选项D，一人有限责任公司适用居民企业法定税率25%。

11.【答案】D

【解析】企业购置并实际使用税法规定的环境保护、节能节水、安全生产等专用设备的，该专用设备的投资额的10%可以从企业当年的应纳税额中抵免。当年不足抵免的，可以在以后5个纳税年度结转抵免。

12.【答案】B

【解析】创业投资企业采取股权投资方式投资于未上市的中小高新技术企业2年以上的，可以按照其投资额的70%（120 × 70% = 84

万元）在当年抵扣该企业的应纳税所得额。

13. 【答案】C

【解析】A 公司向银行贷款发生的利息 6 万元可以扣除，同期向非金融机构贷款的利息支出 13.5 万元只能税前扣除 6 万元，因为：非金融企业向金融企业贷款发生的利息支出可以据实扣除；非金融企业向非金融企业贷款发生的利息支出不超过银行同期同类贷款利率的部分可以据实扣除，超过部分不能扣除。因此，A 公司发生的利息费用可以税前扣除的金额是 12 万元 [6 + 6 = 12（万元）]。

14. 【答案】A

【解析】盘盈的固定资产，以同类固定资产的重置完全价值为计税基础，选项 B 错误；通过捐赠、投资、非货币性资产交换、债务重组等方式取得的固定资产，以该资产的公允价值和支付的相关税费为计税基础，选项 C 错误；改建的固定资产，除法定的支出外，以改建过程中发生的改建支出增加计税基础，选项 D 错误。

15. 【答案】B

【解析】个人从公开发行和转让市场取得的上市公司股票，持股期限在 1 个月以内（含 1 个月）的，其股息红利所得全额计入应纳税所得额；持股期限在 1 个月以上至 1 年（含 1 年）的，暂减按 50% 计入应纳税所得额。

16. 【答案】A

【解析】特许权使用费所得，是指个人提供专利权、商标权、著作权、非专利技术以及其他特许权的使用权取得的所得，选项 A 属于财产租赁所得。

17. 【答案】C

【解析】根据规定，转让中国境内的不动产、土地使用权取得的所得，不论支付地点是否在中国境内，均为来源于中国境内的所得。将位于境外的不动产转让给境内企业取得的所得不属于来源于中国境内的所得。

18. 【答案】A

【解析】审稿收入、设计收入、讲课收入，属于"劳务报酬所得"，而非"稿酬所得"，故选项 B、C、D 错误。

19. 【答案】C

【解析】稿酬所得的收入额减按 70% 计算。

20. 【答案】D

【解析】子女教育专项附加扣除按照每个子女每月 2 000 元的标准定额扣除。

21. 【答案】D

【解析】个人通过网络收购玩家的虚拟货币，加价后向他人出售取得的收入，应按照"财产转让所得"项目计算缴纳个人所得税。

22. 【答案】C

【解析】纳税人在主要工作城市没有自有住房而发生的住房租金支出，可以扣除。直辖市、省会（首府）城市、计划单列市以及国务院确定的其他城市，扣除标准为每月 1 500 元。

23. 【答案】B

【解析】对个人购买福利彩票、体育彩票，一次中奖收入在 1 万元以下的（含 1 万元），暂免征收个人所得税；超过 1 万元的，"全额"征收个人所得税。另外，个人直接向受赠人的捐赠不允许税前扣除。因此，贾某彩票中奖收入应缴纳个人所得税 = 60 000 × 20% = 12 000（元）。

24. 【答案】B

【解析】福利彩票中奖收入属于偶然所得，一次中奖收入超过 10 000 元的，全额征税，故选项 C、D 错误。向农村义务教育的捐赠 5 000 元，符合条件，可以在税前全额扣除，故选项 A 错误。

25. 【答案】A

【解析】年终加薪应按照"工资、薪金所得"项目征收个人所得税，选项 B 错误；选项 C 中的所得应按"特许权使用费所得"项目缴纳个人所得税；省级人民政府、国务院部委和中国人民解放军军以上单位，以及外国组织、国际组织颁发的科学、教育、技术、文化、卫生、体育、环境保护等方面的奖金，免征个人所得税，县级人民政府颁发的教育方面的奖金不符合规定，故选项 D 错误。

26. 【答案】D

【解析】经营所得，应该在取得所得的次年 3 月 31 日前办理汇算清缴。

二、多项选择题

1. 【答案】ABCD

【解析】企业发生非货币性资产交换，以及将货物、财产、劳务用于捐赠、偿债、赞助、集资、广告、样品、职工福利或者利润分配等用途的，应当视同销售货物、转让财产或者提供劳务。

2.【答案】AB

【解析】选项C、D，属于不征税收入，不计入应纳税所得额。

3.【答案】CD

【解析】根据规定，确定企业所得额时，可以扣除的项目及标准包括企业拨缴的工会经费，不超过工资薪金总额2%的部分准予扣除；企业为投资者或者职工支付的商业保险费，不得扣除。选项C、D错误。

4.【答案】BCD

【解析】超过税法规定扣除限额标准，准予向以后年度结转扣除的费用有：职工教育经费；广告费和业务宣传费支出；公益性捐赠支出（3年内）；保险企业手续费及佣金支出等。

5.【答案】AD

【解析】选项A、B，企业发生的与生产经营活动有关的业务招待费支出，按照发生额的60%扣除 $[60 \times 60\% = 36（万元）]$，但最高不得超过当年销售（营业）收入的5‰ $[4\ 000 \times 5‰ = 20（万元）]$，业务招待费准予扣除的数额为20万元；选项C、D，企业发生的符合条件的广告费和业务宣传费支出，除国务院财政、税务主管部门另有规定外，不超过当年销售（营业）收入15%的部分 $[4\ 000 \times 15\% = 600（万元）]$，准予扣除；在本题中，该企业实际发生广告费和业务宣传费支出200万元，未超过扣除限额，可以全部在税前扣除。

6.【答案】AD

【解析】根据规定，以经营租赁方式租入固定资产发生的租赁费支出，按照租赁期限均匀扣除，故选项A正确。企业发生的符合条件的广告费和业务宣传费支出，除国务院财政、税务主管部门另有规定外，不超过当年销售（营业）收入15%的部分，准予扣除；超过部分，准予在以后纳税年度结转扣除，故选项B错误。非金融企业向非金融企业借款的利息支出，不超过按照金融企业同期同类贷

款利率计算的数额的部分可以扣除，故选项C错误。非居民企业在中国境内设立的机构，就其中国境外总机构发生的与该机构有关的费用，能够提供证明文件的、合理分摊的部分准予扣除，故选项D正确。

7.【答案】ACD

【解析】法院判决由企业承担的诉讼费，属于民事性质的款项，可以据实在企业所得税税前扣除，故选项B不符合题目要求。在计算应纳税所得额时，下列支出不得扣除：（1）向投资者支付的股息、红利等权益性投资收益款项；（2）企业所得税税款；（3）税收滞纳金；（4）罚金、罚款和被没收财物的损失；（5）超过规定标准的捐赠支出；（6）赞助支出，具体是指企业发生的与生产经营活动无关的各种非广告性质支出；（7）未经核定的准备金支出；（8）企业之间支付的管理费、企业内营业机构之间支付的租金和特许权使用费，以及非银行企业内营业机构之间支付的利息；（9）与取得收入无关的其他支出。

8.【答案】ACD

【解析】根据规定，转让财产所得，以收入全额减除财产净值后的余额为应纳税所得额。

9.【答案】ABCD

【解析】四个选项均属于由企业可以计算扣除的资产损失范围。

10.【答案】ABC

【解析】选项A、B、C，个人所得税的居民个人是指在中国境内有住所，或者无住所而一个纳税年度内（1月1日至12月31日）在中国境内居住累计满183天的个人。选项D，2019年3月1日至10月31日在境内履职的外籍个人，居住累计已满183天，为居民个人。

11.【答案】AB

【解析】选项C，应按照"经营所得"征收个人所得税；选项D，应按照"特许权使用费所得"征收个人所得税。

12.【答案】AC

【解析】孤老人员所得属于减税项目，选项B错误；模特的时装表演一般按"劳务报酬所得"征收个人所得税，选项D错误。

13.【答案】BCD

【解析】需要辨析"特许权使用费所得"和"财产转让所得"。"特许权使用费所得"一般指转让"无形资产"获得的所得，"财产转让所得"指转让"有形资产"获得的所得，土地使用权和股权的转让所得也按照"财产转让所得"征税。所以转让土地使用权获得的所得属于财产转让所得，选项B、C、D属于特许权使用费所得。

14.【答案】ABC

【解析】纳税人及其配偶在1个纳税年度内不能同时分别享受住房贷款利息和住房租金专项附加扣除。

15.【答案】BCD

【解析】退休人员再任职取得的收入，在减除按个人所得税法规定的费用扣除标准后，按"工资、薪金所得"应税项目缴纳个人所得税。

16.【答案】ABCD

【解析】本题考查个人所得税税收优惠，选项A、B、C、D均免征个人所得税。

三、判断题

1.【答案】×

【解析】非居民企业委托营业代理人在中国境内从事生产经营活动的，包括委托单位或者个人经常代其签订合同，或者储存、交付货物等，该营业代理人视为非居民企业在中国境内设立的机构、场所。

2.【答案】×

【解析】除法律另有规定外，企业销售货物收入的确认，必须遵循权责发生制原则和实质重于形式原则。

3.【答案】×

【解析】企业发生的公益性捐赠支出，在年度利润总额12%以内的部分，准予在计算应纳税所得额时扣除，超过年度利润总额12%的部分，准予结转以后3年内在计算应纳税所得额时扣除。

4.【答案】×

【解析】以融资租赁方式租出的固定资产，不得计算折旧在企业所得税税前扣除。以融资租赁方式租入的固定资产，可以计算折旧在企业所得税税前扣除。

5.【答案】√

【解析】根据规定，下列无形资产不得计算摊销费用扣除：（1）自行开发的支出已在计算应纳税所得额时扣除的无形资产；（2）自创商誉；（3）与经营活动无关的无形资产；（4）其他不得计算摊销费用的无形资产。

6.【答案】×

【解析】一个纳税年度内，居民企业技术转让所得不超过500万元的部分，免征企业所得税；超过500万元的部分，减半征收企业所得税。

四、不定项选择题

1.（1）【答案】D

【解析】对1个纳税年度内首次取得工资、薪金所得的居民个人，扣缴义务人在预扣预缴个人所得税时，可按照5 000元/月乘以纳税人当年截至本月月份数计算累计减除费用。张某1月工资、薪金所得预扣预缴的个人所得税 = (50 000 － 5 000) × 10% － 2 520 = 1 980（元）。

（2）【答案】D

【解析】稿酬所得的收入额减按70%计算。张某稿酬所得预扣预缴的个人所得税 = (3 000 － 800) × 70% × 20% = 308（元）。

（3）【答案】BD

【解析】选项B，两个以上的个人共同取得同一项目收入的，应当对每个人取得的收入分别按照个人所得税法的规定计算纳税；选项D，特许权使用费所得适用3% ~ 45%的超额累进税率计算纳税。

（4）【答案】BD

【解析】选项A、B，张某取得的董事费收入属于劳务报酬所得（与取得收入的单位没有雇佣关系）；选项C、D，劳务报酬所得适用20% ~ 40%超额累进预扣率计算纳税。预扣预缴的个人所得税 = 60 000 × (1 － 20%) × 30% － 2 000 = 12 400（元）。

2.（1）【答案】ABC

【解析】国债利息收入属于免税收入，不计入企业所得税应纳税所得额。

（2）【答案】ACD

【解析】银行加息属于非行政性罚款，准予在税前扣除。

（3）【答案】D

【解析】在计算企业所得税应纳税所得额时，业务招待费支出按发生额的60%扣除 [50×60%＝30（万元）]，但是最高不得超出当年销售（营业）收入的5‰ [5 000×5‰＝25]。

（4）【答案】C

【解析】甲公司2023年度企业所得税应纳税所得额＝5 000（产品销售收入）＋40（销售机器设备收入）＋2（合同违约金收入）－10（银行加息）－25（业务招待费）－2 600（其他允许扣除的成本、费用、税金）＝2 407（万元）。

第六章 财产和行为税法律制度

考情分析

本章整体难度不大，但内容繁杂，涉及的税种较多。考生须重点掌握财产税、土地相关税和行为税类的相关内容。本章历年考查的范围较广，各个税种几乎都有涉及，所占分值为 15 分左右。本章主要题型为单项选择题、多项选择题和判断题，在不定项选择题中考核较少。

教材变化

2024 年本章教材内容的主要变化有：删除了烟叶税法律制度和船舶吨税法律制度相关内容。

考点提示

本章教材内容所涉及的法律法规较多，内容丰富，考点分散，每一个税种都要考查，其中各税种的征收范围、计税依据、应纳税额的计算、征收管理的相关知识点是常规考点，可以尝试将本章的各税种加以自行分类归纳，区分掌握。例如，财产类，包括：房产税、城镇土地使用税、耕地占用税、契税、土地增值税；行为类，包括：印花税、环境保护税；车船类，包括：车船税；其他类，包括：资源税。

本章考点框架

财产和行为税法律制度
- 房地产类
  - 房产税 ★★★
  - 契税 ★★★
- 土地相关税
  - 土地增值税 ★★
  - 城镇土地使用税 ★★★
  - 耕地占用税 ★
- 车船类 → 车船税 ★★
- 行为类
  - 环境保护税 ★★
  - 印花税 ★★
- 其他税种 → 资源税 ★★

- 纳税人
- 征税范围
- 税率
- 计税依据
- 应纳税额的计算
- 税收优惠
- 征收管理

考点解读及例题点津

第一单元　房地产类

1 房产税 ★★★

一、考点解读

（一）房产税纳税人和征税范围

1. 房产税的纳税人。

房产税的纳税人是在我国城市、县城、建制镇和工矿区内拥有房屋产权的单位和个人。具体包括产权所有人、承典人、房产代管人或者使用人。

（1）产权属于国家所有的——纳税人是经营管理的单位。

（2）产权属于集体和个人的——纳税人是集体单位和个人。

（3）产权出典的——纳税人是承典人。

（4）产权所有人、承典人不在房产所在地的——纳税人是房产代管人或使用人。

（5）产权未确定或租典纠纷未解决的——纳税人是房产代管人或使用人。

（6）应税单位和个人无租使用单位的房产——使用人代缴房产税。

2. 房产税的征税范围。

（1）房产税的征税对象。

房产税的征税对象是房屋。所谓房屋，是指有屋面和围护结构（有墙或两边有柱），能够遮风避雨，可供人们在其中生产、工作、学习、娱乐、居住或储藏物资的场所。独立于房屋之外的建筑物，如围墙、烟囱、水塔、菜窖、室外游泳池等不属于房产税的征税对象。

房地产开发企业建造的商品房，在出售前，不征收房产税，但对出售前房地产开发企业已使用或出租、出借的商品房应按规定征收房产税。

（2）房产税的征税范围。

①房产税的征税范围为城市、县城、建制镇和工矿区的房屋。城市、县城、建制镇、工矿区，不包括农村。

②独立于房屋之外的建筑物——围墙、烟囱、水塔、菜窖、室外游泳池——不征房产税。

③房地产开发企业建造的商品房——出售前——不征房产税；出售前已使用、出租、出借的商品房——征收房产税。

（二）房产税税率

我国现行房产税采用比例税率。从价计征和从租计征实行不同标准的比例税率。

从价计征的，即依据房产余值从价计征，税率为 **1.2%**。

从租计征的，即依据房产租金收入计征，税率为 **12%**。

（三）房产税应纳税额的计算（见表6-1）

表6-1

计税方法	计税依据	税率	计算公式
从价计征	以房产原值一次减除10%~30%后的余值为计税依据，具体减除幅度由省、自治区、直辖市人民政府规定	**1.2%**	**应纳税额=应税房产原值×（1-扣除比例）×1.2%**
【举例】某企业一幢房产原值为600 000元，已知房产税税率为1.2%，当地规定的房产税扣除比例为30%，该房产年度应缴纳的房产税税额为多少元？ 【解析】应缴纳房产税=600 000×（1-30%）×1.2%=5 040（元）			
从租计征	1. 以房屋出租取得的租金收入为计税依据（包括货币收入和实物收入，不含增值税）。 2. 以劳务或其他形式为报酬抵付房租收入的，应当根据当地同类房产的租金水平，确定一个标准租金额从租计征。 个人按市场价格出租的居民住房收取的租金	**12%**	应纳税额=租金收入×12%

1. 从价计征的计税依据——房产余值。

（1）房产原值——房屋原价。

（2）房产余值——原值减除规定比例后的余额。

（3）房屋附属设备、配套设施。

①原值包括与房屋不可分割的各种附属设备或一般不单独计算价值的配套设施（暖气、卫生、通风、照明、煤气、各种管线、电梯、升降机、过道、晒台）。

②以房屋为载体，不可随意移动的附属设备和配套设施（排水、采暖、消防、中央空调、电气及智能化楼宇设备）。

③房屋改建、扩建相应增加房屋原值。

④更换房屋附属设备和配套设施的，计入房屋原值时，可扣除原相应设备和设施的价值。

⑤对附属设备和配套设施中易损坏、需经常更换零配件的，更新后不再计入房产原值。

（4）投资联营的房产。

①参与利润分配、共担风险的（真投资）——按房产余值征税。

②不承担风险，收取固定收入的（假投资）——按租金收入征税。

（5）融资租赁房屋。

①纳税人：**承租人**。

②计税依据：**按房产余值征税**。

解释 房产出租的，房产所有权人（出租人）为房产税的纳税人。

（6）居民住宅区内业主共有的经营性房产。

①纳税人：代管人或使用人。

②计税依据：

a. 自营的——按房产余值；无原值或原值不能准确划分的，所在地税务机关核定房产原值。

b. 出租房产的——按租金收入征税。

2. 从租计征的计税依据——**租金收入**。

（1）房产出租的——按租金收入征税。

免征增值税的，确定计税依据时，租金收入不扣减增值税额。

（2）以劳务或其他形式为报酬抵付房租收入的——按当地标准租金额征税。

（3）纳税人申报不实或不合理的——税务机关核定应纳税额。

（四）房产税税收优惠

1. 国家机关、人民团体、军队自用的房产免征房产税。

2. 由国家财政部门拨付事业经费（全额或差额）的单位（学校、医疗卫生单位、托儿所、幼儿园、敬老院以及文化、体育、艺术类单位）所有的、本身业务范围内使用的房产免征房产税。

附属工厂、商店、招待所等不属于单位公务、业务的用房，照章纳税。

3. 宗教寺庙、公园、名胜古迹自用的房产免征房产税。

4. 个人所有非营业用的房产免征房产税。

5. 毁损不堪居住的房屋和危险房屋，在停止使用后，可免征房产税。

6. 纳税人因房屋大修导致连续停用半年以上的，在房屋大修期间免征房产税。

7. 在基建工地为基建工地服务的各种工棚、材料棚、休息棚和办公室、食堂、茶炉房、汽车房等临时性房屋：

（1）施工期间：一律免征房产税。

（2）工程结束后：施工企业将这种临时性房屋交还或估价转让给基建单位的，应从基建单位接收的次月起，照章纳税。

8. 高校学生公寓免征房产税。

9. 对非营利性医疗机构、疾病控制机构和妇幼保健机构等卫生机构自用的房产，免征房产税。

10. 老年服务机构自用的房产免征房产税。

11. 对公共租赁住房免征房产税。

12. 国家机关、军队、人民团体、财政补助事业单位、居民委员会、村民委员会拥有的体育场馆，用于体育活动的房产，免征房产税。

13. 经费自理事业单位、体育社会团体、体育基金会、体育类民办非企业单位拥有并运营管理的体育场馆，符合相关条件的，其用于体育活动的房产，免征房产税。

14. 企业拥有并运营管理的大型体育场馆，其用于体育活动的房产，减半征收房产税。

15. 自2019年1月1日至2027年供暖期结束，对向居民供热收取采暖费的供热企业，为居民供热所使用的厂房免征房产税；对供热企业其他厂房，应当按照规定征收房产税。对专业供热企业，按其向居民供热取得的采暖费收入占全部采暖费收入的比例，计算免征的房产税。

16. 自2021年10月1日起，对企事业单位、社会团体以及其他组织向个人、专业化规模化住房租赁企业出租住房的，减按4%的税率征收房产税。

17. 2022年1月1日至2024年12月31日，由人民政府根据本地区实际情况对增值税小规模纳税人、小型微利企业和个体工商户可以在50%的税额幅度内减征房产税。

（五）房产税征收管理

1. 纳税义务发生时间。

（1）纳税人将原有房产用于生产经营，从生产经营之月起，缴纳房产税。

（2）纳税人自行新建房屋用于生产经营，从建成之次月起，缴纳房产税。

（3）纳税人委托施工企业建设的房屋，从办理验收手续之次月起，缴纳房产税。

（4）纳税人购置新建商品房，自房屋交付使用之次月起，缴纳房产税。

（5）纳税人购置存量房，自办理房屋权属转移、变更登记手续，房地产权属登记机关签发房屋权属证书之次月起，缴纳房产税。

（6）纳税人出租、出借房产，自交付出租、出借本企业房产之次月起，缴纳房产税。

（7）房地产开发企业自用、出租、出借本企业建造的商品房，自房屋使用或交付之次月起，缴纳房产税。

（8）纳税人因房产的实物或权利状态发生变化而依法终止房产税纳税义务的，其应纳税款的计算截至房产的实物或权利状态发生变化的当月末。

2. 纳税地点。

房产税在房产所在地缴纳。房产不在同一地方的纳税人，应按房产的坐落地点分别向房产所在地的税务机关申报纳税。

3. 纳税期限。

实行按年计算、分期缴纳。

一、例题点津

【例题1·单选题】甲企业一栋房产原值750 000元，已知房产税税率为1.2%，当地规定的房产税扣除比例为30%，该房产年度应缴纳的房产税税额为（ ）元。

A. 6 300　　　　B. 4 500

C. 5 000　　　　D. 5 500

【答案】A

【解析】应纳房产税＝750 000×（1－30%）×1.2%＝6 300（元）。

【例题2·单选题】下列房产，应当征收房产税的是（ ）。

A. 因大修导致连续停用一个季度，在大修期间的房产

B. 对非营利性医疗机构、疾病控制机构和妇幼保健机构等卫生机构自用的房产

C. 老年服务机构自用的房产

D. 向居民供热并向居民收取采暖费的供热企业

【答案】A

【解析】纳税人因房屋大修导致连续停用半年以上的，在房屋大修期间免征房产税。

【例题3·多选题】关于房产税的纳税义务人，下列说法中不正确的有（ ）。

A. 产权属于集体和个人的，经营管理的单位为纳税人

B. 产权出典的，出典人为纳税人

C. 单位和个人无租使用房产管理部门、免税单位及纳税单位的房产，由使用人代为缴纳房产税

D. 产权所有人、承典人均不在房产所在地的，房产代管人或者使用人为纳税人

【答案】AB

【解析】产权属于集体和个人的，集体单位和个人为纳税人；产权出典的，承典人为纳税人。

【例题4·多选题】下列是房产税的计税依据的有（ ）。

A. 房产原值　　　B. 房产余值

C. 房产净值　　　D. 租金收入

【答案】BD

【解析】房产税以房产的计税价值或房产租金收入为计税依据。选项B，从价计征的房产税，以房产余值为计税依据；选项D，从租计征的房产税，以房屋出租取得的租金收入为计税依据。

【例题5·多选题】关于房产税的纳税义务发生时间，下列说法中正确的有（ ）。

A. 纳税人购置新建商品房，自房屋交付使用之次月起，缴纳房产税

B. 纳税人购置存量房，自办理房屋权属转移、变更登记手续，房地产权属登记机关签发房屋权属证书之次月起，缴纳房产税

C. 纳税人出租、出借房产，自交付出租、出借本企业房产之次月起，缴纳房产税

D. 房地产开发企业自用、出租、出借本企业建造的商品房，自房屋使用或交付之次月起，缴纳房产税

【答案】ABCD

【解析】纳税人购置新建商品房，自房屋交付使用之次月起，缴纳房产税。纳税人购置存量房，自办理房屋权属转移、变更登记手续，房地产权属登记机关签发房屋权属证书之次月起，缴纳房产税。纳税人出租、出借房产，自交付出租、出借本企业房产之次月起，缴纳房产税。房地产开发企业自用、出租、出借本企业建造的商品房，自房屋使用或交付之次月起，缴纳房产税。选项A、B、C、D均正确。

2 契税 ★★★

一、考点解读

（一）契税纳税人

契税的纳税人是在我国境内承受土地、房屋权属转移的单位和个人。契税由权属的承受人缴纳。

（二）契税征税范围

契税以在我国境内转移土地、房屋权属的行为作为征税对象。包括：土地使用权出让、土地使用权转让、房屋买卖、房屋赠与、房屋互换和以其他方式转移土地、房屋权属的。具体见表6－2。

表6-2

项目	内容
一般范围	土地使用权出让
	土地使用权转让
	房屋买卖
	房屋赠与
	房屋互换
以其他方式转移土地、房屋权属	1. 以作价投资（入股）
	2. 以偿还债务、划转、奖励等方式转移土地、房屋权属的
	3. 公司增资扩股中，对以土地、房屋权属作价入股或作为出资投入企业的，征收契税
	4. 企业破产清算期间，对非债权人承受破产企业土地、房屋权属的，征收契税
	5. 下列情形发生土地、房屋权属转移的，承受方应当依法缴纳契税： （1）因共有不动产份额变化的； （2）因共有人增加或者减少的； （3）因人民法院、仲裁委员会的生效法律文书或者监察机关出具的监察文书等因素，发生土地、房屋权属转移的
不属于契税征税范围的	（1）土地、（2）房屋典当、（3）分拆（分割）、（4）抵押、（5）出租

[解释] 契税，以及土地增值税、印花税是在房地产权属发生变动情况下（流动时）应缴纳的税种。房产税、城镇土地使用税属于房地产权属未发生变动时（静态时）应缴纳的税种。

（三）契税税率

契税采用比例税率，实行3%～5%的幅度税率。

（四）契税计税依据

1. 土地使用权出让、出售，房屋买卖，以成交价格作为计税依据。计征契税的成交价格不含增值税。

2. 土地使用权赠与、房屋赠与以及其他没有价格的转移土地、房屋权属行为，为税务机关参照土地使用权出售、房屋买卖的市场价格依法核定的价格。

3. 土地使用权互换、房屋互换，以所互换的土地使用权、房屋价格的差额为计税依据。

4. 以划拨方式取得的土地使用权，经批准改为出让方式重新取得该土地使用权的，应由该土地使用权人以补缴的土地出让价款为计税依据缴纳契税。

先以划拨方式取得土地使用权，后经批准转让房地产，划拨土地性质改为出让的，承受方应分别以补缴的土地出让价款和房地产权属转移合同确定的成交价格为计税依据缴纳契税。

先以划拨方式取得土地使用权，后经批准转让房地产，划拨土地性质未发生改变的，承受方应以房地产权属转移合同确定的成交价格为计税依据缴纳契税。

5. 纳税人隐瞒、虚报成交价格以偷、逃税款，申报的成交价格、互换价格差额明显偏低且无正当理由的，由税务机关核定。

税务机关依法核定计税价格，应参照市场价格，采用房地产价格评估等方法合理确定。

6. 契税计税依据不包括增值税，具体情形为：

（1）土地使用权出售、房屋买卖，承受方计征契税的成交价格不含增值税；实际取得增值税发票的，成交价格以发票上注明的不含税价格确定。

（2）土地使用权互换、房屋互换，契税计税依据为不含增值税价格的差额。

（3）税务机关核定的契税计税价格为不含增值税价格。

（五）契税应纳税额的计算

契税计算公式为：

应纳税额＝计税依据×税率

（六）契税税收优惠

1. 有下列情形之一的，免征契税：

（1）国家机关、事业单位、社会团体、军事单位承受土地、房屋权属用于办公、教学、医疗、科研、军事设施；

（2）非营利性的学校、医疗机构、社会福利机构承受土地、房屋权属用于办公、教学、医疗、科研、养老、救助；

（3）承受荒山、荒地、荒滩土地使用权用于农、林、牧、渔业生产；

（4）婚姻关系存续期间夫妻之间变更土地、房屋权属；

（5）法定继承人通过继承承受土地、房屋权属；

（6）依照法律规定应当予以免税的外国驻华使馆、领事馆和国际组织驻华代表机构承受土地、房屋权属。

根据国民经济和社会发展的需要，国务院对居民住房需求保障、企业改制重组、灾后重建等情形可以规定免征或者减征契税，报全国人民代表大会常务委员会备案。

2. 地方酌定减免税情形：

（1）因土地、房屋被县级以上人民政府征收、征用，重新承受土地、房屋权属；

（2）因不可抗力灭失住房，重新承受住房权属。

3. 临时减免税情形：

（1）夫妻因离婚分割共同财产发生土地、房屋权属变更的，免征契税。

（2）城镇职工按规定第一次购买公有住房的，免征契税。

（3）外国银行分行按规定改制为外商独资银行（或其分行），改制后的外商独资银行（或其分行）承受原外国银行分行的房屋权属的，免征契税。

（4）企业改制。

（5）事业单位改制。

（6）公司合并。

（7）公司分立。

（8）资金划转。

（9）债券转股权。

（10）划拨用地出让或作价出资。

（11）公司股权（股份）转让。

（七）契税征收管理

1. 纳税义务发生时间。

契税的纳税义务发生时间是纳税人签订土地、房屋权属转移合同的当日，或者纳税人取得其他具有土地、房屋权属转移合同性质凭证的当日。具有土地、房屋权属转移合同性质的凭证包括契约、协议、合约、单据、确认书以及其他凭证。纳税人应当在依法办理土地、房屋权属登记手续前申报缴纳契税。

契税申报以不动产单元为基本单位。

因人民法院、仲裁委员会的生效法律文书或者监察机关出具的监察文书等发生土地、房屋权属转移的，纳税义务发生时间为法律文书等生效当日。

因改变土地、房屋用途等情形应当缴纳已经减征、免征契税的，纳税义务发生时间为改变有关土地、房屋用途等情形的当日。

因改变土地性质、容积率等土地使用条件需补缴土地出让价款，应当缴纳契税的，纳税义务发生时间为改变土地使用条件当日。

发生上述情形，按规定不再需要办理土地、房屋权属登记的，纳税人应自纳税义务发生之日起 90 日内申报缴纳契税。

2. 纳税地点。

契税实行属地征收管理。纳税人发生契税纳税义务时，应向土地、房屋所在地的税务征收机关申报纳税。

3. 纳税申报。

契税纳税人依法纳税申报时，应填报《财产和行为税税源明细表》（《契税税源明细表》部分），并根据具体情形提交下列资料：

（1）纳税人身份证件；

（2）土地、房屋权属转移合同或其他具有土地、房屋权属转移合同性质的凭证；

（3）交付经济利益方式转移土地、房屋权属的，提交土地、房屋权属转移相关价款支付凭证，其中，土地使用权出让为财政票据，土地使用权出售、互换和房屋买卖、互换为增值税发票；

（4）因人民法院、仲裁委员会的生效法律文书或者监察机关出具的监察文书等因素发生土地、房屋权属转移的，提交生效法律文书或监察文书等。

符合减免税条件的，应按规定附送有关资料或将资料留存备查。

4. 完税凭证与权属登记。

纳税人办理纳税事宜后，税务机关应当开具契税完税凭证。

5. 部门之间的工作配合。

税务机关应当与相关部门建立契税涉税信息共享和工作配合机制。

各地税务机关应与当地房地产管理部门加强协作。

6. 契税的退还。

纳税人缴纳契税后发生下列情形，可依照有关法律法规申请退税：

（1）因人民法院判决或者仲裁委员会裁决导致土地、房屋权属转移行为无效、被撤销或者被解除，且土地、房屋权属变更至原权利人的；

（2）在出让土地使用权交付时，因容积率调整或实际交付面积小于合同约定面积需退还土地出让价款的；

（3）在新建商品房交付时，因实际交付面积小于合同约定面积需返还房价款的。

纳税人依照上述规定向税务机关申请退还已缴纳契税的，应提供纳税人身份证件、完税凭证复印件，并根据不同情形提交相关资料。

7. 税务机关及其工作人员的保密义务。

二、例题点津

【例题1·单选题】下列属于临时免征契税的是（　　）。

A. 夫妻因离婚分割共同财产发生土地、房屋权属变更的

B. 因不可抗力灭失住房，重新承受住房权属

C. 婚姻关系存续期间夫妻之间变更土地、房屋权属

D. 法定继承人通过继承承受土地、房屋权属

【答案】A

【解析】夫妻因离婚分割共同财产发生土地、房屋权属变更的，免征契税，此为2023年新增内容。其他临时免税的还有城镇职工按规定第一次购买公有住房的，免征契税；外国银行分行按规定改制为外商独资银行（或其分行），改制后的外商独资银行（或其分行）承受原外国银行分行的房屋权属的，免征契税。

【例题2·单选题】A向B借款500万元用于生产经营，后A未能按期偿还，双方商定，A以一套购入价为300万元的住房抵偿借款400万元，其余100万元以现金偿还。B取得该套住房时应缴纳契税的计税依据为（　　）万元。

A. 500　　　　　　B. 400

C. 300　　　　　　D. 100

【答案】B

【解析】以房屋抵债，应参照房屋买卖计征契税。在本题中，A的住房抵偿的债务额度为400万元，应以400万元为计税依据计征契税。

【例题3·多选题】下列属于契税征收范围的有（　　）。

A. 土地使用权出让

B. 企业破产清算期间，对非债权人承受破产企业土地、房屋权属的

C. 房屋抵押而发生的土地、房屋权属变动的

D. 房屋赠与

【答案】ABD

【解析】典当、分拆、抵押以及出租等行为而发生的土地、房屋权属变动的，不属于契税的征税范围。

【例题4·判断题】契税的纳税人是在我国境内转让土地、房屋权属的单位和个人。（　　）

【答案】×

【解析】契税的纳税人是在我国境内承受土地、房屋权属转移的单位和个人。

【例题5·判断题】契税采用差别税率。（　　）

【答案】×

【解析】契税采用比例税率，实行3%～5%的幅度税率。

第二单元　土地相关税

1 土地增值税 ★★

一、考点解读

（一）纳税人

土地增值税的纳税人为转让国有土地使用权、地上建筑物及其附着物并取得收入的单位和个人。

单位包括各类企业单位、事业单位、国家机关和社会团体及其他组织。个人包括个体经营者和其他个人。此外，还包括外商投资企业、外国企业、外国驻华机构及海外华侨、港澳台同胞和外国公民。

解释　契税、土地增值税均适用于国有土地使用权及地上物。契税纳税人由承受方缴纳；土地增值税由转让方缴纳。

（二）征税范围

1. 一般规定。

（1）转让地——征税；出让地——不征税。

（2）转让房——征税。

（3）有偿转让房地产——征税；无偿转让（继承、赠与）房地产——不征税，包括以下两种情况：

①房产所有人、土地使用权所有人将房屋产权、土地使用权赠与直系亲属或承担直接赡养义务人的行为；

②房产所有人、土地使用权所有人通过中国境内非营利的社会团体、国家机关将房屋产权、土地使用权赠与教育、民政和其他社会福利、公益事业的行为。

2. 特殊规定。

（1）房地产开发企业将开发的部分房地产转为企业自用或用于出租等商业用途时，如果产权未发生转移，不征收土地增值税。

（2）房地产的交换。

①房地产交换属于土地增值税的征税范围；

②对个人之间互换自有居住用房地产的，经当地税务机关核实，可以免征土地增值税。

（3）合作建房：对于一方出地，另一方出

资金，双方合作建房，建成后按比例分房自用的，暂免征收土地增值税；建成后转让的，应征收土地增值税。

（4）房地产的出租：不属于土地增值税的征税范围。

（5）房地产的抵押：对于房地产的抵押，在抵押期间不征收土地增值税；如果抵押期满以房地产抵债，发生房地产权属转移的（抵债），应列入土地增值税的征税范围。

（6）房地产代建行为：不属于土地增值税的征税范围。

（7）房地产进行重新评估而产生的评估增值：不属于土地增值税的征税范围。

（8）土地使用者处置土地使用权，只要其享有占有、使用、收益、处分该土地的权利，且有合同等证据表明其实质转让、抵押或置换了土地并取得了相应的经济利益，土地使用者及其对方的当事人就应按规定缴纳增值税、土地增值税和契税等。

（三）税率

土地增值税实行**四级超率累进税率**：

1. 增值额未超过扣除项目金额50%的部分，税率为30%。

2. 增值额超过扣除项目金额50%、未超过扣除项目金额100%的部分，税率为40%。

3. 增值额超过扣除项目金额100%、未超过扣除项目金额200%的部分，税率为50%。

4. 增值额超过扣除项目金额200%的部分，税率为60%。

上述所列四级超率累进税率，每级"增值额未超过扣除项目金额"的比例，均包括本比例数。

（四）计税依据

1. 增值额。

增值额＝房地产转让收入－扣除项目金额

2. 应税收入的确定。

纳税人转让房地产取得的应税收入，应包括转让房地产的全部价款及有关的经济利益。从收入的形式来看，包括货币收入、实物收入、其他收入和外币折算。纳税人转让房地产取得的收入为不含增值税收入。

3. 扣除项目及其金额。

准予纳税人从房地产转让收入额减除的扣除项目金额具体包括以下内容：

（1）取得土地使用权所支付的金额。

①纳税人为取得土地使用权所支付的地价款。

②纳税人在取得土地使用权时按国家统一规定缴纳的有关费用和税金。

（2）房地产开发成本。

包括土地征用及拆迁补偿费、前期工程费、建筑安装工程费、基础设施费、公共配套设施费和开发间接费用等。

（3）房地产开发费用，指与房地产开发项目有关的销售费用、管理费用、财务费用。

①能分摊且能证明。

财务费用中的利息支出，凡能够按转让房地产项目计算分摊并提供金融机构证明的，允许据实扣除，但最高不能超过按商业银行同类同期贷款利率计算的金额。

其他房地产开发费用，按取得土地使用权所支付的金额和房地产开发成本的金额之和的5%以内计算扣除。计算扣除的具体比例，由各省、自治区、直辖市人民政府规定。

允许扣除的房地产开发费用=利息+（取得土地使用权所支付的金额+房地产开发成本）×省级政府确定的比例

②不能分摊或不能证明。

财务费用中的利息支出，凡不能按转让房地产项目计算分摊或不能提供金融机构证明的，房地产开发费用（不区分利息费用和其他费用）按规定计算的金额之和的10%以内计算扣除。计算扣除的具体比例，由各省、自治区、直辖市人民政府规定。

允许扣除的房地产开发费用=（取得土地使用权所支付的金额+房地产开发成本）×省级政府确定的比例

（4）与转让房地产有关的税金。

与转让房地产有关的税金指在转让房地产时缴纳的城市维护建设税、印花税（如果是房地

产开发企业，其印花税已经计入管理费用，不得再扣除）、教育费附加。

土地增值税扣除项目涉及的增值税进项税额，允许在销项税额中计算抵扣的，不计入扣除项目，不允许在销项税额中计算抵扣的，可以计入扣除项目。

（5）加计扣除（适用主体）。

从事房地产开发的纳税人可按规定计算的金额（取得土地使用权所支付的金额+房地产开发成本）加计20%计算扣除。

解释 以上为新建房屋的扣除项目。

（6）旧房及建筑物的扣除项目。

方法一：按评估价格扣除。

①旧房及建筑物的评估价格（重置成本价×成新度折扣率）；

②取得土地使用权所支付的地价款和按国家统一规定缴纳的有关费用；

③转让环节缴纳的税金。

方法二：按购房发票金额计算扣除。

纳税人转让旧房及建筑物，凡不能取得评估价格，但能提供购房发票的，经当地税务部门确认，可以扣除。

①按发票所载金额并从购买年度起至转让年度止，每年加计5%计算的金额；

②转让环节缴纳的税金，包括城市维护建设税及教育费附加、印花税、购房时缴纳的契税。

（7）计税依据的特殊规定。

①隐瞒、虚报房地产成交价格的——按评估价格确认收入。

②提供扣除项目金额不实的。

房屋扣除金额=房屋的重置成本价×成新度折扣率

土地扣除金额=房屋坐落地的基准地价（或标准地价）

扣除项目金额合计=房屋扣除金额+土地扣除金额

③成交价格低于评估价格，无正当理由的——按评估的市场交易价确认收入。

④非直接销售和自用房地产——两种收入确认方法：一是按本企业在同一地区、同一年度的同类房地产的平均价格确认；二是由主管税务机关参照当年同类房地产的市场价格或评

估价格确认。

（五）应纳税额的计算

土地增值税应纳税额的计算可分为以下四步：

1. 计算增值额。

增值额 = 房地产转让收入 − 扣除项目金额

2. 计算增值率。

增值率 = 增值额 ÷ 扣除项目金额 × 100%

3. 确定适用税率。按照计算出的增值率，从土地增值税税率表中确定适用税率。

4. 计算应纳税额。

应纳税额 = 增值额 × 适用税率 − 扣除项目金额 × 速算扣除系数

（六）税收优惠

1. 纳税人建造普通标准住宅出售，增值额未超过扣除项目金额 20% 的，予以免税；超过 20% 的，应按全部增值额缴纳土地增值税。

2. 因国家建设需要依法征用、收回的房地产，免征土地增值税。

3. 企事业单位、社会团体以及其他组织转让旧房作为公共租赁住房房源且增值额未超过扣除项目金额 20% 的，免征土地增值税。

4. 自 2008 年 11 月 1 日起，对个人转让住房暂免征收土地增值税。

5. 自 2021 年 1 月 1 日至 2027 年 12 月 31 日，执行以下企业改制重组有关土地增值税政策：

（1）企业按照有关规定整体改制，包括非公司制企业改制为有限责任公司或股份有限公司，有限责任公司变更为股份有限公司，股份有限公司变更为有限责任公司，对改制前的企业将国有土地使用权、地上的建筑物及其附着物（以下简称房地产）转移、变更到改制后的企业，暂不征土地增值税。

整体改制是指不改变原企业的投资主体，并承继原企业权利、义务的行为。

（2）按照法律规定或者合同约定，两个或两个以上企业合并为一个企业，且原企业投资主体存续的，对原企业将房地产转移、变更到合并后的企业，暂不征土地增值税。

（3）按照法律规定或者合同约定，企业分设为两个或两个以上与原企业投资主体相同的企业，对原企业将房地产转移、变更到分立后的企业，暂不征土地增值税。

（4）单位、个人在改制重组时以房地产作价入股进行投资，对其将房地产转移、变更到被投资的企业，暂不征土地增值税。

（5）上述改制重组有关土地增值税政策不适用于房地产转移任意一方为房地产开发企业的情形。

（6）改制重组后再转让房地产并申报缴纳土地增值税时，对"取得土地使用权所支付的金额"，按照改制重组前取得该宗国有土地使用权所支付的地价款和按国家统一规定缴纳的有关费用确定；经批准以国有土地使用权作价出资入股的，为作价入股时县级及以上自然资源部门批准的评估价格。按购房发票确定扣除项目金额的，按照改制重组前购房发票所载金额并从购买年度起至本次转让年度止每年加计 5% 计算扣除项目金额，购买年度是指购房发票所载日期的当年。

（7）不改变原企业投资主体、投资主体相同，是指企业改制重组前后出资人不发生变动，出资人的出资比例可以发生变动；投资主体存续，是指原企业出资人必须存在于改制重组后的企业，出资人的出资比例可以发生变动。

（七）征收管理

1. 纳税申报。

（1）纳税期限——转让房地产合同签订后 7 日内。

（2）纳税地点——房地产所在地。

（3）预售方式销售房地产的——税务机关可预征土地增值税——清算后，多退少补。

2. 纳税清算。

（1）土地增值税的清算单位。

①以国家有关部门审批的房地产开发项目为单位进行清算；

②对分期开发项目，以分期项目为单位清算。

（2）清算条件。

符合下列情形之一的，纳税人应该进行清算：

①房地产开发项目全部竣工、完成销售的；

②整体转让未竣工决算房地产开发项目的；

③直接转让土地使用权的。

符合下列条件之一的，主管税务机关可要求纳税人进行清算：

①已竣工验收的房地产开发项目，已转让的房地产建筑面积占整个项目可售建筑面积的比例在85%以上，或该比例虽未超过85%，但剩余的可售建筑面积已经出租或自用的；

②取得销售（预售）许可证满3年仍未销售完毕的；

③纳税人申请注销税务登记但未办理土地增值税清算手续的；

④省税务机关规定的其他情况。

（3）土地增值税清算应报送的资料：

①房地产开发企业清算土地增值税书面申请、土地增值税纳税申报表。

②项目竣工决算报表、取得土地使用权所支付的地价款凭证、国有土地使用权出让合同、银行贷款利息结算通知单、项目工程合同结算单、商品房购销合同统计表等与转让房地产的收入、成本和费用有关的证明资料。

③主管税务机关要求报送的其他与土地增值税清算有关的证明资料等。

纳税人委托税务中介机构审核鉴证的清算项目，还应报送中介机构出具的《土地增值税清算税款鉴证报告》。

（4）清算后再转让房地产的处理。

土地增值税清算时未转让的房地产，清算后销售或有偿转让的，纳税人应按规定进行土地增值税的纳税申报，扣除项目金额按清算时的单位建筑面积成本费用乘以销售或转让面积计算：

单位建筑面积成本费用＝清算时的扣除项目总金额÷清算的总建筑面积

（5）土地增值税的核定征收。

有下列情形之一的，税务机关可以实行核定征收土地增值税：

①依照法律、行政法规的规定应当设置但未设置账簿的。

②擅自销毁账簿或者拒不提供纳税资料的。

③设置了账簿，但账目混乱或成本资料、收入凭证、费用凭证残缺不全的。

④符合清算条件，未按照规定的期限办理清算手续，经税务机关责令限期清算，逾期仍不清算的。

⑤申报的计税依据明显偏低，又无正当理由的。

3. 土地增值税的纳税地点——房地产所在地。

二、例题点津

【例题1·单选题】 根据土地增值税法律制度的规定，下列各项中，不属于土地增值税纳税人的是（　　）

A. 出租商铺的A公司

B. 转让国有土地使用权的B公司

C. 出售商铺的C同学

D. 出售写字楼的D公司

【答案】 A

【解析】（1）选项A，涉及的是出租，产权不发生转移，不征收土地增值税。（2）选项C，如果C同学转让的是住房（而非商铺），则适用个人转让住房的优惠政策，暂免征收土地增值税。

【例题2·多选题】 纳税人转让旧房，在计算土地增值额时，允许扣除的项目有（　　）。

A. 转让环节缴纳给国家的各项税费

B. 经税务机关确认的房屋及建筑物的评估价格

C. 当期发生的管理费用、财务费用和销售费用

D. 取得土地使用权所支付的价款和按国家规定缴纳的有关税费

【答案】 ABD

【解析】 根据土地增值税法律制度的规定，纳税人转让旧房，不允许扣除管理费用等三项费用，只有转让新建商品房项目时，才允许按照房地产开发费用扣除。

【例题3·多选题】 下列情形中，主管税务机关可要求纳税人进行土地增值税清算的有（　　）。

A. 已竣工验收的房地产开发项目，已转让的房地产建筑面积占整个项目可售建筑面积的比例在85%以上，或该比例虽未超过85%，但剩余的可售建筑面积已经出租或自用的

B. 取得销售（预售）许可证满3年仍未销售完毕的

C. 纳税人申请注销税务登记但未办理土地增值税清算手续的

D. 省级税务机关规定的其他情况

【答案】 ABCD

【解析】符合下列情形之一的，主管税务机关可要求纳税人进行土地增值税清算：

（1）已竣工验收的房地产开发项目，已转让的房地产建筑面积占整个项目可售建筑面积的比例在85%以上，或该比例虽未超过85%，但剩余的可售建筑面积已经出租或自用的；

（2）取得销售（预售）许可证满3年仍未销售完毕的；

（3）纳税人申请注销税务登记但未办理土地增值税清算手续的；

（4）省级税务机关规定的其他情况。

【例题4·计算题】2023年某国有商业企业利用库房空地进行住宅商品房开发，按照国家有关规定补交土地出让金2 840万元，缴纳相关税费160万元；住宅开发成本2 800万元，其中含装修费用500万元；房地产开发费用中的利息支出为300万元（不能提供金融机构证明）；当年住宅全部销售完毕，取得销售收入共计9 000万元；缴纳增值税、城市维护建设税和教育费附加495万元；缴纳印花税4.5万元。已知：该公司所在省人民政府规定的房地产开发费用的计算扣除比例为10%。

要求：计算该企业销售住宅应缴纳的土地增值税税额。

【解析】非房地产开发企业缴纳的印花税允许作为税金扣除；非房地产开发企业不允许按照取得土地使用权所支付金额和房地产开发成本合计数的20%加计扣除。

（1）住宅销售收入为9 000万元。

（2）确定转让房地产的扣除项目金额包括：

①取得土地使用权所支付的金额 = 2 840 + 160 = 3 000（万元）。

②住宅开发成本为2 800万元。

③房地产开发费用 = （3 000 + 2 800）× 10% = 580（万元）。

④与转让房地产有关的税金 = 495 + 4.5 = 499.5（万元）。

⑤转让房地产的扣除项目金额 = 3 000 + 2 800 + 580 + 499.5 = 6 879.5（万元）。

（3）转让房地产的增值额 = 9 000 − 6 879.5 = 2 120.5（万元）。

（4）增值额与扣除项目金额的比率 = 2 120.5 ÷ 6 879.5 ≈ 31%。

（5）应纳土地增值税税额 = 2 120.5 × 30% = 636.15（万元）。

2 城镇土地使用税 ★★★

一、考点解读

（一）纳税人

城镇土地使用税的纳税人是在税法规定的征税范围内使用土地的单位和个人。根据用地者的不同情况分别确定为：

1. 城镇土地使用税由拥有土地使用权的单位或个人缴纳。

2. 拥有土地使用权的纳税人不在土地所在地的，由代管人或实际使用人缴纳。

3. 土地使用权未确定或权属纠纷未解决的，由实际使用人纳税。

4. 土地使用权共有的，共有各方均为纳税人，由共有各方分别纳税。

（二）征税范围

1. 凡在城市、县城、建制镇、工矿区范围内的土地，不论是属于国家所有的土地，还是集体所有的土地，都属于城镇土地使用税的征税范围。

2. 建立在城市、县城、建制镇和工矿区以外的工矿企业则不需缴纳城镇土地使用税。

（三）税率

采用定额税率。城镇土地使用税规定幅度税额，且每个幅度税额的差距为20倍。

（四）计税依据

城镇土地使用税的计税依据是纳税人实际占用的土地面积。土地面积以平方米为计量标准。

纳税人实际占用的土地面积按下列办法确定：

1. 凡由省级人民政府确定的单位组织测定土地面积的，以测定的土地面积为准。

2. 尚未组织测定，但纳税人持有政府部门核发的土地使用证书的，以证书确认的土地面积为准。

3. 尚未核发土地使用证书的，应由纳税人据实申报土地面积，并据以纳税，待核发土地使用证书以后再作调整。

（五）应纳税额的计算

年应纳税额 = 实际占用应税土地面积（平

方米）×适用税额

（六）税收优惠

1. 免税范围。

（1）**国家机关、人民团体、军队自用的土地。**

（2）**由国家财政部门拨付事业经费的单位自用的土地。**

（3）**宗教寺庙、公园、名胜古迹自用的土地。**

（4）**市政街道、广场、绿化地带等公共用地。**

（5）**直接用于农、林、牧、渔业的生产用地。**

（6）**经批准开山填海整治的土地和改造的废弃土地，从使用的月份起免缴土地使用税 5 ~ 10 年。**

（7）**由财政部另行规定免税的能源、交通、水利设施用地和其他用地。**

2. 各种用地税收优惠政策（共 18 项）。

（1）城镇土地使用税与耕地占用税的征税范围衔接。

（2）免税单位与纳税单位之间无偿使用的土地。

（3）房地产开发公司开发建造商品房的用地，除经济适用房的用地外，一律不得减免。

（4）防火、防爆、防毒等安全防范用地，免征。

（5）企业的铁路专用线、公路等用地，在厂区以外、与社会公用地段未加隔离的，暂免征收城镇土地使用税。

（6）下列石油天然气生产建设用地暂免征收城镇土地使用税：①地质勘探、钻井、井下作业、油气田地面工程等施工临时用地；②企业厂区以外的铁路专用线、公路及输油（气、水）管道用地；③油气长输管线用地。

在城市、县城、建制镇以外工矿区内的消防、防洪排涝、防风、防沙设施用地，暂免征收城镇土地使用税。

（7）对林区的育林地、运材道、防火道、防火设施用地，免征城镇土地使用税。林业系统的森林公园、自然保护区可比照公园免征城镇土地使用税。对林业系统的其他生产用地及办公、生活区用地，均应征收城镇土地使用税。

（8）对盐场、盐矿的生产厂房、办公、生活用地，应照章征收城镇土地使用税。盐场的盐滩、盐矿的矿井用地，暂免征收城镇土地使

用税。

（9）矿山的采矿场、排土场、尾矿库、炸药库的安全区，以及运矿运岩公路、尾矿输送管道及回水系统用地，免征城镇土地使用税。

（10）火电厂厂区围墙内的用地均应征收城镇土地使用税。对厂区围墙外的灰场、输灰管、输油（气）管道、铁路专用线用地，免征城镇土地使用税；厂区围墙外的其他用地，应照章征税。对供电部门的输电线路用地、变电站用地，免征城镇土地使用税。

（11）水利设施及其管护用地（如水库库区、大坝、堤防、灌渠、泵站等用地），免征城镇土地使用税。

（12）对港口的码头（即泊位，包括岸边码头、伸入水中的浮码头、堤岸、堤坝、栈桥等）用地，免征城镇土地使用税。

（13）机场飞行区（包括跑道、滑行道、停机坪、安全带、夜航灯光区）用地、场内外通信导航设施用地和飞行区四周排水防洪设施用地，免征城镇土地使用税。在机场道路中，场外道路用地免征城镇土地使用税；场内道路用地依照规定征收城镇土地使用税。机场工作区（包括办公、生产和维修用地及候机楼、停车场）用地、生活区用地、绿化用地，依照规定征收城镇土地使用税。

（14）老年服务机构自用土地免征城镇土地使用税。

（15）国家机关、军队、人民团体、财政补助事业单位、居民委员会、村民委员会拥有的体育场馆，用于体育活动的土地，免征城镇土地使用税。企业拥有并运营管理的大型体育场馆，其用于体育活动的土地，减半征收城镇土地使用税。

（16）对向居民供热收取采暖费的供热企业，免征城镇土地使用税。

（17）对物流企业自有（包括自用和出租）或承租的大宗商品仓储设施用地，减按所属土地等级适用税额标准的 50% 计征城镇土地使用税。物流企业的办公、生活区用地及其他非直接用于大宗商品仓储的土地，应按规定征收城镇土地使用税。

（18）自 2022 年 1 月 1 日至 2024 年 12 月 31

日，由人民政府对增值税小规模纳税人、小型微利企业和个体工商户可以在 50% 的税额幅度内减征城镇土地使用税。

（七）征收管理

1. 纳税义务发生时间。

（1）纳税人购置新建商品房，自房屋交付使用之次月起，缴纳城镇土地使用税。

（2）纳税人购置存量房，自办理房屋权属转移、变更登记手续，房地产权属登记机关签发房屋权属证书之次月起，缴纳城镇土地使用税。

（3）纳税人出租、出借房产，自交付出租、出借房产之次月起，缴纳城镇土地使用税。

（4）以出让或转让方式有偿取得土地使用权的，应由受让方从合同约定交付土地时间的次月起缴纳城镇土地使用税；合同未约定交付土地时间的，由受让方从合同签订的次月起缴纳城镇土地使用税。

（5）纳税人新征用的耕地，自批准征用之日起满 1 年时开始缴纳城镇土地使用税。

（6）纳税人新征用的非耕地，自批准征用次月起缴纳城镇土地使用税。

2. 纳税地点。

（1）城镇土地使用税在土地所在地缴纳。

（2）纳税人使用的土地不属于同一省、自治区、直辖市管辖的，由纳税人分别向土地所在地税务机关缴纳城镇土地使用税。

3. 纳税期限：按年计算，分期缴纳。

二、例题点津

【例题 1·单选题】某企业实际占地面积为 50 000 平方米，经税务机关核定，该企业所在地段适用城镇土地使用税税率的每平方米税额为 4 元。该企业全年应缴纳的城镇土地使用税税额为（　　）元。

A. 200 000　　　　B. 250 000

C. 400 000　　　　D. 300 000

【答案】A

【解析】该企业全年应缴纳的城镇土地使用税税额 = 实际占用应税土地面积（平方米）× 适用税额 = 50 000 × 4 = 200 000（元）。

【例题 2·单选题】某人民团体有甲、乙两栋办公楼，甲栋占地 3 000 平方米，乙栋占地

1 000 平方米。2023 年 3 月 1 日至 12 月 31 日将乙栋出租。当地城镇土地使用税的税率为每平方米 15 元，该人民团体 2023 年应缴纳城镇土地使用税（　　）元。

A. 3 750　　　　B. 11 250

C. 12 500　　　　D. 15 000

【答案】B

【解析】国家机关、人民团体、军队自用的土地免税；对于免税土地用于出租的，应照章纳税。应纳税额 = 1 000 × 15 ÷ 12 × 9 = 11 250（元）。

【例题 3·多选题】根据城镇土地使用税法律制度的规定，下列各项中属于城镇土地使用税征税范围的有（　　）。

A. 集体所有的位于农村的土地

B. 集体所有的位于建制镇的土地

C. 国家所有的位于工矿区的土地

D. 集体所有的位于城市的土地

【答案】BCD

【解析】城镇土地使用税的征税范围是税法规定的纳税区域内的土地。凡在城市、县城、建制镇、工矿区范围内的土地，不论是属于国家所有的土地，还是集体所有的土地，都属于城镇土地使用税的征税范围。

【例题 4·多选题】下列关于城镇土地使用税纳税义务发生时间的说法，正确的有（　　）。

A. 纳税人购置新建商品房，自房产交付使用之次月起，缴纳城镇土地使用税

B. 纳税人购置存量房，自办理房屋权属转移、变更登记手续，房地产权属登记机关签发房屋权属证书之次月起，缴纳城镇土地使用税

C. 纳税人新征用的耕地，自批准征用之次月起开始缴纳土地使用税

D. 以出让或转让方式有偿取得土地使用权的，应由受让方从合同约定交付土地时间的次月起缴纳城镇土地使用税；合同未约定交付土地时间的，由受让方从合同签订的次月起缴纳城镇土地使用税

【答案】ABD

【解析】纳税人新征用的耕地，自批准征用之日起满 1 年时开始缴纳土地使用税。

【例题 5·判断题】城镇土地使用税规定幅度

税额，而且每个幅度税额的差距为 10 倍。（　　）

【答案】×

【解析】城镇土地使用税规定幅度税额，而且每个幅度税额的差距为 20 倍。

3 耕地占用税 ★

一、考点解读

（一）纳税人

耕地占用税的纳税人为在我国境内占用耕地建设建筑物、构筑物或者从事非农业建设的单位和个人。

（二）征税范围

耕地占用税的征税范围包括纳税人为建设建筑物、构筑物或从事其他非农业建设而占用的国家所有和集体所有的耕地。

解释　耕地，是指用于种植农作物的土地。占用园地、林地、草地、农田水利用地、养殖水面、渔业水域滩涂以及其他农用地建设建筑物、构筑物或者从事非农业建设的，按规定缴纳耕地占用税。园地，包括果园、茶园、橡胶园以及种植桑树、可可、咖啡、油棕、胡椒、药材等其他多年生作物的园地。

建设直接为农业生产服务的生产设施占用农用地的，不缴纳耕地占用税。

（三）税率

耕地占用税实行定额税率。

（四）计税依据和应纳税额的计算

耕地占用税以纳税人实际占用的耕地面积为计税依据，按照规定的适用税额标准计算应纳税额，一次性缴纳。

耕地占用税应纳税额的计算公式为：

应纳税额＝实际占用耕地面积（平方米）×适用税率

（五）税收优惠

1. 军事设施、学校、幼儿园、社会福利机构、医疗机构占用耕地，免征耕地占用税。

医疗机构内职工住房占用耕地的，按照当地适用税额缴纳耕地占用税。

2. 农村居民在规定用地标准以内占用耕地新建自用住宅，按照当地适用税额减半征收耕地占用税；其中农村居民经批准搬迁，新建自用住宅占用耕地不超过原宅基地面积的部分，免征耕地占用税。

3. 农村烈士遗属、因公牺牲军人遗属、残疾军人以及符合农村最低生活保障条件的农村居民，在规定用地标准以内新建自用住宅，免征耕地占用税。

4. 铁路线路、公路线路、飞机场跑道、停机坪、港口、航道、水利工程占用耕地，减按每平方米 2 元的税额征收耕地占用税。

5. 自 2022 年 1 月 1 日至 2024 年 12 月 31 日，由人民政府根据本地区实际情况对增值税小规模纳税人、小型微利企业和个体工商户可以在 50% 的税额幅度内减征耕地占用税。

（六）征收管理

1. 纳税义务发生时间和纳税地点。

耕地占用税的纳税义务发生时间为纳税人收到自然资源主管部门办理占用耕地手续的书面通知的当日。纳税人应当自纳税义务发生之日起 30 日内申报缴纳耕地占用税。

2. 纳税申报。

纳税人占用耕地或其他农用地，应当在耕地或其他农用地所在地申报纳税。

3. 异常情况：

（1）纳税人改变原占地用途，不再属于免征或者减征耕地占用税情形，未按照规定进行申报的。

（2）纳税人已申请用地但尚未获得批准先行占地开工，未按照规定进行申报的。

（3）纳税人实际占用耕地面积大于批准占用耕地面积，未按照规定进行申报的。

（4）纳税人未履行报批程序擅自占用耕地，未按照规定进行申报的。

（5）其他应提请相关部门复核的情形。

二、例题点津

【例题 1·单选题】 2022 年 10 月甲公司开发住宅社区，经批准共占用耕地 150 000 平方米，其中 500 平方米兴建幼儿园，8 000 平方米修建学校。已知，耕地占用税适用税率为 30 元/平方米。甲公司应缴纳耕地占用税税额的下列算式中，正确的是（　　）。

A. 150 000×30

B. （150 000 − 500 − 8 000）×30

C. （150 000 − 8 000）×30

D. （150 000 − 500）×30

【答案】B

【解析】占用耕地建设住宅社区（非农建设）应当依法缴纳耕地占用税，但用于修建幼儿园、学校的部分享受免税优惠。

【例题2·单选题】根据耕地占用税法律制度的规定，纳税人应当自纳税义务发生之日起一定期限内申报缴纳耕地占用税。该期限为（　　）日。

A. 30　　　　　　　　B. 180

C. 60　　　　　　　　D. 90

【答案】A

【解析】纳税人应当自纳税义务发生之日起30日内申报缴纳耕地占用税。

【例题3·多选题】根据耕地占用税法律制度的规定，下列各项中，免征耕地占用税的有（　　）。

A. 幼儿园教学楼占用耕地

B. 军事设施占用耕地

C. 飞机场跑道占用耕地

D. 农村居民在规定用地标准以内占用耕地新建自用住宅

【答案】AB

【解析】选项A、B，军事设施、学校、幼儿园、社会福利机构、医疗机构占用耕地，免征耕地占用税。选项C，铁路线路、公路线路、飞机场跑道、停机坪、港口、航道、水利工程占用耕地，减按每平方米2元的税额征收耕地占用税。选项D，农村居民在规定用地标准以内占用耕地新建自用住宅，按照当地适用税额减半征收耕地占用税。

【例题4·多选题】根据耕地占用税法律制度的规定，下列各项中，不缴纳耕地占用税的有（　　）。

A. 占用耕地建设储存农用机具的仓库

B. 占用养殖水面建设专为农业生产服务的灌溉排水设施

C. 占用竹林地建设木材集材道

D. 占用天然牧草地建设旅游度假村

【答案】ABC

【解析】（1）占用的是否为"耕地"或"视同耕地"，选项A占用"耕地"，选项B、C、D所占用土地"视同耕地"；（2）是否用于非农建设，选项A、B、C用于建设直接为农业生产服务的生产设施，选项D用于非农建设。综上，选项A、B、C不缴纳耕地占用税，选项D应依法缴纳耕地占用税。

【例题5·多选题】下列关于耕地占用税纳税义务发生时间说法错误的有（　　）。

A. 纳税人应当自纳税义务发生之日起15日内申报缴纳耕地占用税。

B. 未经批准占用耕地的，耕地占用税纳税义务发生时间为自然资源主管部门认定的纳税人实际占用耕地的次日

C. 因挖损、采矿塌陷、压占、污染等损毁耕地的纳税义务发生时间为自然资源、农业农村等相关部门认定损毁耕地的次日

D. 自然资源主管部门凭耕地占用税完税凭证或者免税凭证和其他有关文件发放建设用地批准书

【答案】ABC

【解析】纳税人应当自纳税义务发生之日起30日内申报缴纳耕地占用税。自然资源主管部门凭耕地占用税完税凭证或者免税凭证和其他有关文件发放建设用地批准书。未经批准占用耕地的，耕地占用税纳税义务发生时间为自然资源主管部门认定的纳税人实际占用耕地的当日。因挖损、采矿塌陷、压占、污染等损毁耕地的纳税义务发生时间为自然资源、农业农村等相关部门认定损毁耕地的当日。

【例题6·判断题】耕地占用税的纳税义务发生时间为纳税人收到自然资源主管部门办理占用耕地手续的书面通知的当日。（　　）

【答案】√

【解析】耕地占用税的纳税义务发生时间为纳税人收到自然资源主管部门办理占用耕地手续的书面通知的当日。

【例题7·判断题】纳税人应当自纳税义务发生之日起15日内申报缴纳耕地占用税。（　　）

【答案】×

【解析】纳税人应当自纳税义务发生之日起30日内申报缴纳耕地占用税。

【例题8·判断题】耕地占用税以纳税人实

际占用的耕地面积为计税依据。（　）

【答案】√

　　【解析】耕地占用税以纳税人实际占用的耕地面积为计税依据。

第三单元　车　船　类

1 车船税★★

一、考点解读（见表6-3）

表6-3

项目	车船税
纳税人	在中华人民共和国境内属于《车船税法》所附《车船税税目税额表》规定的车辆、船舶（简称车船）的所有人或者管理人
征收范围	在中华人民共和国境内属于车船税法所规定的应税车辆和船舶。 （1）依法应当在车船登记管理部门登记的机动车辆和船舶。 （2）依法不需要在车船登记管理部门登记的在单位内场所行驶或者作业的机动车辆和船舶
税目	乘用车、商用车、挂车、其他车辆、摩托车和船舶
税率	采用定额税率（见车船税税目税额表）
计税依据	1. 乘用车、商用客车和摩托车，以辆数为计税依据。 2. 商用货车、挂车、专用作业车和轮式专用机械车，以整备质量吨位数为计税依据。 3. 机动船舶，以净吨位数为计税依据。 4. 游艇以艇身长度为计税依据
应纳税额的计算	乘用车、客车和摩托车的应纳税额＝辆数×适用年基准税额 货车、专用作业车和轮式专用机械车的应纳税额＝整备质量吨位数×适用年基准税额 机动船舶的应纳税额＝净吨位数×适用年基准税额 拖船和非机动驳船的应纳税额＝净吨位数×适用年基准税额×50% 游艇的应纳税额＝艇身长度×适用年基准税额
税收优惠	下列车船免征车船税： （1）捕捞、养殖渔船。 （2）军队、武装警察部队专用的车船。 （3）警用车船。 （4）悬挂应急救援专用号牌的国家综合性消防救援车辆和国家综合性消防救援船舶。 （5）依照法律规定应当予以免税的外国驻华使领馆、国际组织驻华代表机构及其有关人员的车船。 （6）使用新能源车船。 （7）临时入境的外国车船和香港特别行政区、澳门特别行政区、台湾地区的车船。 （8）缴纳船舶吨税的机动船舶，5年内免征车船税。 （9）依法不需要在车船登记管理部门登记的机场、港口、铁路站场内部行驶或者作业的车船，5年内免征车船税。 其他税收优惠： （1）对节约能源车船，减半征收车船税。 （2）对受地震、洪涝等严重自然灾害影响纳税困难以及其他特殊原因确需减免税的车船，可以在一定期限内减征或者免征车船税。 （3）根据实际情况，对公共交通车船，农村居民拥有并主要在农村地区使用的摩托车、三轮汽车和低速载货汽车定期减征或者免征车船税

续表

项目	车船税
征收管理	纳税义务发生时间：取得车船所有权或者管理权的当月。以购买车船的发票或其他证明文件所载日期的当月为准
	纳税地点：车船的登记地或者车船税扣缴义务人所在地
	纳税申报：车船税按年申报，分月计算，一次性缴纳。纳税年度为公历1月1日至12月31日

二、例题点津

【例题1·单选题】根据车船税法律制度的规定，下列车船中，应缴纳车船税的是（　　）。

A. 商用货车　　　　B. 捕捞渔船

C. 军队专用车船　　D. 纯电动商用车

【答案】A

【解析】选项B、C、D免征车船税。

【例题2·单选题】根据车船税法律制度的规定，下列车辆中，免征车船税的是（　　）。

A. 建筑公司轮式专用机械车

B. 警用车船

C. 商场运输部门用车

D. 物流公司货车

【答案】B

【解析】警用车船免征车船税。

【例题3·单选题】根据车船税法律制度的规定，下列各项中，属于商用货车计税依据的是（　　）。

A. 辆数　　　　　B. 整备质量吨位数

C. 净吨位数　　　D. 购置价格

【答案】B

【解析】商用货车、挂车、专用作业车、轮式专用机械车，按整备质量吨位数为计税依据。

【例题4·单选题】下列选项中，以辆数为车船税计税依据的是（　　）。

A. 摩托车　　　　　B. 货车

C. 挂车　　　　　　D. 专用作业车

【答案】A

【解析】摩托车的车船税计税依据是"辆数"。货车、挂车、专用作业车的车船税计税依据为"整备质量吨位数"。

【例题5·多选题】下列属于车船税征收范围的有（　　）。

A. 电车　　　　　B. 挂车

C. 自行车　　　　D. 货船

【答案】ABD

【解析】车船税的征税范围指在中国境内属于车船税法所规定的应税车辆和船舶。包括依法应当在车船登记管理部门登记的机动车辆和船舶；依法不需要在车船登记管理部门登记的在单位内部场所行驶或者作业的机动车辆和船舶。

第四单元　行　为　类

1 环境保护税★★

一、考点解读

（一）纳税人

环境保护税的纳税人为在中华人民共和国领域和中华人民共和国管辖的其他海域，直接向环境排放应税污染物的企业事业单位和其他生产经营者。

（二）征税范围

1. 大气污染物、水污染物、固体废物和噪声等应税污染物。

2. 有下列情形之一的，不属于直接向环境排放污染物，不缴纳相应污染物的环境保护税：

（1）企业事业单位和其他生产经营者向依法设立的污水集中处理、生活垃圾集中处理场所排放应税污染物的。

（2）企业事业单位和其他生产经营者在符

合国家和地方环境保护标准的设施、场所储存或者处置固体废物的。

3. 依法设立的城乡污水集中处理、生活垃圾集中处理场所超过国家和地方规定的排放标准向环境排放应税污染物的，应当缴纳环境保护税。

4. 企业事业单位和其他生产经营者储存或者处置固体废物不符合国家和地方环境保护标准的，应当缴纳环境保护税。

（三）税目、税率、计税依据和应纳税额的计算（见表6－4）

表6－4

税目	税率	计税依据	应纳税额的计算
大气污染物	实行定额税率	按照污染物排放量折合的污染当量数确定	应纳税额＝污染当量数×具体适用税额
水污染物		按照污染物排放量折合的污染当量数确定	应纳税额＝污染当量数×具体适用税额
固体废物		按照固体废物的排放量确定	应纳税额＝固体废物排放量×具体适用税额
噪声	实行定额税率	按照超过国家规定标准的分贝数确定	应纳税额＝超过国家规定标准的分贝数对应的具体适用税额

解释 计税依据的计算方法和顺序：

（1）纳税人安装使用符合国家规定和监测规范的污染物自动监测设备的，按照污染物自动监测数据计算；

（2）纳税人未安装使用污染物自动监测设备的，按照监测机构出具的符合国家有关规定和监测规范的监测数据计算；

（3）因排放污染物种类多等原因不具备监测条件的，按照国务院生态环境主管部门规定的排污系数、物料衡算方法计算；

（4）不能按上述第1项至第3项规定的方法计算的，按照省、自治区、直辖市人民政府生态环境主管部门规定的抽样测算的方法核定计算。

（四）税收优惠（见表6－5）

表6－5

税收优惠	内容
暂予免征	农业生产（不包括规模化养殖）排放应税污染物的
	机动车、铁路机车、非道路移动机械、船舶和航空器等流动污染源排放应税污染物的

续表

税收优惠	内容
暂予免征	依法设立的城乡污水集中处理、生活垃圾集中处理场所排放相应应税污染物，不超过国家和地方规定的排放标准的
	纳税人综合利用的固体废物，符合国家和地方环境保护标准的
减征	纳税人排放应税大气污染物或者水污染物的浓度值低于国家和地方规定的污染物排放标准30％的，减按75％征收环境保护税
	纳税人排放应税大气污染物或者水污染物的浓度值低于国家和地方规定的污染物排放标准50％的，减按50％征收环境保护税

（五）征收管理

1. 纳税义务发生时间为纳税人排放应税污染物的当日。纳税人应当向应税污染物排放地的税务机关申报缴纳环境保护税。

2. 环境保护税按月计算，按季申报缴纳。不能按固定期限计算缴纳的，可以按次申报缴纳。

纳税人按季申报缴纳的，应当自季度终了之日起15日内，向税务机关办理纳税申报并缴纳税款。

纳税人按次申报缴纳的，应当自纳税义务发生之日起15日内，向税务机关办理纳税申报并缴纳税款。

二、例题点津

【例题1·单选题】根据环境保护税法律制度的规定，下列情形中，应征收环境保护税的是（　　）。

A. 企业综合利用的固体废物，符合国家和地方环境保护标准

B. 机动车等流动污染源排放应税污染物

C. 依法设立的生活垃圾集中处理场所在国家和地方规定排放标准内排放应税污染物

D. 企业处置固体废物不符合国家和地方环境保护标准

【答案】D

【解析】选项A、B、C暂予免征环境保护税。

【例题2·多选题】下列各项中，属于环境保护税征税范围的有（　　）。

A. 企业向依法设立的污水集中处理、生活垃圾集中处理场所排放应税污染物

B. 企业在符合国家和地方环境保护标准的设施、场所储存或者处置固体废物

C. 依法设立的城乡污水集中处理场所超过国家和地方规定的排放标准向环境排放应税污染物

D. 企业储存或者处置固体废物不符合国家和地方环境保护标准

【答案】CD

【解析】依法设立的城乡污水集中处理、生活垃圾集中处理场所超过国家和地方规定的排放标准向环境排放应税污染物的，应当缴纳环境保护税。企业事业单位和其他生产经营者储存或者处置固体废物不符合国家和地方环境保护标准的，应当缴纳环境保护税。

【例题3·多选题】下列各项中，属于环境保护税计税依据的有（　　）。

A. 应税大气污染物按照污染物排放量折合的污染当量数确定

B. 应税水污染物按照污染物排放量折合的污染当量数确定

C. 应税固体废物按照固体废物的排放量确定

D. 应税噪声按照超过国家规定标准的分贝数确定

【答案】ABCD

【解析】上述各项均为环境保护税的计税依据。

2 印花税 ★★

一、考点解读

（一）纳税人

在中华人民共和国境内书立应税凭证、进行证券交易的单位和个人，为印花税的纳税人，应当依照《印花税法》规定缴纳印花税。

书立应税凭证的纳税人，为对应税凭证有直接权利义务关系的单位和个人。采用委托贷款方式书立的借款合同纳税人，为受托人和借款人，不包括委托人。按买卖合同或者产权转移书据税目缴纳印花税的拍卖成交确认书纳税人，为拍卖标的的产权人和买受人，不包括拍卖人。

在中华人民共和国境外书立在境内使用的应税凭证，应当按规定缴纳印花税。包括以下几种情形：

（1）应税凭证的标的为不动产的，该不动产在境内；

（2）应税凭证的标的为股权的，该股权为中国居民企业的股权；

（3）应税凭证的标的为动产或者商标专用权、著作权、专利权、专有技术使用权的，其销售方或者购买方在境内，但不包括境外单位或者个人向境内单位或者个人销售完全在境外使用的动产或者商标专用权、著作权、专利权、专有技术使用权；

（4）应税凭证的标的为服务的，其提供方或者接受方在境内，但不包括境外单位或者个人向境内单位或者个人提供完全在境外发生的服务。

印花税纳税人的具体规定：

根据书立、领受、使用应税凭证的不同，纳税人可分为立合同人、立账簿人、立据人、领受

人和使用人等。

1. 立合同人，是指合同的当事人，即对凭证有直接权利义务关系的单位和个人，但不包括合同的担保人、证人、鉴定人。合同包括买卖、借款、融资租赁、租赁、承揽、建设工程、运输、技术、保管、仓储、财产保险共11类合同。

2. 立账簿人，是指开立并使用营业账簿的单位和个人。如某企业因生产需要，设立了若干营业账簿，该企业即为印花税的纳税人。

3. 立据人，是指书立产权转移书据的单位和个人。

4. 使用人，是指在国外书立、领受，但在国内使用应税凭证的单位和个人。

（二）征税范围

1. 合同：按照《民法典》的规定进行分类，在税目税率表中列举了11类合同，包括买卖、借款、融资租赁、租赁、承揽、建设工程、运输、技术、保管、仓储、财产保险合同。

下列情形的凭证，不属于印花税征收范围：

（1）人民法院的生效法律文书，仲裁机构的仲裁文书，监察机关的监察文书。

（2）县级以上人民政府及其所属部门按照行政管理权限征收、收回或者补偿安置房地产书立的合同、协议或者行政类文书。

（3）总公司与分公司、分公司与分公司之间书立的作为执行计划使用的凭证。

2. 产权转移书据：我国印花税税目中的产权转移书据包括土地使用权出让书据，土地使用权、房屋等建筑物和构筑物所有权转让书据（不包括土地承包经营权和土地经营权转移），股权转让书据（不包括应缴纳证券交易印花税的）以及商标专用权、著作权、专利权、专有技术使用权转让书据。

3. 营业账簿：包括资金账簿和其他营业账簿。

4. 证券交易：是指转让在依法设立的证券交易所、国务院批准的其他全国性证券交易场所交易的股票和以股票为基础的存托凭证。证券交易印花税对证券交易的出让方征收，不对受让方征收。

（三）税率

印花税实行比例税率。按照凭证所标明的确定的金额按比例计算应纳税额，既能保证财政收入，又能体现合理负担的原则。

1. 借款合同、融资租赁合同，适用税率为万分之零点五。

2. 营业账簿，适用税率为万分之二点五。

3. 买卖合同，承揽合同，建设工程合同，运输合同，技术合同，商标专用权、著作权、专利权、专有技术使用权转让书据，适用税率为万分之三。

4. 土地使用权出让书据，土地使用权、房屋等建筑物和构筑物所有权转让书据（不包括土地承包经营权和土地经营权转移），股权转让书据（不包括应缴纳证券交易印花税的），适用税率为万分之五。

5. 租赁合同、保管合同、仓储合同、财产保险合同、证券交易，适用税率为千分之一。

印花税的税目、税率，依照《印花税法》所附《印花税税目税率表》执行。

（四）计税依据

1. 应税合同的计税依据，为合同列明的价款或者报酬，不包括增值税税款；合同中价款或者报酬与增值税税款未分开列明的，按照合计金额确定。

2. 应税产权转移书据的计税依据，为产权转移书据列明的价款，不包括增值税税款；产权转移书据中价款与增值税税款未分开列明的，按照合计金额确定。

3. 应税营业账簿的计税依据，为账簿记载的实收资本（股本）、资本公积合计金额。

4. 证券交易的计税依据，为成交金额。

5. 应税合同、产权转移书据未列明金额的，印花税的计税依据按照实际结算的金额确定。计税依据按照上述规定仍不能确定的，按照书立合同、产权转移书据时的市场价格确定；依法应当执行政府定价或者政府指导价的，按照国家有关规定确定。

证券交易无转让价格的，按照办理过户登记手续时该证券前一个交易日收盘价计算确定计税依据；无收盘价的，按照证券面值计算确定计税依据。

6. 核定纳税人印花税计税依据：

有以下情形，税务机关可以核定纳税人印花

税计税依据:

（1）未按规定建立印花税应税凭证登记簿，或未如实登记和完整保存应税凭证的。

（2）拒不提供应税凭证或不如实提供应税凭证致使计税依据明显偏低的。

（3）采用按期汇总缴纳办法的，未按税务机关规定的期限报送汇总缴纳印花税情况报告，经税务机关责令限期报告，逾期仍不报告的或者税务机关在检查中发现纳税人有未按规定汇总缴纳印花税情况的。

同一应税凭证载有两个以上税目事项并分别列明金额的，按照各自适用税目税率分别计算应纳税额；未分别列明金额的，从高适用税率。

（五）应纳税额的计算

1. 应税合同的应纳税额计算公式为：

应纳税额＝价款或者报酬×适用税率

2. 应税产权转移书据的应纳税额计算公式为：

应纳税额＝价款×适用税率

3. 应税营业账簿的应纳税额计算公式为：

应纳税额＝实收资本（股本）、资本公积合计金额×适用税率

4. 证券交易的应纳税额计算公式为：

应纳税额＝成交金额或者依法确定的计税依据×适用税率

5. 应税权利、许可证照的应纳税额计算公式为：

应纳税额＝应税凭证件数×定额税率

（六）税收优惠

1. 法定凭证免税。下列凭证，免征印花税：

（1）应税凭证的副本或者抄本。

（2）依照法律规定应当予以免税的外国驻华使馆、领事馆和国际组织驻华代表机构为获得馆舍书立的应税凭证。

（3）中国人民解放军、中国人民武装警察部队书立的应税凭证。

（4）农民、家庭农场、农民专业合作社、农村集体经济组织、村民委员会购买农业生产资料或者销售农产品书立的买卖合同和农业保险合同。

（5）无息或者贴息借款合同、国际金融组织向中国提供优惠贷款书立的借款合同。

（6）财产所有权人将财产赠与政府、学校、社会福利机构、慈善组织书立的产权转移书据。

（7）非营利性医疗卫生机构采购药品或者卫生材料书立的买卖合同。

（8）个人与电子商务经营者订立的电子订单。

根据国民经济和社会发展的需要，国务院对居民住房需求保障、企业改制重组、破产、支持小型微型企业发展等情形可以规定减征或者免征印花税，报全国人大常委会备案。

2. 临时性减免税收优惠。

（1）对铁路、公路、航运、水路承运快件行李、包裹开具的托运单据，暂免贴花。

（2）各类发行单位之间，以及发行单位与订阅单位或个人之间书立的征订凭证，暂免征印花税。

（3）军事物资运输，凡附有军事运输命令或使用专用的军事物资运费结算凭证，免纳印花税。

（4）抢险救灾物资运输，凡附有县级以上（含县级）人民政府抢险救灾物资运输证明文件的运费结算凭证，免纳印花税。

（5）对资产公司成立时设立的资金账簿免征印花税。

（6）金融资产管理公司按财政部核定的资本金数额，接收国有商业银行的资产，办理过户手续时免征印花税。

（7）国有商业银行按财政部核定的数额，划转给金融资产管理公司的资产，办理过户手续时免征印花税。

（8）对社保理事会委托社保基金投资管理人运用社保基金买卖证券应缴纳的印花税实行先征后返。

（9）对社保基金持有的证券，在社保基金证券账户之间的划拨过户，不征收印花税。

（10）对被撤销金融机构接收债权、清偿债务过程中签订的产权转移书据，免征印花税。

（11）实行公司制改造的企业在改制过程中成立的新企业（重新办理法人登记的），其新启用的资金账簿记载的资金或因企业建立资本纽带关系而增加的资金，凡原已贴花的部分可不再贴花，未贴花的部分和以后新增加的资金按规定贴花。

（12）以合并或分立方式成立的新企业，凡原已贴花的部分可不再贴花，未贴花的部分和以后新增加的资金按规定贴花。

（13）企业改制前签订但尚未履行完的各类应税合同，改制后需要变更执行主体的，对仅改变执行主体、其余条款未作变动且改制前已贴花的，不再贴花。

（14）企业因改制签订的产权转移书据免予贴花。

（15）对经国务院和省级人民政府决定或批准进行的国有（含国有控股）企业改组改制而发生的上市公司国有股权无偿转让行为，暂不征收证券（股票）交易印花税。

（16）股权分置改革过程中因非流通股股东向流通股股东支付对价而发生的股权转让，暂免征收印花税。

（17）发起机构、受托机构在信贷资产证券化过程中，签订的其他应税合同，暂免征收印花税。

（18）受托机构发售信贷资产支持证券以及投资者买卖信贷资产支持证券暂免征收印花税。

（19）发起机构、受托机构因开展信贷资产证券化业务而专门设立的资金账簿暂免征收印花税。

（20）对证券投资者保护基金有限责任公司（以下简称"保护基金公司"）新设立的资金账簿免征印花税。财产保险合同，免征印花税。

（21）对发电厂与电网之间、电网与电网之间签订的购售电合同按买卖合同征收印花税。电网与用户之间签订的供用电合同不征收印花税。

（22）外国银行分行改制为外商独资银行（或其分行）后，不再重新贴花。

（23）对经济适用住房经营管理单位与经济适用住房相关的印花税以及经济适用住房购买人涉及的印花税予以免征。

（24）对个人出租、承租住房签订的租赁合同，免征印花税。

（25）对个人销售或购买住房暂免征收印花税。

（26）向全国社会保障基金理事会转持国有股，免征证券（股票）交易印花税。

（27）对改造安置住房建设用地免征城镇土地使用税。

（28）在融资性售后回租业务中，对承租人、出租人因出售租赁资产及购回租赁资产所签订的合同，不征收印花税。

（29）对香港市场投资者通过沪股通和深股通参与股票担保卖空涉及的股票借入、归还，暂免征收证券（股票）交易印花税。

（30）对因农村集体经济组织以及代行集体经济组织职能的村民委员会、村民小组进行清产核资收回集体资产而签订的产权转移书据，免征印花税。

（31）对金融机构与小型企业、微型企业签订的借款合同免征印花税。

（32）对保险保障基金公司的部分应税凭证，免征印花税。

（33）对社保基金会、社保基金投资管理人管理的社保基金转让非上市公司股权，免征社保基金会、社保基金投资管理人应缴纳的印花税。

（34）对社保基金会及养老基金投资管理机构运用养老基金买卖证券应缴纳的印花税实行先征后返。

（35）对易地扶贫搬迁项目实施主体取得用于建设易地扶贫搬迁安置住房的土地，免征印花税。

（36）对与高校学生签订的高校学生公寓租赁合同，免征印花税。

（37）在国有股权划转和接收过程中，划转非上市公司股份的，对划出方与划入方签订的产权转移书据免征印花税；划转上市公司股份和全国中小企业股份转让系统挂牌公司股份的，免征证券交易印花税；对划入方因承接划转股权而增加的实收资本和资本公积，免征印花税。

（38）对公租房经营管理单位免征建设、管理公租房涉及的印花税。

（39）对饮水工程运营管理单位为建设饮水工程取得土地使用权而签订的产权转移书据，以及与施工单位签订的建设工程承包合同，免征印花税。

（40）对商品储备管理公司及其直属库资金账簿免征印花税。

（41）2022年1月1日至2024年12月31日，由人民政府根据实际情况对增值税小规模纳税人、小型微利企业和个体工商户可以在50%的税额幅度内减征印花税。

（七）征收管理

1. 纳税义务发生时间。

为纳税人书立应税凭证或者完成证券交易的当日。

2. 纳税地点。

单位纳税人应当向其机构所在地的主管税务机关申报缴纳印花税；个人纳税人应当向应税凭证书立地或者居住地的税务机关申报缴纳印花税。

3. 纳税期限。

印花税按季、按年或者按次计征。实行按季、按年计征的，纳税人应当于季度、年度终了之日起**15日内**申报并缴纳税款。实行按次计征的，纳税人应当于纳税义务发生之日起**15日内**申报并缴纳税款。

4. 缴纳方式。

印花税可以采用粘贴印花税票或者由税务机关依法开具其他完税凭证的方式缴纳。

印花税票粘贴在应税凭证上的，由纳税人在每枚税票的骑缝处盖戳注销或者画销。

印花税票由国务院税务主管部门监制。

二、例题点津

【例题1·单选题】根据印花税法律制度的规定，下列各项中，属于印花税纳税人的是（　　）。

A. 合同的双方当事人

B. 合同的担保人

C. 合同的证人

D. 合同的鉴定人

【答案】A

【解析】合同的当事人是印花税的纳税人，不包括合同的担保人、证人、鉴定人。

【例题2·单选题】下列选项中，属于印花税法定免税范围的是（　　）。

A. 应税凭证的副本或者抄本

B. 铁路、公路、航运、水路承运快件行李、包裹开具的托运单据

C. 各类发行单位之间，以及发行单位与订阅单位或个人之间书立的征订凭证

D. 资产公司成立时设立的资金账簿

【答案】A

【解析】选项B、C、D属于印花税临时性减免税优惠。

【例题3·多选题】根据印花税法律制度的规定，下列属于权利、许可证照的有（　　）。

A. 房屋产权证

B. 商标注册证

C. 专利证

D. 营业执照

【答案】ABCD

【解析】我国印花税目中的权利、许可证照包括政府部门发放的不动产权证书、营业执照、商标注册证、专利证书等。

【例题4·多选题】下列凭证中，免征印花税的有（　　）。

A. 应税凭证的副本或者抄本

B. 依照法律规定应当予以免税的外国驻华使馆、领事馆和国际组织驻华代表机构为获得馆舍书立的应税凭证

C. 中国人民解放军、中国人民武装警察部队书立的应税凭证

D. 农民、家庭农场、农民专业合作社、农村集体经济组织、村民委员会购买农业生产资料或者销售农产品书立的买卖合同和农业保险合同

【答案】ABCD

【解析】下列凭证，免征印花税：（1）应税凭证的副本或者抄本。（2）依照法律规定应当予以免税的外国驻华使馆、领事馆和国际组织驻华代表机构为获得馆舍书立的应税凭证。（3）中国人民解放军、中国人民武装警察部队书立的应税凭证。（4）农民、家庭农场、农民专业合作社、农村集体经济组织、村民委员会购买农业生产资料或者销售农产品书立的买卖合同和农业保险合同。（5）无息或者贴息借款合同、国际金融组织向中国提供优惠贷款书立的借款合同。（6）财产所有权人将财产赠与政府、学校、社会福利机构、慈善组织书立的产权转移书据。（7）非营利性医疗卫生机构采购药品或者卫生材料书立的买卖合同。（8）个人与电子商务经营者订立的电子订单。

【例题5·判断题】印花税的纳税义务发生

时间为纳税人书立应税凭证或者完成证券交易的次日。（　　）

【答案】×

【解析】印花税的纳税义务发生时间为纳税人书立应税凭证或者完成证券交易的当日。

第五单元　其他税种

1 资源税★★

一、考点解读

（一）纳税人

资源税的纳税人，是指在中华人民共和国领域和中华人民共和国管辖的其他海域开发应税资源的单位和个人。

中外合作开采陆上、海上石油资源的企业依法缴纳资源税。

2011年11月1日前已依法订立中外合作开采陆上、海上石油资源合同的，在该合同有效期内，继续依照国家有关规定缴纳矿区使用费，不缴纳资源税；合同期满后，依法缴纳资源税。

（二）征税范围

我国资源税的征税范围由资源税法所附《资源税税目税率表》（以下简称《税目税率表》）确定，包括能源矿产、金属矿产、非金属矿产、水气矿产、盐类，共计5大类，各税目的征税对象包括原矿或选矿。具体包括：

1. 能源矿产。包括原油；天然气、页岩气、天然气水合物；煤；煤成（层）气；铀、钍；油页岩、油砂、天然沥青、石煤；地热。

2. 金属矿产。包括黑色金属和有色金属。

3. 非金属矿产。包括矿物类、岩石类、宝玉石类。

4. 水气矿产。包括二氧化碳气、硫化氢气、氦气、氡气、矿泉水。

5. 盐类。包括钠盐、钾盐、镁盐、锂盐、天然卤水、海盐。

6. 自用应税产品。纳税人开采或者生产应税产品自用的，视同销售，应当按规定缴纳资源税；但是，自用于连续生产应税产品的，不缴纳资源税。纳税人自用应税产品应当缴纳资源税的情形，包括纳税人以应税产品用于非货币性资产交换、捐赠、偿债、赞助、集资、投资、广告、样品、职工福利、利润分配或者连续生产非应税产品等。

国务院根据国民经济和社会发展需要，依照资源税法的原则，对取用地表水或者地下水的单位和个人试点征收水资源税。征收水资源税的，停止征收水资源费。

（三）税率

资源税采用比例税率或者定额税率两种形式。

（四）计税依据

资源税按照《税目税率表》实行从价计征或者从量计征。以纳税人开发应税资源产品的销售额或者销售数量为计税依据。

实行从价计征的，应纳税额按照应税资源产品（以下简称"应税产品"）的销售额乘以具体适用税率计算。实行从量计征的，应纳税额按照应税产品的销售数量乘以具体适用税率计算。

应税产品为矿产品的，包括原矿和选矿产品。

1. 销售额。

（1）资源税应税产品销售额是指纳税人销售应税产品向购买方收取的全部价款，但不包括收取的增值税税款。计入销售额中的相关运杂费用，凡取得增值税发票或者其他合法有效凭据的，准予从销售额中扣除。相关运杂费用是指应税产品从坑口或者洗选（加工）地到车站、码头或者购买方指定地点的运输费用、建设基金以及随运销产生的装卸、仓储、港杂费用。

（2）纳税人申报的应税产品销售额明显偏低且无正当理由的，或者有自用应税产品行为而无销售额的，主管税务机关可以按下列方法和顺序确定其应税产品销售额：

①按纳税人最近时期同类产品的平均销售价格确定。

②按其他纳税人最近时期同类产品的平均销

售价格确定。

③按后续加工非应税产品销售价格，减去后续加工环节的成本利润后确定。

④按应税产品组成计税价格确定。

组成计税价格 = 成本 × (1 + 成本利润率) ÷ (1 - 资源税税率)

2. 销售数量。

应税产品的销售数量，包括纳税人开采或者生产应税产品的实际销售数量和自用于应当缴纳资源税情形的应税产品数量。

3. 计税依据的特殊规定。

（1）纳税人外购应税产品与自采应税产品混合销售或者混合加工为应税产品销售的，在计算应税产品销售额或者销售数量时，准予扣减外购应税产品的购进金额或者购进数量；当期不足扣减的，可结转下期扣减。

（2）纳税人以外购原矿与自采原矿混合为原矿销售，或者以外购选矿产品与自产选矿产品混合为选矿产品销售的，在计算应税产品销售额或者销售数量时，直接扣减外购原矿或者外购选矿产品的购进金额或者购进数量。

纳税人以外购原矿与自采原矿混合洗选加工为选矿产品销售的，在计算应税产品销售额或者销售数量时，按照下列方法进行扣减：

准予扣减的外购应税产品购进金额（数量）= 外购原矿购进金额（数量）×（本地区原矿适用税率 ÷ 本地区选矿产品适用税率）

不能按照上述方法计算扣减的，按照主管税务机关确定的其他合理方法进行扣减。

（3）纳税人开采或者生产同一税目下适用不同税率应税产品的，应当分别核算不同税率应税产品的销售额或者销售数量；未分别核算或者不能准确提供不同税率应税产品的销售额或者销售数量的，从高适用税率。

（4）纳税人以自采原矿（经过采矿过程采出后未进行选矿或者加工的矿石）直接销售，或者自用于应当缴纳资源税情形的，按照原矿计征资源税。

（5）纳税人开采或者生产同一应税产品，其中既有享受减免税政策的，又有不享受减免税政策的，按照免税、减税项目的产量占比等方法分别核算确定免税、减税项目的销售额或者销售数量。

（五）应纳税额的计算

1. 实行从价定率计征办法的应税产品，资源税应纳税额按销售额和比例税率计算：

应纳税额 = 应税产品的销售额 × 适用的比例税率

2. 实行从量定额计征办法的应税产品，资源税应纳税额按销售数量和定额税率计算：

应纳税额 = 应税产品的销售数量 × 适用的定额税率

3. 扣缴义务人代扣代缴资源税应纳税额的计算：

代扣代缴应纳税额 = 收购未税产品的数量 × 适用定额税率

（六）税收优惠

1. 有下列情形之一的，免征资源税：

（1）开采原油以及在油田范围内运输原油过程中用于加热的原油、天然气。

（2）煤炭开采企业因安全生产需要抽采的煤成（层）气。

2. 有下列情形之一的，减征资源税：

（1）从低丰度油气田开采的原油、天然气，减征 20% 资源税。

（2）高含硫天然气、三次采油和从深水油气田开采的原油、天然气，减征 30% 资源税。

（3）稠油、高凝油减征 40% 资源税。

（4）从衰竭期矿山开采的矿产品，减征 30% 资源税。

（5）自 2022 年 1 月 1 日至 2024 年 12 月 31 日，对增值税小规模纳税人可以在 50% 的税额幅度内减征资源税。

（6）自 2014 年 12 月 1 日至 2023 年 8 月 31 日，对充填开采置换出来的煤炭，资源税减征 50%。

3. 地方减免资源税的情形：

（1）纳税人开采或者生产应税产品过程中，因意外事故或者自然灾害等原因遭受重大损失。

（2）纳税人开采共伴生矿、低品位矿、尾矿。

（七）征收管理

1. 纳税义务发生时间。

纳税人销售应税产品，纳税义务发生时间为收讫销售款或者取得索取销售款凭据的当日；自用应税产品的，纳税义务发生时间为移送应税产品的当日。

资源税由税务机关征收管理。海上开采的原油和天然气资源税由海洋石油税务管理机构征收管理。

2. 纳税地点。

纳税人应当在矿产品的开采地或者海盐的生产地缴纳资源税。

3. 纳税期限。

资源税按月或者按季申报缴纳；不能按固定期限计算缴纳的，可以按次申报缴纳。

纳税人按月或者按季申报缴纳的，应当自月度或者季度终了之日起 **15 日内**，向税务机关办理纳税申报并缴纳税款；按次申报缴纳的，应当自纳税义务发生之日起 **15 日内**，向税务机关办理纳税申报并缴纳税款。

二、例题点津

【例题 1·单选题】 某铜矿 2021 年 3 月销售铜矿石原矿收取价款合计 600 万元，其中从坑口到车站的运输费用 20 万元，随运销产生的装卸、仓储费用 10 万元，均取得增值税发票。已知：该矿山铜矿石原矿适用的资源税税率为 6%。该铜矿 3 月份应纳资源税税额为（   ）元。

A. 34.2　　　　　B. 34.5

C. 34.6　　　　　D. 33.8

【答案】 A

【解析】 因为铜矿征税对象为原矿或选矿，本题计税依据应为原矿销售额，减除运输费用和装卸、仓储费用。故：

（1）该铜矿当月应税产品销售额 = 600 − (20 + 10) = 570（万元）。

（2）该铜矿 3 月份应纳资源税税额 = 570 × 6% = 34.2（万元）。

【例题 2·单选题】 下列各项中，不属于资源税征税范围的是（   ）。

A. 花岗岩　　　　B. 人造石油

C. 海盐　　　　　D. 煤成（层）气

【答案】 B

【解析】 按照现行资源税征税范围规定，人造石油不属于资源税征税范围，不征收资源税，而花岗岩、海盐和煤成（层）气均属于资源税征收范围。

【例题 3·判断题】 资源税按月或者按季申报缴纳；不能按固定期限计算缴纳的，不可以按次申报缴纳。（   ）

【答案】 ×

【解析】 资源税按月或者按季申报缴纳；不能按固定期限计算缴纳的，可以按次申报缴纳。

本章考点巩固练习题

一、单项选择题

1. 甲企业拥有一处原值 560 000 元的房产。已知房产税税率为 1.2%，当地规定的房产税减除比例为 30%，甲企业年应缴纳房产税税额的下列计算中，正确的是（   ）。

A. 560 000 × 1.2% = 6 720（元）

B. 560 000 ÷ (1 − 30%) × 1.2% = 9 600（元）

C. 560 000 × (1 − 30%) × 1.2% = 4 704（元）

D. 560 000 × 30% × 1.2% = 2 016（元）

2. 下列各项中，应该征收土地增值税的是（   ）。

A. 双方合作建房按照比例分配房产后对外转让

B. 以房地产抵债但尚未发生房地产权属转让的

C. 对房地产进行重新评估而产生的评估增值

D. 房地产的出租

3. 下列选项中，属于印花税法定免税范围的是（   ）。

A. 应税凭证的副本或者抄本

B. 铁路、公路、航运、水路承运快件行李、包裹开具的托运单据

C. 各类发行单位之间，以及发行单位与订阅

单位或个人之间书立的征订凭证

　　D. 资产公司成立时设立的资金账簿

4. 根据资源税法律制度的规定，下列各项中，属于资源税纳税人的是（　　）。

　　A. 进口金属矿石的冶炼企业

　　B. 销售精盐的商场

　　C. 开采原煤的公司

　　D. 销售石油制品的加油站

5. 下列情形中，属于免征资源税的是（　　）。

　　A. 从低丰度油气田开采的原油、天然气

　　B. 开采原油以及在油田范围内运输原油过程中用于加热的原油、天然气

　　C. 从深水油气田开采的原油、天然气

　　D. 从衰竭期矿山开采的矿产品

6. 根据车船税法律制度的规定，下列各项中，免征车船税的是（　　）。

　　A. 家庭自用的燃料电池乘用车

　　B. 国有企业的公用汽油动力乘用车

　　C. 外国驻华使馆的自用客用客车

　　D. 个体工商户自用的摩托车

7. 下列不符合纳税人应进行土地增值税清算的是（　　）。

　　A. 直接转让土地使用权的

　　B. 房地产开发项目全部竣工、完全销售的

　　C. 整体转让未竣工决算房地产开发项目的

　　D. 取得销售（预售）许可证满 3 年仍未销售完毕的

8. 根据车船税法律制度的规定，下列各项中，以"辆数"为计税依据的是（　　）。

　　A. 客用货车

　　B. 轮式专用机械车

　　C. 商用客车

　　D. 专用作业车

9. 2023 年 6 月 15 日，甲公司购买 2 辆乘用车。已知乘用车发动机汽缸容量（排气量）为 2.0 升，当地规定的车船税年基准税额为 490 元/辆，甲公司 2023 年应纳车船税税额的下列计算中，正确的是（　　）。

　　A. $2 \times 490 \div 12 \times 7$

　　B. $2 \times 490 \div 12 \times (6 + 15 \div 30)$

　　C. $2 \times 490 \div 12 \times 6$

　　D. 2×490

10. 2023 年 9 月，张某出租自有住房，当月收取不含增值税租金 5 800 元，当月需偿还个人住房贷款 1 500 元。已知，个人出租住房房产税税率为 12%。计算张某当月应缴纳房产税税额的下列算式中，正确的是（　　）。

　　A. $(5\ 800 - 1\ 500) \times 12\%$

　　B. $5\ 800 \times 12\%$

　　C. $(5\ 800 - 1\ 500) \times (1 - 12\%) \times 12\%$

　　D. $5\ 800 \times (1 - 12\%) \times 12\%$

11. 下列各项中，属于土地增值税征税范围的是（　　）。

　　A. 出让土地使用权

　　B. 转让国有土地使用权

　　C. 出租房地产的行为

　　D. 房产所有人将自己拥有的房产赠与其子女

12. 根据契税法律制度的规定，下列各项中，不属于契税纳税人的是（　　）。

　　A. 出售房屋的个人

　　B. 受赠土地使用权的企业

　　C. 购买房屋的个人

　　D. 受让土地使用权的企业

13. 下列关于资源税的说法中，不正确的是（　　）。

　　A. 纳税人销售应税产品，纳税义务发生时间为收讫销售款或者取得索取销售款凭据的当日

　　B. 资源税由税务机关征收管理

　　C. 自用应税产品的，纳税义务发生时间为移送应税产品的次日

　　D. 海上开采的原油和天然气资源税由海洋石油税务管理机构征收管理

14. 根据土地增值税法律制度的规定，下列行为中，应缴纳土地增值税的是（　　）。

　　A. 甲企业将自有厂房出租给乙企业

　　B. 丙企业转让国有土地使用权给戊企业

　　C. 某市政府出让国有土地使用权给丁房地产开发商

　　D. 戊软件开发公司将闲置房屋通过民政局捐赠给养老院

15. 根据城镇土地使用税法律制度的规定，下列土地中，不属于城镇土地使用税征税范围的

是（　　）。

A. 城市土地　　　B. 县城土地

C. 农村土地　　　D. 建制镇土地

16. 下列关于契税纳税义务发生时间，表述正确的是（　　）。

A. 纳税人签订土地、房屋权属转移合同的当日

B. 纳税人签订土地、房屋权属转移合同的次日

C. 因改变土地、房屋用途等情形应当缴纳已经减征、免征契税的，纳税义务发生时间为改变有关土地、房屋用途等情形的次日

D. 因改变土地性质、容积率等土地使用条件须补缴土地出让价款，应当缴纳契税的，纳税义务发生时间为改变土地使用条件次日

17. 关于房产税纳税人的下列表述中，不符合法律制度规定的是（　　）。

A. 房屋出租的，承租人为纳税人

B. 房屋产权所有人不在房产所在地的，房产代管人或使用人为纳税人

C. 房屋产权属于国家的，其经营管理单位为纳税人

D. 房屋产权未确定的，房产代管人或使用人为纳税人

18. 某企业 2023 年度生产经营用房原值 12 000 万元；幼儿园用房原值 400 万元；出租房屋原值 600 万元，年租金 80 万元。已知房产原值减除比例为 30%；房产税税率从价计征的为 1.2%，从租计征的为 12%，该企业当年应缴纳房产税税额的下列计算中，正确的是（　　）。

A. $12\ 000 \times (1 - 30\%) \times 1.2\% = 100.8$（万元）

B. $12\ 000 \times (1 - 30\%) \times 1.2\% + 80 \times 12\% = 110.4$（万元）

C. $(12\ 000 + 400) \times (1 - 30\%) \times 1.2\% + 80 \times 12\% = 113.76$（万元）

D. $(12\ 000 + 400 + 600) \times (1 - 30\%) \times 1.2\% = 109.2$（万元）

19. 资源税纳税人按月或者按季申报缴纳的，应当自月度或者季度终了之日起（　　）日内，向税务机关办理纳税申报并缴纳税款。

A. 20　　　　　B. 15

C. 10　　　　　D. 30

20. 甲公司于 2023 年 9 月向乙公司购买一处闲置厂房，合同注明的土地使用权价款 5 000 万元，厂房及地上附着物价款 500 万元，已知当地规定的契税税率为 3%，甲公司应缴纳的契税税额为（　　）万元。

A. 165　　　　　B. 170

C. 175　　　　　D. 160

21. 根据车船税法律制度的规定，下列各项中，免予缴纳车船税的是（　　）。

A. 载客汽车　　　B. 银行运钞车

C. 机关公务车　　　D. 养殖渔船

22. 跨省、自治区、直辖市使用的车船，车船税的纳税地点为（　　）。

A. 公司所在地

B. 车船的实际使用地

C. 车船的购买地

D. 车船的登记地

23. 根据车船税法律制度的规定，商用货车以（　　）为计税依据。

A. 整备质量吨位数

B. 净吨位数

C. 购置价格

D. 辆数

24. 某运输公司拥有并使用以下车船：自重吨位 4 吨的汽车挂车 5 辆；净吨位 3 吨的拖船 2 艘。当地政府规定，载货汽车的车船税税额为 60 元/吨，船舶的车船税税额为 5 元/吨。该公司应缴纳的车船税为（　　）元。

A. 615　　　　　B. 1 215

C. 1 230　　　　　D. 1 205

25. A 某向 B 某借款 80 万元后，后因 B 某急需资金，A 某以一套价值 90 万元的房产抵偿所欠 B 某债务，B 某取得该房产产权的同时支付 A 某差价款 10 万元。已知契税税率为 3%。关于此次房屋交易缴纳契税的下列表述中，正确的是（　　）。

A. A 某应缴纳契税 3 万元

B. A 某应缴纳契税 2.4 万元

C. B 某应缴纳契税 2.7 万元

D. B 某应缴纳契税 0.3 万元

26. 车船税按年申报，分月计算，一次性缴纳。纳税年度是（　　）。

A. 公历 1 月 1 日至 12 月 31 日

B. 公历 3 月 1 日至 12 月 31 日

C. 公历 1 月 31 日至 12 月 31 日

D. 公历 1 月 1 日至 6 月 31 日

27. 甲公司委托某施工企业建造一幢办公楼，工程于 2019 年 12 月完工，2020 年 1 月办妥（竣工）验收手续，4 月付清全部价款。甲公司此幢办公楼房产税的纳税义务发生时间是（　　）。

A. 2019 年 12 月　　　B. 2020 年 1 月

C. 2020 年 2 月　　　D. 2020 年 4 月

28. A 某原有两套住房，2023 年 8 月，出售其中一套，成交价为 70 万元；将另一套以市场价格 60 万元与 B 某的住房进行了等价互换；又以 100 万元价格购置了一套新住房，已知契税的税率为 3%。计算 A 某应缴纳的契税的下列方法中，正确的是（　　）。

A. 100 × 3% = 3（万元）

B. （100 + 60）× 3% = 4.8（万元）

C. （100 + 70）× 3% = 5.1（万元）

D. （100 + 70 + 60）× 3% = 6.9（万元）

29. 根据资源税法律制度的规定，下列单位和个人的生产经营行为不应缴纳资源税的是（　　）。

A. 冶炼企业进口铁矿石

B. 个体经营者开采煤矿

C. 国有企业开采石油

D. 中外合作开采天然气

30. 根据房产税法律制度的规定，下列各项中，免征房产税的是（　　）。

A. 企业因修理停用 3 个月的行政办公楼

B. 企业拥有并运营管理的体育场馆

C. 公园中附设的饮食部所使用的房产

D. 公立高校的教学楼

二、多项选择题

1. 发生土地、房屋权属转移的，承受方应当依法缴纳契税的情形有（　　）。

A. 因共有不动产份额变化的

B. 因共有人增加或者减少的

C. 因人民法院、仲裁委员会的生效法律文书或者监察机关出具的监察文书等因素，发生土地、房屋权属转移的

D. 因房屋抵押而发生土地、房屋权属变动的

2. 下列属于免征契税的有（　　）。

A. 城镇职工按规定第一次购买公有住房的

B. 纳税人承受荒山、荒沟、荒丘、荒滩土地使用权、用于农林牧渔业生产的

C. 法定继承人通过继承承受土地、房屋权属的

D. 土地、房屋被县级以上人民政府征用、占用后，重新承受土地、房屋权属的

3. 根据车船税法律制度的规定，下列关于车船税纳税地点的表述中，正确的有（　　）。

A. 依法不需要办理登记的车船，纳税地点为车船所有人或者管理人所在地

B. 纳税人自行申报缴纳车船税的，纳税地点为车船登记地的主管税务机关所在地

C. 需要办理登记的车船，纳税地点为车船所在地

D. 扣缴义务人代收代缴的车船，纳税地点为扣缴义务人所在地

4. 根据资源税法律制度的规定，下列各项中，应缴纳资源税的有（　　）。

A. 海盐

B. 天然原油

C. 煤矿生产的天然气

D. 原木

5. 根据车船税法律制度的规定，下列各项中，属于车船税计税单位的有（　　）。

A. 整备质量每吨　　　B. 艇身长度每米

C. 每辆　　　D. 净吨位每吨

6. 下列关于印花税征收管理的说法中，说法正确的有（　　）。

A. 印花税的纳税义务发生时间为纳税人书立应税凭证或者完成证券交易的当日

B. 证券交易印花税扣缴义务发生时间为证券交易完成的当日

C. 印花税按季、按年或者按次计征

D. 证券交易印花税扣缴义务人应当自每周终了之日起 15 日内申报解缴税款以及银行结算的利息

7. 下列各项中，应该免贴印花税的有（　　）。

A. 对铁路、公路、航运、水路承运快件行李、包裹开具的托运单据

B. 各类发行单位之间，以及发行单位与订阅单位或个人之间书立的征订凭证

C. 军事物资运输，凡附有军事运输命令或使用专用的军事物资运费结算凭证

D. 附有县级以上（含县级）人民政府抢险救灾物资运输证明文件的运费结算凭证的抢险救灾物资运输

8. 根据资源税法律制度的规定，纳税人销售应税矿产品向购买方收取的下列款项中，应计入资源税销售额缴纳资源税的有（　　）。

A. 向购买方收取的不含增值税价款

B. 向购买方收取的手续费

C. 向购买方收取的增值税销项税额

D. 向购买方收取的包装费

9. 关于契税计税依据的下列表述中，符合法律制度规定的有（　　）。

A. 受让土地使用权的，以成交价格为计税依据

B. 受赠房屋的，由税务机关参照房屋买卖的市场价格规定计税依据

C. 购入土地使用权的，以评估价格为计税依据

D. 互换土地使用权的，以所互换的土地使用权价格的差额为计税依据

10. 关于确定城镇土地使用税纳税人的下列表述中，符合法律制度的有（　　）。

A. 拥有土地使用权的单位或个人为纳税人

B. 拥有土地使用权的单位或个人不在土地所在地的，以代管人或实际使用人为纳税人

C. 土地使用权未确定或权属纠纷未解决的，以实际使用人为纳税人

D. 土地使用权共有的，以共有各方为纳税人

11. 根据耕地占用税法律制度的规定，下列说法中免征耕地占用税的有（　　）。

A. 具体范围包括县级以上人民政府教育行政部门批准成立的大学

B. 县级以上人民政府教育行政部门批准成立的幼儿园内专门用于幼儿保育、教育的场所

C. 县级以上人民政府卫生健康行政部门批准设立的医疗机构

D. 依法登记的养老服务机构、残疾人服务机构

12. 关于印花税计税依据的下列表述中，符合法律制度的有（　　）。

A. 证券交易的计税依据，为成交金额

B. 应税营业账簿的计税依据，为账簿记载的实收资本、资本公积合计金额

C. 财产租赁合同以租赁金额为计税依据

D. 财产保险合同以保险费为计税依据

13. 关于印花税纳税人的下列表述中，正确的有（　　）。

A. 会计账簿以立账簿人为纳税人

B. 产权转移书据以立据人为纳税人

C. 建筑工程合同以合同当事人为纳税人

D. 房屋产权证以领受人为纳税人

14. 根据车船税法律制度的规定，下列车船中，免征车船税的有（　　）。

A. 警用车船　　　　B. 养殖渔船

C. 载货汽车　　　　D. 载客汽车

15. 根据契税法律制度的规定，下列各项中，以成交价格作为契税计税依据的有（　　）。

A. 房屋买卖

B. 土地使用权互换

C. 房屋赠与

D. 土地使用权出让

16. 下列各项中，属于环境保护税税收优惠的情况有（　　）。

A. 农业生产（不包括规模化养殖）排放应税污染物的

B. 机动车、铁路机车、非道路移动机械、船舶和航空器等流动污染源排放应税污染物的

C. 依法设立的城乡污水集中处理、生活垃圾集中处理场所排放相应应税污染物，不超过国家和地方规定的排放标准的

D. 排放应税大气污染物或者水污染物的浓度值低于国家和地方规定的污染物排放标准30%的

17. 根据车船税法律制度的规定，下列关于车船税纳税地点的表述中，正确的有（　　）。

A. 依法不需要办理登记的车船，纳税地点

为车船的所有人或者管理人所在地

B. 纳税人自行申报纳税的车船，纳税地点为车船登记地的主管税务机关所在地

C. 需要办理登记的车船，纳税地点为车船生产地

D. 扣缴义务人代收代缴税款的车船，纳税地点为扣缴义务人所在地

18. 甲、乙两家企业共有一项土地使用权，土地面积为 3 000 平方米，甲、乙企业的实际占用比例为 3∶2。已知该土地适用的城镇土地使用税年税额为每平方米 5 元。关于甲、乙公业共用该土地应缴纳的城镇土地使用税，下列处理正确的有（ ）。

A. 甲企业应纳城镇土地使用税 = 3 000 × 3 ÷ 5 × 5

B. 甲企业应纳城镇土地使用税 = 3 000 × 5

C. 乙企业应纳城镇土地使用税 = 3 000 × 2 ÷ 5 × 5

D. 乙企业应纳城镇土地使用税 = 3 000 × 5

19. 挂车计算车船税时，按照货车税额的一定比例计算，下列说法不正确的有（ ）。

A. 50% B. 60%

C. 40% D. 30%

20. 根据印花税法律制度的规定，下列各项中，不属于印花税纳税人的有（ ）。

A. 合同的双方当事人

B. 合同的担保人

C. 合同的证人

D. 合同的鉴定人

21. 下列选项中，不属于印花税法定免税范围的有（ ）。

A. 应税凭证的副本或者抄本

B. 铁路、公路、航运、水路承运快件行李、包裹开具的托运单据

C. 各类发行单位之间，以及发行单位与订阅单位或个人之间书立的征订凭证

D. 资产公司成立时设立的资金账簿

22. 下列有关环境保护税的说法中，正确的有（ ）。

A. 应税大气污染物按照污染物排放量折合的污染当量数确定

B. 应税水污染物按照污染物排放量折合的

污染当量数确定

C. 应税固体废物按照固体废物的排放量确定

D. 应税噪声按照超过国家规定标准的分贝数确定

23. 下列关于纳税地点的说法中，正确的有（ ）。

A. 房产税在房产所在地缴纳

B. 纳税人发生契税纳税义务时，应向土地、房屋所在地的税务机关申报纳税

C. 土地增值税纳税人发生应税行为应向房地产所在地主管税务机关缴纳税款

D. 城镇土地使用税在土地所在地缴纳

24. 下列关于城镇土地使用税的计税依据，表述正确的有（ ）。

A. 尚未组织测定，但纳税人持有政府部门核发的土地使用证书的以证书确定的土地面积为准

B. 尚未核发土地使用证书的，应由纳税人据实申报土地面积，并据以纳税，待核发土地使用证书后再作调整

C. 凡由省级人民政府确定的单位组织测定土地面积的，以测定的土地面积为准

D. 城镇土地使用税以实际占用的应税土地面积为计税依据

25. 根据车船税法律制度的规定，下列车船中，免征车船税的有（ ）。

A. 商用货车

B. 捕捞渔船

C. 军队专用车船

D. 纯电动商用车

三、判断题

1. 土地增值税的纳税人应向房地产所在地主管税务机关办理纳税申报。 （ ）

2. 纳税人开采或者生产不同税目应税产品的，未分别核算或者不能准确提供不同税目应税产品的销售额或者销售数量的，从低适用税率。 （ ）

3. 车船税纳税义务发生时间为取得车船所有权或者管理权的当月。 （ ）

4. 对公安部门无偿使用铁路、民航等单位的土地，征收城镇土地使用税。 （ ）

5. 人造石油属于资源税征税范围。（   ）
6. 城镇土地使用税以纳税人实际占用的土地面积为计税依据。（   ）
7. 资源税纳税人销售应税产品，纳税义务发生时间为收讫销售款或者取得索取销售款凭据

的当日。（   ）
8. 产权出典的，出典人为纳税人。（   ）
9. 城镇土地使用税按年计算、分期缴纳。（   ）
10. 车船税纳税义务发生时间为取得车船所有权或者管理权的次月。（   ）

本章考点巩固练习题参考答案及解析

一、单项选择题

1.【答案】C
【解析】从价计征房产税的房产，依照原值一次减除规定的减除比例后的余值计算缴纳房产税，适用的年税率为1.2%。甲企业年应缴纳房产税税额 = 560 000 × (1 − 30%) × 1.2% = 4 704（元）。

2.【答案】A
【解析】对于一方出地，另一方出资金，双方合作建房，建成后按比例分房自用的，暂免征收土地增值税。建成后转让的，应征收土地增值税。对于以房地产抵押而发生房地产权属转让的，应列入征税范围；未发生权属转让的，不列入征税范围。

3.【答案】A
【解析】选项B、C、D属于印花税临时性减免税优惠。为2023年新增内容。

4.【答案】C
【解析】资源税的纳税人，是指在中华人民共和国领域和中华人民共和国管辖的其他海域开发应税资源的单位和个人。

5.【答案】B
【解析】有下列情形之一的，免征资源税：(1) 开采原油以及在油田范围内运输原油过程中用于加热的原油、天然气。(2) 煤炭开采企业因安全生产需要抽采的煤成（层）气。

6.【答案】C
【解析】选项A，纯电动乘用车和燃料电池乘用车，不属于车船税的征税范围。选项C，依照法律规定应当予以免税的外国驻华使领馆、国际组织驻华代表机构及其有关人员的

车船，免征车船税。

7.【答案】D
【解析】选项A、B、C，属于纳税人应进行土地增值税清算的情形；选项D，属于主管税务机关可要求纳税人进行土地增值税清算的情形。

8.【答案】C
【解析】选项A、B、D，以"整备质量吨位数"为计税依据；选项C，乘用车、商用客车、摩托车均以"辆数"为计税依据。

9.【答案】A
【解析】排气量为2.0升，不属于节约能源车辆；车船税纳税义务发生时间为取得车船所有权或者管理权的当月。应纳车船税税额 = 2 × 490 ÷ 12 × 7。

10.【答案】B
【解析】(1) 房屋出租的，以取得的不含增值税租金收入为计税依据（全额计税，没有任何减除），排除选项A、C；(2) 从租计征的房产税应纳税额为不含增值税租金收入 × 12%，不存在"× (1 − 12%)"的问题，排除选项D。

11.【答案】B
【解析】根据土地增值税法律的规定，只有转让国有土地使用权才属于土地增值税的征税范围。

12.【答案】A
【解析】在我国境内"承受"土地、房屋权属转移的单位和个人，为契税的纳税人。

13.【答案】C
【解析】资源税纳税人销售应税产品，纳税义务发生时间为收讫销售款或者取得索取销售款凭据的当日；自用应税产品的，纳税义

务发生时间为移送应税产品的当日。资源税由税务机关征收管理。海上开采的原油和天然气资源税由海洋石油税务管理机构征收管理。

14. 【答案】B

【解析】选项A，甲企业将自有厂房出租给乙企业，厂房的所有权没有发生转移，不属于土地增值税的征税范围，不征收土地增值税；选项C，出让国有土地使用权的行为不征收土地增值税；选项D，将房屋通过民政局捐赠给养老院，不属于土地增值税的征税范围，不征收土地增值税。

15. 【答案】C

【解析】城镇土地使用税的征税范围包括城市、县城、建制镇和工矿区范围内的土地，不包括农村。

16. 【答案】A

【解析】纳税人签订土地、房屋权属转移合同的当日，或者纳税人取得其他具有土地、房屋权属转移合同性质凭证的当日。

17. 【答案】A

【解析】根据房产税税收法律制度，房屋出租的，出租人为房产税的纳税人。

18. 【答案】B

【解析】根据房产税法律制度的规定，企业办的幼儿园免征房产税；企业经营性房产要按照从价计征房产税，出租的房产按照从租计征的方式，计算房产税，不按照从价计征的方式计算。

19. 【答案】B

【解析】资源税纳税人按月或者按季申报缴纳的，应当自月度或者季度终了之日起15日内，向税务机关办理纳税申报并缴纳税款。

20. 【答案】A

【解析】根据契税法律制度的规定，土地使用权出让、出售、房屋买卖，以成交价格作为计税依据。甲公司应缴纳的契税 = (5 000 + 500) × 3% = 165 (万元)。

21. 【答案】D

【解析】根据车船税法律制度的规定，捕捞、养殖渔船免征车船税。

22. 【答案】D

【解析】跨省、自治区、直辖市使用的车船，纳税地点为车船的登记地。

23. 【答案】A

【解析】商用货车、挂车、专用作业车和轮式专用机械车，以整备质量吨位数为计税依据。

24. 【答案】A

【解析】应纳税额 = 4 × 60 × 5 × 50% + 3 × 5 × 2 × 50% = 615 (元)。

25. 【答案】C

【解析】契税的纳税人，是指在我国境内"承受"土地、房屋权属转移的单位和个人，本题中承受房屋权属转移的为B某，因此选项A、B不正确；应纳税额 = 90 × 3% = 2.7 (万元)，选项C正确。

26. 【答案】A

【解析】车船税按年申报，分月计算，一次性缴纳。纳税年度为公历1月1日至12月31日。具体申报纳税期限由省、自治区、直辖市人民政府规定。

27. 【答案】C

【解析】纳税人委托施工企业建设的房屋，从办理验收手续之次月起，缴纳房产税。该工程于2020年1月办妥验收手续，应于次月缴纳房产税，因此选项C正确。

28. 【答案】A

【解析】契税的纳税人一般为购买人，A某出售住房不缴纳契税，而购置新住房要缴纳契税；房屋互换以价格差额为计税依据，等价交换不纳税。

29. 【答案】A

【解析】根据资源税纳税人的规定，在我国领域和管辖的其他海域开发应税矿产品的单位和个人征收资源税，进口资源产品不征收资源税。

30. 【答案】D

【解析】(1) 选项A，纳税人因房屋大修导致连续停用半年以上的，在房屋大修期间免征房产税。(2) 选项B，企业拥有并运营管理的大型体育场馆，其用于体育活动的房产，减半征收房产税。(3) 选项C，宗教寺庙、公园、名胜古迹自用的房产，免征房产税，公园中附设的饮食部所使用的房产不属于公园自用房产，不享受免税。（4）选项D，由国家财政部门拨付事业经费的单位（如学校）所有的、本身业务范围内使用的房产免征房产税。

二、多项选择题

1. 【答案】ABC

【解析】因共有不动产份额变化的；因共有人增加或者减少的；因人民法院、仲裁委员会的生效法律文书或者监察机关出具的监察文书等因素，发生土地、房屋权属转移的，承受房应当依法缴纳契税。

2. 【答案】ABC

【解析】选项D，土地、房屋被县级以上人民政府征用、占用后，重新承受土地、房屋权属的，是否减征或者免征契税，由省、自治区、直辖市人民政府确定。

3. 【答案】ABD

【解析】车船税的纳税地点为车船的登记地或者车船税扣缴义务人所在地。依法不需要办理登记的车船，其车船税的纳税地点为车船的所有人或者管理人所在地。选项C不正确。

4. 【答案】AB

【解析】选项C、D不属于资源税征税范围。

5. 【答案】ABCD

【解析】商用货车、挂车、专用作业车和轮式专用机械车，以"整备质量每吨"为计税单位；游艇以"艇身长度每米"为计税单位；乘用车、商用客车、摩托车以"每辆"为计税单位；机动船舶、非机动驳船、拖船以"净吨位每吨"为计税单位。

6. 【答案】ABC

【解析】印花税的纳税义务发生时间为纳税人书立应税凭证或者完成证券交易的当日，选项A说法正确。证券交易印花税扣缴义务发生时间为证券交易完成的当日，选项B正确。印花税按季、按年或者按次计征，选项C正确。证券交易印花税扣缴义务人应当自每周终了之日起5日内申报解缴税款以及银行结算的利息，选项D错误。

7. 【答案】ABCD

【解析】（1）对铁路、公路、航运、水路承运快件行李、包裹开具的托运单据，暂免贴花。（2）各类发行单位之间，以及发行单位与订阅单位或个人之间书立的征订凭证，暂免征印花税。（3）军事物资运输，凡附有军事运输命令或使用专用的军事物资运费结算凭证，免纳印花税。（4）抢险救灾物资运输，凡附有县级以上（含县级）人民政府抢险救灾物资运输证明文件的运费结算凭证，免纳印花税。选项A、B、C、D均正确。

8. 【答案】ABD

【解析】资源税的销售额为纳税人销售应税产品向购买方收取的全部价款和价外费用，但不包括收取的增值税销项税额和运杂费用。

9. 【答案】ABD

【解析】根据契税法律制度的规定，土地使用权出让、出售、房屋买卖，以成交价格作为计税依据，选项C不正确；土地使用权赠与、房屋赠与以及其他没有价格的转移土地、房屋权属行为，因为税务机关参照土地使用权出售、房屋买卖的市场价格依法核定的价格确定。土地使用权互换、房屋互换，计税依据为所互换土地使用权、房屋的"价格差额"。

10. 【答案】ABCD

【解析】根据城镇土地使用税法律制度的规定，城镇土地使用税由拥有土地使用权的单位或者个人缴纳；拥有土地使用权的纳税人不在土地所在地的，由代管人或者实际使用人缴纳；土地使用权未确定或者权属纠纷未解决的，由实际使用人缴纳；土地使用权共有的，由共有各方分别缴纳。

11. 【答案】ABCD

【解析】军事设施、学校、幼儿园、社会福利机构、医疗机构占用耕地，免征耕地占用税。选项A、B、C、D均属于免征耕地占用税的范围。

12. 【答案】ABCD

【解析】印花税计税依据中，证券交易的计税依据，为成交金额；应税营业账簿的计税依据，为账簿记载的实收资本、资本公积合计金额；财产租赁合同以租赁金额为计税依据；财产保险合同以保险费为计税依据。选项 A、B、C、D 均正确。

13. 【答案】ABC

【解析】根据书立、领受、使用应税凭证的不同，纳税人可分为立合同人、立账簿人、立据人和使用人等。

14. 【答案】AB

【解析】下列车船免征车船税：（1）捕捞、养殖渔船；（2）军队、武警专用的车船；（3）警用车船；（4）依照法律规定应当予以免税的外国驻华使馆、领事馆和国际组织驻华机构及其有关人员的车船；（5）新能源车船。选项 A、B 正确。

15. 【答案】AD

【解析】土地使用权出让、出售、房屋买卖，以成交价格作为计税依据，因此选项 A、D 正确；土地使用权赠与、房屋赠与以及其他没有价格的转移土地、房屋权属行为，因为税务机关参照土地使用权出售、房屋买卖的市场价格依法核定的价格确定。土地使用权互换、房屋互换，以所互换土地使用权、房屋的价格差额为计税依据。

16. 【答案】ABCD

【解析】上述各项均属于环境保护税税收优惠的情况。

17. 【答案】ABD

【解析】车船税的纳税地点为车船的登记地或车船税扣缴义务人所在地，选项 C 错误。依法不需要办理登记的车船，纳税地点为车船的所有人或者管理人所在地。纳税人自行申报纳税的车船，纳税地点为车船登记地的主管税务机关所在地。扣缴义务人代收代缴税款的车船，纳税地点为扣缴义务人所在地。

18. 【答案】AC

【解析】土地使用权共有的，共有各方均为纳税人，由共有各方按实际使用土地的面积占总面积的比例分别缴纳城镇土地使用税。

19. 【答案】BCD

【解析】挂车按照货车税额的 50% 计算车船税。

20. 【答案】BCD

【解析】合同的当事人是印花税的纳税人，不包括合同的担保人、证人、鉴定人。

21. 【答案】BCD

【解析】选项 B、C、D 属于印花税临时性减免税优惠。

22. 【答案】ABCD

【解析】应税大气污染物按照污染物排放量折合的污染当量数确定。应税水污染物按照污染物排放量折合的污染当量数确定。应税固体废物按照固体废物的排放量确定。应税噪声按照超过国家规定标准的分贝数确定。选项 A、B、C、D 均正确。

23. 【答案】ABCD

【解析】房产税在房产所在地缴纳；纳税人发生契税纳税义务时，应向土地、房屋所在地的税务机关申报纳税；土地增值税纳税人发生应税行为应向房地产所在地主管税务机关缴纳税款；城镇土地使用税在土地所在地缴纳。选项 A、B、C、D 均正确。

24. 【答案】ABCD

【解析】城镇土地使用税的计税依据：尚未组织测定，但纳税人持有政府部门核发的土地使用证书的以证书确定的土地面积为准；尚未核发土地使用证书的，应由纳税人据实申报土地面积，并据以纳税，待核发土地使用证书后再作调整；凡由省级人民政府确定的单位组织测定土地面积的，以测定的土地面积为准；城镇土地使用税以实际占用的应税土地面积为计税依据。

25. 【答案】BCD

【解析】选项 B、C、D 免征车船税，选项 A 应征车船税。

三、判断题

1. 【答案】√

【解析】土地增值税的纳税地点为房地产所在地，纳税人应向房地产所在地主管税务机关办理纳税申报。

2. 【答案】×

【解析】纳税人开采或者生产不同税目应税产品的，未分别核算或者不能准确提供不同税目应税产品的销售额或者销售数量的，从高适用税率。

3. 【答案】√

【解析】题干表述正确。

4. 【答案】×

【解析】对公安部门无偿使用铁路、民航等单位的土地，免征城镇土地使用税。

5. 【答案】×

【解析】人造石油不属于资源税纳税范围。

6. 【答案】√

【解析】城镇土地使用税以纳税人实际占用的土地面积为计税依据。

7. 【答案】√

【解析】题干表述正确。

8. 【答案】×

【解析】产权出典的，承典人为纳税人。

9. 【答案】√

【解析】城镇土地使用税按年计算、分期缴纳，具体纳税期限由省、自治区、直辖市人民政府确定。

10. 【答案】×

【解析】车船税纳税义务发生时间为取得车船所有权或者管理权的当月。以购买车船的发票或其他证明文件所载日期的当月为准。

第七章 税收征管法律制度

考情分析

本章在本科目的考试中属于小章节，考试分值所占比重较小，分值约为 6 分，考试涉及的题型为单项选择题、多项选择题、判断题。2024年本章教材篇幅变化不大，预计 2024 年考试分值仍为 6 分左右。

教材变化

2024 年本章教材内容变化主要体现在以下方面：

（1）第二节修改了"设立（开业）税务登记""变更税务登记""注销税务登记""发票管理"中的部分内容；

（2）第三节将"税款征收法定原则"修改为"税款征收主体"；

（3）第四节修改了"纳税信用管理""重大税收违法失信主体信息公布管理"中的部分内容；

（4）第五节修改了"税务行政复议范围""税务行政复议申请与受理""税务行政复议审理和决定"中的部分内容。

考点提示

本章考点较为丰富，理解难度不大，需要考生在理解的基础上记忆相关知识点，在学习时须重点掌握：税务登记管理、账簿和凭证管理、发票管理、纳税申报管理、应纳税额的核定和调整、应纳税额的缴纳、税款征收的保障措施、税款征收的其他规定、税务机关在税务检查中的职权和职责、纳税信用管理、重大税收违法失信主体信息公布管理、税务行政复议的范围、税务行政复议的管辖。

本章考点框架

税收征管法律制度
- 税收征收管理法概述
  - 税收征收管理法的适用范围 ★
  - 税收征纳主体的权利和义务 ★★
- 税务管理
  - 税务登记 ★★★
  - 账簿和凭证管理 ★★
  - 发票管理 ★★★
  - 纳税申报管理 ★★
- 税款征收
  - 税款征收主体 ★
  - 税款征收方式 ★★
  - 应纳税额的核定和调整 ★★
  - 应纳税款的缴纳
  - 税款征收的保障措施 ★★★
  - 其他规定 ★
- 税务检查
  - 税务检查措施 ★★
  - 纳税信用管理 ★★★
  - 税收违法行为检举管理 ★★
  - 重大税收违法失信主体信息公布管理 ★★★
- 税务行政复议
  - 税务行政复议范围 ★★★
  - 税务行政复议管辖 ★★
  - 税务行政复议的程序 ★★
- 税收法律责任
  - 税务管理相对人税收违法行为的法律责任 ★★

考点解读及例题点津

第一单元　税收征收管理法概述

1 税收征收管理法的适用范围 ★

一、考点解读

1. 凡依法由税务机关征收的各种税收的征收管理，均适用《征管法》。

2. 由海关负责征收的关税和船舶吨税以及海关代征的进口环节的增值税、消费税，依照法律、行政法规的有关规定执行。

3. 我国同外国缔结的有关税收的条约、协定同《征管法》有不同规定的，依照条约、协定的规定办理。

二、例题点津

【例题1·单选题】下列税种中，不由税务机关负责征收和管理的是（　　）。

A. 土地增值税　　　B. 关税

C. 资源税　　　　　D. 企业所得税

【答案】B

【解析】海关主要负责征收和管理的税种包括：关税、船舶吨税、委托代征的进口增值税和消费税，除由海关征收和委托海关代征的税种外，其他税种由税务机关负责征收，因此，选项B正确。

【例题 2·单选题】 根据税收征管法律制度的规定，以下说法中错误的是（　　）。

A. 印花税、资源税、环境保护税、烟叶税适用《征管法》

B. 关税和船舶吨税不适用《征管法》

C. 我国同外国缔结的有关税收的条约、协定同《征管法》有不同规定的，依照条约、协定的规定办理

D. 增值税、消费税均适用《征管法》

【答案】 D

【解析】 由海关负责征收的关税和船舶吨税以及海关代征的进口环节的增值税、消费税，依照法律、行政法规的有关规定执行，因此，增值税、消费税并不均适用《征管法》，选项 D 错误。

2 税收征纳主体的权利和义务★★

一、考点解读

征纳双方的权利和义务共同构成了税收法律关系的内容。

（一）征税主体的权利和义务（见表 7 – 1）

表 7 – 1

项目		具体内容
职责	税收立法权	包括参与起草税收法律法规草案，提出税收政策建议，在职权范围内制定、发布关于税收征管的部门规章等
	税务管理权	包括税务登记管理、账簿和凭证管理、发票管理、纳税申报管理等
	税款征收权	包括依法计征权、核定税款权、税收保全和强制执行权、追征税款权等
	税务检查权	包括查账权、场地检查权、询问权、责成提供资料权、存款账户核查权等
	税务行政处罚权	依照法定标准对税收违法行为予以行政制裁，如罚款等
	其他职权	如在法律、行政法规规定的权限内，对纳税人的减、免、退、延期缴纳的申请予以审批的权利；阻止欠税纳税人离境的权利；委托代征权；估税权；代位权与撤销权；定期对纳税人欠缴税款情况予以公告的权利；上诉权等
职权	宣传普法、提供咨询	宣传税收法律、行政法规，普及纳税知识，无偿为纳税人提供纳税咨询服务
	保密	依法为纳税人、扣缴义务人的情况保密，为检举违反税法行为者保密
	提升业务能力	加强队伍建设，提高税务人员的政治业务素质
	合理合法履职	秉公执法，忠于职守，清正廉洁，礼貌待人，文明服务，尊重和保护纳税人、扣缴义务人的权利，依法接受监督
	不受贿、不滥用	税务人员不得索贿受贿、徇私舞弊、玩忽职守，不征或少征应征税款；不得滥用职权多征税款或者故意刁难纳税人和扣缴义务人
	回避利害关系	税务人员在核定应纳税额、调整税收定额、进行税务检查、实施税务行政处罚、办理税务行政复议时，与纳税人、扣缴义务人或者其法定代表人、直接责任人有利害关系的，应当回避
	内部制约和监管	建立、健全内部制约和监督管理制度。上级税务机关应当对下级税务机关的执法活动依法进行监督。各级税务机关应当对其工作人员执行法律、行政法规和廉洁自律准则的情况进行监督检查

提示 (1) 税收征收权是征税主体享有的最基本、最主要的职权。

(2) 纳税人、扣缴义务人的税收违法行为不属于保密范围。

(3) 利害关系包括夫妻关系、直系血亲关系、三代以内旁系血亲关系、近姻亲关系及可能影响公正执法的其他利害关系。

（二）纳税主体的权利和义务（见表7-2）

表7-2

项目	内容
权利	知情权。要求保密权。依法享受税收优惠权。申请退还多缴税款权。申请延期申报权。纳税申报方式选择权。申请延期缴纳税款权。索取有关税收凭证的权利。委托税务代理权。陈述权、申辩权。对未出示税务检查证和税务检查通知书的拒绝检查权。依法要求听证的权利。税收法律救济权。税收监督权
义务	1. 按期办理税务登记，及时核定应纳税种、税目。 2. 依法设置账簿、保管账簿和有关资料以及依法开具、使用、取得和保管发票的义务。 3. 财务会计制度和会计核算软件备案的义务。 4. 按照规定安装、使用税控装置的义务。 5. 按期、如实办理纳税申报的义务。 6. 按期缴纳或解缴税款的义务。 7. 接受税务检查的义务。 8. 代扣、代收税款的义务。 9. 及时提供信息的义务，如纳税人有歇业、经营情况变化、遭受各种灾害等特殊情况的，应及时向征税机关说明等。 10. 报告其他涉税信息的义务，如企业合并、分立的报告义务等

二、例题点津

【例题1·多选题】 根据税收征收管理法律制度的规定，下列各项中，属于税务机关职权的有（   ）。

A. 核定税款权

B. 参与起草税收法律法规草案

C. 税收监督权

D. 委托代征权

【答案】 ABD

【解析】 税务机关的职权主要有：税收立法权、税务管理权、税款征收权、税务检查权、税务行政处罚权、其他职权，选项A、B、D正确，选项C税收监督权属于纳税主体的权利。

【例题2·多选题】 下列各项中，属于纳税主体权利的有（   ）。

A. 请求延期纳税

B. 按期办理纳税申报

C. 申请退还多缴税款

D. 接受税务检查

【答案】 AC

【解析】 本题考核纳税主体的权利，要注意区分纳税主体的权利和义务。选项B、D属于纳税主体的义务。选项A、C属于纳税主体的权利。

第二单元　税务管理

1 税务登记★★★

一、考点解读

（一）税务登记申请人（见表7-3）

表7-3

税务登记申请人	具体内容	是否办理税务登记
从事生产、经营的纳税人	企业，企业在外地设立的分支机构和从事生产、经营的场所，个体工商户和从事生产、经营的事业单位	应当办理税务登记

续表

税务登记申请人	具体内容	是否办理税务登记
非从事生产经营但依法负有纳税义务的单位和个人	国家机关、个人和无固定生产经营场所的流动性农村小商贩	不办理税务登记
	其他非从事生产经营但依法负有纳税义务的单位和个人	应当办理税务登记
扣缴义务人	依法负有扣缴税款义务的扣缴义务人（国家机关除外）	应当办理扣缴税款登记

（二）税务登记的内容

我国现行税务登记包括设立（开业）税务登记、变更税务登记、注销税务登记、外出经营报验登记以及停业、复业登记等。

1. 设立（开业）税务登记（见表 7 - 4）。

表 7 - 4

含义	纳税人情况	登记时限	受理的税务机关
纳税人依法办理市场主体登记注册后，为确认其纳税人的身份、纳入国家税务管理体系而在税务机关进行的登记	从事生产、经营的纳税人领取营业执照的	自领取营业执照之日起 30 日内	生产、经营所在地税务机关
	从事生产、经营的纳税人未办理营业执照但经有关部门批准设立的	自有关部门批准设立之日起 30 日内	
	从事生产、经营的纳税人未办理营业执照也未经有关部门批准设立的	自纳税义务发生之日起 30 日内	生产、经营所在地税务机关
	有独立的生产经营权、在财务上独立核算并定期向发包人或者出租人上交承包费或租金的承包承租人	自承包承租合同签订之日起 30 日内	承包承租业务发生地税务机关
	境外企业在中国境内承包建筑、安装、装配、勘探工程和提供劳务的	自项目合同或协议签订之日起 30 日内	项目所在地税务机关
	非从事生产经营但依照规定负有纳税义务的其他纳税人（除国家机关、个人和无固定生产、经营场所的流动性农村小商贩外）	自纳税义务发生之日起 30 日内	纳税义务发生地税务机关

2. 税务登记证的核发和管理。

（1）纳税人提交的证件和资料齐全且税务登记表的填写内容符合规定的，税务机关应当日办理并发放税务登记证件。纳税人提交的证件和资料不齐全或税务登记表的填写内容不符合规定的，税务机关应当场通知其补正或重新填报。

（2）登记制度改革后，市场监管部门全面实行"一套资料、一表登记、一窗受理、信息共享"的工作模式，核发加载统一社会信用代码的营业执照。统一社会信用代码成为纳税人识别号，纳税人领取的加载统一社会信用代码的证件作为税务登记证件使用。

3. 变更税务登记（见表 7 - 5）。

表 7 - 5

含义	纳税人情况	登记时限	受理的税务机关
纳税人办理设立税务登记后，因登记内容发生变化，需要对原有登记内容进行更改，而向主管税务机关申报办理的税务登记，税务机关应当于受理当日办理变更税务登记	已在市场监管部门办理变更登记的	自 2023 年 4 月 1 日起，无须向税务机关报告登记变更信息；各省税务机关根据市场监管部门共享的变更登记信息，自动同步变更登记信息	
	按照规定不需要在市场监管部门办理变更登记，或者其变更登记的内容与登记内容无关的	自税务登记内容实际发生变化之日起 30 日内或者自有关机关批准或者宣布变更之日起 30 日内	原税务登记机关
	纳税人提交的有关变更登记的证件、资料齐全的	应如实填写税务登记变更表，符合规定的，税务机关应当日办理；不符合规定的，税务机关应通知其补正	
	纳税人税务登记表和税务登记证中的内容都发生变更的	税务机关按变更后的内容重新发放税务登记证件	
	纳税人税务登记表的内容发生变更而税务登记证中的内容未发生变更的	税务机关不重新发放税务登记证件	

4. 停业、复业登记（见表 7 - 6）。

表 7 - 6

类别	纳税人情况	办理程序	登记时限	其他
停业登记	实行定期定额征收方式的个体工商户需要停业的（停业期限不得超过 1 年）	如实填写停业复业报告书，说明停业理由、停业期限、停业前的纳税情况和发票的领、用、存情况，并结清应纳税款、滞纳金、罚款。税务机关应收存其税务登记证件及副本、发票领购簿、未使用完的发票和其他税务证件	停业前	纳税人在停业期间发生纳税义务的，应当按照税收法律、行政法规的规定申报缴纳税款
复业登记	—	如实填写停业复业报告书，领回并启用税务登记证件、发票领购簿及其停业前领购的发票	恢复生产经营之前	纳税人停业期满不能及时恢复生产经营的，应当在停业期满前到税务机关办理延长停业登记，并如实填写停业复业报告书

5. 外出经营报验登记（见表 7 - 7）。

表 7 - 7

项目	内容
含义	从事生产经营的纳税人到外县（市）进行临时性的生产经营活动时，按规定申报办理的税务登记手续

续表

项目	内容
纳税人跨省经营	应当在外出生产经营以前，持税务登记证到主管税务机关开具《外出经营活动税收管理证明》（以下简称《外管证》）。 纳税人在省税务机关管辖区域内跨县（市）经营的，是否开具《外管证》由省税务机关自行确定
《外管证》发放原则	"一地一证"
期限	一般为30日，最长不得超过180日，但建筑安装行业纳税人项目合同期限超过180日的，按照合同期限确定有效期限
纳税人应当在《外管证》注册地进行生产经营前	向当地税务机关报验登记并提交税务登记证副本和《外管证》（实行实名办税的纳税人，可不提供）。 从事建筑安装的纳税人另需提供外出经营合同或外出经营活动情况说明
自《外管证》签发之日起30日内	纳税人应当持《外管证》向经营地税务机关报验登记，并接受经营地税务机关的管理
纳税人外出经营活动结束	应当向经营地税务机关填报《外出经营活动情况申报表》，并结清税款、缴销发票
在《外管证》有效期届满后10日内	纳税人应当持《外管证》回原税务登记地税务机关办理《外管证》缴销手续

6. 注销税务登记（见表7－8）。

表7－8

含义	办理原因	纳税人情况	登记时限	受理的税务机关	优化税务注销登记程序的其他规定
纳税人由于出现法定情形终止纳税义务时，向原税务机关申请办理的取消税务登记的手续。办理注销税务登记后，该当事人不再接受原税务机关的管理	1. 纳税人发生解散、破产、撤销以及其他情形，依法终止纳税义务的。 2. 纳税人被市场监管部门吊销营业执照或者被其他机关予以撤销登记的。 3. 纳税人因住所、经营地点变动，涉及变更税务登记机关的。 4. 境外企业在中国境内承包建筑、安装、装配、勘探工程和提供劳务的，项目完工、离开中国的	解散、破产、撤销以及其他情形，依法终止纳税义务的	在向市场监管部门或者其他机关办理注销登记前	原税务登记机关	1. 纳税人办理注销税务登记前，应当向税务机关提交相关证明文件和资料，结清应纳税款、多退（免）税款、滞纳金和罚款，缴销发票和税控设备，经税务机关核准后，办理注销税务登记手续； 2. 对已在市场监管部门办理注销，但在金税三期核心征管系统2019年5月1日前已被列为非正常户注销状态的纳税人，主管税务机关可直接进行税务注销
		不需要在市场监管部门或者其他机关办理注销注册登记的	自有关机关批准或者宣告终止之日起15日内		
		被市场监管部门吊销营业执照或者被其他机关予以撤销登记	自营业执照被吊销或者被撤销登记之日起15日内		
		因住所、经营地点变动，涉及改变税务登记机关的	向市场监管部门或者其他机关申请办理变更、注销登记前，或者住所、经营地点变动前	向原税务登记机关申报办理注销税务登记，并自注销税务登记之日起30日内向迁达地税务机关申报办理税务登记	
		境外企业在中国境内承包建筑、安装、装配、勘探工程和提供劳务的	在项目完工、离开中国前15日内	原税务登记机关	

7. 清税证明的出具（见表7－9）。

表7－9

情形	适用对象	内容/流程
申报清税	已实行"多证合一、一照一码"登记模式的企业	申报清税—清税完毕—税务机关出具清税证明
清税证明免办	符合市场监管部门简易注销条件申请简易注销的纳税人，未办理过涉税事宜或办理过涉税事宜但未领用发票（含代开发票）、无欠税（滞纳金）及罚款且没有其他未办结涉税事项的	可免予到税务机关办理清税证明
清税证明即办	向市场监管部门申请简易注销的纳税人	未办理过涉税事宜<u>且</u>主动到税务机关办理清税的——即时出具清税文书
		符合容缺即时办理条件的纳税人，在办理税务注销时，资料齐全的——即时出具清税文书；资料不齐的，采取"承诺制"容缺办理，在纳税人作出承诺后——即时出具清税文书
	经人民法院裁定宣告破产的纳税人	持人民法院终结破产程序裁定书向税务机关申请税务注销的——即时出具清税文书
	经人民法院裁定强制清算的市场主体	持人民法院终结强制清算程序的裁定申请税务注销的——即时出具清税文书

8. 临时税务登记。

从事生产、经营的个人应办而未办营业执照，但发生纳税义务的，可以按规定申请办理临时税务登记。

9. 非正常户的认定与解除（见表7－10）。

表7－10

项目	纳税人情况	处理
非正常户的认定	纳税人负有纳税申报义务，但连续3个月所有税种均未进行纳税申报的	税收征管系统自动将其认定为非正常户，并停止其发票领购簿和发票的使用
征管措施	对欠税的非正常户	税务机关依照《征管法》的规定追征税款及滞纳金

续表

项目	纳税人情况	处理
非正常户的解除	已认定为非正常户的纳税人，就其逾期未申报行为接受处罚、缴纳罚款，并补办纳税申报的	税收征管系统自动解除非正常状态，无须纳税人专门申请解除

已认定为非正常户的纳税人，就其逾期未申报行为接受处罚、缴纳罚款，并补办纳税申报的，税收征管系统自动解除非正常状态，无须纳税人专门申请解除。

二、例题点津

【例题1·单选题】根据税收征收管理法律制度，企业发生的下列情形中，应当办理注销税务登记的是（　　）。

A. 改变股东持股比例

B. 改变行政隶属关系

C. 减少注册资本

D. 住所迁移涉及主管税务机关的变动

【答案】D

【解析】注销税务登记包括：纳税人因经营期限届满而自动解散；企业由于改组、分立、合并等原因而被撤销；企业资不抵债而破产；纳税人住所、经营地址迁移而涉及改变原主管税务机关的，因此，选项D正确；纳税人被工商行政管理部门吊销营业执照，以及纳税人依法终止履行纳税义务的其他情形。选项A、B、C属于应该办理变更税务登记的情形。

【例题2·判断题】纳税人A公司于2023年12月在市场监管部门办理变更登记，应自变更登记之日起30日内，向原税务登记机关申报办理变更税务登记。（ ）

【答案】×

【解析】纳税人已在市场监管部门办理变更登记的，自2023年4月1日起，无须向税务机关报告登记变更信息；各省税务机关根据市场监管部门共享的变更登记信息，自动同步变更登记信息。

【例题3·判断题】非正常户的解除，需要纳税人向税务机关作出申请。（ ）。

【答案】×

【解析】非正常户的解除由税收征管系统自动解除非正常状态，无须纳税人专门申请解除。

2 账簿和凭证管理 ★★

一、考点解读

（一）账簿的设置（见表7-11）

表7-11

纳税人情况	账簿的设置
从事生产、经营的纳税人	自领取营业执照或者发生纳税义务之日起15日内，按照国家有关规定设置账簿
生产、经营规模小又确无建账能力的纳税人	可以聘请经批准从事会计代理记账业务的专业机构或者财会人员代为建账和办理账务

续表

纳税人情况	账簿的设置
扣缴义务人	自税收法律、行政法规规定的扣缴义务发生之日起10日内，设置代扣代缴、代收代缴税款账簿

（二）账簿、凭证等涉税资料的保存和管理

从事生产、经营的纳税人、扣缴义务人必须按照国务院财政、税务主管部门规定的保管期限保管账簿、记账凭证、完税凭证及其他有关资料。账簿、记账凭证、报表、完税凭证、发票、出口凭证以及其他有关涉税资料应当保存10年，但是法律、行政法规另有规定的除外。

二、例题点津

【例题1·多选题】根据税收征管法律制度的规定，下列关于账簿和凭证管理的说法中，不正确的有（ ）。

A. 从事生产、经营的纳税人应当自领取营业执照或者发生纳税义务之日起10日内，按规定设置账簿

B. 扣缴义务人应当自税收法律、行政法规规定的扣缴义务发生之日起15日内，按照所代扣、代收的税种，分别设置代扣代缴、代收代缴税款账簿

C. 生产、经营规模小又确无建账能力的纳税人，可以聘请经批准从事会计代理记账业务的专业机构或者财会人员代为建账和办理账务

D. 除另有规定外，从事生产、经营的纳税人的账簿、记账凭证、报表、完税凭证、发票、出口凭证以及其他有关涉税资料应当保存10年

【答案】AB

【解析】从事生产、经营的纳税人应当自领取营业执照或者发生纳税义务之日起15日内，按照国家有关规定设置账簿；扣缴义务人应当自税收法律、行政法规规定的扣缴义务发生之日起10日内，按照所代扣、代收的税种，分别设置代扣代缴、代收代缴税款账簿。因此，选项A、B错误。

【例题2·判断题】从事生产、经营的纳税人应当自领取税务登记证件之日起15日内，将其财务、会计制度或者财务、会计处理办法报送

主管税务机关核准。（　　）

【答案】×

【解析】从事生产、经营的纳税人应当自领取税务登记证件之日起15日内，将其财务、会计制度或者财务、会计处理办法报送主管税务机关备案。

③ 发票管理★★★

一、考点解读

（一）发票管理机关（见表7-12）

表7-12

机关	工作内容
税务机关	发票的主管机关，负责发票印制、领用、开具、取得、保管、缴销的管理和监督
国务院税务主管部门	统一负责全国发票管理工作
省、自治区、直辖市税务机关	依据各自的职责，共同做好本行政区域内的发票管理工作

续表

机关	工作内容
财政、审计、市场监督管理、公安等有关部门	在各自职责范围内，配合税务机关做好发票管理工作

（二）发票的种类、联次和内容（见表7-13）

表7-13

项目	内容
种类	包括纸质发票和电子发票；电子发票与纸质发票具有同等法律效力
基本联次	包括存根联、发票联、记账联

提示 发票的种类、联次、内容、编码规则、数据标准、使用范围等具体管理办法由国务院税务主管部门规定。

（三）发票的领用（见表7-14）

表7-14

项目	内容
领用发票的程序	1. 需要领用发票的单位和个人，应当持相关资料向主管税务机关办理发票领用手续。 2. 主管税务机关根据领用单位和个人的经营范围、规模和风险等级，在5个工作日内确认领用发票的种类、数量以及领用方式
代开发票	1. 需要临时使用发票的单位和个人，可以凭购销商品、提供或者接受服务以及从事其他经营活动的书面证明、经办人身份证明，直接向经营地税务机关申请代开发票。 2. 依法应当缴纳税款的，税务机关应当先征收税款，再开具发票。 3. 税务机关根据发票管理的需要，可以按照国务院税务主管部门的规定委托其他单位代开发票。 4. 禁止非法代开发票
外地经营领用发票	1. 临时到本省、自治区、直辖市以外从事经营活动的单位或者个人，应当凭所在地税务机关的证明，向经营地税务机关领用经营地的发票。 2. 临时在本省、自治区、直辖市以内跨市、县从事经营活动领用发票的办法，由省、自治区、直辖市税务机关规定

（四）发票的开具和使用

1. 发票的开具（见表 7 – 15）。

表 7 – 15

项目	内　容	
开票主体	一般情况下，收款方应当向付款方开具发票	
	特殊情况下，由**付款方向收款方**开具发票（收购单位和扣缴义务人支付个人款项时；国家税务总局认为其他需要由付款方向收款方开具发票的）	
开票程序	按照规定的时限、顺序、栏目，全部联次**一次性**如实开具，开具纸质发票应当加盖发票专用章	
	安装税控装置的单位和个人	按照规定使用税控装置开具发票，并按期报送开票数据
	使用非税控电子器具开具发票的	将非税控电子器具使用的软件程序说明资料报主管税务机关备案，并按照规定保存、报送开票数据
	单位和个人开发电子发票信息系统自用或者为他人提供电子发票服务的，应当遵守国务院税务主管部门的规定。除国务院税务主管部门规定的特殊情形外，纸质发票限于领用单位和个人在本省、自治区、直辖市内开具	
禁止性规定	取得发票的主体在取得发票时，不得要求开票主体变更品名和金额	
	不符合规定的发票，不得作为财务报销凭证，任何单位和个人有权拒收	
	任何单位和个人不得有下列虚开发票行为： （1）为他人、为自己开具与实际经营业务情况不符的发票。 （2）让他人为自己开具与实际经营业务情况不符的发票。 （3）介绍他人开具与实际经营业务情况不符的发票	

2. 发票的使用和保管。

任何单位和个人应当按照发票管理规定使用发票，不得有下列行为：

（1）转借、转让、介绍他人转让发票、发票监制章和发票防伪专用品。

（2）知道或者应当知道是私自印制、伪造、变造、非法取得或者废止的发票而受让、开具、存放、携带、邮寄、运输。

（3）**拆本**使用发票。

（4）**扩大**发票使用范围。

（5）以其他凭证代替发票使用。

（6）窃取、截留、篡改、出售、泄露发票数据。

`提示` 开具发票的单位和个人应当建立发票使用登记制度，配合税务机关进行身份验证，并定期向主管税务机关报告发票使用情况。开具发票的单位和个人应当在办理变更或者注销税务登记的同时，办理发票的变更、缴销手续。开具发票的单位和个人应当按照国家有关规定存放和保管发票，不得擅自损毁。已经开具的发票存根联和发票登记簿，应当保存 5 年。

（五）发票的检查（见表 7 – 16）

表 7 – 16

项目	内容
税务机关有权进行的检查	1. 检查印制、领用、开具、取得、保管和缴销发票的情况。 2. **调出**发票查验。 3. 查阅、**复制**与发票有关的凭证、资料。 4. 向当事各方询问与发票有关的问题和情况。 5. 在查处发票案件时，对与案件有关的情况和资料，可以记录、录音、录像、照相和**复制**

续表

项目		内容
调出发票查验	已开具发票	税务机关应当向被查验的单位和个人开具发票换票证。发票换票证与所调出查验的发票具有同等效力
	空白发票	税务机关应当开具收据；经查无问题的，应当及时返还

二、例题点津

【例题1·单选题】 根据税收征管法律制度的规定，下列关于发票领用的说法中，不正确的是（　　）。

A. 领用纸质发票的，应当提供按照国务院税务主管部门规定式样制作的发票专用章的印模

B. 主管税务机关根据领用单位和个人的经营范围、规模和风险等级，在7个工作日内确认领用发票的种类、数量以及领用方式

C. 税务机关根据发票管理的需要，可以按照国务院税务主管部门的规定委托其他单位代开发票

D. 临时到本省、自治区、直辖市以外从事经营活动的单位或者个人，应当凭所在地税务机关的证明，向经营地税务机关领用经营地的发票

【答案】 B

【解析】 主管税务机关根据领用单位和个人的经营范围、规模和风险等级，在5个工作日内确认领用发票的种类、数量以及领用方式，选项B错误。

【例题2·多选题】 根据税收征管法律制度的规定，下列关于发票管理机关的说法中，正确的有（　　）。

A. 税务机关是发票的主管机关

B. 国务院税务主管部门统一负责全国的发票管理工作

C. 省、自治区、直辖市税务机关依据职责做好本行政区域内的发票管理工作

D. 财政、审计、市场监督管理、公安等有关部门在各自的职责范围内，配合税务机关做好发票管理工作

【答案】 ABCD

【解析】 税务机关是发票的主管机关，负责发票印制、领用、开具、取得、保管、缴销的管理和监督。发票管理工作应当坚持和加强党的领导，为经济社会发展服务。国务院税务主管部门统一负责全国的发票管理工作。省、自治区、直辖市税务机关依据职责做好本行政区域内的发票管理工作。财政、审计、市场监督管理、公安等有关部门在各自的职责范围内，配合税务机关做好发票管理工作，四个选项均为正确选项。

【例题3·多选题】 根据税收征管法律制度的规定，下列行为属于发票使用中禁止行为的有（　　）。

A. 转借、转让、介绍他人转让发票、发票监制章和发票防伪专用品

B. 窃取、截留、篡改、出售、泄露发票数据

C. 拆本使用发票

D. 携带主观不知是私自印制、伪造、变造、非法取得或者废止的发票

【答案】 ABC

【解析】 任何单位和个人应当按照发票管理规定使用发票，不得有下列行为：（1）转借、转让、介绍他人转让发票、发票监制章和发票防伪专用品。（2）知道或者应当知道是私自印制、伪造、变造、非法取得或者废止的发票而受让、开具、存放、携带、邮寄、运输。（3）拆本使用发票。（4）扩大发票使用范围。（5）以其他凭证代替发票使用。（6）窃取、截留、篡改、出售、泄露发票数据。

【例题4·判断题】 发票仅包括纸质发票，不可使用电子发票。（　　）

【答案】 ×

【解析】 发票包括纸质发票和电子发票。电子发票与纸质发票具有同等法律效力。国家积极推广使用电子发票。

4 纳税申报管理 ★★

一、考点解读（见表 7 –17）

表 7 –17

项目	类型	内容
纳税申报的方式	自行申报	传统方式
	邮寄申报	以寄出的邮戳日期为实际申报日期
	数据电文申报	以税务机关计算机网络系统收到该数据电文的时间为实际申报日期
	其他方式申报	实行定期定额缴纳税款的纳税人，可以实行简易申报、简并征期等方式
纳税申报的要求	基本要求	纳税人办理纳税申报时，应当如实填写纳税申报表，并根据不同的情况相应报送有关证件、资料
	无税期间	纳税人在纳税期内没有应纳税款的，也应当按照规定办理纳税申报
	减免税期间	纳税人享受减税、免税待遇的，在减税、免税期间应当按照规定办理纳税申报
	破产期间	在人民法院裁定受理破产申请之日至企业注销之日期间，企业应当接受税务机关的税务管理，履行税法规定的相关义务。 破产程序中如发生应税情形，应按规定申报纳税。 自人民法院指定管理人之日起，管理人可以按照规定，以企业名义办理纳税申报等涉税事宜
	简并税费申报	自 2021 年 8 月 1 日起，增值税、消费税分别与城市维护建设税、教育费附加、地方教育附加申报整合
纳税申报的延期办理	书面申请（事前申请）	纳税人确有困难，需要延期的，应当在规定的期限内向税务机关提出书面延期申请，经税务机关核准，在核准的期限内办理
	不可抗力（事后报告）	因不可抗力，不能按期办理纳税申报或者报送代扣代缴、代收代缴税款报告表的，可以延期办理；但是，应当在不可抗力情形消除后立即向税务机关报告，税务机关应当查明事实，予以核准

二、例题点津

【例题 1·判断题】在人民法院裁定受理破产申请之日至企业注销之日期间，企业无须办理纳税申报。（　　）

【答案】×

【解析】在人民法院裁定受理破产申请之日至企业注销之日期间，企业应当接受税务机关的税务管理，履行税法规定的相关义务。破产程序中如发生应税情形，应按规定申报纳税。从人民法院指定管理人之日起，管理人可以按照规定，以企业名义办理纳税申报等涉税事宜。

【例题 2·判断题】纳税人在纳税期内没有应纳税款，就不需要办理相关的纳税申报。（　　）

【答案】×

【解析】纳税人在纳税期内没有应纳税款，也应当按照规定办理纳税申报。

第三单元　税款征收

1 税款征收主体 ★

一、考点解读

1. 除税务机关、税务人员以及经税务机关依照法律、行政法规委托的单位和人员外，任何单位和个人不得进行税款征收活动。

2. 税务机关依照法律、行政法规的规定征收税款，不得违反法律、行政法规的规定开征、停征、多征、少征、提前征收、延缓征收或者摊派税款。

3. 税务机关应当加强对税款征收的管理，建立、健全责任制度。税务机关应当将各种税收的税款、滞纳金、罚款，按照国家规定的预算科目和预算级次及时缴入国库，不得占压、挪用、截留，不缴入国库以外或者国家规定的税款账户以外的任何账户。

二、例题点津

【例题·判断题】税务机关依照法律、行政法规的规定征收税款，不得违反法律、行政法规的规定开征、停征、多征、少征、提前征收、延缓征收或者摊派税款。（　　）

【答案】√

【解析】本题考查税款征收主体，题中所述正确。

2 税款征收方式 ★★

一、考点解读（见表7-18）

表7-18

征收方式	适用范围
查账征收	适用于财务会计制度健全，能够如实核算和提供生产经营情况，并能正确计算应纳税额和如实履行纳税义务的纳税人
查定征收	适用于生产经营规模较小、产品零星、税源分散、会计账册不健全，但能控制原材料或进销货的小型厂矿和作坊

续表

征收方式	适用范围
查验征收	适用于纳税人财务制度不健全，生产经营不固定，零星分散、流动性大的税源
定期定额征收	适用于经主管税务机关认定和县以上税务机关（含县级）批准的生产、经营规模小，达不到《个体工商户建账管理暂行办法》规定设置账簿标准，难以查账征收，不能准确计算计税依据的个体工商户（包括个人独资企业，简称定期定额户）
扣缴征收	包括代扣代缴和代收代缴两种征收方式
委托征收	适用于零星分散和异地缴纳的税收

二、例题点津

【例题·单选题】某企业为中央文化出版单位，每年能够如实地核算和提供生产经营情况，可以准确地计算应纳税额并能够认真地履行纳税义务，以下适用的税款征收方式为（　　）。

A. 查验征收　　　　B. 查账征收

C. 定期定额征收　　D. 查定征收

【答案】B

【解析】选项A，查验征收，适用于纳税人财务制度不健全、生产经营不固定、零星分散、流动性大的税源。选项C，定期定额征收，适用于经主管税务认定和县以上税务机关（含县级）批准的生产、经营规模小，达不到《个体工商户建账管理暂行办法》固定设置账簿标准，难以查账征收，不能准确计算计税依据的个体工商户（包括个人独资企业）。选项D，查定征收，适用于生产经营规模小、产品零星、税源分散、会计账册不健全，但能控制原材料或进销货的小型厂矿和作坊。

3 应纳税额的核定和调整 ★★

一、考点解读

应纳税额的核定和调整的对比学习（见表7-19）。

表 7 - 19

项目	核定	调整
含义	—	企业或者外国企业在中国境内设立的从事生产、经营的机构、场所与其关联企业之间的业务往来，应当按照独立企业之间的业务往来收取或者支付价款、费用；不按照独立企业之间的业务往来收取或者支付价款、费用，而减少其应纳税的收入或者所得额的，税务机关有权进行合理调整
情形	1. 依照法律、行政法规的规定可以不设置账簿的。 2. 依照法律、行政法规的规定应当设置但未设置账簿的。 3. 擅自销毁账簿或者拒不提供纳税资料的。 4. 虽设置账簿，但账目混乱或者成本资料、收入凭证、费用凭证残缺不全，难以查账的。 5. 发生纳税义务，未按照规定的期限办理纳税申报，经税务机关责令限期申报，逾期仍不申报的。 6. 纳税人申报的计税依据明显偏低，又无正当理由的	1. 购销业务未按照独立企业之间的业务往来作价。 2. 融通资金所支付或者收取的利息超过或者低于没有关联关系的企业之间所能同意的数额，或者利率超过或者低于同类业务的正常利率。 3. 提供劳务，未按照独立企业之间业务往来收取或者支付劳务费用。 4. 转让财产、提供财产使用权等业务往来，未按照独立企业之间业务往来作价或者收取、支付费用。 5. 未按照独立企业之间业务往来作价的其他情形
方法	1. 参照当地同类行业或者类似行业中经营规模和收入水平相近的纳税人的税负水平。 2. 按照营业收入或者成本加合理的费用和利润的方法。 3. 按照耗用的原材料、燃料、动力等推算或者测算。 4. 按照其他合理方法	1. 按照独立企业之间进行的相同或者类似业务活动的价格。 2. 按照再销售给无关联关系的第三者的价格所应取得的收入和利润水平。 3. 按照成本加合理的费用和利润。 4. 按照其他合理的方法
期限	—	纳税人与其关联企业未按照独立企业之间的业务往来支付价款、费用的，税务机关自该业务往来发生的纳税年度起 3 年内进行调整；有特殊情况的，可以自该业务往来发生的纳税年度起 10 年内进行调整

二、例题点津

【例题·多选题】 下列各项中，属于税务机关可以调整应纳税额的方式的有（　　）。

A. 购销业务未按照独立企业之间的业务往来作价

B. 融通资金所支付或者收取的利息超过或者低于关联企业之间所能同意的数额

C. 提供劳务，未按照独立企业之间业务往来收取或者支付劳务费用

D. 未按照独立企业之间业务往来作价的其他情形

【答案】 ACD

【解析】 应纳税额的调整情形包括：购销业务未按照独立企业之间的业务往来作价；融通资金所支付或者收取的利息超过或者低于没有关联关系的企业之间所能同意的数额，或者利率超过或者低于同类业务的正常利率；提供劳务，未按照独立企业之间业务往来收取或者支付劳务费用；转让财产、提供财产使用权等业务往来，未按照独立企业之间业务往来作价或者收取、支付费用；未按照独立企业之间业务往来作价的其他情形，选项 A、C、D 正确。

4 应纳税款的缴纳 ★

一、考点解读

（一）当期缴纳

1. 税务机关收到税款后，应当向纳税人开具完税凭证。

2. 纳税人通过银行缴纳税款的，税务机关可以委托银行开具完税凭证。

提示 完税凭证不得转借、倒卖、变造或者伪造。

（二）延期缴纳

1. 纳税人因有**特殊困难**，不能按期缴纳税款的，经省、自治区、直辖市税务局批准，可以延期缴纳税款（最长不得超过 3 个月）。特殊困难——因**不可抗力**，导致纳税人发生较大损失，正常生产经营活动受到较大影响的；当期货币资金在扣除应付职工**工资**、**社会保险费**后，不足以缴纳税款的。

2. 纳税人需要延期缴纳税款的，应当在缴纳税款期限届满前提出**申请**，并报送相关材料。

3. 税务机关应当自收到申请延期缴纳税款报告之日起 20 日内作出批准或者不予批准的决定；不予批准的，从缴纳税款期限届满之日起加收滞纳金。

二、例题点津

【例题·判断题】纳税人因生产设备发生故障，技术人员经验不足，导致发生较大损失，不能按期缴纳税款的，经省、自治区、直辖市税务局批准，可以延期缴纳税款。（　　）

【答案】×

【解析】纳税人因有特殊困难，不能按期缴纳税款的，经省、自治区、直辖市税务局批准，可以延期缴纳税款（最长不得超过 3 个月）。这里特殊困难是指因**不可抗力**，导致纳税人发生较大损失，正常生产经营活动受到较大影响的；当期货币资金在扣除应付职工工资、社会保险费后，不足以缴纳税款的。本题不属于"不可抗力"。

5 **税款征收的保障措施 ★★★**

一、考点解读

（一）责令缴纳（见表 7 - 20）

表 7 - 20

适用情形		具体程序	仍不缴纳的处理
未按期缴纳	纳税人、扣缴义务人未按照规定的期限缴纳或者解缴税款；纳税担保人未按照规定的期限缴纳所担保的税款的	责令限期缴纳（一般不超过15日），并加收滞纳金：从税款缴纳期限**届满次日**起至纳税人、扣缴义务人实际缴纳或者解缴税款之日止，按日加收滞纳税款**万分之五**的滞纳金	采取税收强制执行措施
未按规定办理税务登记	未按照规定办理税务登记的从事生产、经营的纳税人，以及临时从事经营的纳税人	**核定**其应纳税额，**责令**其**缴纳**应纳税款	采取税收强制执行措施
有根据认为纳税人有逃避纳税义务行为	—	在规定的纳税期之前责令其限期缴纳应纳税款	采取其他税款征收措施

提示 对存在欠税行为的纳税人、扣缴义务人、纳税担保人，税务机关可责令其先行缴纳欠税，再依法缴纳滞纳金。

【举例】某公司将税务机关确定的应于 2020 年 12 月 5 日缴纳的税款 200 000 元拖至 12 月 15 日缴纳，根据税收征收管理法律制度的规定，税务机关依法加收该公司滞纳税款的滞纳金为多少元？

【解析】（1）加收滞纳金的起止时间为税款缴纳期限届满次日起至纳税人实际缴纳税款之日止（12 月 6 日 ~12 月 15 日）；（2）滞纳金 = 200 000 × 0.05% × 10 = 1 000（元）。

（二）责令提供纳税担保

1. 适用情形。

（1）税务机关有根据认为从事生产、经营的纳税人有逃避纳税义务行为，在规定的纳税期之前经责令其限期缴纳应纳税款，在限期内发现纳税人有明显的转移、隐匿其应纳税的商品、货物，以及其他财产或者应纳税收入的迹象，责成纳税人提供纳税担保的。

（2）欠缴税款、滞纳金的纳税人或者其法定代表人需要出境的。

（3）纳税人同税务机关在纳税上发生争议而未缴清税款，需要申请行政复议的。

（4）税收法律、行政法规规定可以提供纳税担保的其他情形。

2. 范围。

税款、滞纳金和实现税款、滞纳金的费用。

3. 方式。

纳税担保方式主要有纳税保证、纳税抵押和纳税质押（见表7－21）。

表7－21

类型	主体	客体	要点
纳税保证	纳税保证人	—	纳税保证人同意为纳税人提供纳税担保的，应当填写纳税担保书。纳税保证自税务机关在纳税担保书签字盖章之日起生效。纳税保证为连带责任保证，纳税人和纳税保证人对所担保的税款及滞纳金承担连带责任
			保证期间为纳税人应缴纳税款期限届满之日起60日，纳税保证期间内税务机关未通知纳税保证人缴纳税款及滞纳金以承担担保责任的，纳税保证人免除担保责任
			履行保证责任的期限为15日，纳税保证人未按照规定的履行保证责任的期限缴纳税款及滞纳金的，税务机关责令纳税保证人限期缴纳；逾期仍未缴纳的，经县以上税务局（分局）局长批准，对纳税保证人采取强制执行措施
纳税抵押	纳税人或纳税担保人	财产	应当填写纳税担保书和纳税担保财产清单。纳税担保财产清单应当写明财产价值以及相关事项。纳税担保书和纳税担保财产清单须经纳税人签字盖章并经税务机关确认。纳税抵押财产应当办理抵押物登记。纳税抵押自抵押物登记之日起生效
纳税质押	纳税人或纳税担保人	动产或权利凭证	应当填写纳税担保书和纳税担保财产清单并签字盖章。纳税担保财产清单应当写明财产价值及相关事项。纳税质押自纳税担保书和纳税担保财产清单经税务机关确认和质物移交之日起生效
			纳税人在规定的期限内缴清税款及滞纳金的，税务机关应当自纳税人缴清税款及滞纳金之日起3个工作日内返还质物，解除质押关系

提示　纳税质押分为动产质押和权利质押。

（三）税收保全措施与强制执行措施

采取税收保全措施和采取强制执行措施的对比学习（见表7－22）。

表 7 – 22

项目	税收保全	强制执行
前提/情形	1. 税务机关有根据认为从事生产、经营的纳税人有逃避纳税义务行为； 2. 纳税人逃避纳税义务的行为发生在规定的纳税期之前，以及在责令限期缴纳应纳税款的限期内； 3. 税务机关责成纳税人提供纳税担保后，纳税人不能提供纳税担保	采取强制执行措施的对象： 1. 未按照规定的期限缴纳或者解缴税款，经税务机关责令限期缴纳，逾期仍未缴纳税款的从事生产、经营的纳税人、扣缴义务人； 2. 未按照规定的期限缴纳所担保的税款，经税务机关责令限期缴纳，逾期仍未缴纳税款的纳税担保人
批准机关	县以上税务局（分局）局长	
措施	1. 书面通知纳税人开户银行或者其他金融机构冻结纳税人的金额相当于应纳税款的存款； 2. 扣押、查封纳税人的价值相当于应纳税款的商品、货物或者其他财产。其他财产包括纳税人的房地产、现金、有价证券等不动产和动产	1. 强制扣款，即书面通知其开户银行或者其他金融机构从其存款中扣缴税款； 2. 拍卖变卖，即扣押、查封、依法拍卖或者变卖其价值相当于应纳税款的商品、货物或者其他财产，以拍卖或者变卖所得抵缴税款
不适用的财产	1. 个人及其所扶养家属维持生活必需的住房和用品（不包括机动车辆、金银饰品、古玩字画、豪华住宅或者一处以外的住房）； 2. 单价 5 000 元以下的其他生活用品	
期限	一般不得超过 6 个月；重大案件需要延长的，应报国家税务总局批准	—
解除	1. 纳税人在规定期限内缴纳了应纳税款的，税务机关必须立即解除税收保全措施； 2. 纳税人在规定的限期期满仍未缴纳税款的，经县以上税务局（分局）局长批准，终止保全措施，转入强制执行措施	—
滞纳金的执行	—	1. 税务机关采取强制执行措施时，对纳税人、扣缴义务人、纳税担保人未缴纳的滞纳金同时强制执行； 2. 对纳税人已缴纳税款，但拒不缴纳滞纳金的，税务机关可以单独对纳税人应缴未缴的滞纳金采取强制措施

（四）欠税清缴

1. 离境清缴。

欠缴税款的纳税人或者他的法定代表人需要出境的，应当在出境前向税务机关结清应纳税款、滞纳金或者提供担保。

2. 税收代位权和撤销权。

欠缴税款的纳税人因怠于行使到期债权，或者放弃到期债权，或者无偿转让财产，或者以明显不合理的低价转让财产而受让人知道该情形，税务机关可以依法行使代位权、撤销权。

3. 欠税报告（见表 7 – 23）。

表 7 – 23

情形	欠税报告
纳税人欠税而以其财产设定抵押、质押	向抵押权人、质权人说明其欠税情况
纳税人解散、撤销、破产	在清算前应当向其主管税务机关报告；未结清税款的，由其主管税务机关参加清算

续表

情形	欠税报告
纳税人合并、分立	应当向税务机关报告，并依法缴清税款。纳税人合并时未缴清税款的，应当由合并后的纳税人继续履行未履行的纳税义务；纳税人分立时未缴清税款的，分立后的纳税人对未履行的纳税义务应当承担连带责任

提示 建立大额欠税处分财产报告制度——欠缴税款 5 万元以上的纳税人在处分其不动产或者大额资产之前，应当向税务机关报告。

4. 欠税公告。

县级以上各级税务机关应当将纳税人的欠税情况，在办税场所或者广播、电视、报纸、期刊、网络等新闻媒体上定期公告。对纳税人欠缴税款的情况实行定期公告的办法，由国家税务总局制定。

（五）税收优先权

1. 税收优先于无担保债权。

2. 税收应当先于抵押权、质权、留置权执行。

3. 税收优先于罚款、没收违法所得。

（六）阻止出境

欠缴税款的纳税人或者其法定代表人在出境前未按规定结清应纳税款、滞纳金或者提供纳税担保的，税务机关可以通知出境管理机关阻止其出境。

二、例题点津

【例题 1·单选题】 纳税人未按照规定期限缴纳税款的，税务机关可责令限期缴纳，并从滞纳之日起，按日加收滞纳税款一定比例的滞纳金，该比例为（　　）。

A. 万分之一

B. 万分之三

C. 万分之五

D. 万分之七

【答案】 C

【解析】 纳税人未按照规定期限缴纳税款的，扣缴义务人未按照规定期限解缴税款的，税务机关可责令限期缴纳，并从滞纳税款之日起，

按日加收滞纳税款万分之五的滞纳金。逾期仍未缴纳的，税务机关可以采取税收强制执行措施，故选项 C 正确。

【例题 2·单选题】 甲公司 2023 年 8 月应纳增值税税款 300 000 元，该单位会计由于去外地开会，9 月 23 日才将 8 月份税款缴纳。根据税收征收管理法律制度的规定，税务机关依法加收的滞纳金为（　　）元。

A. 450　　　　　　　B. 1 050

C. 1 200　　　　　　D. 301 200

【答案】 C

【解析】（1）增值税纳税人以 1 个月或者一个季度为一个纳税期的，自期满之日起 15 日内申报纳税；（2）滞纳天数为 9 月 16 日~9 月 23 日，共 8 日，滞纳金 =300 000×0.5‰×8 = 1 200（元）。

【例题 3·单选题】 根据税收征收管理法律制度的规定，下列各项中，不适用纳税担保的情形是（　　）。

A. 纳税人同税务机关在纳税上发生争议而未缴清税款，需要申请行政复议的

B. 纳税人在税务机关责令缴纳应纳税款限期内，有明显转移、隐匿其应纳税的商品、货物以及应纳税收入的迹象的

C. 欠缴税款、滞纳金的纳税人或者其法定代表人需要出境的

D. 从事生产、经营的纳税人未按规定期限缴纳税款，税务机关责令限期缴纳，逾期仍未缴纳的

【答案】 D

【解析】 本题考核纳税担保。选项 D，对纳税人、扣缴义务人、纳税担保人应缴纳的欠税，税务机关可责令其限期缴纳。逾期仍未缴纳的，税务机关可以采取税收强制执行措施。

【例题 4·单选题】 根据税收征收管理法的规定，下列各项中，属于税收保全措施的是（　　）。

A. 暂扣纳税人税务登记证

B. 书面通知纳税人开户银行从其存款中扣缴税款

C. 拍卖纳税人价值相当于应纳税款的货物，以拍卖所得抵缴税款

D. 查封纳税人价值相当于应纳税款的货物

【答案】 D

【解析】 本题考核税收保全措施。根据规

定，选项 B 和选项 C 均为税收强制执行措施，选项 D 属于税收保全措施。

【例题 5·判断题】 税务机关有根据认为从事生产、经营的纳税人有逃避纳税义务行为的，可以直接采取税收保全措施。（　　）

【答案】 ×

【解析】 税务机关采取税收保全措施前，应按照下列程序执行：（1）有根据认为纳税人有逃避纳税义务行为；（2）在规定的纳税期之前，责令限期缴纳应纳税款（责令提前缴纳）；（3）责成纳税人提供纳税担保，纳税人拒绝担保或无力担保的。故本题表述错误。

6　其他规定★

一、考点解读

（一）税收减免

1. 纳税人依照法律、行政法规的规定办理减税、免税。

2. 地方各级人民政府、各级人民政府主管部门、单位和个人违反法律、行政法规规定，擅自作出的减税、免税决定无效，税务机关不得执行，并向上级税务机关报告。

3. 享受减税、免税优惠的纳税人，减税、免税期满，应当自期满次日起恢复纳税；减税、免税条件发生变化的，应当在纳税申报时向税务机关报告；不再符合减税、免税条件的，应当依法履行纳税义务；未依法纳税的，税务机关应当予以追缴。

（二）税款的退还

1. 纳税人超过应纳税额缴纳的税款，税务机关发现后，应当自发现之日起 10 日内办理退还手续。

2. 纳税人自结算缴纳税款之日起 3 年内发现多缴税款的，可以向税务机关要求退还多缴的税款并加算银行同期存款利息，税务机关应当自接到纳税人退还申请之日起 30 日内查实并办理退还手续。

（三）税款的补缴和追缴（见表 7－24）

表 7－24

责任方	行为	造成结果	措施		补缴和追缴税款、滞纳金的期限
			期限	具体措施	
税务机关	税务机关适用税收法律、行政法规不当或者执法行为违法		3 年内	要求纳税人、扣缴义务人补缴税款，但是不得加收滞纳金	自纳税人、扣缴义务人应缴未缴或者少缴税款之日起计算。偷税（逃税）、抗税、骗税的，不受前述规定期限的限制
纳税人、扣缴义务人	计算错误等失误（非主观故意的计算公式运用错误以及明显的笔误）	纳税人、扣缴义务人未缴或者少缴税款	3 年内	追缴税款、滞纳金	
	特殊情况（因计算错误等失误，未缴或者少缴、未扣或者少扣、未收或者少收税款，累计数额在 10 万元以上的）		5 年内		

二、例题点津

【例题·单选题】 纳税人超过应纳税额缴纳的税款，税务机关发现后应当立即退还；纳税人自结算缴纳税款之日起（　　）年内发现的，可以向税务机关要求退还多缴的税款，并加算银行同期存款利息。

A. 3　　　　　　　　　　B. 4

C. 5   D. 6

【答案】A

【解析】纳税人超过应纳税额缴纳的税款，税务机关发现后应当立即退还；纳税人自结算缴纳税款之日起 3 年内发现的，可以向税务机关要求退还多缴的税款，并加算银行同期存款利息。

第四单元 税务检查

1 税务检查措施 ★★

一、考点解读（见表 7 - 25）

表 7 - 25

项目	类别	内容
税务检查的范围	查账	检查纳税人的账簿、记账凭证、报表和有关资料，检查扣缴义务人代扣代缴、代收代缴税款账簿、记账凭证和有关资料
	检查场地	到纳税人的生产、经营场所和货物存放地（不包括生活场所）检查纳税人应纳税的商品、货物或者其他财产，检查扣缴义务人与代扣代缴、代收代缴税款有关的经营情况
	责成提供资料	责成纳税人、扣缴义务人提供与纳税或者代扣代缴、代收代缴税款有关的文件、证明材料和有关资料
	询问	询问纳税人、扣缴义务人与纳税或者代扣代缴、代收代缴税款有关的问题和情况
	检查交通邮政	到车站、码头、机场、邮政企业及其分支机构检查纳税人托运、邮寄应纳税商品、货物或者其他财产的有关单据、凭证和有关资料（不包括自带物品）
	查询存款账户	经县以上税务局（分局）局长批准，指定专人负责，凭全国统一格式的检查存款账户许可证明，查询从事生产、经营的纳税人、扣缴义务人在银行或者其他金融机构的存款账户
		税务机关在调查税收违法案件时，经设区的市、自治州以上税务局（分局）局长批准，可以查询案件涉嫌人员的储蓄存款
税务检查的措施与手段	发现纳税人有逃避纳税义务行为，且有明显转移、隐匿资产迹象	按照税收征管法规定的批准权限采取税收保全措施或者强制执行措施
	调查税务违法案件	对与案件有关的情况和资料，可以记录、录音、录像、照相和复制
	进行税务检查时	有权向有关单位和个人调查纳税人、扣缴义务人和其他当事人与纳税或者代扣代缴、代收代缴税款有关的情况

续表

项目	类别	内容
税务机关在税务检查中的职责	税务机关派出的人员进行税务检查时，应当出示税务检查证和税务检查通知书，并有责任为被检查人保守秘密；未出示税务检查证和税务检查通知书的，被检查人有权拒绝检查	
被检查人在税务检查中的义务	接受税务机关依法进行的税务检查，如实反映情况，提供有关资料，不得拒绝、隐瞒	
	税务机关向有关单位和个人调查纳税人、扣缴义务人和其他当事人与纳税或者代扣代缴、代收代缴税款有关的情况时，有关单位和个人有义务向税务机关如实提供有关资料及证明材料	

二、例题点津

【例题·多选题】下列税务机关进行的各项税务检查中，不正确的有（　　）。

A. 税务机关有权到车站检查纳税人托运的应纳税商品

B. 税务机关在调查税收违法案件时，经县以上税务局（分局）局长批准，可以查询案件涉嫌人员的储蓄存款

C. 税务机关派出的人员进行税务检查时，应当出示税务检查证和税务检查通知书；未出示税务检查证和税务检查通知书的，被检查人也应当配合税务人员进行税务检查

D. 税务机关调查税务违法案件时，对与案件有关的情况和资料，可以记录、录音、录像、照相，但不得复制

【答案】BCD

【解析】（1）选项B，税务机关在调查税收违法案件时，经设区的市、自治州以上税务局（分局）局长批准，可以查询案件涉嫌人员的储蓄存款。（2）选项C，税务机关派出的人员进行税务检查时，应当出示税务检查证和税务检查通知书，并有责任为被检查人保守秘密；未出示税务检查证和税务检查通知书的，被检查人有权拒绝检查。（3）选项D，税务机关调查税务违法案件时，对与案件有关的情况和资料，可以记录、录音、录像、照相、复制。

2 纳税信用管理 ★★★

一、考点解读

（一）纳税信用管理的主体

国家税务总局主管全国纳税信用管理工作。省以下税务机关负责所辖地区纳税信用管理工作的组织和实施。

下列企业参与纳税信用评价：

1. 已办理税务登记，从事生产、经营并适用查账征收的独立核算企业纳税人（以下简称"纳税人"）。

2. 从首次在税务机关办理涉税事宜之日起时间不满一个评价年度的企业（以下简称"新设立企业"）。评价年度是指公历年度，即1月1日至12月31日。

3. 评价年度内无生产经营业务收入的企业。

4. 适用企业所得税核定征收办法的企业。

非独立核算分支机构可自愿参与纳税信用评价。

（二）纳税信用信息采集

1. 纳税信用信息采集是指税务机关对纳税人纳税信用信息的记录和收集。

2. 纳税信用信息包括纳税人信用历史信息、税务内部信息、外部信息。

3. 纳税信用信息采集工作由国家税务总局和省税务机关组织实施，按月采集。

（三）纳税信用评价

1. 纳税信用评价的方式（见表7-26）。

表7-26

类别	内容
年度评价指标得分（评价指标包括税务内部信息和外部评价信息）	采取扣分方式。近三个评价年度内存在非经常性指标信息的，从100分起评；近三个评价年度内没有非经常性指标信息的，从90分起评
直接判级	适用于有严重失信行为的纳税人

2. 纳税信用评价周期。

纳税信用评价周期为一个纳税年度，有下列情形之一的纳税人，不参加本期的评价：

（1）纳入纳税信用管理时间不满一个评价年度的。

（2）因涉嫌税收违法被立案查处尚未结案的。

（3）被审计、财政部门依法查出税收违法行为，税务机关正在依法处理，尚未办结的。

（4）已申请税务行政复议、提起行政诉讼尚未结案的。

（5）其他不应参加本期评价的情形。

3. 纳税信用评价结果。

（1）纳税信用评价结果的确定与发布。

纳税信用评价结果的确定和发布遵循谁评价、谁确定、谁发布的原则。税务机关每年4月确定上一年度纳税信用评价结果，并为纳税人提供自我查询服务。

（2）纳税信用级别。

纳税信用级别设A、B、M、C、D五级。税务机关对纳税人的纳税信用级别实行动态调整。纳税人信用评价状态变化时，税务机关可采取适当方式通知、提醒纳税人。

（3）分级分类管理。

税务机关对纳税信用评价结果，按分级分类原则，依法有序开放：主动公开A级纳税人名单及相关信息；根据社会信用体系建设需要，以及与相关部门信用信息共建共享合作备忘录、协议等规定，逐步开放B、M、C、D级纳税人名单及相关信息；定期或者不定期公布重大税收违法失信主体信息。纳税人对纳税信用评价结果有异议的，可以书面向作出评价的税务机关申请复评。作出评价的税务机关应按规定进行复核。

税务机关按照守信激励、失信惩戒的原则，对不同信用级别的纳税人实施分类服务和管理。

（四）纳税信用修复

（1）纳入纳税信用管理的企业纳税人，符合法定条件的，可在规定期限内向主管税务机关申请纳税信用修复。

（2）主管税务机关自受理纳税信用修复申请之日起15个工作日内完成审核，并向纳税人反馈信用修复结果。

（3）纳税信用修复完成后，纳税人按照修复后的纳税信用级别适用相应的税收政策和管理服务措施，之前已适用的税收政策和管理服务措施不作追溯调整。

二、例题点津

【例题1·单选题】 以下关于纳税信用管理的规定错误的是（　　）。

A. 纳税信用信息采集工作由省、自治区、直辖市税务机关组织实施，按年采集

B. 纳税信用评价周期为一个纳税年度

C. 纳税信用评价采取年度评价指标得分和直接判级方式

D. 纳税人因涉嫌税收违法被立案查处尚未结案的，不参加本期评价

【答案】A

【解析】纳税信用信息采集工作由国家税务总局和省税务机关组织实施，按月采集。

【例题2·多选题】 根据税收征管法律制度的规定，下列税务机关对纳税信用评价结果的处理中，正确的有（　　）。

A. 主动公开A级纳税人名单及相关信息

B. 对重大税收违法失信主体信息保密

C. 逐步开放B、M、C、D级纳税人名单及相关信息

D. 作出评价的税务机关对纳税人关于纳税信用评价结果的复评申请进行复核

【答案】ACD

【解析】税务机关对纳税信用评价结果，按分级分类原则，依法有序开放：主动公开A级纳税人名单及相关信息；根据社会信用体系建设需要，以及与相关部门信用信息共建共享合作备忘录、协议等规定，逐步开放B、M、C、D级纳税人名单及相关信息；定期或者不定期公布重大税收违法失信主体信息。纳税人对纳税信用评价结果有异议的，可以书面向作出评价的税务机关申请复评。作出评价的税务机关应按规定进行复核。

【例题3·多选题】 根据税收征管法律制度的规定，下列纳税人中，不参加本期纳税信用评价的有（　　）。

A. 纳入纳税信用管理时间不满一个评价年度的纳税人

B. 因涉嫌税收违法被立案查处，已经结案的纳税人

C. 已申请税务行政复议未结案的纳税人

D. 被审计部门依法查出税收违法行为，税务机关正在依法处理，尚未办结的纳税人

【答案】ACD

【解析】纳税信用评价周期为一个纳税年度，有下列情形之一的纳税人，不参加本期的评价：（1）纳入纳税信用管理时间不满一个评价年度的；（2）因涉嫌税收违法被立案查处尚未结案的；（3）被审计、财政部门依法查出税

收违法行为，税务机关正在依法处理，尚未办结的；（4）已申请税务行政复议、提起行政诉讼尚未结案的；（5）其他不应参加本期评价的情形。

3 税收违法行为检举管理 ★★

一、考点解读

（一）税收违法行为检举管理原则

检举管理工作坚持依法依规、分级分类、属地管理、严格保密的原则（见表7-27）。

表7-27

部门	职责
市（地、州、盟）以上税务局稽查局	设立税收违法案件举报中心
国家税务总局稽查局税收违法案件举报中心	负责接收税收违法行为检举，督促、指导、协调处理重要检举事项
省、自治区、直辖市、计划单列市和市（地、州、盟）税务局稽查局税收违法案件举报中心	负责税收违法行为检举的接收、受理、处理和管理
各级跨区域稽查局和县税务局	指定行使税收违法案件举报中心职能的部门，负责税收违法行为检举的接收，并按规定职责处理

提示 检举人因检举而产生的支出应当由其自行承担。检举人在检举过程中应当遵守法律、行政法规等规定；应当对其所提供检举材料的真

实性负责。

（二）检举事项的提出与受理（见表7-28）

表7-28

项目	类型		具体内容
提出	方式	实名检举	1. 以个人名义实名检举应当由其本人提出；以单位名义实名检举应当委托本单位工作人员提出。 2. 以电话形式要求实名检举的，税务机关应当告知检举人采取前述的形式进行检举
		匿名检举	检举人未采取前述的形式进行检举的，视同匿名检举
	场所		检举接待场所应当与办公区域适当分开
受理	受理时间		除不予受理的情形外，举报中心自接收检举事项之日起即为受理
	不予受理的情形		有下列情形之一的，不予受理： （1）无法确定被检举对象，或者不能提供税收违法行为线索的。 （2）检举事项已经或者依法应当通过诉讼、仲裁、行政复议以及其他法定途径解决的。 （3）对已经查结的同一检举事项再次检举，没有提供新的有效线索的

提示 举报中心可以应实名检举人要求，视情况采取口头或者书面方式解释不予受理的原因。

（三）检举事项的处理

1. 分级分类处理（见表7-29）。

表7-29

类别	处理流程
检举内容详细、税收违法行为线索清楚、证明资料充分	稽查局立案检查
检举内容与线索较明确但缺少必要证明资料，有可能存在税收违法行为	稽查局调查核实。发现存在税收违法行为的，立案检查；未发现的，作查结处理
检举对象明确，但其他检举事项不完整或者内容不清、线索不明	暂存待查，待检举人将情况补充完整以后，再进行处理
已经受理尚未查结的检举事项，再次检举	合并处理
规定以外的检举事项	转交有处理权的单位或者部门

2. 检举人的答复和奖励（见表7-30）

表7-30

项目	内容
答复	实名检举人可以要求答复检举事项的处理情况与查处结果。举报中心可以视具体情况采取口头或者书面方式答复实名检举人。实名检举事项的处理情况，由作出处理行为的税务机关的举报中心答复。实名检举事项的查处结果，由负责查处的税务机关的举报中心答复
奖励	检举事项经查证属实，为国家挽回或者减少损失的，按照财政部和国家税务总局的有关规定对实名检举人给予相应奖励

二、例题点津

【例题1·单选题】 根据税收征管法律制度的规定，下列检举事项中，应予受理的是（　　）。

A. 无法确定被检举对象的

B. 对已经查结的同一检举事项再次检举，没有提供新的有效线索的

C. 检举事项已经通过诉讼途径解决的

D. 检举内容详细、税收违法行为线索清楚、证明资料充分的

【答案】 D

【解析】 举报中心对接收的检举事项，应当及时审查，有下列情形之一的，不予受理：（1）无法确定被检举对象，或者不能提供税收违法行为线索的。（2）检举事项已经或者依法应当通过诉讼、仲裁、行政复议以及其他法定途径解决的。（3）对已经查结的同一检举事项再次检举，没有提供新的有效线索的。除前述规定外，举报中心自接收检举事项之日起即为受理。

【例题2·单选题】 根据税收征管法律制度的规定，下列关于检举的说法中，不正确的是（　　）。

A. 检举人可以实名检举，也可以匿名检举

B. 检举人以个人名义实名检举应当由其本人提出

C. 以单位名义实名检举应当由法定代表人提出

D. 检举人未采取实名检举形式进行检举的，视同匿名检举

【答案】 C

【解析】 检举人可以实名检举，也可以匿名检举。检举人以个人名义实名检举应当由其本人提出；以单位名义实名检举应当委托本单位工作人员提出。以电话形式要求实名检举的，税务机关应当告知检举人采取前述的形式进行检举。检举人未采取前述的形式进行检举的，视同匿名检举。因此，选项C错误。

4 重大税收违法失信主体信息公布管理 ★★★

一、考点解读

（一）失信主体的确定（见表7－31）

表7－31

项目		内容
确定失信主体的依据	纳税人、扣缴义务人或者其他涉税当事人（以下简称"当事人"）	有下列情形之一的，税务机关确定其为失信主体。 （1）伪造、变造、隐匿、擅自销毁账簿、记账凭证，或者在账簿上多列支出或者不列、少列收入，或者经税务机关通知申报而拒不申报或者进行虚假的纳税申报，不缴或者少缴应纳税款100万元以上，且任一年度不缴或者少缴应纳税款占当年各税种应纳税总额10%以上的，或者采取前述手段，不缴或者少缴已扣、已收税款，数额在100万元以上的。 （2）欠缴应纳税款，采取转移或者隐匿财产的手段，妨碍税务机关追缴欠缴的税款，欠缴税款金额100万元以上的。 （3）骗取国家出口退税款的。 （4）以暴力、威胁方法拒不缴纳税款的。 （5）虚开增值税专用发票或者虚开用于骗取出口退税、抵扣税款的其他发票的。 （6）虚开增值税普通发票100份以上或者金额400万元以上的。 （7）私自印制、伪造、变造发票，非法制造发票防伪专用品，伪造发票监制章的。 （8）具有偷税、逃避追缴欠税、骗取出口退税、抗税、虚开发票等行为，在稽查案件执行完毕前，不履行税收义务并脱离税务机关监管，经税务机关检查确认走逃（失联）的。 （9）为纳税人、扣缴义务人非法提供银行账户、发票、证明或者其他方便，导致未缴、少缴税款100万元以上或者骗取国家出口退税款的。 （10）税务代理人违反税收法律、行政法规造成纳税人未缴或者少缴税款100万元以上的。 （11）其他性质恶劣、情节严重、社会危害性较大的税收违法行为
确定失信主体的程序		税务机关应当在作出确定失信主体决定前向当事人送达告知文书，告知其依法享有陈述、申辩的权利。 经设区的市、自治州以上税务局局长或者其授权的税务局领导批准，税务机关在申请行政复议或提起行政诉讼期限届满，或者行政复议决定、人民法院判决或裁定生效后，于30个工作日内制作失信主体确定文书，并依法送达当事人

（二）失信主体的信息公布（见表7－32）

表7－32

项目	内容
信息公布的内容	税务机关应当在失信主体确定文书送达后的次月15个工作日内，向社会公布下列信息： （1）失信主体基本情况。 （2）失信主体的主要税收违法事实。 （3）税务处理、税务行政处罚决定及法律依据。 （4）确定失信主体的税务机关。 （5）法律、行政法规规定应当公布的其他信息。

续表

项目	内容
信息公布的内容	税务机关向社会公布失信主体基本情况时，经人民法院生效裁判确定的实际责任人，与违法行为发生时的法定代表人或者负责人不一致的，除有证据证明法定代表人或者负责人有涉案行为外，税务机关只向社会公布实际责任人信息
失信主体信息公布管理	1. 遵循原则：依法行政、公平公正、统一规范、审慎适当。 2. 纳税信用评价：税务机关对按规定确定的失信主体，纳入纳税信用评价范围的，按照纳税信用管理规定，将其纳税信用级别判为 D 级，适用相应的 D 级纳税人管理措施。 3. 失信主体信息自公布之日起满 3 年的，税务机关在 5 日内停止信息公布。失信信息公布期间，符合条件的失信主体或者其破产管理人可以向作出确定失信主体决定的税务机关申请提前停止公布失信信息。受理申请后，税务机关审核，经省、自治区、直辖市、计划单列市税务局局长或者其授权的税务局领导批准，准予提前停止公布

二、例题点津

【例题 1·多选题】税务机关应当在失信主体确定文书送达后的次月 15 个工作日内，向社会公布的信息有（ ）。

A. 失信主体基本情况

B. 失信主体的主要税收违法事实

C. 税务处理、税务行政处罚决定及法律依据

D. 确定失信主体的税务机关

【答案】ABCD

【解析】税务机关应当在失信主体确定文书送达后的次月 15 个工作日内，向社会公布下列信息：（1）失信主体基本情况；（2）失信主体的主要税收违法事实；（3）税务处理、税务行政处罚决定及法律依据；（4）确定失信主体的税务机关；（5）法律、行政法规规定应当公布的其他信息。

【例题 2·判断题】伪造、变造、隐匿、擅自销毁账簿、记账凭证，或者在账簿上多列支出或者不列、少列收入，或者经税务机关通知申报而拒不申报或者进行虚假的纳税申报，不缴或者少缴应纳税款 100 万元以上，或者任一年度不缴或者少缴应纳税款占当年各税种应纳税总额 10% 以上的，或者采取前述手段，不缴或者少缴已扣、已收税款，数额在 100 万元以上的，确定为失信主体。（ ）

【答案】×

【解析】伪造、变造、隐匿、擅自销毁账簿、记账凭证，或者在账簿上多列支出或者不列、少列收入，或者经税务机关通知申报而拒不申报或者进行虚假的纳税申报，不缴或者少缴应纳税款 100 万元以上，且任一年度不缴或者少缴应纳税款占当年各税种应纳税总额 10% 以上的，或者采取前述手段，不缴或者少缴已扣、已收税款，数额在 100 万元以上的，确定为失信主体。

第五单元　税务行政复议

1 税务行政复议范围 ★★★

一、考点解读（见表 7-33）

表 7-33

项目	内容
可以复议	征税行为，包括确认纳税主体、征税对象、征税范围、减税、免税、退税、抵扣税款、适用税率、计税依据、纳税环节、纳税期限、纳税地点和税款征收方式等具体行政行为，征收税款、加收滞纳金，扣缴义务人、受税务机关委托的单位和个人作出的代扣代缴、代收代缴、代征行为等

续表

项目	内容
可以复议	行政许可、行政审批行为
	发票管理行为，包括发售、收缴、代开发票等
	税收保全措施、强制执行措施
	行政处罚行为：（1）罚款；（2）没收财物和违法所得；（3）停止出口退税权
	税务机关不依法履行下列职责的行为：（1）开具、出具完税凭证、外出经营活动税收管理证明；（2）行政赔偿；（3）行政奖励；（4）其他不依法履行职责的行为
	资格认定行为
	不依法确认纳税担保行为
	政府公开信息工作中的具体行政行为
	纳税信用等级评定行为
	通知出入境管理机关阻止出境行为
	作出的其他具体行政行为
规范性文件的附带审查：认为具体行政行为所依据的规范性文件（不含规章）不合法，对行政行为申请行政复议时，可以一并提出对该规范性文件的附带审查申请	国家税务总局和国务院其他部门的规范性文件
	其他各级税务机关的规范性文件
	地方各级人民政府的规范性文件
	地方人民政府工作部门的规范性文件

二、例题点津

【例题·多选题】根据税收征收管理法律制度的规定，纳税人对税务机关的下列行政行为不服时，可以申请行政复议的有（　　）。

A. 罚款

B. 确认适用税率

C. 加收滞纳金

D. 依法制定关于税收优惠政策的规章

【答案】ABC

【解析】选项A、B、C，无论是征税行为还是税务机关作出的其他行政行为，纳税人不服时，均可直接申请行政复议；选项D，规章不适用行政复议。

2 税务行政复议管辖★★

一、考点解读（见表7-34）

表7-34

项目	内容
一般规定	对各级税务局的行政行为不服的，向其上一级税务局申请行政复议
	对计划单列市税务局的行政行为不服的，向国家税务总局申请行政复议
	对税务所（分局）、各级税务局的稽查局的行政行为不服的，向其所属税务局申请行政复议

续表

项目	内容
一般规定	对国家税务总局的行政行为不服的，向国家税务总局申请行政复议。对行政复议决定不服的，申请人可以向人民法院提起行政诉讼，也可以向国务院申请裁决。国务院的裁决为最终裁决
特殊规定	对两个以上税务机关共同作出的行政行为不服的，向共同上一级税务机关申请行政复议；对税务机关与其他行政机关以共同的名义作出的行政行为不服的，向其共同上一级行政机关申请行政复议
	对被撤销的税务机关在撤销以前所作出的行政行为不服的，向继续行使其职权的税务机关的上一级税务机关申请行政复议
	对税务机关作出逾期不缴纳罚款加处罚款不服的，向作出行政处罚决定的税务机关申请行政复议；但是对已处罚款和加处罚款都不服的，一并向作出行政处罚决定的税务机关的上一级税务机关申请行政复议

二、例题点津

【例题·单选题】关于税务行政复议管辖的有关规定，不正确的是（　　）。

A. 对各级税务局的具体行政行为不服的，向其上一级税务局申请行政复议

B. 对计划单列市税务局的具体行政行为不服的，向计划单列市行政机关申请行政复议

C. 对两个以上税务机关共同作出的具体行政行为不服的，向共同上一级税务机关申请行政复议

D. 对税务机关与其他行政机关共同作出的具体行政行为不服的，向其共同上一级行政机关申请行政复议

【答案】B

【解析】选项B，对计划单列市税务局的具体行政行为不服的，向国家税务总局申请行政复议。

3 税务行政复议的程序★★

一、考点解读（见表7-35）

表7-35

项目		内容
申请	申请期限	申请人可以在知道或应当知道税务机关作出行政行为之日起60日内提出行政复议申请。因不可抗力或者其他正当理由耽误法定申请期限的，申请期限自障碍清徐之日起继续计算
	先议后诉	申请人对复议范围中征税行为不服的，应当先向复议机关申请行政复议，对行政复议决定不服的，可以再向人民法院提起行政诉讼。 提示 复议前置——缴纳税款、滞纳金或提供担保。 申请人按前述规定申请行政复议的，必须依照税务机关根据法律、行政法规确定的税额、期限，先行缴纳或者解缴税款及滞纳金，或者提供相应的担保，方可在实际缴清税款和滞纳金后或者所提供的担保得到作出行政行为的税务机关确认之日起60日内提出行政复议申请

续表

项目		内容
申请	或议或诉	申请人对复议范围中征税行为以外的其他行政行为不服的，可以申请行政复议，也可以直接向人民法院提起行政诉讼
		提示 复议前置——缴纳罚款。申请人对税务机关作出逾期不缴纳罚款加处罚款的决定不服的，应当先缴纳罚款和加处罚款，再申请行政复议
	申请形式	书面；书面申请有困难的，也可以口头
受理	受理审查	复议机关收到行政复议申请后，应当在 5 日内进行审查，决定是否受理。行政复议申请的审查期限届满，复议机关未作出不予受理决定的，审查期限届满之日视为受理
	符合规定的	应当予以受理
	不符合规定的	决定不予受理，并说明理由
	不属于本机关管辖的	向申请人告知有管辖权的复议机关

行政复议期间行政行为不停止执行，但有下列情形之一的，应当停止执行：（1）被申请人认为需要停止执行的；（2）行政复议机关认为需要停止执行的；（3）申请人、第三人申请停止执行，行政复议机关认为其要求合理，决定停止执行的；（4）法律、法规、规章规定停止执行的

审理	工作人员	复议机关审理税务行政复议案件，应当由 2 名以上行政复议工作人员参加
	方式	行政复议应当当面或者通过互联网、电话等方式听取当事人的意见，并将听取的意见记录在案；因为当事人原因不能听取意见的，可以书面审理
	听证	审理重大、疑难、复杂的案件应当组织听证；复议机构认为有必要听证，或者申请人请求听证的，复议机构可以组织听证。听证由一名行政复议人员任主持人，两名以上行政复议人员任听证员，一名记录员制作听证笔录
	申请撤回	申请人在行政复议决定作出以前撤回行政复议申请的，经行政复议机构同意，可以撤回
		申请人撤回行政复议申请的，不得再以同一事实和理由提出行政复议申请。但是，申请人能够证明撤回行政复议申请违背其真实意思表示的除外
决定		复议机关审理税务行政复议案件，由复议机构对行政行为进行审查，提出意见，经复议机关的负责人同意或者集体讨论通过后，以复议机关的名义作出行政复议决定。经过听证的税务行政复议案件，复议机关应当根据听证笔录、审查认定的事实和证据，作出行政复议决定
		复议机关应当自受理申请之日起 60 日内作出行政复议决定。情况复杂、不能在规定期限内作出行政复议决定的，经复议机构负责人批准，可以适当延期，并书面告知当事人，但延期不得超过 30 日
		复议机关作出行政复议决定，应当制作行政复议决定书，并加盖复议机关印章。行政复议决定书一经送达，即发生法律效力

二、例题点津

【例题1·多选题】根据规定，下列选项中，行政复议期间行政行为应停止执行的有（　　）。

A. 被申请人认为需要停止执行的

B. 行政复议机关认为需要停止执行的

C. 第三人认为需要停止执行的

D. 法律、法规、规章规定停止执行的

【答案】ABD

【解析】行政复议期间行政行为不停止执行，但有例外：（1）被申请人认为需要停止执行的；（2）复议机关认为需要停止执行的；（3）申请人、第三人申请停止执行，行政复议机关认为其要求合理，决定停止执行的；（4）法律、法规、规章规定停止执行的。因此，选项A、B、D正确。

【例题2·判断题】申请人对复议范围中税务机关作出的征税行为以外的其他行政行为不服的，应当先向复议机关申请行政复议，对行政复议决定不服的，可以再向人民法院提起行政诉讼。（　　）

【答案】×

【解析】申请人对复议范围中征税行为不服的，应当先向复议机关申请行政复议，对行政复议决定不服的，可以再向人民法院提起行政诉讼。申请人对复议范围中税务机关作出的征税行为以外的其他行政行为不服的，可以申请行政复议，也可以直接向人民法院提起行政诉讼。

第六单元　税收法律责任

1 税务管理相对人税收违法行为的法律责任★★

一、考点解读

（一）违反税务管理规定的法律责任（见表7-36）

表7-36

适用对象	具体情形	税收法律责任	
		情节不严重	情节严重
纳税人	未按照规定设置、保管账簿或者保管记账凭证和有关资料	有前述行为之一的，由税务机关责令限期改正，可以处2 000元以下的罚款	处2 000元以上1万元以下的罚款
	未按照规定将财务、会计制度或者财务、会计处理办法和会计核算软件报送税务机关备查		
	未按照规定将其全部银行账号向税务机关报告		
	未按照规定安装、使用税控装置，或者损毁或者擅自改动税控装置		
扣缴义务人	未按照规定设置、保管代扣代缴、代收代缴税款账簿		处2 000元以上5 000元以下的罚款
	未按照规定保管代扣代缴、代收代缴税款记账凭证及有关资料		
	应扣未扣、应收而不收税款	由税务机关向纳税人追缴税款，对扣缴义务人处应扣未扣、应收未收税款50%以上3倍以下的罚款	

续表

适用对象	具体情形	税收法律责任	
		情节不严重	情节严重
纳税人、扣缴义务人	编造虚假计税依据	由税务机关责令限期改正，并处 5 万元以下的罚款	
税务代理人	违反税收法律、行政法规，造成纳税人未缴或者少缴税款	除由纳税人缴纳或者补缴应纳税款、滞纳金外，对税务代理人处纳税人未缴或者少缴税款 50% 以上 3 倍以下的罚款	
银行和其他金融机构	未依照规定在从事生产、经营的纳税人的账户中登录税务登记证件号码，或者未按规定在税务登记证件中登录从事生产、经营的纳税人的账户账号的	由税务机关责令其限期改正，处 2 000 元以上 2 万元以下的罚款	处 2 万元以上 5 万元以下的罚款
	非法印制、转借、倒卖、变造或者伪造完税凭证的	由税务机关责令改正，处 2 000 元以上 1 万元以下的罚款	处 1 万元以上 5 万元以下的罚款；构成犯罪的，依法追究刑事责任

（二）首违不罚制度（见表 7 - 37）

首违不罚是行政处罚中设定的一项制度，依据《行政处罚法》第三十三条第一款，初次违法且危害后果轻微并及时纠正的，可以不予行政处罚。

表 7 - 37

项目		内容
事项清单	纳税人违规事项	1. 未按有关规定将其全部银行账号向税务机关报送。 2. 未按规定设置、保管账簿或者保管记账凭证和有关资料。 3. 未按规定的期限办理纳税申报和报送纳税资料。 4. 使用税控装置开具发票，未按规定的期限向主管税务机关报送税控装置开票数据且没有违法所得。 5. 未按规定取得发票，以其他凭证代替发票使用且没有违法所得。 6. 未按规定缴销发票且没有违法所得。 7. 使用非税控电子器具开具发票，未按规定将非税控电子器具使用的软件程序说明资料报主管税务机关备案且没有违法所得。 8. 未按规定办理税务登记证件验证或者换证手续。 9. 未按规定将财务、会计制度或者财务、会计处理办法和会计核算软件报送税务机关备查。 10. 未按规定加盖发票专用章且没有违法所得
	扣缴义务人违规事项	1. 未按规定设置、保管代扣代缴、代收代缴税款账簿或记账凭证及有关资料。 2. 未按规定的期限报送代扣代缴、代收代缴税款有关资料。 3. 未按规定开具税收票证
	境内机构或个人违规事项	向非居民发包工程作业或劳务项目，未按规定向主管税务机关报告有关事项

续表

项目	内容
适用	适用税务行政处罚"首违不罚"的，主管税务机关应及时作出不予行政处罚决定，充分保障当事人合法权益。对适用税务行政处罚"首违不罚"的当事人，主管税务机关应采取签订承诺书等方式教育、引导、督促其自觉守法，对再次违反的当事人应严格按照规定予以行政处罚

（三）偷税（逃税）行为的法律责任（见表 7-38）

偷税（逃税）行为，是指纳税人采取欺骗、隐瞒手段进行虚假纳税申报或者不申报，逃避缴纳税款的行为。

表 7-38

适用对象	方法手段	法律责任
纳税人	采取伪造、变造、隐匿、擅自销毁账簿、记账凭证，或者在账簿上多列支出或者不列、少列收入，或者经税务机关通知申报而拒不申报或者进行虚假的纳税申报，不缴或者少缴应纳税款	由税务机关追缴其不缴或者少缴的税款、滞纳金，并处不缴或者少缴的税款50%以上5倍以下的罚款
	采取欺骗、隐瞒手段进行虚假纳税申报或者不申报，逃避缴纳税款	逃避缴纳税款数额较大并且占应纳税额10%以上的，处3年以下有期徒刑或者拘役，并处罚金
		数额巨大并且占应纳税额30%以上的，处3年以上7年以下有期徒刑，并处罚金。对多次实施前述行为，未经处理的，按照累计数额计算
扣缴义务人	扣缴义务人采取上述手段，不缴或者少缴已扣、已收税款，由税务机关追缴其不缴或者少缴的税款、滞纳金，并处不缴或者少缴的税款50%以上5倍以下的罚款；构成犯罪的，依法追究刑事责任	

提示 有偷税（逃税）行为，经税务机关依法下达追缴通知后，补缴应纳税款，缴纳滞纳金，已受行政处罚的，不予追究刑事责任；但是，五年内因逃避缴纳税款受过刑事处罚或者被税务机关给予两次以上行政处罚的除外。

（四）欠税、抗税、骗税行为的法律责任（见表 7-39）

表 7-39

行为	含义界定	法律责任	
		情节轻微	情节严重
欠税	纳税人欠缴应纳税款，采取转移或者隐匿财产的手段，妨碍税务机关追缴欠缴的税款的行为	由税务机关追缴欠缴的税款、滞纳金，并处欠缴税款50%以上5倍以下的罚款；构成犯罪的，依法追究刑事责任	

续表

行为	含义界定	法律责任	
		情节轻微	情节严重
抗税	纳税人、扣缴义务人以暴力、威胁方法拒不缴纳税款的行为	情节轻微、未构成犯罪的，由税务机关追缴其拒缴的税款、滞纳金，并处拒缴税款1倍以上5倍以下的罚款	除由税务机关追缴其拒缴的税款、滞纳金外，依法追究刑事责任
骗税	纳税人以假报出口或者其他欺骗手段，骗取国家出口退税款的行为	由税务机关追缴其骗取的退税款，并处骗取税款1倍以上5倍以下的罚款；构成犯罪的，依法追究刑事责任	

提示（1）对骗取国家出口退税款的，税务机关可以在规定期间内停止为其办理出口退税；

（2）为纳税人、扣缴义务人非法提供银行账户、发票、证明或者其他方便，骗取国家出口退税款的，税务机关除没收其违法所得外，可以处未缴、少缴或者骗取的税款1倍以下的罚款。

二、例题点津

【例题1·多选题】根据税收征收管理法律制度的规定，下列各项中，属于偷税（逃税）行为的有（ ）。

A. 纳税人以暴力、威胁方法拒不缴纳税款

B. 纳税人欠缴应纳税款，采取转移财产的手段，妨碍税务机关追缴欠缴的税款

C. 纳税人采取欺骗手段进行虚假纳税申报，逃避缴纳税款

D. 采取伪造账簿的手段，达到少缴应纳税款的目的

【答案】CD

【解析】纳税人、扣缴义务人以暴力、威胁方法拒不缴纳税款的行为是抗税行为，选项A说法错误；纳税人欠缴应纳税款，采取转移或者隐匿财产的手段，妨碍税务机关追缴欠缴的税款的行为是欠税行为，选项B说法错误；偷税（逃税）行为是指纳税人采取欺骗、隐瞒手段进

行虚假纳税申报或者不申报，逃避缴纳税款的行为，选项C、D均正确。

【例题2·多选题】纳税人或者扣缴义务人发生的下列行为中，由税务机关责令限期改正，可以处2 000元以下的罚款，情节严重的，处2 000元以上1万元以下罚款的有（ ）。

A. 纳税人未按照规定将其全部银行账号向税务机关报告的

B. 纳税人未按照规定设置、保管账簿或者保管记账凭证和有关资料的

C. 扣缴义务人未按照规定设置、保管账簿的

D. 扣缴义务人应扣未扣、应收而不收税款的

【答案】AB

【解析】扣缴义务人未按照规定设置、保管代扣代缴、代收代缴税款账簿或者保管代扣代缴、代收代缴税款记账凭证及有关资料的，由税务机关责令限期改正，可以处2 000元以下的罚款；情节严重的，处2 000元以上5 000元以下的罚款，选项C错误。扣缴义务人应扣未扣、应收而不收税款的，由税务机关向纳税人追缴税款，对扣缴义务人处应扣未扣、应收未收税款50%以上3倍以下的罚款，选项D错误。

本章考点巩固练习题

一、单项选择题

1. 下列税种中，由海关负责征收的是（　　）。
   A. 房产税
   B. 车船税
   C. 车辆购置税
   D. 船舶吨税

2. 下列各项中，属于税务机关最基本、最主要的职权的是（　　）。
   A. 税务管理权
   B. 税务检查权
   C. 税款征收权
   D. 税务行政处罚权

3. 扣缴义务人应当在法定扣缴义务发生之日起一定时限内，按所代扣、代收的税种，分别设置代扣代缴、代收代缴税款账簿，该时限为（　　）天。
   A. 5
   B. 10
   C. 30
   D. 45

4. 根据税收征管法律制度的规定，下列主体中，可以不办理税务登记的是（　　）。
   A. 企业的分支机构
   B. 无固定生产经营场所的流动性农村小商贩
   C. 分公司
   D. 公立大学

5. 下列关于发票管理的说法中，不正确的是（　　）。
   A. 电子发票与纸质发票具有同等法律效力
   B. 发票的基本联次包括存根联、发票联、记账联
   C. 收购单位和扣缴义务人支付个人款项时，由收款方应当向付款方开具发票
   D. 开具纸质发票应当加盖发票专用章

6. 根据税收征管法律制度的规定，对欠缴税款、滞纳金的纳税人或其法定代表人需要出境的，税务机关可以采取的措施是（　　）。
   A. 书面通知其开户银行从其存款中扣缴税款
   B. 责令提供纳税担保
   C. 核定、调整应纳税额
   D. 依法拍卖其价值相当于应纳税款的商品

7. 税务机关针对纳税人的不同情况可以采取不同的税款征收方式。对于财务不全，但能控制原材料、产量或进销货物的单位，适用的税款征收方式是（　　）。
   A. 查账征收
   B. 查定征收
   C. 查验征收
   D. 定期定额征收

8. 甲公司按规定最晚应于 2023 年 3 月 15 日缴纳应纳税款 400 000 元，但迟迟未缴。税务机关责令其于当年 3 月 30 日前缴纳，并按日加收 0.05% 的滞纳金。甲公司直至当年 4 月 25 日才将税款缴清。计算甲公司应缴纳滞纳金金额的下列算式中，正确的是（　　）。
   A. $400\,000 \times 0.05\% \times 41 = 8\,200$（元）
   B. $400\,000 \times 0.05\% \times 42 = 8\,400$（元）
   C. $400\,000 \times 0.05\% \times 27 = 5\,400$（元）
   D. $400\,000 \times 0.05\% \times 26 = 5\,200$（元）

9. 根据税收征管法律制度的规定，下列各项中，不属于纳税人义务的是（　　）。
   A. 申请延期缴纳税款
   B. 接受税务检查
   C. 按期办理纳税申报
   D. 按规定设置账簿

10. 甲公司为大型国有企业，财务会计制度健全，能够如实核算和提供生产经营情况，并能正确计算应纳税款和如实履行纳税义务，其适用的税款征收方式是（　　）。
    A. 定期定额征收
    B. 查账征收
    C. 查定征收
    D. 查验征收

11. 根据税收征管法律制度的规定，下列不属于失信主体的信息公布的信息是（　　）。
    A. 失信主体基本情况
    B. 失信主体的主要税收违法事实

C. 失信主体的财产经营状况

D. 确定失信主体的税务机关

12. 下列各项中，不属于纳税担保方式的是（　　）。

　　A. 保证　　　　　　B. 扣押

　　C. 质押　　　　　　D. 抵押

13. 纳税人因有特殊困难，需要延期缴纳税款的，下列说法中正确的是（　　）。

　　A. 特殊困难包括：当期货币资金在扣除应付职工工资、社会保险费、必要的经营活动所需的投资费用后，不足以缴纳税款

　　B. 经县以上税务局局长批准

　　C. 延期期限最长不超过 3 个月

　　D. 批准期限内需按日加收万分之五的滞纳金

14. 下列关于纳税质押的说法中正确的是（　　）。

　　A. 纳税质押是指纳税人或纳税担保人不转移对可抵押财产的占有，将该财产作为税款及滞纳金的担保

　　B. 纳税质押分为动产质押和权利质押

　　C. 纳税质押自质物移交之日起生效

　　D. 纳税人提供质押担保的，应当填写纳税担保书并签字盖章

15. 根据税收征管法律制度的规定，下列个人财产中，不适用税收保全措施的是（　　）。

　　A. 机动车辆

　　B. 金银首饰

　　C. 古玩字画

　　D. 维持生活必需的唯一住房

16. 根据税收征管法律制度的规定，下列关于税务行政复议决定的表述中，不正确的是（　　）。

　　A. 复议机关应当自受理申请之日起 180 日内作出行政复议决定

　　B. 行政复议决定书一经送达，即发生法律效力

　　C. 行政复议决定应以复议机关的名义作出

　　D. 情况复杂、不能在规定期限内作出行政复议决定的，经复议机构负责人批准，可以适当延期

17. 根据税收征管法律制度的规定，纳税人申请税务行政复议的法定期限是（　　）。

　　A. 在税务机关作出具体行政行为之日起 60 日内

　　B. 在税务机关作出具体行政行为之日起 3 个月内

　　C. 在知道或应当知道税务机关作出具体行政行为之日起 3 个月内

　　D. 在知道或应当知道税务机关作出具体行政行为之日起 60 日内

18. 下列选项中，申请人对行政行为申请行政复议时，不可以一并提出附带性审查的是（　　）。

　　A. 国家税务总局的规范性文件

　　B. 地方各级人民政府的规范性文件

　　C. 地方人民政府工作部门的规范性文件

　　D. 部门规章

19. 根据税收征管法律制度的规定，下列关于税务行政复议审查的表述中，不正确的是（　　）。

　　A. 审理重大、疑难、复杂的案件应当组织听证

　　B. 申请人请求听证的，复议机构可以组织听证

　　C. 复议机关审理税务行政复议案件，应当由 2 名以上行政复议工作人员参加

　　D. 行政复议仅能当面听取当事人意见

20. 纳税人有骗税行为，由税务机关追缴其骗取的退税款，并处骗取税款一定倍数的罚款，该倍数为（　　）。

　　A. 5 倍以上 10 倍以下

　　B. 1 倍以上 5 倍以下

　　C. 10 倍

　　D. 10 倍以上 15 倍以下

二、多项选择题

1. 下列关于税务登记时限的表述中，不正确的有（　　）。

　　A. 从事生产经营的纳税人，应当自领取营业执照之日起 10 日内办理税务登记

　　B. 从事生产经营以外的纳税人，应当自纳税义务发生之日起 15 日内办理税务登记

　　C. 税务登记内容发生变化的，纳税人应当自变更营业执照之日起 20 日内办理变更税务登记

　　D. 境外企业在中国境内承包建筑工程的，应当

自项目合同签订之日起 30 日内办理税务登记

2. 纳税人外出临时从事生产、经营的，应在外出生产经营前，向主管税务机关申请开具《外管证》。下列关于《外管证》的表述，不正确的有（　　）。

A. 《外管证》有效期限一般为 30 日

B. 《外管证》有效期限最长不得超过 90 天

C. 建筑安装行业纳税人的《外管证》有效期限最长不得超过 180 天

D. 纳税人应当在《外管证》有效期届满后 10 日内办理缴销手续

3. 下列关于税款征收主体的说法中，正确的有（　　）。

A. 除税务机关、税务人员以及经税务机关依照法律、行政法规委托的单位和人员外，任何单位和个人不得进行税款征收活动

B. 税务机关依照法律、行政法规的规定征收税款，不得违反法律、行政法规的规定开征、停征、多征、少征、提前征收、延缓征收或者摊派税款

C. 税务机关应当加强对税款征收的管理，建立、健全责任制度

D. 税务机关应当按照国家规定的预算科目和预算级次及时缴入国库的范围仅包括税款

4. 根据税收征管法律制度的规定，下列各项中，属于虚开发票行为的有（　　）。

A. 为自己开具与实际经营业务情况不符的发票

B. 为他人开具与实际经营业务情况不符的发票

C. 介绍他人开具与实际经营业务情况不符的发票

D. 让他人为自己开具与实际经营业务情况不符的发票

5. 根据《税收征收管理法》规定，下列属于纳税申报对象的有（　　）。

A. 代扣代缴义务人

B. 享受减税的纳税人

C. 纳税期内没有应纳税款的纳税人

D. 享受免税的纳税人

6. 纳税人与其关联企业之间的业务往来有下列（　　）情形的，税务机关可以调整其应纳税额。

A. 购销业务未按照独立企业之间的业务往来作价

B. 融通资金所支付或者收取的利息超过或者低于没有关联关系的企业之间所能同意的数额

C. 提供劳务，未按照独立企业之间业务往来收取或者支付劳务费用

D. 转让财产、提供财产使用权等业务往来，未按照独立企业之间业务往来作价或者收取、支付费用

7. 下列关于税款追征的表述中，不正确的有（　　）。

A. 因税务机关责任，致使纳税人少缴税款的，税务机关在 3 年内可要求纳税人补缴税款，但不加收滞纳金

B. 因税务机关责任，致使纳税人少缴税款的，税务机关在 5 年内可要求纳税人补缴税款但不加收滞纳金

C. 对于纳税人偷税、抗税和骗取税款的，税务机关可以无限期追征税款

D. 因纳税人计算等失误，未缴或者少缴税款的，税务机关在 3 年内可以追征税款但不加收滞纳金；有特殊情况的，追征期可延长到 5 年

8. 以下关于税务登记管理的说法，错误的有（　　）。

A. 纳税人在停业期间发生纳税义务的，可以延期申报缴纳税款

B. 从事生产、经营的纳税人未办理工商营业执照也未经有关部门批准设立的，不需要申报办理税务登记

C. 纳税人因经营地址变动而改变原主管税务机关的，应办理变更税务登记

D. 实行定期定额征收方式的纳税人的停业期限不得超过 1 年

9. 税务机关拟对个体工商户业主王某采取税收保全措施，王某的下列财产中，可以采取税收保全措施的有（　　）。

A. 价值 20 万元的小汽车

B. 价值 10 万元的金银首饰

C. 价值 2 000 元的电视机

D. 维持自己生活必需的唯一普通住房

10. 根据税收征管法律制度的规定，下列各项中，

属于税务机关检查职责范围的有（　　）。

A. 检查纳税人的账簿

B. 到纳税人的生产经营场所检查商品

C. 询问纳税人与纳税有关的问题和情况

D. 责成纳税人提供与纳税有关的资料

11. 根据规定，下列属于失信主体的有（　　）。

A. 欠缴应纳税款，采取转移或者隐匿财产的手段，妨碍税务机关追缴欠缴的税款，欠缴税款金额50万元以上的

B. 骗取国家出口退税款的

C. 以暴力、威胁方法拒不缴纳税款的

D. 虚开增值税专用发票或者虚开用于骗取出口退税、抵扣税款的其他发票的

12. 根据税收征管法律制度的规定，下列各项中，属于税收保全措施的有（　　）。

A. 要求纳税人以抵押的方式为其应当缴纳的税款及滞纳金提供担保

B. 书面通知纳税人开户银行或其他金融机构冻结纳税人的金额相当于应纳税款的存款

C. 扣押、查封纳税人的价值相当于应纳税款的商品、货物或其他财产

D. 依法拍卖纳税人的价值相当于应纳税款的商品，以拍卖所得抵缴税款

13. 根据税收征管法律制度的规定，下列关于纳税担保的说法中，正确的有（　　）。

A. 纳税保证为连带责任保证

B. 税务机关自纳税人应缴纳税款的期限届满之日起60日内有权要求纳税保证人承担保证责任

C. 税务机关不认可纳税保证，不影响纳税保证的效力

D. 自然人不得成为纳税保证人

14. 下列关于纳税信用评价的说法中，正确的有（　　）。

A. 直接判级适用于有严重失信行为的纳税人

B. 税务机关每年1月确定上一年度纳税信用评价结果，并为纳税人提供自我查询服务

C. 纳税信用级别设A、B、M、C、D五级

D. 主管税务机关自受理纳税信用修复申请之日起10个工作日内完成审核，并向纳税人反馈信用修复结果

15. 根据税收征收管理法律制度的规定，下列各

项中，属于纳税担保范围的有（　　）。

A. 应纳税额

B. 实现税款的费用

C. 税款滞纳金

D. 实现税款滞纳金的费用

16. 下列各项中，属于纳税主体义务的有（　　）。

A. 请求延期纳税

B. 按期办理纳税申报

C. 申请退还多缴税款

D. 申请行政复议前缴纳税款、滞纳金

17. 根据税收征收管理法律制度，欠缴税款的纳税人因怠于行使到期债权，或者放弃到期债权，或者无偿转让财产，或者以明显不合理的低价转让财产而受让人知道该情形，税务机关可以依法行使（　　）。

A. 代位权　　　　B. 处罚权

C. 执行权　　　　D. 撤销权

18. 根据规定，下列属于扣缴义务人"首违不罚"制度事项清单的有（　　）。

A. 未按规定设置、保管代扣代缴、代收代缴税款账簿或记账凭证及有关资料

B. 未按规定的期限报送代扣代缴、代收代缴税款有关资料

C. 未按规定开具税收票证

D. 未按规定加盖发票专用章且没有违法所得

19. 下列情形中，税务机关有权核定纳税人应纳税额的有（　　）。

A. 有逃税、欠税前科的

B. 拒不提供纳税资料的

C. 按规定应设置账簿而未设置账簿的

D. 虽设置账簿，但账目混乱，难以查账的

20. 纳税人发生偷税（逃税）行为时，税务机关可以行使的权力有（　　）。

A. 追缴税款　　　　B. 加收滞纳金

C. 处以罚款　　　　D. 处以罚金

21. 下列关于税收违法行为检举管理的说法中正确的有（　　）。

A. 检举人可以实名检举，也可匿名检举

B. 无法确定被检举对象，或者不能提供税收违法行为线索的，举报中心自接收检举事项之日起即为受理

C. 检举内容与线索较明确但缺少必要证明资料，有可能存在税收违法行为的，作查结处理

D. 实名检举人可以要求答复检举事项的处理情况与查处结果

三、判断题

1. 由海关负责征收的关税和船舶吨税以及海关代征的进口环节的增值税、消费税，依照法律、行政法规的有关规定执行。（　　）

2. 从事生产、经营的纳税人领取工商营业执照的，自领取工商营业执照之日起60日内申报办理税务登记。（　　）

3. 任何单位和个人不得转借、转让、介绍他人转让发票。（　　）

4. 任何单位和个人不得窃取、截留、篡改、出售、泄露发票数据。（　　）

5. 对已在市场监管部门办理注销，但在金税三期核心征管系统2019年5月1日前已被列为非正常户注销状态的纳税人，主管税务机关可直接进行税务注销。（　　）

6. 《外管证》的有效期限一般为30日，最长不得超过180日。（　　）

7. 临时到本省以外从事经营活动的纳税人，凭所在地税务机关的证明，即可向经营地税务机关领购经营地发票，无须缴纳保证金。（　　）

8. 经核准延期办理纳税申报、报送事项的，应当在纳税期内按照上期实际缴纳的税额或者税务机关核定的税额预缴税款，并在核准的延期内办理税款结算。（　　）

9. 欠缴税款3万元以上的纳税人在处分其不动产或者大额资产之前，应当向税务机关报告。（　　）

10. 因税务机关的责任，致使纳税人、扣缴义务人未缴或者少缴税款的，税务机关在3年内可以要求纳税人、扣缴义务人补缴税款，并按日加收滞纳金。（　　）

11. 需要领用发票的单位和个人，应当持设立登记证件或者税务登记证件，以及经办人身份证明，向主管税务机关办理发票领用手续。领用纸质发票的，还应当提供按照国务院税务主管部门规定式样制作的发票专用章的印模。（　　）

12. 已认定为非正常户的纳税人，就其逾期未申报行为接受处罚、缴纳罚款，并补办纳税申报的，纳税人应当通过税收征管系统的网站申请解除。（　　）

13. 从事生产、经营的纳税人应当自领取税务登记证件之日起15日内，将其财务、会计制度或者财务、会计处理办法报送主管税务机关审核批准。（　　）

14. 纳税保证自纳税保证人签字盖章后生效。（　　）

15. 申请人可以在知道或者应当知道税务机关作出行政行为之日起60日内提出行政复议申请，因不可抗力或者被申请人设置障碍等原因耽误法定申请期限的，申请期限的计算不得扣除被耽误时间。（　　）

16. 纳税人在规定的限期期满仍未缴纳税款的，经县以上税务局（分局）局长批准，中止保全措施。（　　）

17. 税务机关派出的人员进行税务检查时，应当出示税务检查证和税务检查通知书，并有责任为被检查人保守秘密。（　　）

18. 失信主体信息自公布之日起满3年的，税务机关在5个工作日内停止信息公布。失信信息公布期间，符合条件的失信主体或者其破产管理人可以向作出确定失信主体决定的税务机关申请提前停止公布失信信息。（　　）

19. 纳税人采取欺骗、隐瞒手段进行虚假纳税申报或者不申报，逃避缴纳税款属于欠税行为。（　　）

20. 个人及其所扶养家属生活必需住房可以进行税收保全。（　　）

21. 实名检举人要求答复检举事项的处理情况与查处结果的，举报中心应当采取书面方式答复实名检举人。（　　）

本章考点巩固练习题参考答案及解析

一、单项选择题

1.【答案】D

【解析】增值税、消费税、城市维护建设税、企业所得税、个人所得税、房产税、契税、土地增值税、城镇土地使用税、耕地占用税、车船税、车辆购置税、印花税、资源税、环境保护税、烟叶税等税种的征收管理适用《征管法》。由海关负责征收的关税和船舶吨税以及海关代征的进口环节的增值税、消费税，依照法律、行政法规的有关规定执行。

2.【答案】C

【解析】税款征收权是征税主体享有的最基本、最主要的职权，包括依法计征权、核定税款权、税收保全和强制执行权、追征税款权等。

3.【答案】B

【解析】扣缴义务人应当自法律、行政法规规定的扣缴义务发生之日起 10 日内，按所代扣、代收的税种，分别设置代扣代缴、代收代缴税款账簿。

4.【答案】B

【解析】可以不办理税务登记的包括国家机关、个人和无固定生产、经营场所的流动性农村小商贩。

5.【答案】C

【解析】销售商品、提供服务以及从事其他经营活动的单位和个人，对外发生经营业务收取款项，收款方应当向付款方开具发票；特殊情况下，即收购单位和扣缴义务人支付个人款项时；国家税务总局认为其他需要由付款方向收款方开具发票的，由付款方向收款方开具发票。

6.【答案】B

【解析】欠缴税款、滞纳金的纳税人或者其法定代表人需要出境的，税务机关要求纳税人提供纳税担保。

7.【答案】B

【解析】对账务不全，但能控制其材料、产量或进销货物的纳税单位或个人，税务机关可依据正常条件下的生产能力对其生产的应税产品查定产量、销售额并据以征收税款，即查定征收，选项 B 正确。

8.【答案】A

【解析】每一年度欠税应加收的滞纳金 = 欠税金额 × 滞纳天数 × 0.05%。甲公司按规定最晚应于 3 月 15 日缴纳应纳税款，从 3 月 16 日开始计算滞纳金，截至 4 月 25 日，滞纳天数为 41 天（16 + 25），滞纳金算式应为 400 000 × 0.05% × 41 = 8 200（元）。

9.【答案】A

【解析】选项 A，属于纳税人权利的内容。选项 B、C、D 均属于纳税人义务的内容。

10.【答案】B

【解析】查账征收，是指针对财务会计制度健全的纳税人，税务机关依据其报送的纳税申报表、财务会计报表和其他有关资料，依照适用税率，计算其应缴纳税款的税款征收方式。适用于财务会计制度健全，能够如实核算和提供生产经营情况，并能正确计算应纳税款和如实履行纳税义务的纳税人。

11.【答案】C

【解析】税务机关应当在失信主体确定文书送达后的次月 15 日内，向社会公布下列信息：（1）失信主体基本情况。（2）失信主体的主要税收违法事实。（3）税务处理、税务行政处罚决定及法律依据。（4）确定失信主体的税务机关。（5）法律、行政法规规定应当公布的其他信息。

12.【答案】B

【解析】纳税担保方式包括保证（选项 A）、质押（选项 C）、抵押（选项 D）。扣押属于税收保全措施，故选项 B 不属于纳税担保方式。

13. 【答案】C

【解析】纳税人因有特殊困难，不能按期缴纳税款的，经省、自治区、直辖市税务局批准，可以延期缴纳税款，但是最长不得超过3个月，选项B错误，选项C正确。特殊困难是指因不可抗力，导致纳税人发生较大损失，正常生产经营活动受到较大影响的；当期货币资金在扣除应付职工工资、社会保险费后，不足以缴纳税款的，选项A错误。税务机关应当自收到申请延期缴纳税款报告之日起20日内作出批准或者不予批准的决定；不予批准的，从缴纳税款期限届满之日起加收滞纳金，选项D错误。

14. 【答案】B

【解析】纳税质押是指经税务机关同意，纳税人或纳税担保人将其动产或权利凭证移交税务机关占有，将该动产或权利凭证作为税款及滞纳金的担保。纳税人逾期未缴清税款及滞纳金的，税务机关有权依法处置该动产或权利凭证以抵缴税款及滞纳金，选项A为纳税抵押的概念。纳税人提供质押担保的，应当填写纳税担保书和纳税担保财产清单并签字盖章，纳税担保财产清单应当写明财产价值及相关事项，选项D错误。纳税质押自纳税担保书和纳税担保财产清单经税务机关确认和质物移交之日起生效，选项C错误。

15. 【答案】D

【解析】个人及其所扶养家属维持生活必需的住房和用品，不在税收保全措施的范围之内。

16. 【答案】A

【解析】行政复议机关应当自受理申请之日起60日内作出行政复议决定，选项A错误。

17. 【答案】D

【解析】申请人可以在知道或应当知道税务机关作出具体行政行为之日起60日内提出行政复议申请。

18. 【答案】D

【解析】申请人认为被申请人的行政行为所依据的规范性文件（不含规章）不合法，对行政行为申请行政复议时，可以一并向复议机关提出对该规范性文件的附带审查申请。

19. 【答案】D

【解析】行政复议应当当面或者通过互联网、电话等方式听取当事人的意见，并将听取的意见记录在案；因为当事人原因不能听取意见的，可以书面审理，选项D错误。

20. 【答案】B

【解析】纳税人有骗税行为的，由税务机关追缴其骗取的退税款，并处骗取税款1倍以上5倍以下的罚款。

二、多项选择题

1. 【答案】ABC

【解析】从事生产经营的纳税人及从事生产经营以外的纳税人，以及税务登记内容发生变化的，应当自领取营业执照之日起30日内办理税务登记。

2. 【答案】BC

【解析】《外管证》的有效期限一般为30天，最长不得超过180天，但建筑安装行业纳税人项目合同期限超过180天的，按照合同期限确定有效期限。

3. 【答案】ABC

【解析】税务机关应当将各种税收的税款、滞纳金、罚款，按照国家规定的预算科目和预算级次及时缴入国库，税务机关不得占压、挪用、截留，不得缴入国库以外或者国家规定的税款账户以外的任何账户，选项D错误。

4. 【答案】ABCD

【解析】任何单位和个人不得有下列虚开发票行为：（1）为他人、为自己开具与实际经营业务情况不符的发票。（2）让他人为自己开具与实际经营业务情况不符的发票。（3）介绍他人开具与实际经营业务情况不符的发票。四个选项均正确。

5. 【答案】ABCD

【解析】纳税申报的对象为纳税人和扣缴义务人。纳税人在纳税期内没有应纳税款的，也应当按照规定办理纳税申报。纳税人享受减税、免税待遇的，在减税、免税期间应该按照规定办理纳税申报。

6. 【答案】ACD

【解析】纳税人与其关联企业之间的业务往来

中融通资金所支付或者收取的利息超过或者
低于没有关联关系的企业之间所能同意的数
额，或者利率超过或者低于同类业务的正常
利率，税务机关可以调整其应纳税额。

7.【答案】BD
【解析】选项B错误，因税务机关责任，致
使纳税人少缴税款的，税务机关在3年内可
要求纳税人补缴税款，但不加收滞纳金。选
项D错误，因纳税人、扣缴义务人计算等失
误，未缴或者少缴税款的，税务机关在3年
内可以追征税款以及滞纳金；有特殊情况的，
追征期可以延长到5年。

8.【答案】ABC
【解析】纳税人在停业期间发生纳税义务的，
应当按照税收法律、行政法规的规定申报缴
纳税款，选项A错误。从事生产、经营的纳
税人未办理工商营业执照也未经有关部门批
准设立的，应当自纳税义务发生之日起30日
内申报办理税务登记，选项B错误。纳税人
因住所、经营地点变动，涉及改变主管税务
登记机关的，应当在向工商行政管理机关或
其他机关申请办理变更或者注销登记前或者
住所、经营地点变动前，向原税务登记机关
申报办理注销税务登记，并在30日内向迁达
地主管税务机关申报办理税务登记，选项C
错误。

9.【答案】AB
【解析】个人及其所扶养家属维持生活必需的
住房和用品，不在税收保全措施的范围之内。
需要注意的是，个人及其所扶养家属维持生
活必需的住房和用品不包括机动车辆、金银
饰品、古玩字画、豪华住宅或者一处以外的
住房。

10.【答案】ABCD
【解析】选项A、B、C、D均属于税务机关
税务检查职责的范围。

11.【答案】BCD
【解析】欠缴应纳税款，采取转移或者隐匿
财产的手段，妨碍税务机关追缴欠缴的税
款，欠缴税款金额100万元以上的，税务机
关才确定其为失信主体。

12.【答案】BC

【解析】选项A属于责令纳税人提供纳税担
保；选项D属于采取强制执行措施。

13.【答案】AB
【解析】纳税保证须经税务机关认可，税务
机关不认可的，保证不成立，选项C错误。
纳税保证人，是指在中国境内具有纳税担保
能力的自然人、法人或者其他经济组织，选
项D错误。选项A、B所述正确。

14.【答案】AC
【解析】税务机关每年4月确定上一年度纳
税信用评价结果，并为纳税人提供自我查询
服务，选项B错误。主管税务机关自受理纳
税信用修复申请之日起15个工作日内完成
审核，并向纳税人反馈信用修复结果，选
项D错误。

15.【答案】ABCD
【解析】根据税收征收法律制度的规定，纳
税担保包括税款、滞纳金和实现税款、滞纳
金的费用。

16.【答案】BD
【解析】本题考核纳税主体的义务。选项A、
C属于纳税主体的权利。

17.【答案】AD
【解析】欠缴税款的纳税人因怠于行使到期
债权，或者放弃到期债权，或者无偿转让财
产，或者以明显不合理的低价转让财产而受
让人知道该情形，税务机关可以依法行使代
位权、撤销权。选项A、D正确。

18.【答案】ABC
【解析】扣缴义务人事项清单有：未按规定
设置、保管代扣代缴、代收代缴税款账簿或
记账凭证及有关资料；未按规定的期限报送
代扣代缴、代收代缴税款有关资料；未按规
定开具税收票证；选项D属于纳税人事项
清单。

19.【答案】BCD
【解析】根据税收征收管理法律制度的规定，
税务机关主要根据纳税人的财务管理状况确
定是否对纳税人核定应纳税额。选项A不属
于税务机关核定应纳税额的情形。

20.【答案】ABC
【解析】对于逃税行为，税务机关可以追缴

税款和滞纳金，并处以罚款，但不能处以罚金，罚金属于刑事责任。

21.【答案】AD

【解析】举报中心对接收的检举事项，应当及时审查，无法确定被检举对象，或者不能提供税收违法行为线索的不予受理，选项 B 错误。检举内容与线索较明确但缺少必要证明资料，有可能存在税收违法行为的，由稽查局调查核实。发现存在税收违法行为的，立案检查；未发现的，作查结处理，选项 C 错误。

三、判断题

1.【答案】√

【解析】本题考查税收征收管理法的适用范围，该说法正确。

2.【答案】×

【解析】从事生产、经营的纳税人领取工商营业执照的，自领取工商营业执照之日起 30 日内申报办理税务登记。

3.【答案】√

【解析】本题主要考核"发票管理"知识点，该说法正确。

4.【答案】√

【解析】本题考查发票的使用和保管，题中所述正确。

5.【答案】√

【解析】本题考查优化税务注销登记程序的其他规定，题中所述正确。

6.【答案】×

【解析】《外管证》的有效期限一般为 30 日，最长不得超过 180 日，但建筑安装行业纳税人项目合同期限超过 180 日的，按照合同期限确定有效期限。

7.【答案】×

【解析】临时到本省、自治区、直辖市以外从事经营活动的纳税人，应凭所在地税务机关的证明，向经营地税务机关领购经营地发票，领用时需要按当地税务机关的要求提供保证人或缴纳不超过 1 万元的保证金。

8.【答案】√

【解析】本题考查纳税申报的要求，表述正确。

9.【答案】×

【解析】欠缴税款 5 万元以上的纳税人在处分其不动产或者大额资产之前，应当向税务机关报告。

10.【答案】×

【解析】因税务机关的责任，致使纳税人、扣缴义务人未缴或者少缴税款的，税务机关在 3 年内可以要求纳税人、扣缴义务人补缴税款，但是不得加收滞纳金。

11.【答案】√

【解析】本题考查发票的领用，题中所述正确。

12.【答案】×

【解析】已认定为非正常户的纳税人，就其逾期未申报行为接受处罚、缴纳罚款，并补办纳税申报的，税收征管系统自动解除非正常状态，无须纳税人专门申请解除。

13.【答案】×

【解析】从事生产、经营的纳税人应当自领取税务登记证件之日起 15 日内，将其财务、会计制度或者财务、会计处理办法报送主管税务机关备案。

14.【答案】×

【解析】纳税保证自税务机关在纳税担保书上签字盖章之日起生效。

15.【答案】×

【解析】申请人可以在知道或者应当知道税务机关作出行政行为之日起 60 日内提出行政复议申请，因不可抗力或者其他正当理由耽误法定申请期限的，申请期限自障碍清除之日起继续计算。

16.【答案】×

【解析】纳税人在规定的限期期满仍未缴纳税款的，经县以上税务局（分局）局长批准，终止保全措施，转入强制执行措施。

17.【答案】√

【解析】税务机关派出的人员进行税务检查时，应当出示税务检查证和税务检查通知书，并有责任为被检查人保守秘密；未出示税务检查证和税务检查通知书的，被检查人有权拒绝检查。

18.【答案】√

【解析】本题考查重大税收违法失信主体信息管理，题中所述正确。

19.【答案】×

【解析】纳税人采取欺骗、隐瞒手段进行虚假纳税申报或者不申报，逃避缴纳税款，属于偷税（逃税）行为。

20.【答案】×

【解析】个人及其所扶养家属维持生活必需的住房和用品，不在税收保全措施的范围之内。

21.【答案】×

【解析】实名检举人可以要求答复检举事项的处理情况与查处结果。举报中心可以视具体情况采取口头或者书面方式答复实名检举人。

第八章 劳动合同与社会保险法律制度

考情分析

本章是历年考试的重点章节，整体难度适中。考生需要加强对法定情形和法律规定的记忆。从历年试题中可以分析出，本章的考查范围较广，每年所占分值较高，在 15 分左右。劳动合同和社会保险这两大单元的内容均须重点掌握。从题型上看，单项选择题、多项选择题、判断题和不定项选择题等各种题型均有所涉及。

教材变化

2024 年本章教材内容改动不大，删除了"劳动关系的特征"相关内容，增加了"社会保险经办"相关内容。

考点提示

本章教材内容没有理解难度，要过记忆关。本章考点的最大特点就是"数字"多，需要考生在理解的基础上准确记忆。本章须重点关注劳动合同订立的形式、劳动合同必备条款和可备条款的各项规定、劳动合同解除与终止的经济补偿、劳动仲裁、养老保险、医疗保险与医疗期等相关知识点。

本章考点框架

劳动合同与社会保险法律制度
- 劳动合同法律制度
  - 劳动合同订立的主体★★★
  - 劳动关系建立的时间★★★
  - 劳动合同订立的形式★★★
  - 劳动合同的效力★★★
  - 劳动合同必备条款——劳动合同期限★★★
  - 劳动合同必备条款——工作时间（工时制度）★★★
  - 劳动合同必备条款——休息和休假★★★
  - 劳动合同必备条款——劳动报酬★★★
  - 劳动合同可备条款——试用期★★★
  - 劳动合同可备条款——服务期★★★
  - 劳动合同可备条款——保守商业秘密和竞业限制（保密期）★★★
  - 劳动合同的履行和变更★★
  - 劳动合同的解除★★★
  - 劳动合同的终止★★★
  - 劳动合同解除和终止的经济补偿★★★
  - 劳动合同解除和终止的法律后果和双方义务★
  - 集体合同★★
  - 劳务派遣★★
  - 劳动争议的解决★★
- 社会保险法律制度
  - 社会保险法律制度概述★
  - 基本养老保险★★★
  - 基本医疗保险★★★
  - 工伤保险★★
  - 失业保险★★
  - 社会保险经办★
  - 社会保险费征缴与社会保险基金管理★

考点解读及例题点津

第一单元　劳动合同法律制度

1 劳动合同订立的主体★★★

一、考点解读

（一）资格要求

1. 劳动者有劳动权利能力和行为能力（禁止用人单位招用未满16周岁的未成年人。文艺、体育和特种工艺单位除外）。

2. 用人单位有用人权利能力和行为能力。

3. 男女有平等就业的权利，不得有就业歧视（民族、种族、性别、宗教信仰等）。

（二）劳动合同订立主体的义务

1. 用人单位的义务和责任：如实告知劳动者劳动相关情况，不得扣押劳动者的居民身份证和其他证件，不得要求劳动者提供担保或者以其他名义向劳动者收取财物。

2. 劳动者的义务：如实说明与劳动合同直接相关的基本情况。

二、例题点津

【例题1·单选题】关于劳动合同订立主体的义务，下列表述正确的是（　　）。

A. 用人单位应当如实告知劳动者工作内容、工作条件、职业危害、劳动报酬等情况

B. 用人单位有权了解劳动者工作与生活的各种情况，劳动者应当如实说明

C. 用人单位招用劳动者，不得扣押劳动者的居民身份证，但是可以扣押其他证件

D. 用人单位在招用劳动者时，可以要求劳动者适当提供押金

【答案】A

【解析】用人单位有权了解劳动者与劳动合同直接相关的基本情况，劳动者应当如实说明；用人单位招用劳动者，不得扣押劳动者的居民身份证和其他证件，不得要求劳动者提供担保或者以其他名义向劳动者收取财物。

【例题2·多选题】下列单位中，可以与未满16周岁的劳动者订立劳动合同的有（　　）。

A. 文艺单位　　　　B. 体育单位

C. 特种工艺单位　　D. 制药单位

【答案】ABC

【解析】《劳动法》规定，禁止用人单位招用未满16周岁的未成年人。文艺、体育和特种工艺单位招用未满16周岁的未成年人，必须遵守国家有关规定，并保障其接受义务教育的权利。

2 劳动关系建立的时间★★★

一、考点解读

1. 用人单位自用工之日起即与劳动者建立劳动关系。

2. 用人单位与劳动者在用工之前订立劳动合同的，劳动关系自用工之日起建立。

解释 劳动关系建立的时间只与"用工"之日有关，与"劳动合同订立时间"无关。

二、例题点津

【例题·单选题】根据《劳动合同法》的规定，用人单位与劳动者建立劳动关系的起算日期是（　　）。

A. 用工之日起

B. 劳动合同订立之日起

C. 试用期满之日起

D. 自用工之日起1个月后

【答案】A

【解析】用人单位自用工之日起即与劳动者建立劳动关系。

3 劳动合同订立的形式 ★★★

一、考点解读

（一）书面形式

建立劳动关系，应当订立书面劳动合同（见表 8 – 1）。

表 8 – 1

	情形	处理规范
自用工之日起 1 个月内	订立书面劳动合同	双方依法履行劳动合同
	经用人单位书面通知后，劳动者不与用人单位订立书面劳动合同的	用人单位应当书面通知劳动者终止劳动关系，无须向劳动者支付经济补偿，但是应当依法向劳动者支付其实际工作时间的劳动报酬
自用工之日起超过 1 个月不满 1 年	用人单位未与劳动者订立书面劳动合同的	应当向劳动者每月支付 2 倍的工资，并与劳动者补订书面劳动合同。每月支付 2 倍工资的起算时间为用工之日起满 1 个月的次日，截止时间为补订书面劳动合同的前一日
	劳动者不与用人单位订立书面劳动合同的	用人单位应当书面通知劳动者终止劳动关系，并支付经济补偿
自用工之日起满 1 年	用人单位仍未与劳动者订立书面劳动合同的	视为自用工之日起满 1 年的当日已经与劳动者订立无固定期限劳动合同，应当立即与劳动者补订书面劳动合同
		自用工之日起满 1 个月的次日至满 1 年的前一日应当向劳动者每月支付 2 倍的工资（共 11 个月的）

（二）口头形式

1. 非全日制用工双方当事人可以订立口头协议。

2. 非全日制用工双方当事人不得约定试用期。

3. 非全日制用工双方当事人任何一方都可以随时通知对方终止用工。终止用工，用人单位不向劳动者支付经济补偿。

解释 非全日制用工，是指以小时计酬为主，劳动者在同一用人单位一般平均每日工作时间不超过 4 小时，每周工作时间累计不超过 24 小时的用工形式。

二、例题点津

【例题 1·多选题】2022 年 7 月 1 日，大学毕业的孙某应聘到甲公司工作。因孙某忙于自己的毕业旅行，于 2022 年 8 月 1 日才正式入职。入职后孙某表现一般，甲公司决定再考察一段时间，故截至 2023 年 9 月 1 日仍未与孙某签订书面劳动合同。根据劳动合同法律制度的规定，下列表述中，正确的有（　　）。

A. 因孙某表现平平，故甲公司有理由可以不与其签订书面劳动合同

B. 如自 2023 年 9 月 1 日起，甲公司仍不与孙某补签书面劳动合同，应当向孙某每月支付 2 倍工资

C. 2022 年 9 月 1 日至 2023 年 7 月 31 日之间，甲公司应当向孙某每月支付 2 倍工资

D. 自 2023 年 8 月 1 日起，视为孙某已经与甲公司订了无固定期限劳动合同，甲公司应当立即与孙某补签书面劳动合同

【答案】CD

【解析】用人单位自用工之日起满1年未与劳动者订立书面劳动合同的，自用工之日起满1个月的次日起至满1年的前一日应当向劳动者每月支付2倍的工资补偿，并视为自用工之日起满1年的当日已经与劳动者订立了无固定期限劳动合同，并应当立即与劳动者补订劳动合同。

【例题2·多选题】甲餐厅以非全日制用工形式聘用林某为勤杂工，每天工作2小时。下列关于该劳动关系的选项中，表述正确的有（　　）。

A. 双方不得约定试用期

B. 甲餐厅可以按小时为单位结算林某的工资

C. 林某的小时计酬标准不得低于甲餐厅所在地的最低小时工资标准

D. 甲餐厅与林某之间任何一方终止用工均需提前30日书面通知另一方

【答案】ABC

【解析】非全日制用工双方当事人任何一方都可以随时通知对方终止用工。终止用工，用人单位不向劳动者支付经济补偿。

4 劳动合同的效力★★★

一、考点解读

（一）劳动合同的生效

劳动合同经用人单位与劳动者协商一致，并在劳动合同文本上签字或者盖章生效。

解释 劳动合同的生效不等同于劳动关系的建立。

（二）无效劳动合同的情形

1. 下列劳动合同无效或者部分无效：

（1）以欺诈、胁迫的手段或者乘人之危，使对方在违背真实意思的情况下订立或者变更劳动合同的；

（2）用人单位免除自己的法定责任、排除劳动者权利的；

（3）违反法律、行政法规强制性规定的。

2. 无效劳动合同的法律后果：

（1）无效劳动合同，从订立时起就没有法律约束力；

（2）劳动合同部分无效，不影响其他部分效力的，其他部分仍然有效；

（3）劳动者已付出劳动的，用人单位应当向劳动者支付劳动报酬；

（4）给对方造成损害的，有过错的一方应当承担赔偿责任。

二、例题点津

【例题1·多选题】根据《劳动合同法》的规定，下列对无效劳动合同的表述中，正确的有（　　）。

A. 用人单位免除自己的法定责任、排除劳动者权利的，劳动合同无效

B. 对劳动合同的无效有争议的，由劳动争议仲裁机构或者人民法院确认

C. 无效劳动合同自劳动争议仲裁机构或者人民法院确认无效之日起没有约束力

D. 劳动合同被确认无效，劳动者已付出劳动的，用人单位应当向劳动者支付劳动报酬

【答案】ABD

【解析】无效劳动合同，从订立时起就没有法律约束力。

【例题2·判断题】劳动合同自用人单位与劳动者在劳动合同文本上签字之日起生效，双方劳动关系自签字之日起建立。（　　）

【答案】×

【解析】劳动合同生效不等于劳动关系建立，主要依据劳动事实是否发生。用人单位自用工之日起即与劳动者建立劳动关系。

5 劳动合同必备条款——劳动合同期限★★★

一、考点解读

（一）固定期限劳动合同

固定期限劳动合同，是指用人单位与劳动者明确约定合同终止时间的劳动合同。如果双方协商一致，还可以续订劳动合同。

（二）无固定期限劳动合同

1. 用人单位与劳动者约定无确定终止时间的劳动合同。

2. 有下列情形之一，劳动者提出或者同意续订、订立劳动合同的，除劳动者提出订立固定期限劳动合同外，应当订立无固定期限劳动

合同：

（1）劳动者在该用人单位**连续工作满 10 年的**。

①连续工作满 10 年的起始时间，应当自用人单位用工之日起计算，包括《劳动合同法》施行前的工作年限。②劳动者非因本人原因从原用人单位被安排到新用人单位工作的，劳动者在原用人单位的工作年限合并计算为新用人单位的工作年限。③原用人单位已经向劳动者支付经济补偿的，新用人单位在依法解除、终止劳动合同计算支付经济补偿的工作年限时，不再计算劳动者在原用人单位的工作年限。

> **提示** 用人单位符合下列情形之一的，应当认定属于"劳动者非因本人原因从原用人单位被安排到新用人单位工作"：劳动者仍在原工作场所、工作岗位工作，劳动合同主体由原用人单位变更为新用人单位；用人单位以组织委派或任命形式对劳动者进行工作调动；因用人单位合并、分立等原因导致劳动者工作调动；用人单位及其关联企业与劳动者轮流订立劳动合同；其他合理情形。

（2）用人单位初次实行劳动合同制度或者国有企业改制重新订立劳动合同时，劳动者在该用人单位连续工作满 10 年且距法定退休年龄不足 10 年的。

（3）**连续订立 2 次**固定期限劳动合同，且劳动者没有下述情形，续订劳动合同的：严重违反用人单位的规章制度的；严重失职，营私舞弊，给用人单位造成重大损害的；劳动者同时与其他用人单位建立劳动关系，对完成本单位的工作任务造成严重影响，或者经用人单位提出，拒不改正的；劳动者以欺诈、胁迫的手段或者乘人之危，使用人单位在违背真实意思的情况下订立或者变更劳动合同，致使劳动合同无效的；被依法追究刑事责任的；劳动者患病或者非因工负伤，在规定的医疗期满后不能从事原工作，也不能从事由用人单位另行安排的工作的；劳动者不能胜任工作，经过培训或者调整工作岗位，仍不能胜任工作的。

> **解释** 连续订立固定期限劳动合同的次数，应当自《劳动合同法》2008 年 1 月 1 日施行后续订固定期限劳动合同时开始计算。

> **提示** 用人单位自用工之日起满 1 年不与劳动者订立书面劳动合同的，视为用人单位自用工之日起满 1 年的当日已经与劳动者订立无固定期限劳动合同。

【举例】 张某是一家电冰箱生产企业的员工，分别于 2006 年 2 月 1 日、2007 年 2 月 1 日与企业签订过 2 次 1 年期劳动合同，且工作表现良好。2008 年 2 月 1 日再签新合同，这时应签订何种期限的劳动合同？

【解析】 根据规定，只有在 2008 年 1 月 1 日后签订的劳动合同，才可开始计算连续订立固定期限劳动合同的次数。张某之前的两份合同的签订时间是在 2008 年 1 月 1 日之前，并不属于上述可签订无固定期限劳动合同第 3 种情形所规定的连续订立 2 次固定期限劳动合同，因此应当签订固定期限的劳动合同。

3. 不适用的。

地方各级人民政府及县级以上地方人民政府有关部门为安置就业困难人员提供的给予岗位补贴和社会保险补贴的公益性岗位，其劳动合同不适用《劳动合同法》有关无固定期限劳动合同的规定。

（三）以完成一定工作任务为期限的劳动合同

（1）以完成单项工作任务为期限的劳动合同。

（2）以项目承包方式完成承包任务的劳动合同。

（3）因季节原因用工的劳动合同。

（4）其他双方约定的以完成一定工作任务为期限的劳动合同。

二、例题点津

【例题 1·多选题】 2011 年 2 月，下列人员向所在单位提出订立无固定期限劳动合同。其中，具备法定条件的有（　　）。

A. 赵女士于 1995 年 1 月到某公司工作，1999 年 2 月辞职，2004 年 1 月又回到该公司工作

B. 钱先生于 1985 年进入某国有企业工作，2008 年 3 月该企业改制为私人控股的有限责任公司，年满 50 岁的钱先生与公司签订了无固定期限的劳动合同

C. 孙女士于 2005 年 5 月进入某公司从事技

术开发工作，签订了为期 3 年、到期自动续期 3 年且续期次数不限的劳动合同。2009 年 1 月，公司将孙女士提升为技术部副经理

D. 李先生原为甲公司的资深业务员，于 2008 年 2 月被乙公司聘请担任市场开发经理，约定：先签订 1 年期合同，如果李先生于期满时提出请求，公司同意与其签订无固定期限劳动合同

【答案】BD

【解析】（1）劳动者在该用人单位连续工作满 10 年的，应当订立无固定期限劳动合同。选项 A 中，连续工作不满 10 年。（2）用人单位初次实行劳动合同制度或者国有企业改制重新订立劳动合同时，劳动者在该用人单位连续工作满 10 年且距法定退休年龄不足 10 年的，应当订立无固定期限劳动合同，所以选项 B 正确。（3）连续订立 2 次固定期限劳动合同，且劳动者没有不能续订情形的，应当订立无固定期限劳动合同。但连续订立固定期限劳动合同的次数，应当自《劳动合同法》2008 年 1 月 1 日施行后，续订固定期限劳动合同时开始计算。选项 C 中，劳动者在 2008 年 1 月 1 日后仅续订一次。（4）用人单位与劳动者协商一致，可以订立无固定期限劳动合同，选项 D 正确。

【例题 2·判断题】用人单位及其关联企业与劳动者轮流订立劳动合同的情形，不应认定为属于"劳动者非因本人原因从原用人单位被安排到新用人单位工作"。（　　）

【答案】×

【解析】用人单位符合下列情形之一的，应当认定属于"劳动者非因本人原因从原用人单位被安排到新用人单位工作"：劳动者仍在原工作场所、工作岗位工作，劳动合同主体由原用人单位变更为新用人单位；用人单位以组织委派或任命形式对劳动者进行工作调动；因用人单位合并、分立等原因导致劳动者工作调动；用人单位及其关联企业与劳动者轮流订立劳动合同；其他合理情形。

6 劳动合同必备条款——工作时间（工时制度）★★★

一、考点解读

目前我国实行的工时制度主要有标准工时制、不定时工作制和综合计算工时制 3 种类型。

（一）标准工时制（时间是考点）

1. 标准工时制的标准。

国家实行劳动者每日工作 8 小时、每周工作 40 小时的标准工时制度。有些企业因工作性质和生产特点不能实行标准工时制度，应保证劳动者每天工作不超过 8 小时，每周工作不超过 40 小时，每周至少休息 1 天。

2. 延长工时的一般规定。

延长工作时间，一般每日不得超过 1 小时。因特殊原因需要延长工作时间的，在保障劳动者身体健康的条件下延长工作时间，每日不得超过 3 小时，每月不得超过 36 小时。

提示 注意与加班工资报酬支付结合学习，计算是考点

3. 例外情形。

有下列情形之一的，延长工作时间不受上述规定的限制：

（1）发生自然灾害、事故或者因其他原因，威胁劳动者生命健康和财产安全，需要紧急处理的。

（2）生产设备、交通运输线路、公共设施发生故障，影响生产和公众利益，必须及时抢修的。

（3）法律、行政法规规定的其他情形。

（二）不定时工作制

不定时工作制，也称无定时工作制、不定时工作日，是指没有固定的工作时间限制的工作制度，主要适用于一些因工作性质或工作条件不受标准工作时间限制的工作岗位。

（三）综合计算工时制

综合计算工时制，也称综合计算工作日，是指用人单位根据生产和工作的特点，分别以周、月、季、年等为周期，综合计算劳动者工作时间，但其平均日工作时间和平均周工作时间仍与法定标准工作时间基本相同的一种工时形式。

二、例题点津

【例题·多选题】根据规定，目前我国实行的工时制度主要有（　　）。

A. 标准工时制

B. 定时工作制

C. 不定时工作制

D. 综合计算工时制

【答案】ACD

【解析】目前，我国实行的工时制度主要有标准工时制、不定时工作制和综合计算工时制 3 种类型。

7 劳动合同必备条款——休息和休假★★★

一、考点解读

（一）休息

1. 工作日内的间歇时间（比如午休）。

2. 工作日之间的休息时间（晚间休息）。

3. 公休假日（即周休息日，是职工工作满 1 个工作周以后的休息时间）。

（二）休假

1. 法定假日，是指由法律统一规定的用以开展纪念、庆祝活动的休息时间。包括元旦、春节、清明节、劳动节、端午节、中秋节、国庆节等。

2. 年休假，是指职工工作满一定年限，每年可享有的保留工作岗位、带薪连续休息的时间。

（1）带薪休假的适用范围。

机关、团体、企业、事业单位、民办非企业单位、有雇工的个体工商户等单位的职工连续工作 1 年以上的，享受带薪年休假（以下简称年休假）。职工在年休假期间享受与正常工作期间相同的工资收入。

提示 国家法定休假日、休息日不计入年休假的假期。年休假在 1 个年度内可以集中安排，也可以分段安排，一般不跨年度安排。单位因生产、工作特点确有必要跨年度安排职工年休假的，可以跨 1 个年度安排。

（2）休假天数。

累计工作 1 年以下——无休假；

累计工作 1～10 年——5 天休假；

累计工作 10～20 年——10 天休假；

累计工作 20 年以上——15 天休假。

【举例】黄某在 A 公司任销售人员 2 年，在 B 公司任销售主管 3 年，在 C 公司任销售经理 10 个月。C 公司安排其 2022 年带薪年休假的时间应为几天？

【解析】黄某在 3 个公司累计工作时间已满 1 年不满 10 年。依据《职工带薪年休假条例》规定，应享有 5 天带薪年休假。

（3）职工有下列情形之一的，不享受当年的年休假：

①职工依法享受寒暑假，其休假天数多于年休假天数的；

②职工请事假累计 20 天以上且单位按照规定不扣工资的；

③累计工作满 1 年不满 10 年的职工，请病假累计 2 个月以上的；

④累计工作满 10 年不满 20 年的职工，请病假累计 3 个月以上的；

⑤累计工作满 20 年以上的职工，请病假累计 4 个月以上的。

二、例题点津

【例题·多选题】年休假是指职工工作满一定年限，每年可享有的保留工作岗位、带薪连续休息的时间。下列情形中，不享受当年年休假的有（　　）。

A. 职工依法享受寒暑假，其休假天数多于年休假天数的

B. 职工请事假累计 20 天以上且单位按照规定不扣工资的

C. 累计工作满 1 年不满 10 年的职工，请病假累计 2 个月以上的

D. 累计工作满 20 年以上的职工，请病假累计 4 个月以上的

【答案】ABCD

【解析】不享受当年年休假的情形：（1）职工依法享受寒暑假，其休假天数多于年休假天数的；（2）职工请事假累计 20 天以上且单位按照规定不扣工资的；（3）累计工作满 1 年不满 10 年的职工，请病假累计 2 个月以上的；（4）累计工作满 10 年不满 20 年的职工，请病假累计 3 个月以上的；（5）累计工作满 20 年以上的职工，请病假累计 4 个月以上的。

8 劳动合同必备条款——劳动报酬 ★★★

一、考点解读

（一）劳动报酬与支付（一般工资支付）

1. 工资应当以 法定货币 支付，不得以实物及有价证券代替货币支付。

2. 工资必须在用人单位与劳动者约定的日期支付。

3. 工资至少 每月支付一次，实行周、日、小时工资制的可按周、日、小时支付工资。

4. 对完成一次性临时劳动或某项具体工作的劳动者，用人单位应按有关协议或合同规定在其完成劳动任务后即支付工资。

提示 如遇节假日或休息日，则应提前在最近的工作日支付。

（二）休假工资支付

劳动者在法定休假日和婚丧假期间以及依法参加社会活动期间，用人单位应当依法支付工资。

在部分公民放假的节日期间（妇女节、青年节），对参加社会活动或单位组织庆祝活动和照常工作的职工，单位应支付工资报酬，但不支付加班工资。如果该节日恰逢星期六、星期日，单位安排职工加班工作，则应当依法支付休息日的加班工资。

（三）加班工资支付

1. 用人单位依法安排劳动者在日标准工作时间以外延长工作时间的，按照不低于劳动合同规定的劳动者本人小时工资标准的 **150%** 支付劳动者工资。

2. 用人单位依法安排劳动者在休息日工作，不能安排补休的，按照不低于劳动合同规定的劳动者本人日或小时工资标准的 **200%** 支付劳动者工资。

3. 用人单位依法安排劳动者在法定休假节日工作的，按照不低于劳动合同规定的劳动者本人日或小时工资标准的 **300%** 支付劳动者工资。

解释 加班工资支付的计算（见表8-2）。

表 8-2

项目	内容
平时加班	小时工资标准的150%
休息日加班	日或小时工资标准的200%
法定节假日加班	日或小时工资标准的300%
部分公民放假的节日	支付工资，无加班费

【举例】张某的日工资为160元，每周工作5天，每天工作8小时。2022年5月，张某在"五一"节假日期间加班1天，在某一个周末加班1天，在某一工作日加班3个小时。张某在2022年5月应当得到的加班费是多少元？

【解析】"五一"期间加班1天，加班费是：$160 \times 3 = 480$（元）；在某一个周末加班1天，加班费是：$160 \times 2 = 320$（元）；在某一天加班3个小时，加班费是：$160 \div 8 \times 1.5 \times 3 = 90$（元）；加班费合计：$480 + 320 + 90 = 890$（元）。

4. 实行计件工资的劳动者，在完成计件定额任务后，由用人单位安排延长工作时间的，根据上述原则，分别按照不低于其本人法定工作时间计件单价的150%、200%、300%支付其工资。

5. 违法处罚。用人单位安排加班不支付加班费的，由劳动行政部门责令限期支付加班费；逾期不支付的，责令用人单位按应付金额**50%以上100%以下**的标准向劳动者加付赔偿金。

（四）扣工资的规则

因劳动者本人原因给用人单位造成经济损失的，用人单位可按照劳动合同的约定要求其赔偿经济损失。经济损失的赔偿，可从劳动者本人的工资中扣除。但每月扣除的部分不得超过劳动者当月工资的20%。若扣除后的剩余工资部分低于当地月最低工资标准，则按最低工资标准支付。

提示 每月扣除的部分≤当月工资的20%。扣除后的剩余部分≥当地月最低工资标准。

（五）最低工资制度

1. 最低工资的具体标准由各省、自治区、直辖市人民政府规定，报国务院备案。

2. 地点不一致的工资标准适用。

劳动合同履行地与用人单位注册地不一致的，有关劳动者的最低工资标准、劳动保护、劳动条件、职业危害防护和本地区上年度职工月平均工资标准等事项，按照劳动合同履行地的有关规定执行。

3. 标准不一致的工资标准适用。

用人单位注册地的有关标准高于劳动合同履行地的有关标准，且用人单位与劳动者约定按照用人单位注册地的有关规定执行的，从其约定。

二、例题点津

【例题·单选题】 甲工厂实行标准工时制。厂内职工孙某从事零配件加工工作，每件工资为1元。2023年12月5日，孙某在下班前已经完成当日计件定额300件的工作任务，甲工厂安排孙某延长工作时间，孙某又完成了100件加工工作。孙某当天依法可以获得的加班工资最低不低于（　　）元。

A. 100　　　　　　B. 150

C. 200　　　　　　D. 300

【答案】B

【解析】实行计件工资的劳动者，在完成计件定额任务后，由用人单位安排延长工作时间的，分别按照不低于其本人法定工作时间计件单价的150%（工作日）、200%（休息日）、300%（法定节假日）支付其工资。

9 劳动合同可备条款——试用期★★★

一、考点解读（见表8-3）

表8-3

	属于可备条款
试用期条款的性质	该条款的限制：（1）同一用人单位与同一劳动者只能约定一次试用期；（2）以完成一定工作任务为期限的劳动合同不得约定试用期；（3）劳动合同期限不满3个月的，不得约定试用期；（4）试用期包含在劳动合同期限内；（5）劳动合同仅约定试用期的，试用期不成立，该期限为劳动合同期限
试用期的期限	劳动合同期限3个月以上（含本数，下同）不满1年的，试用期不得超过1个月
	劳动合同期限1年以上不满3年的，试用期不得超过2个月
	3年以上固定期限和无固定期限的劳动合同，试用期不得超过6个月
试用期的工资	劳动者在试用期的工资不得低于本单位相同岗位最低档工资或者劳动合同约定工资的80%，并不得低于用人单位所在地的最低工资标准
试用期的合同解除	用人单位解除合同	劳动者在试用期间被证明不符合录用条件
	劳动者解除合同	提前3日通知

二、例题点津

【例题1·单选题】 马某应聘甲公司的文秘工作，劳动合同约定月工资为7 500元。已知甲公司所在地的最低月工资标准为5 500元，则马某劳动合同试用期内的最低工资应是（　　）元。

A. 4 500　　　　　B. 5 250

C. 6 000　　　　　D. 6 750

【答案】C

【解析】劳动者在试用期的工资不得低于本单位相同岗位最低档工资或者劳动合同约定工资的80%，并不得低于用人单位所在地的最低工资标准。

【例题2·单选题】 2023年3月1日，钱某与甲公司签订了3年期的劳动合同，该合同约定试用期不得超过（　　）个月。

A. 1　　　　　　　B. 2

C. 3　　　　　　　D. 6

【答案】D

【解析】根据规定，3年以上固定期限和无

固定期限的劳动合同，试用期不得超过6个月。

【例题3·判断题】 2022年王某与甲公司订立劳动合同，约定试用期1个月，在试用期内王某主动提出解除劳动合同。2023年11月甲公司准备再次录用王某，双方协商确定劳动合同期限为3年，试用期2个月，该约定符合《劳动合同法》的有关规定。（　　）

【答案】 ×

【解析】 同一用人单位与同一劳动者只能约定一次试用期。

10 劳动合同可备条款——服务期★★★

一、考点解读

（一）服务期条款的性质

服务期是指劳动者因享受用人单位给予的特殊待遇而作出的关于劳动履行期限的承诺。

用人单位为劳动者提供专项培训费用，对其进行专业技术培训的，可以与该劳动者订立协议，约定服务期。

（二）服务期长于合同期的履行

服务期与劳动合同一般期限在时间长度上不一致，前者一般长于后者：劳动合同期满，但是用人单位与劳动者约定的服务期尚未到期的，劳动合同应当续延至服务期满；双方另有约定的，从其约定。

（三）用人单位要求劳动者支付违约金的条件

1. 在劳动合同中有相关内容的约定；

2. 对劳动者有培训出资；

3. 提供相应的支付凭证。

（四）违约金支付与否（见表8-4）

表8-4

承担违约金的依据	合同有约定；用人单位有培训出资且有凭证	
违约金数额	不得超过培训费	
	已服务，不超过分摊数额	
支付违约金的要求	劳动者解除合同时支付	
	应支付违约金的其他情形	劳动者严重违反用人单位的规章制度
		劳动者严重失职，营私舞弊，给用人单位造成重大损害
		劳动者同时与其他用人单位建立劳动关系，对完成本单位的工作任务造成严重影响，或者经用人单位提出，拒不改正
		劳动者以欺诈、胁迫的手段或者乘人之危，使用人单位在违背真实意思的情况下订立或者变更劳动合同
		劳动者被依法追究刑事责任
不支付违约金的情形	用人单位未按照劳动合同约定提供劳动保护或者劳动条件	
	用人单位未及时足额支付劳动报酬	
	用人单位未依法为劳动者缴纳社会保险费	
	用人单位的规章制度违反法律、法规的规定，损害劳动者权益	
	用人单位以欺诈、胁迫的手段或者乘人之危，使劳动者在违背真实意思的情况下订立或者变更劳动合同致使劳动合同无效	
	用人单位在劳动合同中免除自己的法定责任、排除劳动者权利	
	用人单位违反法律、行政法规强制性规定	
	法律、行政法规规定劳动者可以解除劳动合同的其他情形	

二、例题点津

【例题·单选题】孙某与甲公司建立了劳动关系，劳动合同中双方约定，由甲公司为孙某提供1万元的培训费，服务期5年，违约金为1万元，劳动合同期限3年。劳动合同履行2年后，由于孙某严重失职，甲公司解除了与孙某的劳动合同，并要求孙某支付违约金1万元，孙某的下列抗辩中符合规定的是（　　）。

A. 劳动合同中约定的服务期限超过劳动合同期限，该约定是无效的

B. 由于是甲公司主动解除的劳动合同，因此无须支付违约金

C. 由于劳动合同已经履行2/3，甲公司最多只能要求孙某支付违约金3 333元

D. 由于服务期已经履行2/5，甲公司最多只能要求孙某支付违约金6 000元

【答案】D

【解析】对已经履行部分服务期限的，用人单位要求劳动者支付的违约金不得超过服务期尚未履行部分所应分摊的培训费用。

11 劳动合同可备条款——保守商业秘密和竞业限制（保密期）★★★

一、考点解读

（一）适用范围

竞业限制条款适用范围应限定为负有保守用人单位商业秘密义务的劳动者，限于用人单位的**高级管理人员、高级技术人员和其他负有保密义务的人员**。竞业限制的范围、地域、期限由用人单位与劳动者约定，但不得违反法律、法规的规定。

提示 限制的方面包括：人、领域、地域、期限。

（二）期限

在解除或者终止劳动合同后，竞业限制人员到与本单位生产或者经营同类产品、从事同类业务的有竞争关系的其他用人单位工作，或者自己开业生产或者经营同类产品、从事同类业务的竞业限制期限，**不得超过2年**。

（三）权益保护

对负有保密义务的劳动者，用人单位可以在劳动合同或者保密协议中与劳动者约定竞业限制条款，并约定在解除或者终止劳动合同后，在竞业限制期限内按月给予劳动者经济补偿。

补偿金的数额由双方约定，劳动者违反竞业限制约定的，应当按照约定向用人单位支付违约金。

解释

补偿金：用人单位 —支付→ 劳动者　约定劳动者从业禁止

违约金：用人单位 ←支付— 劳动者　劳动者违反约定

（四）有关补偿金、违约金司法解释的规定

1. 当事人在劳动合同或者保密协议中约定了竞业限制，但未约定解除或者终止劳动合同后给予劳动者经济补偿，劳动者履行了竞业限制义务，要求用人单位按照劳动者在劳动合同解除或者终止前**12个月平均工资的30%**按月支付经济补偿的，人民法院应予支持。月平均工资的**30%**低于劳动合同履行地最低工资标准的，按照劳动合同履行地最低工资标准支付。

2. 当事人在劳动合同或者保密协议中约定了竞业限制和经济补偿，当事人解除劳动合同时，除另有约定外，用人单位要求劳动者履行竞业限制义务，或者劳动者履行了竞业限制义务后要求用人单位支付经济补偿的，人民法院应予支持。

3. 当事人在劳动合同或者保密协议中约定了竞业限制和经济补偿，劳动合同解除或者终止后，因用人单位的原因导致**3个月**未支付经济补偿，劳动者请求解除竞业限制约定的，人民法院应予支持。

4. 在竞业限制期限内，用人单位请求解除竞业限制协议的，人民法院应予支持。在解除竞业限制协议时，劳动者请求用人单位额外支付劳动者**3个月**的竞业限制经济补偿的，人民法院应予支持。

5. 劳动者违反竞业限制约定，向用人单位支付违约金后，用人单位要求劳动者按照约定继续履行竞业限制义务的，人民法院应予支持。

二、例题点津

【例题·多选题】下列关于竞业限制的说法

中，正确的有（　　）。

A. 劳动者违反竞业限制约定，向用人单位支付违约金后，劳动者不再履行竞业限制义务

B. 在竞业限制期限内，用人单位请求解除竞业限制协议时，人民法院应予支持

C. 当事人在保密协议中约定了竞业限制和经济补偿，劳动合同解除后，因用人单位的原因导致 3 个月未支付经济补偿，劳动者可以请求解除竞业限制约定

D. 当事人在劳动合同或者保密协议中约定了竞业限制和经济补偿，劳动者履行了竞业限制义务后要求用人单位支付经济补偿的，人民法院应予支持

【答案】BCD

【解析】劳动者违反竞业限制约定，向用人单位支付违约金后，用人单位要求劳动者按照约定继续履行竞业限制义务的，人民法院应予支持。

12 劳动合同的履行和变更★★

一、考点解读

（一）劳动合同的履行

1. 用人单位与劳动者应当按照劳动合同的约定，全面履行各自的义务。

（1）用人单位应向劳动者及时足额支付劳动报酬。

（2）用人单位应当严格执行劳动定额标准，不得强迫或者变相强迫劳动者加班。用人单位安排加班的，应当按照国家有关规定向劳动者支付加班费。

（3）劳动者拒绝用人单位管理人员违章指挥、强令冒险作业的，不视为违反劳动合同。劳动者对危害生命安全和身体健康的劳动条件，有权对用人单位提出批评、检举和控告。

（4）用人单位变更名称、法定代表人、主要负责人或者投资人等事项，不影响劳动合同的履行。

（5）用人单位发生合并或者分立等情况，原劳动合同继续有效，劳动合同由承继其权利和义务的用人单位继续履行。

2. 用人单位应当依法建立和完善劳动规章制度，保障劳动者享有劳动权利、履行劳动义务。

（二）劳动合同的变更

用人单位与劳动者协商一致，可以变更劳动合同约定的内容。

变更劳动合同，应当采用书面形式。用人单位与劳动者协商一致变更劳动合同，虽未采用书面形式，但已经实际履行了口头变更的劳动合同**超过 1 个月**，变更后的劳动合同内容不违反法律、行政法规且不违背公序良俗，当事人以未采用书面形式为由主张劳动合同变更无效的，人民法院不予支持。

二、例题点津

【例题 1·多选题】根据劳动合同法律制度的规定，下列说法中正确的有（　　）。

A. 用人单位变更名称、法定代表人、主要负责人或者投资人等事项，会影响劳动合同的履行

B. 用人单位拖欠或未足额支付劳动报酬的，劳动者可以依法向当地人民法院申请支付令，人民法院应当依法发出支付令

C. 劳动者拒绝用人单位管理人员违章指挥、强令冒险作业的，不视为违反劳动合同

D. 劳动者对危害生命安全和身体健康的劳动条件，有权对用人单位提出批评、检举和控告

【答案】BCD

【解析】劳动合同的履行不受用人单位变更名称、法定代表人、主要负责人或者投资人等事项的影响。

【例题 2·判断题】变更劳动合同未采用书面形式，无论是否实际履行了口头变更的劳动合同，合同变更都无效。（　　）

【答案】×

【解析】已经实际履行了口头变更的劳动合同超过 1 个月，变更后的劳动合同内容不违反法律、行政法规且不违背公序良俗，劳动合同变更有效。

13 劳动合同的解除★★★

一、考点解读

（一）协商解除

协商解除，又称合意解除、意定解除，是指劳动合同订立后，双方当事人因某种原因，在完

全自愿的基础上协商一致，提前终止劳动合同，结束劳动关系。

　　由用人单位提出解除劳动合同而与劳动者协商一致的，必须依法向劳动者支付经济补偿；由劳动者主动辞职而与用人单位协商一致解除劳动合同的，用人单位不需向劳动者支付经济补偿。

　　（二）法定解除

　　1. 劳动者单方解除劳动合同的情形（见表 8－5）。

表 8－5

提前通知的适用		随时通知的适用		不需事先告知的适用	
1. 试用期内提前 3 日通知用人单位	备注：不能获得经济补偿	1. 用人单位未按照劳动合同约定提供劳动保护或者劳动条件	备注：用人单位需支付经济补偿	1. 用人单位以暴力、威胁或者非法限制人身自由的手段强迫劳动者劳动	备注：用人单位需支付经济补偿
		2. 用人单位未及时足额支付劳动报酬			
		3. 用人单位未依法为劳动者缴纳社会保险费			
2. 劳动者提前 30 日以书面形式通知用人单位		4. 用人单位的规章制度违反法律、法规的规定，损害劳动者权益		2. 用人单位违章指挥、强令冒险作业危及劳动者人身安全	
		5. 用人单位以欺诈、胁迫的手段或者乘人之危，使劳动者在违背真实意思的情况下订立或者变更劳动合同致使劳动合同无效的			
		6. 用人单位在劳动合同中免除自己的法定责任、排除劳动者权利			
		7. 用人单位违反法律、行政法规强制性规定			
		8. 法律、行政法规规定劳动者可以解除劳动合同的其他情形			

　　2. 用人单位单方解除劳动合同的情形（见表 8－6）。

表 8－6

预告解除	随时通知解除	裁员解除	不得解除
1. 劳动者患病或者非因工负伤，在规定的医疗期满后不能从事原工作，也不能从事由用人单位另行安排的工作	1. 劳动者在试用期间被证明不符合录用条件	1. 依照企业破产法规定进行重整	1. 从事接触职业病危害作业的劳动者未进行离岗前职业健康检查，或者疑似职业病病人在诊断或者医学观察期间
2. 劳动者不能胜任工作，经过培训或者调整工作岗位，仍不能胜任工作	2. 劳动者严重违反用人单位的规章制度	2. 生产经营发生严重困难	2. 在本单位患职业病或者因工负伤并被确认丧失或者部分丧失劳动能力

续表

预告解除	随时通知解除	裁员解除	不得解除
3. 劳动合同订立时所依据的客观情况发生重大变化，致使劳动合同无法履行，经用人单位与劳动者协商，未能就变更劳动合同内容达成协议	3. 劳动者严重失职，营私舞弊，给用人单位造成重大损害	3. 企业转产、重大技术革新或者经营方式调整，经变更劳动合同后，仍需裁减人员	3. 患病或者非因工负伤，在规定的医疗期内
备注：（1）用人单位提前30日以书面形式通知劳动者本人或者额外支付劳动者1个月工资后，可以解除劳动合同；（2）额外支付的工资应当按照该劳动者上1个月的工资标准确定；（3）未支付的后果：在合法解除劳动合同的同时，用人单位应当但却没有及时向劳动者支付经济补偿的，用人单位应按应付经济补偿金额50%以上100%以下的标准向劳动者加付赔偿金；（4）用人单位违法解除合同，劳动合同已经不能继续履行的，用人单位应当依照规定的经济补偿标准的2倍向劳动者支付赔偿金，支付了赔偿金的，不再支付经济补偿。赔偿金的计算年限自用工之日起计算	4. 劳动者同时与其他用人单位建立劳动关系，对完成本单位的工作任务造成严重影响，或者经用人单位提出，拒不改正	4. 其他因劳动合同订立时所依据的客观经济情况发生重大变化，致使劳动合同无法履行	4. 女职工在孕期、产期、哺乳期
	5. 劳动者以欺诈、胁迫的手段或者乘人之危，使用人单位在违背真实意思的情况下订立或者变更劳动合同致使劳动合同无效6. 劳动者被依法追究刑事责任备注：用人单位无须支付经济补偿	备注：（1）需要裁减人员20人以上或者裁减不足20人但占企业职工总数10%以上的，用人单位提前30日向工会或者全体职工说明情况，听取工会或者职工的意见后，裁减人员方案经向劳动行政部门报告，可以裁减人员；（2）裁减人员不足20人且占企业职工总数不足10%的，无须执行上述程序；（3）用人单位裁减人员应当向劳动者支付经济补偿	5. 在本单位连续工作满15年，且距法定退休年龄不足5年6. 法律、行政法规规定的其他情形备注：但若符合因劳动者过错解除劳动合同的情形，则不受上述限制性规定的影响

二、例题点津

【例题1·多选题】 根据《劳动合同法》的规定，下列各项中，属于劳动者可以随时通知解除劳动合同的情形有（　　）。

A. 试用期内

B. 用人单位未及时足额支付劳动报酬的

C. 用人单位未依法为劳动者缴纳社会保险费的

D. 用人单位违反法律、行政法规强制性规定的

【答案】 BCD

【解析】 选项A，劳动者在试用期内应提前3日通知用人单位解除劳动合同。

【例题2·多选题】 根据劳动合同法律制度的规定，下列情形中，用人单位可以单方面解除劳动合同的有（　　）。

A. 李某被依法追究刑事责任

B. 张某严重违反用人单位的规章制度

C. 王某严重失职，营私舞弊，给用人单位造成重大损害

D. 赵某因怀孕无法胜任工作

【答案】 ABC

【解析】 女职工在孕产期、哺乳期的，用人单位不得解除或终止劳动合同。

【例题3·多选题】 某企业现有职工80人。下列情形中，属于经济性裁员的有（　　）。

A. 因依照企业破产法规定进行重整，需要裁减人员25人

B. 因生产经营发生严重困难，需要裁减人

员 15 人

C. 因企业转产，经变更劳动合同后，仍需裁减人员 10 人

D. 因经营方式调整，经变更劳动合同后，仍需要裁减人员 7 人

【答案】ABC

【解析】符合规定情形，需要裁减人员 20 人以上或者裁减不足 20 人但占企业职工总数 10% 以上的，属于经济性裁员。选项 D，裁减不足 20 人，也不足企业职工总数的 10%。

【例题 4·判断题】由用人单位提出解除劳动合同而与劳动者协商一致的，无须向劳动者支付经济补偿。（　　）

【答案】×

【解析】由用人单位提出解除劳动合同而与劳动者协商一致的，必须依法向劳动者支付经济补偿。

14 劳动合同的终止★★★

一、考点解读

（一）劳动合同终止的情形

1. 劳动合同期满的；

2. 劳动者开始依法享受基本养老保险待遇的；

3. 劳动者达到法定退休年龄的；

4. 劳动者死亡，或者被人民法院宣告死亡或者宣告失踪的；

5. 用人单位被依法宣告破产的；

6. 用人单位被吊销营业执照、责令关闭、撤销或者用人单位决定提前解散的；

7. 法律、行政法规规定的其他情形。

用人单位与劳动者不得约定上述情形之外的其他劳动合同终止条件。

（二）劳动合同不得终止的情形

劳动合同期满，有下列情形，用人单位既不得解除劳动合同，也不得终止劳动合同，劳动合同应当续延至相应的情形消失时终止：

1. 从事接触职业病危害作业的劳动者未进行离岗前职业健康检查，或者疑似职业病病人在诊断或者医学观察期间的；

2. 在本单位患职业病或者因工负伤并被确认丧失或者部分丧失劳动能力的；

3. 患病或者非因工负伤，在规定的医疗期内的；

4. 女职工在孕期、产期、哺乳期的；

5. 在本单位连续工作满 15 年，且距法定退休年龄不足 5 年的；

6. 法律、行政法规规定的其他情形。

但若符合因劳动者过错解除劳动合同的情形，则不受上述限制性规定的影响。

二、例题点津

【例题·单选题】根据劳动合同法律制度的规定，下列情形中，不属于劳动合同终止情形的是（　　）。

A. 劳动者达到法定退休年龄的

B. 用人单位被吊销营业执照的

C. 劳动者开始依法享受基本养老保险待遇的

D. 劳动者不能胜任工作的

【答案】D

【解析】劳动者不能胜任工作，经过培训或调整工作岗位，仍不能胜任工作的，用人单位可以单方面解除劳动合同。

15 劳动合同解除和终止的经济补偿★★★

一、考点解读

（一）经济补偿的概念

劳动合同法律关系中的经济补偿是指按照劳动合同法律制度的规定，在劳动者无过错的情况下，用人单位与劳动者解除或者终止劳动合同时，应给予劳动者的经济上的补助，也称经济补偿金。

解释 经济补偿金与违约金、赔偿金不同。

经济补偿金是法定的，其主要是针对劳动关系的解除和终止，如果劳动者无过错，用人单位则应给予劳动者一定的经济补偿。

违约金是约定的，是指劳动者违反了服务期和竞业限制的约定而向用人单位支付的违约补偿。

赔偿金是指用人单位和劳动者由于自己的过错给对方造成损害时，所应承担的不利的法律后果。

三者的不同（见表 8-7）。

表 8-7

类型	经济补偿	违约金	赔偿金
适用条件不同	适用于用人单位解除和终止合同，不以过错为条件	劳动者违反了服务期和竞业限制的约定（有过错）	用人单位和劳动者由于自己的过错给对方造成损害
性质不同	法定	约定、惩罚性	有损害、赔偿性
支付主体不同	用人单位——劳动者	劳动者——用人单位	双方都有可能 用人单位←→劳动者

（二）用人单位应当向劳动者支付经济补偿的情形

1. 劳动者符合随时通知解除和不需事先通知即可解除劳动合同规定情形而解除劳动合同的；

2. 由用人单位提出解除劳动合同并与劳动者协商一致而解除劳动合同的；

3. 用人单位符合提前 30 日以书面形式通知劳动者本人或者额外支付劳动者 1 个月工资后，可以解除劳动合同的规定情形而解除劳动合同的；

4. 用人单位符合可裁减人员规定而解除劳动合同的；

5. 除用人单位维持或者提高劳动合同约定条件续订劳动合同，劳动者不同意续订的情形外，劳动合同期满终止固定期限劳动合同的；

6. 用人单位被依法宣告破产或者被吊销营业执照、责令关闭、撤销或者用人单位决定提前解散而终止劳动合同的；

7. 以完成一定工作任务为期限的劳动合同因任务完成而终止的；

8. 法律、行政法规规定的其他情形。

（三）经济补偿的支付标准

1. 《劳动合同法》的一般规定。

（1）经济补偿确定的标准——工作年限、工资标准。

（2）经济补偿的形式——货币。

（3）计算公式为：

经济补偿金＝劳动合同解除或者终止前劳动者在本单位的工作年限×每工作 1 年应得的经济补偿

解释 工作年限的确定（见表 8-8）。

表 8-8

一般规定（2008 年 1 月 1 日起算）	在本单位工作的年限，每满 1 年支付 1 个月工资的标准向劳动者支付。6 个月以上不满 1 年的，按 1 年计算；不满 6 个月的，向劳动者支付半个月工资的经济补偿
调动工作的	劳动者非因本人原因工作调动的，工作年限合并计算。原单位补偿的不再计算

解释 月工资的确定（见表 8-9）。

表 8-9

类型	确定标准
一般月工资	包括计时工资或者计件工资以及奖金、津贴和补贴等货币性收入。工作不满 12 个月的，按照实际工作的月数计算平均工资
低工资	合同解除或者终止前 12 个月的平均工资低于当地最低工资标准的，按照当地最低工资标准计算
高工资	最高工资：当地月平均工资 3 倍

2. 经济补偿年限和基数的特殊计算。

经济补偿的计发办法分两段计算：2008 年 1 月 1 日前的补偿年限和补偿基数，按当时当地的有关规定执行；2008 年 1 月 1 日以后的补偿年限和补偿基数，按新法执行。两段补偿合并计算。

二、例题点津

【例题 1·单选题】在下列情况中，用人单位不需要向劳动者支付经济补偿金的情形是（　　）。

A. 用人单位提出解除劳动合同并与劳动者协商一致而解除劳动合同

B. 劳动者符合随时通知解除的情形而解除劳动合同

C. 固定期限劳动合同终止前，用人单位维持或者提高劳动合同约定条件，要求与劳动者续订劳动合同，而劳动者不同意续订，要求解除合同的

D. 用人单位被吊销营业执照、责令关闭、撤销或者用人单位决定提前解散的

【答案】C

【解析】由劳动者主动解除合同而与用人单位协商一致的，用人单位无须向劳动者支付经济补偿。

【例题2·单选题】甲公司因企业重整与张某解除合同，已知张某在甲公司工作年限为15年，合同解除前12个月张某的月平均工资为12 000元，当地上年度职工月平均工资为3 000元。根据劳动合同法律制度的规定，劳动合同解除时，甲公司应向张某支付的经济补偿金为（　　）元。

A. 108 000　　　　B. 180 000

C. 144 000　　　　D. 12 000

【答案】A

【解析】劳动者月工资高于用人单位所在直辖市、设区的市级人民政府公布的本地区上年度职工月平均工资3倍的，向其支付经济补偿金的标准按职工月平均工资3倍的数额支付，向其支付经济补偿金的年限最高不超过12年。应支付的补偿金＝3 000×3×12＝108 000（元）。

16　劳动合同解除和终止的法律后果和双方义务★

一、考点解读

1. 劳动合同解除或终止后，劳动关系消灭。

2. 劳动合同解除或终止的，用人单位应当在解除或者终止劳动合同时出具解除或者终止劳动合同的证明，并在15日内为劳动者办理档案和社会保险关系转移手续。

3. 用人单位对已经解除或者终止的劳动合同的文本，至少保存2年备查。

4. 用人单位应当在解除或者终止劳动合同

时向劳动者支付经济补偿的，在办结工作交接时支付。

5. 用人单位违反规定解除或者终止劳动合同，劳动者要求继续履行劳动合同的，用人单位应当继续履行；劳动者不要求继续履行劳动合同或者劳动合同已经不能继续履行的，用人单位应当依照《劳动合同法》规定的经济补偿标准的2倍向劳动者支付赔偿金。用人单位支付了赔偿金的，不再支付经济补偿。赔偿金的计算年限自用工之日起计算。

6. 劳动者违反《劳动合同法》规定解除劳动合同，给用人单位造成损失的，应当承担赔偿责任。

二、例题点津

【例题·判断题】劳动合同解除或者终止的，用人单位应当在30日内为劳动者办理档案和社会保险关系的转移手续。（　　）

【答案】×

【解析】劳动合同解除或终止的，用人单位应当在解除或终止劳动合同时出具解除或者终止劳动合同的证明，并在15日内为劳动者办理档案和社会保险关系转移手续。

17　集体合同★★

一、考点解读

集体合同内容由用人单位和职工各自派出集体协商代表，通过集体协商（会议）的方式协商确定。集体协商双方的代表人数应当对等，每方至少3人，并各确定1名首席代表。

集体合同订立后，应当报送劳动行政部门；劳动行政部门自收到集体合同文本之日起15日内未提出异议的，集体合同即行生效。

集体合同中劳动报酬和劳动条件等标准不得低于当地人民政府规定的最低标准。

二、例题点津

【例题·判断题】集体合同订立后，应当报送劳动行政部门；经劳动行政部门批准后，集体合同即行生效。（　　）

【答案】×

【解析】集体合同订立后，应当报送劳动行政部门；劳动行政部门自收到集体合同文本之日起15日内未提出异议的，集体合同即行生效。

18 劳务派遣★★

一、考点解读

劳务派遣是指由劳务派遣单位与劳动者订立劳动合同，与用工单位订立劳务派遣协议，将被派遣劳动者派往用工单位给付劳务。

解释

劳务派遣用工是补充形式，只能在临时性、辅助性或者替代性的工作岗位上实施。

二、例题点津

【例题·单选题】根据劳动合同法律制度的规定，下列关于劳务派遣的表述中，不正确的是（　　）。

A. 劳动合同用工是我国企业的基本用工形式

B. 劳务派遣用工只能在临时性、辅助性或者是替代性的工作岗位上实施

C. 劳务派遣单位应当与被派遣劳动者订立2年以上的固定期限劳动合同，按月支付劳动报酬

D. 被派遣的劳动者在无工作期间，用工单位应当按照所在地政府规定的最低工资标准，向其按月支付报酬

【答案】D

【解析】被派遣的劳动者在无工作期间，劳务派遣单位（用人单位）应当按照所在地政府规定的最低工资标准，向其按月支付报酬。

19 劳动争议的解决★★

一、考点解读

（一）劳动争议

1. 劳动争议是指劳动关系当事人之间因实现劳动权利、履行劳动义务发生分歧而引起的争议，也称劳务纠纷、劳资争议。包括：

（1）因确认劳动关系发生的争议；

（2）因订立、履行、变更、解除和终止劳动合同发生的争议；

（3）因除名、辞退和辞职、离职发生的争议；

（4）因工作时间、休息休假、社会保险、福利、培训以及劳动保护发生的争议；

（5）因劳动报酬、工伤医疗费、经济补偿或者赔偿金等发生的争议；

（6）法律、法规规定的其他劳动争议。

2. 劳动者与用人单位之间发生的下列纠纷，属于劳动争议，当事人不服劳动争议仲裁机构作出的裁决，依法提起诉讼的，人民法院应予受理：

（1）劳动者与用人单位在履行劳动合同过程中发生的纠纷；

（2）劳动者与用人单位之间没有订立书面劳动合同，但已形成劳动关系后发生的纠纷；

（3）劳动者与用人单位因劳动关系是否已经解除或者终止，以及应否支付解除或者终止劳动关系经济补偿金发生的纠纷；

（4）劳动者与用人单位解除或者终止劳动关系后，请求用人单位返还其收取的劳动合同定金、保证金、抵押金、抵押物发生的纠纷，或者办理劳动者的人事档案、社会保险关系等移转手续发生的纠纷；

（5）劳动者以用人单位未为其办理社会保险手续，且社会保险经办机构不能补办导致其无法享受社会保险待遇为由，要求用人单位赔偿损失发生的纠纷；

（6）劳动者退休后，与尚未参加社会保险统筹的原用人单位因追索养老金、医疗费、工伤保险待遇和其他社会保险待遇而发生的纠纷；

（7）劳动者因为工伤、职业病，请求用人单位依法给予工伤保险待遇发生的纠纷；

（8）劳动者依据《劳动合同法》第八十五条规定，要求用人单位支付加付赔偿金发生的纠纷；

（9）因企业自主进行改制发生的纠纷。

3. 下列纠纷不属于劳动争议：

（1）劳动者请求社会保险经办机构发放社

会保险金的纠纷；

（2）劳动者与用人单位因住房制度改革产生的公有住房转让纠纷；

（3）劳动者对劳动能力鉴定委员会的伤残等级鉴定结论或者对职业病诊断鉴定委员会的职业病诊断鉴定结论的异议纠纷；

（4）家庭或者个人与家政服务人员之间的纠纷；

（5）个体工匠与帮工、学徒之间的纠纷；

（6）农村承包经营户与受雇人之间的纠纷。

（二）劳动争议的解决方法

用人单位与劳动者发生劳动争议，劳动者可以与用人单位协商，也可以请工会或者第三方共同与用人单位协商，达成和解协议；当事人不愿协商、协商不成或者达成和解协议后不履行的，可以向调解组织申请调解；不愿调解、调解不成或者达成调解协议后不履行的，可以向劳动争议仲裁委员会申请仲裁；对仲裁裁决不服的，除《调解仲裁法》另有规定的以外，可以向人民法院提起诉讼。

解释 劳动仲裁不同于经济仲裁。

（三）劳动仲裁

劳动仲裁是指由劳动争议仲裁委员会对当事人申请仲裁的劳动争议居中公断与裁决。在我国，劳动仲裁是劳动争议当事人向人民法院提起诉讼的必经程序。劳动争议仲裁不收费。仲裁委员会的经费由财政予以保障。劳动仲裁不同于一般经济纠纷的仲裁，除法律依据和适用范围不同外，还包括申请程序不同、裁决的效力不同。

解释 劳动仲裁与劳动诉讼的关系：先裁后审。经济仲裁与民事诉讼：或裁或审。

1. 劳动仲裁当事人。

（1）发生劳动争议的劳动者和用人单位为劳动争议仲裁案件的双方当事人。

（2）劳务派遣单位或者用工单位与劳动者发生劳动争议的，劳务派遣单位和用工单位为共同当事人。

（3）劳动者与个人承包经营者发生争议，依法向仲裁委员会申请仲裁的，应当将发包的组织和个人承包经营者作为当事人。

（4）发生争议的用人单位未办理营业执照、被吊销营业执照、营业执照到期继续经营、被责

令关闭、被撤销以及用人单位解散、歇业，不能承担相关责任的，应当将用人单位和其出资人、开办单位或者主管部门作为共同当事人。

2. 当事人代表。

发生争议的劳动者一方在 **10 人以上**，并有共同请求的，劳动者可以推举 **3 ~ 5 名**代表人参加仲裁活动。代表人参加仲裁的行为对其所代表的当事人发生效力，但代表人变更、放弃仲裁请求或者承认对方当事人的仲裁请求，进行和解，必须经被代表的当事人同意。

3. 劳动仲裁管辖（注意区分经济仲裁管辖和诉讼管辖）。

劳动争议由劳动合同履行地或者用人单位所在地的仲裁委员会管辖。

解释

（1）双方当事人分别向劳动合同履行地和用人单位所在地的仲裁委员会申请仲裁的，由劳动合同履行地的仲裁委员会管辖。

（2）有多个劳动合同履行地的，由最先受理的仲裁委员会管辖。

（3）劳动合同履行地不明确的，由用人单位所在地的仲裁委员会管辖。

（4）案件受理后，劳动合同履行地或者用人单位所在地发生变化的，不改变争议仲裁的管辖。

4. 申请仲裁时效。

劳动争议申请仲裁的时效期间为 **1 年**。仲裁时效期间从当事人知道或者应当知道其**权利被侵害之日起**计算。劳动关系存续期间因拖欠劳动报酬发生争议的，劳动者申请仲裁不受 1 年仲裁时效期间的限制；但是，劳动关系终止的，应当自劳动关系终止之日起 **1 年内**提出。

5. 申请的形式。

申请人申请仲裁应当提交书面仲裁申请，并按照被申请人人数提交副本。书写仲裁申请确有困难的，可以口头申请。

6. 劳动仲裁的基本制度。

（1）先行调解原则。

仲裁庭在作出裁决前，应当先行调解。调解达成协议的，仲裁庭应当制作调解书。调解书经双方当事人签收后，发生法律效力。

（2）公开仲裁制。

劳动争议仲裁公开进行，但当事人协议不公开或者涉及商业秘密和个人隐私的，经相关当事人书面申请，仲裁委员会应当不公开审理。

（3）仲裁庭制度。

仲裁委员会裁决劳动争议案件实行仲裁庭制度。仲裁庭由 **3 名仲裁员**组成，设首席仲裁员。简单劳动争议案件可以由 **1 名仲裁员**独任仲裁。

（4）回避制度。

仲裁员有下列情形之一，应当回避，当事人也有权以口头或者书面方式提出回避申请：

①是本案当事人或者当事人、代理人的近亲属的；

②与本案有利害关系的；

③与本案当事人、代理人有其他关系，可能影响公正裁决的；

④私自会见当事人、代理人，或者接受当事人、代理人的请客送礼的。

7. 审理期限。

仲裁庭裁决劳动争议案件，应当自仲裁委员会受理仲裁申请之日起 **45 日内**结束。案情复杂需要延期的，经仲裁委员会主任批准，可以延期并书面通知当事人，但是延长期限**不得超过 15 日**。逾期未作出仲裁裁决的，当事人可以就该劳动争议事项向人民法院提起诉讼。

8. 裁决。

裁决应当按照多数仲裁员的意见作出，少数仲裁员的不同意见应当记入笔录。仲裁庭不能形成多数意见时，裁决应当按照首席仲裁员的意见作出。

裁决书由仲裁员签名，加盖劳动争议仲裁委员会印章。对裁决持不同意见的仲裁员，可以签名，也可以不签名。

9. 起诉。

当事人对终局裁决情形之外的其他劳动争议案件的仲裁裁决不服的，可以自收到仲裁裁决书之日起 **15 日内**提起诉讼；期满不起诉的，裁决书发生法律效力。

10. 劳动仲裁的终局裁决。

下列劳动争议，除法律另有规定以外，仲裁裁决为终局裁决，裁决书自作出之日起发生法律效力：

（1）追索劳动报酬、工伤医疗费、经济补偿或者赔偿金，不超过当地月最低工资标准 **12 个月**金额的争议。

（2）因执行国家的劳动标准在工作时间、休息休假、社会保险等方面发生的争议。

二、例题点津

【例题1·多选题】 根据劳动合同法律制度的规定，用人单位与劳动者发生争议的，可以采取的解决方法包括（   ）。

A. 协商　　　　　　B. 调解

C. 仲裁　　　　　　D. 诉讼

【答案】 ABCD

【解析】 用人单位与劳动者发生劳动争议，劳动者可以与用人单位协商，也可以请工会或者第三方共同与用人单位协商，达成和解协议；当事人不愿协商、协商不成或者达成和解协议后不履行的，可以向调解组织申请调解；不愿调解、调解不成或者达成调解协议后不履行的，可以向劳动争议仲裁委员会申请仲裁；对仲裁裁决不服的，除《调解仲裁法》另有规定的以外，可以依法向人民法院提起诉讼或者申请撤销仲裁裁决。

【例题2·多选题】 关于劳动调解，下列说法正确的有（   ）。

A. 对于设有劳动争议调解委员会的企业，其调解委员会由工会担任

B. 当事人申请劳动争议调解可以书面申请，也可以口头申请

C. 调解协议书由双方当事人签名或者盖章，经调解员签名并加盖调解组织印章后生效

D. 自劳动争议调解组织收到调解申请之日起15日内未达成调解协议的，当事人可以依法申请仲裁

【答案】 BCD

【解析】 对于设有劳动争议调解委员会的企业，其调解委员会由职工代表和企业代表组成。

【例题3·多选题】 根据劳动合同法律制度的规定，下列各项中，劳动者可以向人民法院提起诉讼的有（   ）。

A. 劳动争议仲裁委员会不予受理的

B. 劳动者对劳动争议的终局裁决不服的

C. 劳动争议仲裁委员会逾期未作出决定的

D. 终局仲裁裁决被人民法院裁定撤销的

【答案】ABCD

【解析】对劳动争议仲裁委员会不予受理或者逾期未作出决定的，申请人可以就该劳动争议事项向人民法院提起诉讼。劳动者对劳动争议的终局裁决不服的，可以自收到仲裁裁决书之日起15日内提起诉讼。终局裁决被人民法院裁定撤销的，当事人可以自收到裁定书之日起15日内就该劳动争议事项向人民法院提起诉讼。

【例题4·多选题】根据劳动合同法律制度的规定，下列选项中的纠纷不属于劳动争议的有（　　）。

A. 劳动者与用人单位之间没有订立书面劳动合同，但已形成劳动关系后发生的纠纷

B. 劳动者因为工伤、职业病，请求用人单位依法给予工伤保险待遇发生的纠纷

C. 劳动者与用人单位因住房制度改革产生的公有住房转让纠纷

D. 劳动者请求社会保险经办机构发放社会保险金的纠纷

【答案】CD

【解析】下列纠纷不属于劳动争议：（1）劳动者请求社会保险经办机构发放社会保险金的纠纷；（2）劳动者与用人单位因住房制度改革产生的公有住房转让纠纷；（3）劳动者对劳动能力鉴定委员会的伤残等级鉴定结论或者对职业病诊断鉴定委员会的职业病诊断鉴定结论的异议纠纷；（4）家庭或者个人与家政服务人员之间的

纠纷；（5）个体工匠与帮工、学徒之间的纠纷；（6）农村承包经营户与受雇人之间的纠纷。

【例题5·多选题】根据《劳动争议调解仲裁法》的规定，下列劳动争议中，劳动者可以向劳动仲裁部门申请劳动仲裁的有（　　）。

A. 因加班工资支付发生的劳动争议

B. 因竞业限制经济补偿金支付发生的劳动争议

C. 因用人单位劳动保护条件不符合国家规定标准发生的劳动争议

D. 因社会保险缴纳发生的劳动争议

【答案】ABCD

【解析】劳动仲裁的范围主要指用人单位与劳动者发生的下列劳动争议：（1）因确认劳动关系发生的争议；（2）因订立、履行、变更、解除和终止劳动合同发生的争议；（3）因除名、辞退和辞职、离职发生的争议；（4）因工作时间、休息休假、社会保险、福利、培训以及劳动保护发生的争议；（5）因劳动报酬、工伤医疗费、经济补偿或者赔偿金等发生的争议；（6）法律、法规规定的其他劳动争议。

【例题6·判断题】劳动者与用人单位发生劳动争议的，可以向劳动争议仲裁机关提请仲裁，也可以向人民法院提起劳动诉讼。（　　）

【答案】×

【解析】劳动争议先仲裁，对仲裁裁决不服的，可以依法向人民法院提起诉讼。

第二单元　社会保险法律制度

1 社会保险法律制度概述★

一、考点解读

（一）基本社会保险体系（见表8-10）

表8-10

项目	内容
职工 社会保险	基本养老保险
	基本医疗保险 解释 生育保险与基本医疗保险合并

续表

项目	内容
职工 社会保险	工伤保险
	失业保险
城乡居民 基本保险	基本养老保险
	基本医疗保险

（二）社会保险登记

1. 用人单位的社会保险登记。

根据《社会保险费征缴暂行条例》的规定，企业在办理登记注册时，同步办理社会保险登

记。企业以外的缴费单位应当自成立之日起 30 日内，向当地社会保险经办机构申请办理社会保险登记。

2. 个人的社会保险登记。

（1）在职职工的社会保险登记。

用人单位应当自用工之日起 30 日内为其职工向社会保险经办机构申请办理社会保险登记。

（2）灵活就业者的社会保险登记。

自愿参加社会保险的无雇工的个体工商户、未在用人单位参加社会保险的非全日制从业人员以及其他灵活就业人员，应当向社会保险经办机构申请办理社会保险登记。

（三）社会保险费缴纳

1. 用人单位应当自行申报、按时足额缴纳社会保险费，非因不可抗力等法定事由不得缓缴、减免。

2. 职工应当缴纳的社会保险费由用人单位代扣代缴，用人单位应当按月将缴纳社会保险费的明细情况告知职工本人。

3. 无雇工的个体工商户、未在用人单位参加社会保险的非全日制从业人员以及其他灵活就业人员，可以直接向社会保险费征收机构缴纳社会保险费。

4. 为提高社会保险资金征管效率，将基本养老保险费、基本医疗保险费、失业保险费等各项社会保险费交由税务部门统一征收。按照改革相关部署，自 2019 年 1 月 1 日起由税务部门统一征收各项社会保险费和先行划转的非税收入。

（四）社会保险基金的管理运营

1. 除基本医疗保险基金与生育保险基金合并建账及核算外，其他各项社会保险基金按照社会保险险种分别建账，分账核算，执行国家统一的会计制度。

2. 社会保险基金专款专用，任何组织和个人不得侵占或者挪用。

3. 基本养老保险基金逐步实行全国统筹，其他社会保险基金逐步实行省级统筹。

4. 社会保险基金存入财政专户，通过预算实现收支平衡。除基本医疗保险基金与生育保险基金预算合并编制外，其他社会保险基金预算按照社会保险项目分别编制。

5. 社会保险基金在保证安全的前提下，按

照国务院规定投资运营实现保值增值。

二、例题点津

【例题 1·多选题】根据社会保险法律制度的规定，下列关于社会保险基金管理运营的表述中，正确的有（　　）。

A. 社会保险基金专款专用

B. 按照社会保险险种分别建账、分账核算

C. 社会保险基金存入财政专户，通过预算实现收支平衡

D. 基本养老保险基金逐步实行省级统筹，其他社会保险基金逐步实行市级统筹

【答案】ABC

【解析】选项 D，基本养老保险基金逐步实行全国统筹，其他社会保险基金逐步实行省级统筹。

【例题 2·判断题】根据中共中央发布的《深化党和国家机构改革方案》，为提高社会保险资金征管效率，将基本养老保险费、基本医疗保险费、失业保险费等各项社会保险费交由审计部门统一征收。（　　）

【答案】×

【解析】根据中共中央发布的《深化党和国家机构改革方案》，为提高社会保险资金征管效率，将基本养老保险费、基本医疗保险费、失业保险费等各项社会保险费交由税务部门统一征收。按照改革相关部署，自 2019 年 1 月 1 日起由税务部门统一征收各项社会保险费和先行划转的非税收入。

2 基本养老保险 ★★★

一、考点解读

（一）基本养老保险基金的组成和来源

1. 基本养老保险基金由用人单位和个人缴费以及政府补贴等组成。

2. 基本养老保险实行社会统筹与个人账户相结合。

3. 基本养老金由统筹养老金和个人账户养老金组成。

（二）职工基本养老保险费的缴纳与计算

1. 单位缴费。

自 2019 年 5 月 1 日起，降低城镇职工基本养老保险（包括企业和机关事业单位基本养老

保险）单位缴费比例。各省、自治区、直辖市及新疆生产建设兵团养老保险单位缴费比例高于16%的，可降至16%；目前低于16%的，要研究提出过渡办法。

2. 个人缴费。

（1）按照现行政策，职工个人按照本人缴费工资的8%缴费，记入个人账户。计算公式为：

个人养老账户月存储额＝本人月缴费工资×8%

（2）缴费工资的确定。

一般为职工本人上一年度月平均工资（有条件的地区也可以本人上月工资收入为个人缴费工资基数）。

解释 月平均工资按照国家统计局规定列入工资总额统计的项目计算，包括工资、奖金、津贴、补贴等收入，不包括用人单位承担或者支付给员工的社会保险费、劳动保护费、福利费、用人单位与员工解除劳动关系时支付的一次性补偿以及计划生育费用等其他不属于工资的费用。

解释 本人月平均工资低于当地职工月平均工资60%的，按当地职工月平均工资的60%作为缴费基数。本人月平均工资高于当地职工月平均工资300%的，按当地职工月平均工资的300%作为缴费基数。

（3）各省应以本省城镇非私营单位就业人员平均工资和城镇私营单位就业人员平均工资加权计算的全口径城镇单位就业人员平均工资，核定社保个人缴费基数上下限。

个人缴费不计征个人所得税，在计算个人所得税的应税收入时，应当扣除个人缴纳的养老保险费。

城镇个体工商户和灵活就业人员按照上述口径计算的本地全口径城镇单位就业人员平均工资核定社保个人缴费基数上下限，允许缴费人在60%至300%之间选择适当的缴费基数。缴费比例为20%，其中8%计入个人账户。

【举例】 某企业职工王某的月工资为1 500元，当地社会月平均工资为3 000元。则该职工每月应缴纳的基本养老保险费是多少元？

【解析】 本人月平均工资低于当地职工月平均工资60%的，按当地职工月平均工资的60%作为缴费基数。当地职工月平均工资的60%为1 800元。王某个人每月应缴纳的基本养老保险

费数额为1 800×8%＝144（元）。

（三）职工基本养老保险享受条件与待遇

1. 职工基本养老保险享受条件。

（1）年龄条件：达到法定退休年龄。

（2）缴费条件：累计缴费满15年。

2. 职工基本养老保险待遇。

（1）职工基本养老金。

对符合基本养老保险享受条件的人员，国家按月支付基本养老金。

（2）丧葬补助金和遗属抚恤金。

参加基本养老保险的个人，因病或者非因工死亡的，其遗属可以领取丧葬补助金和抚恤金，所需资金从基本养老保险基金中支付。

但如果个人死亡同时符合领取基本养老保险丧葬补助金、工伤保险丧葬补助金和失业保险丧葬补助金条件的，其遗属只能选择领取其中的一项。

（3）病残津贴。

参加基本养老保险的个人，在未达到法定退休年龄时因病或者非因工致残完全丧失劳动能力的，可以领取病残津贴，所需资金从基本养老保险基金中支付。

二、例题点津

【例题1·单选题】 我国现行基本养老保险制度规定的个人缴费比例是（   ）。

A. 20%

B. 11%

C. 8%

D. 具体比例由省、自治区、直辖市政府确定

【答案】 C

【解析】 按照现行政策，职工个人按照本人缴费工资的8%缴费，记入个人账户。

【例题2·多选题】 根据社会保险法律制度的规定，参加基本养老保险的下列人员中，基本养老保险费全部由个人缴纳的有（   ）。

A. 实行企业化管理的事业单位职工

B. 未在用人单位参加基本养老保险的非全日制从业人员

C. 城镇私营企业的职工

D. 无雇工的个体工商户

【答案】 BD

【解析】 无雇工的个体工商户、未在用人单

位参加基本养老保险的非全日制从业人员、其他灵活就业人员可以参加基本养老保险，由个人缴纳基本养老保险费。

【例题3·判断题】 职工基本养老保险的享受条件是职工达到法定退休年龄。（　　）

【答案】 ×

【解析】 职工领取基本养老保险的条件有两个：一是达到法定退休年龄，二是累计缴费满15年。

3 基本医疗保险 ★★★

一、考点解读

（一）基本医疗保险的覆盖范围

1. 职工基本医疗保险。

职工应当参加职工基本医疗保险，由用人单位和职工按照国家规定共同缴纳基本医疗保险费。职工基本医疗保险费的征缴范围包括国有企业、城镇集体企业、外商投资企业、城镇私营企业和其他城镇企业及其职工，国家机关及其工作人员，事业单位及其职工，民办非企业单位及其职工，社会团体及其专职人员。

无雇工的个体工商户、未在用人单位参加基本医疗保险的非全日制从业人员以及其他灵活就业人员可以参加职工基本医疗保险，由个人按照国家规定缴纳基本医疗保险费。

2. 城乡居民基本医疗保险。

整合城镇居民基本医疗保险和新型农村合作医疗两项制度，建立统一的城乡居民基本医疗保险制度。2019年底两项制度在全国范围内实现了并轨运行。城乡居民基本医疗保险制度覆盖范围包括现有城镇居民基本医疗保险制度和新型农村合作医疗所有应参（合）人员，即覆盖除职工基本医疗保险应参保人员以外的其他所有城乡居民，统一保障待遇。

（二）全面推进生育保险和职工基本医疗保险合并实施

推进两项保险合并实施，统一参保登记，即参加职工基本医疗保险的在职职工同步参加生育保险。统一基金征缴和管理，生育保险基金并入职工基本医疗保险基金，按照用人单位参加生育保险和职工基本医疗保险的缴费比例之和确定新的用人单位职工基本医疗保险费率，个人不缴纳生育保险费。两项保险合并实施后实行统一定点医疗服务管理，统一经办和信息服务。确保职工生育期间的生育保险待遇不变。

（三）职工基本医疗保险费的缴纳

1. 单位缴费。单位缴费率一般为职工工资总额的**6%左右**。

2. 用人单位缴纳的基本医疗保险费分为两部分，一部分用于建立统筹基金，另一部分划入个人账户；用人单位缴费部分划入个人账户的具体比例，一般为**30%左右**。

3. 个人缴费。个人缴费率一般为**本人工资收入的2%**。

【举例】 某企业员工王某的月工资为5 000元，当地社会平均月工资为3 000元，王某个人医疗保险账户每月的储存额为多少元？

【解析】 王某每月从工资中扣除5 000×2% = 100（元）存入医疗保险个人账户；单位每月缴费中转入王某个人账户额 = 5 000×6%×30% = 90（元）；王某个人医疗保险账户每月的储存额 = 100 + 90 = 190（元）。

（四）基本医疗保险关系转移接续制度

个人跨统筹地区就业的，其基本医疗保险关系随本人转移，缴费年限累计计算。

（五）退休人员基本医疗保险费的缴纳

参加职工基本医疗保险的个人，达到法定退休年龄时累计缴费达到国家规定年限的，退休后不再缴纳基本医疗保险费，按照国家规定享受基本医疗保险待遇；未达到国家规定缴费年限的，可以缴费至国家规定年限。

（六）职工基本医疗费用的结算

1. 支付范围。

要享受基本医疗保险待遇，一般要符合以下条件：

（1）参保人员必须到基本医疗保险的定点医疗机构就医、购药或定点零售药店购买药品。

（2）参保人员在看病就医过程中所发生的医疗费用必须符合基本医疗保险药品目录、诊疗项目、医疗服务设施标准的范围和给付标准。

2. 不支付的范围。

下列医疗费用不纳入基本医疗保险基金支付范围：

（1）应当从工伤保险基金中支付的；

（2）应当由第三人负担的；

（3）应当由公共卫生负担的；

（4）在境外就医的。

3. 支付标准。

参保人员符合基本医疗保险支付范围的医疗费用中，在社会医疗统筹基金起付标准以上与最高支付限额以下的费用部分，由社会医疗统筹基金按一定比例支付。

起付标准，又称起付线，一般为当地职工年平均工资的10%左右。最高支付限额，又称封顶线，一般为当地职工年平均工资的6倍左右。支付比例一般为90%。

参保人员符合基本医疗保险支付范围的医疗费用中，在社会医疗统筹基金起付标准以下的费用部分，由个人账户资金支付或个人自付；统筹基金起付线以上至封顶线以下的费用部分，个人也要承担一定比例的费用，一般为10%，可由个人账户支付也可自付。参保人员在封顶线以上的医疗费用部分，可以通过单位补充医疗保险或

参加商业保险等途径解决。

【举例】吴某在定点医院做外科手术，共发生医疗费用12万元，其中在规定医疗目录内的费用为10万元，目录以外费用2万元。当地职工平均工资水平为2 000元/月。吴某从医疗统筹账户中的最高支付额是多少元？

【解析】医疗报销起付标准（起付线）为2 000 × 12 × 10% = 2 400（元）；最高支付限额（封顶线）为2 000 × 12 × 6 = 144 000（元）；即吴某医疗费用中在2 400元以上、144 000元以下的部分可以从统筹账户予以报销。报销比例为90%，吴某可以报销的费用为（100 000 − 2 400）× 90% = 87 840（元）。

（七）医疗期

1. 医疗期的概念。

医疗期是指企业职工因患病或非因工负伤停止工作，治病休息，但不得解除劳动合同的期限。

2. 医疗期的期限——3个月到24个月的医疗期（见表8 − 11）。

表8 − 11

实际工作年限	在本单位工作年限（用 X 表示）	医疗期
<10 年	<5 年	3 个月（6 个月内休完）
	≥5 年	6 个月（12 个月内休完）
≥10 年	<5 年	6 个月（12 个月内休完）
	5 年≤X <10 年	9 个月（15 个月内休完）
	10 年≤X <15 年	12 个月（18 个月内休完）
	15 年≤X <20 年	18 个月（24 个月内休完）
	≥20 年	24 个月（30 个月内休完）

提示 病休期间，公休、假日和法定节日包括在内。特殊病例，经批准，可以延长医疗期

3. 医疗期内的待遇。

（1）企业职工在医疗期内，其病假工资、疾病救济费和医疗待遇按照有关规定执行。

（2）病假工资或疾病救济费可以低于当地最低工资标准支付，但最低不能低于最低工资标准的80%。

（3）医疗期内，除劳动者有严重过失的情形外，用人单位不得解除或终止劳动合同。如医疗期内遇合同期满，则合同必须续延至医疗期

满，职工在此期间仍然享受医疗期内待遇。

（4）对医疗期满尚未痊愈者，或者医疗期满后，不能从事原工作，也不能从事用人单位另行安排的工作，被解除劳动合同的，用人单位需按经济补偿规定给予其经济补偿。

二、例题点津

【例题1·单选题】基本医疗保险个人账户的资金来源，包括个人缴费和用人单位强制性缴

费的划入部分。用人单位所缴医疗保险费划入个人医疗账户的比例，一般为（　　）。

A. 2%　　　　　　　B. 6%

C. 8%　　　　　　　D. 30%

【答案】D

【解析】用人单位强制性缴费的划入部分，由统筹地区根据个人医疗账户的支付范围和职工年龄等因素确定。用人单位所缴医疗保险费划入个人医疗账户的具体比例，一般为30%左右。

【例题2·多选题】甲企业职员李某非因工负伤住院治疗。已知李某月工资为4 500元，当地最低月工资标准为2 500元，李某医疗期内工资待遇的下列方案中，甲企业可以依法采用的有（　　）元/月。

A. 1 800　　　　　　B. 2 500

C. 3 600　　　　　　D. 4 000

【答案】BCD

【解析】企业职工在医疗期内，其病假工资、疾病救济费和医疗待遇按照有关规定执行。病假工资或疾病救济费可以低于当地最低工资标准支付，但最低不能低于最低工资标准的80%。甲企业采用的方案不得低于2 000元/月（2 500×80%）。

【例题3·多选题】2021年3月20日，王某高中毕业第一次被某企业录用，双方签订为期5年的劳动合同。2023年5月20日，王某患病住院2个月。下列表述符合法律规定的有（　　）。

A. 王某可以享受3个月的医疗期

B. 医疗期内企业不得解除与王某的劳动合同

C. 企业向王某支付的病假工资不得低于当地最低工资标准

D. 企业向王某支付的病假工资可以低于当地最低工资标准支付，但最低不能低于最低工资标准的80%

【答案】ABD

【解析】根据规定，劳动者实际工作年限不足10年，在本单位工作年限不足5年的医疗期为3个月，选项A正确；在规定的医疗期内用人单位不得解除劳动合同，选项B正确；医疗期内的病假工资或疾病救济费可以低于当地最低工资标准支付，但最低不能低于最低工资标准的80%，选项C错误，选项D正确。

4　工伤保险★★

一、考点解读

（一）工伤保险费的缴纳

1. 职工应当参加工伤保险，由用人单位缴纳工伤保险费，职工不缴纳工伤保险费。

2. 企业、事业单位、社会团体、民办非企业单位、基金会、律师事务所、会计师事务所等组织的职工和个体工商户的雇工，均有依法享受工伤保险待遇的权利。

用人单位缴纳工伤保险费的数额为本单位职工工资总额乘以单位缴费费率之积。

（二）工伤认定（见表8-12）

表8-12

类型	内容
应当认定工伤	在工作时间和工作场所内，因工作原因受到事故伤害的
	工作时间前后在工作场所内，从事与工作有关的预备性或收尾性工作受到事故伤害的
	在工作时间和工作场所内，因履行工作职责受到暴力等意外伤害的
	患职业病的
	因工外出期间，由于工作原因受到伤害或者发生事故下落不明的
	在上下班途中，受到非本人主要责任的交通事故或者城市轨道交通、客运轮渡、火车事故伤害的
	法律、行政法规规定应当认定为工伤的其他情形
视同工伤	在工作时间和工作岗位，突发疾病死亡或者在48小时内经抢救无效死亡的
	在抢险救灾等维护国家利益、公共利益活动中受到伤害的
	原在军队服役，因战、因公负伤致残，已取得革命伤残军人证，到用人单位后旧伤复发的

续表

类型	内容
不认定为工伤	故意犯罪
	醉酒或者吸毒
	自残或者自杀

（三）劳动能力鉴定

1. 劳动功能障碍分为**十个伤残等级**，最重的为一级，最轻的为十级。

2. 生活自理障碍分为**三个等级**：生活完全不能自理、生活大部分不能自理和生活部分不能自理。

自劳动能力鉴定结论作出之日起**1年后**，工伤职工或者其近亲属、所在单位或者经办机构认为伤残情况发生变化的，可以申请劳动能力复查鉴定。

（四）工伤保险待遇

职工因工作原因遭受事故伤害或者患职业病，且经工伤认定的，享受工伤保险待遇。其中，经劳动能力鉴定丧失劳动能力的，享受伤残待遇（见表8－13）。

表8－13

事项	具体内容			支付主体	保留劳动关系与否
工伤医疗待遇	治疗工伤的医疗费用（诊疗费、药费、住院费）			工伤保险基金	
	住院伙食补助费、交通食宿费			工伤保险基金	
	康复性治疗费			工伤保险基金	
	停工留薪期工资福利待遇			用人单位	
	解释 （1）职工因工作遭受事故伤害或者患职业病需要暂停工作接受工伤医疗的，在停工留薪期内，原工资福利待遇不变，由所在单位按月支付。（2）停工留薪期一般不超过12个月。伤情严重或者情况特殊，经设区的市级劳动能力鉴定委员会确认，可以适当延长，但延长不得超过12个月。（3）工伤职工评定伤残等级后，停止享受停工留薪期待遇，按照规定享受伤残待遇。（4）工伤职工在停工留薪期满后仍需治疗的，继续享受工伤医疗待遇。（5）生活不能自理的工伤职工在停工留薪期需要护理的，由所在单位负责。（6）工伤职工治疗非因工伤引发的疾病，不享受工伤医疗待遇，按照基本医疗保险办法处理				
辅助器具装配费	经确认可以安装假肢、矫形器、假眼、假牙和配置轮椅等			工伤保险基金	
伤残待遇	生活护理费			工伤保险基金	
	一次性伤残补助金				
	伤残津贴	1～4级的		工伤保险基金按月支付	保留劳动关系，退出工作岗位
		5～6级的		用人单位按月发放	保留劳动关系，由用人单位安排适当工作
	一次性工伤医疗补助金	5～6级伤残的		工伤保险基金	本人提出，可以与用人单位解除或者终止劳动关系
		7～10级伤残的			合同期满终止，或本人提议解除劳动、聘用合同
	一次性伤残就业补助金	5～6级伤残的		用人单位	本人提出，可以与用人单位解除或者终止劳动关系
		7～10级伤残的			合同期满终止，或本人提议解除劳动、聘用合同

续表

事项	具体内容	支付主体	保留劳动关系与否
工亡待遇	职工因工死亡，或者伤残职工在停工留薪期内因工伤导致死亡	近亲属享受领取丧葬补助金、供养亲属抚恤金和一次性工亡补助金。 **解释** 一次性工亡补助金标准为上一年度全国城镇居民人均可支配收入的 20 倍	工伤保险基金	
	1～4 级伤残职工在停工留薪期满后死亡	近亲属可享受丧葬补助金、供养亲属抚恤金待遇，不享受一次性工亡补助金	工伤保险基金	

（五）特别规定

1. 工伤保险中所称的本人工资，是指工伤职工因工作遭受事故伤害或者患职业病前 12 个月平均月缴费工资。本人工资高于统筹地区职工平均工资 **300%** 的，按照统筹地区职工平均工资的 **300%** 计算；本人工资低于统筹地区职工平均工资 **60%** 的，按照统筹地区职工平均工资的 **60%** 计算。

2. 工伤职工有下列情形之一的，停止享受工伤保险待遇：①丧失享受待遇条件的；②拒不接受劳动能力鉴定的；③拒绝治疗的。

3. 工伤职工符合领取基本养老金条件的，停发伤残津贴，享受基本养老保险待遇。基本养老保险待遇低于伤残津贴的，由工伤保险基金补足差额。

4. 职工所在用人单位未依法缴纳工伤保险费，发生工伤事故的，由用人单位支付工伤保险待遇。用人单位不支付的，从工伤保险基金中先行支付，由用人单位偿还。用人单位不偿还的，社会保险经办机构可以追偿。

5. 由于第三人的原因造成工伤，第三人不支付工伤医疗费用或者无法确定第三人的，由工伤保险基金先行支付。工伤保险基金先行支付后，有权向第三人追偿。

6. 职工（包括非全日制从业人员）在两个或两个以上用人单位同时就业的，各用人单位应当分别为职工缴纳工伤保险费。职工发生工伤，由职工受到伤害时工作的单位依法承担工伤保险责任。

二、例题点津

【例题 1·单选题】 根据社会保险法律制度的规定，下列情况应认定为工伤的是（　　）。

A. 患职业病　　　　　B. 故意犯罪

C. 醉酒或者吸毒　　　D. 自残或者自杀

【答案】 A

【解析】 职工因下列情形之一导致本人在工作中伤亡的，不认定为工伤：①故意犯罪；②醉酒或者吸毒；③自残或者自杀。

【例题 2·多选题】 根据社会保险法律制度的规定，应视同工伤的情形有（　　）。

A. 因工外出期间，由于工作原因受到伤害或者发生事故下落不明的

B. 在上下班途中，受到非本人主要责任的交通事故或者城市轨道交通、客运轮渡、火车事故伤害的

C. 在抢险救灾等维护国家利益、公共利益活动中受到伤害的

D. 原在军队服役，因战、因公负伤致残，已取得革命伤残军人证，到用人单位后旧伤复发的

【答案】 CD

【解析】 职工有下列情形之一的，视同工伤：①在工作时间和工作岗位，突发疾病死亡或者在 48 小时内经抢救无效死亡的；②在抢险救灾等维护国家利益、公共利益活动中受到伤害的；③原在军队服役，因战、因公负伤致残，已取得革命伤残军人证，到用人单位后旧伤复发

的。选项 A、B 属于应当认定工伤的情形。

5　失业保险★★

一、考点解读

（一）失业保险费的缴纳

1. 征缴范围。

国有企业、城镇集体企业、外商投资企业、城镇私营企业和其他城镇企业（统称城镇企业）及其职工，事业单位及其职工。

2. 缴纳比例。

根据《失业保险条例》的规定，城镇企业事业单位按照**本单位工资总额的 2%**缴纳失业保险费，**职工按照本人工资的 1%**缴纳失业保险费。

为减轻企业负担，促进扩大就业，人力资源和社会保障部、财政部数次发文降低失业保险费率，将用人单位和职工失业保险缴费比例总和从 3% 阶段性降至 1%，个人费率不得超过单位费率。

（二）失业保险待遇的享受条件

1. 失业前用人单位和本人已经缴纳失业保险费满 1 年的。

2. 非因本人意愿中断就业的。

3. 已经进行失业登记，并有求职要求的。

（三）失业保险金的领取期限

1. 注意事项。

（1）用人单位应当及时为失业人员出具终止或者解除劳动关系的证明，将失业人员的名单自终止或者解除劳动关系之日起**7 日内**报受理其失业保险业务的经办机构备案，并按要求提供终止或解除劳动合同证明等有关材料。

（2）失业人员在失业期间，可凭社会保障卡或身份证件到现场或通过网上申报的方式，向参保地经办失业保险业务的公共就业服务机构或者社会保险经办机构申领失业保险金。

（3）经办机构认定失业人员失业状态时，不得要求失业人员出具终止或者解除劳动关系证明、失业登记证等其他证明材料。

（4）失业人员申领失业保险金，经办机构应当同时为其办理失业登记和失业保险金发放。

（5）要确保落实申领失业保险金同步办理

失业登记或发放后办理失业登记。

（6）失业保险金领取期限自办理失业登记之日起计算。

（7）自 2019 年 12 月起，延长大龄失业人员领取失业保险金期限，对领取失业保险金期满仍未就业且距法定退休年龄不足 1 年的失业人员，可继续发放失业保险金至法定退休年龄。

（8）继续实施失业保险保障扩围政策，对领取失业保险金期满仍未就业的失业人员、不符合领取失业保险金条件的参保失业人员，发放失业补助金；对参保不满 1 年的失业农民工，发放临时生活补助。保障范围为 2022 年 1 月 1 日至 12 月 31 日期间新发生的参保失业人员。

2. 领取期限（见表 8 – 14）。

表 8 – 14

累计缴费年限	领取期限
满 1 年不足 5 年	最长为 12 个月
满 5 年不足 10 年	最长为 18 个月
10 年以上	最长为 24 个月

（四）失业保险金的发放标准

失业保险金的标准，不得低于城市居民最低生活保障标准，一般也不高于当地最低工资标准。

（五）其他失业保险待遇

1. 领取失业保险金期间享受基本医疗保险待遇。

失业人员在领取失业保险金期间，参加职工基本医疗保险，享受基本医疗保险待遇。失业人员应当缴纳的基本医疗保险费从失业保险基金中支付，个人不缴纳基本医疗保险费。

2. 领取失业保险金期间的死亡补助。

个人死亡同时符合领取基本养老保险丧葬补助金、工伤保险丧葬补助金和失业保险丧葬补助金条件的，其遗属只能选择领取其中的一项。

3. 职业介绍与职业培训补贴。

失业人员在领取失业保险金期间，应当积极求职，接受职业介绍和职业培训。失业人员接受职业介绍、职业培训的补贴由失业保险基金按照规定支付。

4. 国务院规定或者批准的与失业保险有关

的其他费用。

（六）停止领取失业保险金及其他失业保险待遇的情形

失业人员在领取失业保险金期间有下列情形之一的，停止领取失业保险金，并同时停止享受其他失业保险待遇：

1. 重新就业的；

2. 应征服兵役的；

3. 移居境外的；

4. 享受基本养老保险待遇的；

5. 被判刑收监执行的；

6. 无正当理由，拒不接受当地人民政府指定部门或者机构介绍的适当工作或者提供培训的；

7. 有法律、行政法规规定的其他情形的。

二、例题点津

【例题1·单选题】失业人员失业前用人单位和本人累计缴纳失业保险费满1年不足5年的，领取失业保险金的期限最长为（　　）个月。

A. 12　　　　　　　　B. 6

C. 18　　　　　　　　D. 24

【答案】A

【解析】失业人员失业前用人单位和本人累计缴费满1年不足5年的，领取失业保险金的期限最长为12个月；累计缴费满5年不足10年的，领取失业保险金的期限最长为18个月；累计缴费10年以上的，领取失业保险金的期限最长为24个月。

【例题2·多选题】失业人员在领取失业保险金期间有下列情形之一的，应当停止领取失业保险金，并同时停止享受其他失业保险待遇的有（　　）。

A. 重新就业

B. 应征服兵役

C. 醉酒或者吸毒

D. 享受基本养老保险待遇

【答案】ABD

【解析】失业人员在领取失业保险金期间有下列情形之一的，应当停止领取失业保险金，并同时停止享受其他失业保险待遇：重新就业的；应征服兵役的；移居境外的；享受基本养老保险待遇的；被判刑收监执行的；无正当理由，拒不接受当地人民政府指定部门或者机构介绍的适当工作或者提供培训的；有法律、行政法规规定的其他情形的。

6 社会保险经办★

一、考点解读（见表8-15）

表8-15

项目		内容
经办机构	人力资源社会保障行政部门	主管基本养老保险、工伤保险、失业保险等社会保险经办工作
	医疗保障行政部门	主管基本医疗保险、生育保险等社会保险经办工作
社会保险登记	用人单位	用人单位在登记管理机关办理登记时，同步办理社会保险登记
	个人	用人单位应当自用工之日起30日内为其职工向社会保险经办机构申请办理社会保险登记
		自愿参加社会保险的无雇工的个体工商户、未在用人单位参加社会保险的非全日制从业人员以及其他灵活就业人员，应当向社会保险经办机构申请办理社会保险登记

续表

项目	内容	
社会保险转移、变更和注销	关系转移	参加职工基本养老保险、职工基本医疗保险、失业保险的个人跨统筹地区就业，其职工基本养老保险、职工基本医疗保险、失业保险关系随同转移
		参加职工基本养老保险的个人在机关事业单位与企业等不同性质用人单位之间流动就业，其职工基本养老保险关系随同转移
		参加工伤保险、生育保险的个人跨统筹地区就业，在新就业地参加工伤保险、生育保险
	变更和注销	用人单位和个人申请变更、注销社会保险登记，社会保险经办机构应当自收到申请之日起10个工作日内办理完毕
		用人单位注销社会保险登记的，应当先结清欠缴的社会保险费、滞纳金、罚款
社会保险待遇核定和支付		用人单位和个人向社会保险经办机构提出领取基本养老金的申请，社会保险经办机构应当自收到申请之日起20个工作日内办理完毕
		个人医疗费用、生育医疗费用中应当由基本医疗保险（含生育保险）基金支付的部分，由社会保险经办机构审核后与医疗机构、药品经营单位直接结算
		个人治疗工伤的医疗费用、康复费用、安装配置辅助器具费用中应当由工伤保险基金支付的部分，由社会保险经办机构审核后与医疗机构、辅助器具配置机构直接结算
		个人申领失业保险金，社会保险经办机构应当自收到申请之日起10个工作日内办理完毕。个人在领取失业保险金期间，社会保险经办机构应当从失业保险基金中支付其应当缴纳的基本医疗保险（含生育保险）费
		个人申领职业培训等补贴，应当提供职业资格证书或者职业技能等级证书。社会保险经办机构应当对职业资格证书或者职业技能等级证书进行审核，并自收到申请之日起10个工作日内办理完毕
		个人出现国家规定的停止享受社会保险待遇的情形，用人单位、待遇享受人员或者其亲属应当自相关情形发生之日起20个工作日内告知社会保险经办机构，社会保险经办机构核实后应当停止发放相应的社会保险待遇

二、例题点津

【例题·判断题】用人单位和个人向社会保险经办机构提出领取基本养老金的申请，社会保险经办机构应当自收到申请之日起30个工作日内办理完毕。（　　）

【答案】×

【解析】用人单位和个人向社会保险经办机构提出领取基本养老金的申请，社会保险经办机构应当自收到申请之日起20个工作日内办理完毕。

7 社会保险费征缴与社会保险基金管理 ★

一、考点解读（见表 8-16）

表 8-16

项目	内容
社会保险费征缴	用人单位应当自行申报、按时足额缴纳社会保险费，非因不可抗力等法定事由不得缓缴、减免
	为提高社会保险资金征管效率，将基本养老保险费、基本医疗保险费、失业保险费等各项社会保险费交由税务部门统一征收。按照改革相关部署，自 2019 年 1 月 1 日起由税务部门统一征收各项社会保险费和先行划转的非税收入
社会保险基金管理	除基本医疗保险基金与生育保险基金合并建账及核算外，其他各项社会保险基金按照社会保险险种分别建账，分账核算，执行国家统一的会计制度
	社会保险基金专款专用，任何组织和个人不得侵占或者挪用
	社会保险基金存入财政专户，按照统筹层级设立预算，通过预算实现收支平衡
	社会保险经办机构应当定期向社会公布参加社会保险情况以及社会保险基金的收入、支出、结余和收益情况
	社会保险基金在保证安全的前提下，按照国务院规定投资运营实现保值增值

提示　社会保险基金不得违规投资运营，不得用于平衡其他政府预算，不得用于兴建、改建办公场所和支付人员经费、运行费用、管理费用，或者违反法律、行政法规规定挪作其他用途

二、例题点津

【例题·判断题】社会保险基金不得违规投资运营，也不得用于平衡其他政府预算，但可以临时用于兴建、改建办公场所（　　）。

【答案】×

【解析】社会保险基金在保证安全的前提下，按照国务院规定投资运营实现保值增值。不得违规投资运营，不得用于平衡其他政府预算，不得用于兴建、改建办公场所和支付人员经费、运行费用、管理费用，或者违反法律、行政法规规定挪作其他用途。

本章综合题型精讲

1. 甲公司从事建材生产作业，其在外地设有一分公司乙，并且已取得营业执照；2023 年 8 月，因生产规模扩大，乙公司决定新招一批生产工人。随后乙公司在当地招聘了包括小王和小李在内的 15 名工人，并于 2023 年 9 月 1 日开始工作。乙公司与应聘个人口头约定了工作内容和工资数额。

2023 年 10 月初，小王要求与乙公司签订书面劳动合同，公司领导以种种借口推托。直至劳动监察部门发现，乙公司才与包括小王和小李在内的 15 名工人签订了 2 年的书面劳动合同，合同中约定试用期 6 个月，试用期的工资为合同约定工资的 70%。

某日，生产机器出现故障，公司主管强令小

李去高空维修故障机器，且不能提供安全器具，被小李拒绝。公司主管认为小李不服从领导安排，违反了劳动合同，要求公司对小李进行处罚；小李则提出与公司解除劳动合同，并要求公司支付经济补偿。

要求：根据以上资料，分析回答下列问题：

（1）乙公司与小王等签订的劳动合同中，属于必备条款的是（　　）。

A. 乙公司的名称

B. 小王等人的姓名

C. 劳动合同的期限

D. 小王等人的试用期

【答案】ABC

【解析】试用期属于劳动合同的可备条款，不属于必备条款。

（2）下列关于小王要求签订书面劳动合同的说法中，正确的是（　　）。

A. 小王要求签订书面劳动合同合法

B. 小王要求签订书面劳动合同不合法

C. 对于已建立劳动关系，未同时订立书面劳动合同的，应当自用工之日起1个月内订立书面劳动合同

D. 对于已建立劳动关系，未同时订立书面劳动合同的，应当自用工之日起2个月内订立书面劳动合同

【答案】AC

【解析】小王要求签订书面劳动合同合法。根据规定，对于已建立劳动关系，未同时订立书面劳动合同的，应当自用工之日起1个月内订立书面劳动合同。

（3）关于乙公司与工人签订的劳动合同中，下列说法正确的是（　　）。

A. 合同约定的试用期时间符合法律规定

B. 劳动合同期限1年以上不满3年的，试用期不得超过6个月

C. 试用期内的工资待遇不符合法律规定

D. 劳动者在试用期的工资不得低于本单位相同岗位最低档工资或者劳动合同约定工资的80%

【答案】CD

【解析】首先，合同约定的试用期时间不符合法律规定。劳动合同期限3个月以上（含本

数，下同）不满1年的，试用期不得超过1个月；劳动合同期限1年以上不满3年的，试用期不得超过2个月；3年以上固定期限和无固定期限的劳动合同，试用期不得超过6个月。其次，试用期内的工资待遇不符合法律规定。劳动合同法规定，劳动者在试用期的工资不得低于本单位相同岗位最低档工资或者劳动合同约定工资的80%。

（4）下列关于劳动合同解除和终止的说法中，不正确的是（　　）。

A. 用人单位未按照劳动合同约定提供劳动保护或者劳动条件的，劳动者不需要事先告知即可解除劳动合同

B. 对于劳动者不需事先告知即可解除劳动合同的，用人单位不需向劳动者支付经济补偿

C. 用人单位违章、强令冒险作业危及劳动者人身安全的，劳动者可以随时通知解除劳动合同

D. 对于劳动者可以随时解除劳动合同的，用人单位需向劳动者支付经济补偿

【答案】ABC

【解析】用人单位未按照劳动合同约定提供劳动保护或者劳动条件的，劳动者可以随时通知解除劳动合同；用人单位违章、强令冒险作业危及劳动者人身安全的，劳动者不需要事先告知即可解除劳动合同；对于劳动者不需事先告知即可解除劳动合同的，用人单位需向劳动者支付经济补偿。

2. 2023年1月，某饮料食品有限责任公司因生产需要，招聘了15名工人。该公司在与15名工人订立的书面劳动合同中约定劳动合同期限为2年。为防止新工人缺乏工作经验，有可能造成生产设备或产品的损害，劳动合同约定自合同成立之日公司向工人收取500元押金。2023年5月遇季节性生产紧张，该公司要求工人工作日加班并向工人支付了加班费。2023年8月，公司发现有3名工人不能胜任工作，经过培训仍不能胜任工作。2023年10月，公司与该3名工人解除了劳动合同。2023年12月，该公司引进国外生产设备，为了尽快投入生产，公司送其中2名工人到国外培训2个月，培训费1.5万元。同时，公司与出国培训的2名工人约定，其应当为公司服务期延长至5年。

要求：根据上述资料，分析回答下列问题：

（1）该公司在与工人订立的书面劳动合同

中约定劳动合同期限为 2 年，约定试用期不超过（　　）个月。

A. 1　　　　　　　　B. 2

C. 3　　　　　　　　D. 6

【答案】B

【解析】根据规定，用人单位与劳动者可以在劳动合同中约定试用期。劳动合同期限 3 个月以上（含本数，下同）不满 1 年的，试用期不得超过 1 个月；劳动合同期限 1 年以上不满 3 年的，试用期不得超过 2 个月；3 年以上固定期限和无固定期限的劳动合同，试用期不得超过 6 个月。

（2）对于该公司向工人收取押金的行为，下列表述错误的是（　　）。

A. 对收取押金的内容用人单位可以与劳动者在劳动合同中约定

B. 用人单位招用劳动者，不得要求劳动者提供担保或者以其他名义向劳动者收取财物

C. 对收取押金的行为由劳动行政部门责令限期退还劳动者本人，并对用人单位处以 500 元以上 2 000 元以下的罚款

D. 对收取押金的行为由劳动行政部门责令限期退还劳动者本人，并以每人 500 元以上 2 000 元以下的标准对用人单位处以罚款

【答案】AC

【解析】根据规定，用人单位招用劳动者，不得扣押劳动者的居民身份证和其他证件，不得要求劳动者提供担保或者以其他名义向劳动者收取财物。若收取了押金，根据规定，应当由劳动行政部门责令限期退还劳动者本人，并以每人 500 元以上 2 000 元以下的标准对用人单位处以罚款；给劳动者造成损害的，应当承担赔偿责任。

（3）该公司要求工人加班，应支付加班费的标准是（　　）。

A. 不低于劳动合同规定的劳动者本人小时工资标准的 150%

B. 不低于劳动合同规定的劳动者本人日工资标准的 150%

C. 不低于劳动合同规定的劳动者本人日工资标准的 200%

D. 不低于劳动合同规定的劳动者本人日工资标准的 300%

【答案】A

【解析】根据规定，用人单位依法安排劳动者在日标准工作时间以外延长工作时间的，按照不低于劳动合同规定的劳动者本人小时工资标准的 150% 支付劳动者工资。

（4）该公司与出国培训的 2 名工人约定服务期的表述中正确的是（　　）。

A. 服务期是劳动合同的必备条款

B. 服务期是劳动合同的可备条款

C. 服务期长于劳动合同期限，劳动合同应当续延至服务期满

D. 劳动者违反服务期约定的，应当按照约定向用人单位支付违约金

【答案】BCD

【解析】根据规定，用人单位为劳动者提供专项培训费用，对其进行专业技术培训的，可以与该劳动者订立协议，约定服务期。服务期与劳动合同期限一般在时间长度上不一致，前者一般长于后者；劳动合同期满，但是用人单位与劳动者约定的服务期尚未到期的，劳动合同应当续延至服务期满。劳动者违反服务期约定的，应当按照约定向用人单位支付违约金。

本章考点巩固练习题

一、单项选择题

1. 2023 年 3 月 1 日，甲公司与韩某签订劳动合同，约定合同期限 1 年，试用期 1 个月，每月 15 日发放工资。韩某 2023 年 3 月 10 日上岗工作。甲公司与韩某建立劳动关系的起始时间是（　　）。

A. 2023 年 3 月 1 日

B. 2023 年 3 月 10 日

C. 2023 年 3 月 15 日

D. 2023 年 4 月 10 日

2. 根据劳动合同法律制度的规定，下列情形中，

用人单位与劳动者可以不签订书面劳动合同的是（　　）。

A. 试用期用工　　B. 非全日制用工

C. 固定期限用工　D. 无固定期限用工

3. 根据劳动合同法律制度的规定，关于劳动报酬支付的下列表述中，不正确的是（　　）。

A. 用人单位可以采用多种形式支付工资，如货币、有价证券、实物等

B. 工资至少每月支付一次，实行周、日、小时工资制的可按周、日、小时支付工资

C. 对完成一次性临时劳动的劳动者，用人单位应按协议在其完成劳动任务后即支付工资

D. 约定支付工资的日期遇节假日或休息日的，应提前在最近的工作日支付

4. 根据劳动合同法律制度的规定，下列情形中，职工可以享受当年年休假的是（　　）。

A. 依法享受寒暑假，其休假天数多于年休假天数的

B. 请事假累计20天以上，且单位按照规定不扣工资的

C. 累计工作满1年不满10年，请病假累计2个月以上的

D. 累计工作满20年以上，请病假累计满3个月的

5. 甲公司职员钱某因工作失误给公司造成经济损失20 000元，已知钱某每月工资收入为2 500元，当地月最低工资为1 800元。根据劳动合同法律制度的规定，甲公司可从钱某每月工资中扣除的最高限额为（　　）元。

A. 500　　　　B. 700

C. 800　　　　D. 1 000

6. 周某于2022年4月11日进入甲公司就职，经周某要求，甲公司于2023年4月11日才与其签订劳动合同。已知周某每月工资为4 000元，已按时足额领取。甲公司应向周某支付工资补偿的金额是（　　）元。

A. 0　　　　　B. 4 000

C. 44 000　　　D. 48 000

7. 根据劳动合同法律制度的规定，下列选项中，属于劳动合同可备条款的是（　　）。

A. 劳动保护和劳动条件

B. 劳动合同期限

C. 工作内容和工作地点

D. 补充保险和福利待遇

8. 根据劳动合同法律制度的规定，下列职工中，不属于用人单位经济性裁员应优先留用的是（　　）。

A. 与本单位订立无固定期限劳动合同的

B. 与本单位订立较短期限的固定期限劳动合同的

C. 与本单位订立较长期限的固定期限劳动合同的

D. 家庭无其他就业人员，有需要扶养的老人或者未成年人的

9. 基本养老保险基金的资金来源不包括（　　）。

A. 用人单位缴纳

B. 个人缴纳

C. 社会捐赠

D. 财政补助

10. 甲公司职工周某的月工资为6 800元。已知当地职工基本医疗保险的单位缴费率为6%，职工个人缴费率为2%，用人单位所缴医疗保险费划入个人医疗账户的比例为30%。关于周某个人医疗保险账户每月存储额的下列计算中，正确的是（　　）。

A. $6\,800 \times 2\% = 136$（元）

B. $6\,800 \times 2\% + 6\,800 \times 6\% \times 30\% = 258.4$（元）

C. $6\,800 \times 2\% + 6\,800 \times 6\% = 544$（元）

D. $6\,800 \times 6\% \times 30\% = 122.4$（元）

11. 职工因工死亡的，其近亲属不可以从工伤保险基金中得到（　　）。

A. 一次性工亡补助金

B. 丧葬补助金

C. 供养亲属抚恤金

D. 慰问金

12. 王某因劳动合同终止而失业，已办理登记并有求职要求，此系王某首次失业，已知王某与用人单位累计缴纳失业保险费满7年。王某领取失业保险金的最长期限是（　　）个月。

A. 6　　　　　B. 12

C. 18　　　　　D. 24

二、多项选择题

1. 根据劳动合同法律制度的规定，下列各项中，除劳动者提出订立固定期限劳动合同外，用人单位与劳动者应当订立无固定期限劳动合同的情形有（　　）。

A. 劳动者在该用人单位连续工作满 10 年的

B. 连续订立两次固定期限劳动合同，继续续订的

C. 国有企业改制重新订立劳动合同，劳动者在该用人单位连续工作满 5 年且距法定退休年龄不足 15 年的

D. 用人单位初次实行劳动合同制度。劳动者在该用人单位连续工作满 10 年且距法定退休年龄不足 10 年的

2. 根据劳动合同法律制度的规定，关于用人单位和劳动者对竞业限制约定的下列表述中，正确的有（　　）。

A. 用人单位和劳动者约定的竞业限制期限不得超过 2 年

B. 用人单位应按照双方约定，在竞业限制期限内按月给予劳动者经济补偿

C. 竞业限制约定适用于用人单位与其高级管理人员、高级技术人员和其他负有保密义务的人员之间

D. 劳动者违反竞业限制约定的，应按照约定向用人单位支付违约金

3. 根据劳动合同法律制度的规定，下列情形中，劳动者可以单方面与用人单位解除劳动合同的有（　　）。

A. 用人单位未为劳动者缴纳社会保险费

B. 用人单位未及时足额支付劳动报酬

C. 用人单位未按照劳动合同约定提供劳动保护

D. 用人单位未按照劳动合同约定提供劳动条件

4. 根据劳动合同法律制度的规定，下列情形中，可导致劳动合同关系终止的有（　　）。

A. 劳动合同期满

B. 劳动者达到法定退休年龄

C. 用人单位被依法宣告破产

D. 女职工在哺乳期

5. 根据劳动合同法律制度的规定，劳动者单方面解除劳动合同的下列情形中，不能获得经济补偿的有（　　）。

A. 劳动者提前 30 日以书面形式通知用人单位解除劳动合同的

B. 劳动者因用人单位未按照劳动合同约定提供劳动保护而解除劳动合同的

C. 劳动者因用人单位未及时足额支付劳动报酬而解除劳动合同的

D. 劳动者在试用期内提前 3 日通知用人单位解除劳动合同的

6. 根据劳动合同法律制度的规定，关于劳务派遣的下列表述中，正确的有（　　）。

A. 劳动合同关系存在于劳务派遣单位与被派遣劳动者之间

B. 劳务派遣单位是用人单位，接受以劳务派遣形式用工的单位是用工单位

C. 被派遣劳动者的劳动报酬可低于用工单位同类岗位劳动者的劳动报酬

D. 被派遣劳动者不能参加用工单位的工会

7. 劳动者因用人单位拖欠劳动报酬发生劳动争议申请仲裁的，应当在仲裁时效期间内提出。关于该仲裁时效期间的下列表述中，正确的有（　　）。

A. 从用人单位拖欠劳动报酬之日起 1 年内提出

B. 从用人单位拖欠劳动报酬之日起 2 年内提出

C. 劳动关系存续期间无仲裁时效期间限制

D. 劳动关系终止的，应当自劳动关系终止之日起 1 年内提出

8. 根据劳动合同法律制度的规定，下列劳动争议中，劳动者可以向劳动仲裁部门申请劳动仲裁的有（　　）。

A. 确认劳动关系争议

B. 工伤医疗费争议

C. 劳动保护条件争议

D. 社会保险争议

9. 根据社会保险法律制度的规定，下列关于职工基本养老保险待遇的表述中，正确的有（　　）。

A. 对符合基本养老保险享受条件的人员，国家按月支付基本养老金

B. 参保职工因病死亡的，其遗属可以领取丧

葬补助金

C. 参保职工非因工死亡的，其遗属可以领取抚恤金

D. 参保职工在未达到法定退休年龄时因病致残而完全丧失劳动能力的，可以领取病残津贴

10. 根据社会保险法律制度的规定，关于职工患病应享受医疗期及医疗期内待遇的下列表述中，正确的有（　　）。

A. 实际工作年限不足10年，在本单位工作年限不足5年的，医疗期期间为3个月

B. 实际工作年限不足10年，在本单位工作年限5年以上的，医疗期期间为6个月

C. 医疗期内遇劳动合同期满，则劳动合同必须续延至医疗期满

D. 病假工资可以低于当地最低工资标准支付，但不得低于当地最低工资标准的80%

三、判断题

1. 甲公司招用王某时，要求其缴纳600元的工作服押金，甲公司的做法不符合法律规定。　　　　　　　　　　　　　　　　（　）

2. 用人单位与劳动者约定服务期的，不影响按照正常的工资调整机制提高劳动者在服务期期间的劳动报酬。　　　　　　　　　（　）

3. 从事同类业务竞业限制期限不得超过1年。　　　　　　　　　　　　　　　　　（　）

4. 用人单位应当将直接涉及劳动者切身利益的规章制度和重大事项决定公示，或者告知劳动者。　　　　　　　　　　　　　（　）

5. 劳务派遣单位应当与被派遣劳动者订立2年以上的固定期限劳动合同。　　　　（　）

6. 因企业自主进行改制发生的纠纷，不属于劳动争议。　　　　　　　　　　　　（　）

7. 参加基本养老保险的个人，在未达到法定退休年龄时因病或者非因工致残完全丧失劳动能力的，可以领取病残津贴。（　）

8. 在停工留薪期内，职工的原工资福利待遇不变，由工伤保险基金按月支付。　（　）

9. 失业保险金自办理失业登记之日起计算。　　　　　　　　　　　　　　　　　（　）

10. 职工在两个或两个以上用人单位同时就业的，各用人单位应当分别为职工缴纳工伤保

险费。　　　　　　　　　　　　（　）

四、不定项选择题

1. 2023年1月，甲公司与乙公司签订劳务派遣协议，派遣刘某到乙公司从事临时性工作。2023年5月，临时性工作结束，两公司未再给刘某安排工作，也未再向其支付任何报酬。2023年7月，刘某得知自2023年1月被派遣以来，两公司均未为其缴纳社会保险费，遂提出解除劳动合同。

要求：根据上述资料，不考虑其他因素，分析回答下列问题。

（1）关于甲公司、乙公司以及刘某之间劳务关系的下列表述中，正确的是（　　）。

A. 刘某与乙公司建立劳动合同关系

B. 刘某与甲公司建立劳动合同关系

C. 刘某与甲公司、乙公司均未建立劳动合同关系

D. 甲公司与乙公司存在劳务租赁关系

（2）刘某无工作期间报酬享有的下列表述中，正确的是（　　）。

A. 刘某不享有报酬

B. 乙公司应当按月向其支付报酬

C. 刘某享受报酬的标准为支付单位所在地的最低工资标准

D. 甲公司应按月向其支付报酬

（3）刘某解除与甲公司的劳动合同应采取的方式是（　　）。

A. 两公司均未为刘某缴纳社会保险费，刘某无须告知公司即可解除

B. 应提前30日通知公司解除

C. 可随时通知公司解除

D. 应与甲公司签订解除劳动合同协议，方可解除原先签订的劳动合同

（4）该劳动合同解除时经济补偿金支付的下列表述中，正确的是（　　）。

A. 甲、乙两公司均无须向刘某支付经济补偿金

B. 乙公司应向刘某支付经济补偿金

C. 甲公司应向刘某支付经济补偿金

D. 甲公司无须向刘某支付经济补偿金

2. 孙某曾应聘在甲公司工作，试用期满后从事

技术工作，2 年后跳槽至乙企业成为该企业的业务骨干。甲公司为实施新的公司战略，拟聘请孙某担任公司高管。经协商，双方签订了劳动合同，约定：（1）劳动合同期限为 2 年，试用期为 3 个月；（2）合同期满或因其他原因离职后，孙某在 3 年内不得从事与甲公司同类的业务工作，公司在孙某离职时一次性支付补偿金 10 万元。

在劳动合同期满前 1 个月时，孙某因病住院。3 个月后，孙某痊愈，到公司上班时，公司通知孙某劳动合同已按期终止，病休期间不支付工资，也不再向其支付 10 万元补偿金。孙某同意公司不支付 10 万元补偿金，但要求公司延续劳动合同期至病愈，并支付病休期间的病假工资和离职的经济补偿。甲公司拒绝了孙某的要求，孙某半年后要求解除竞业限制。

已知：孙某实际工作年限 12 年。

要求：根据上述资料，不考虑其他因素，分析回答下列问题。

（1）对甲公司与孙某约定的劳动合同条款所作的下列判断中，正确的是（　　）。

　　A. 甲公司与孙某不应再次约定试用期

　　B. 甲公司与孙某可以再次约定试用期

　　C. 甲公司与孙某可以约定离职后在一定期限内不得从事同类行业

　　D. 甲公司与孙某约定离职后不得从事同类行业的时间超过法定最长期限

（2）孙某可以享受的法定医疗期（　　）个月。

　　A. 1　　　　　　　B. 3

　　C. 6　　　　　　　D. 12

（3）对劳动合同终止及孙某病休期间工资待遇的下列判断中，正确的是（　　）。

　　A. 孙某与公司约定的劳动合同期满时，劳动合同自然终止

　　B. 孙某与公司的劳动合同期限应延续至孙某病愈出院

　　C. 公司只需支付孙某劳动合同期满前一个月的病假工资

　　D. 公司应支付孙某 3 个月病休期间的病假工资

（4）下列说法中正确的是（　　）。

　　A. 人民法院不应支持孙某解除竞业限制的请求

　　B. 人民法院应该支持孙某解除竞业限制的请求

　　C. 甲公司应支付孙某离职的经济补偿

　　D. 甲公司不需支付孙某离职的经济补偿

3. 2023 年 3 月 2 日，高某到甲公司工作，5 月 4 日，甲公司与高某签订了 1 年期限书面劳动合同。同年因工作需要，甲公司安排高某分别于 10 月 1 日（国庆节）、10 月 14 日（周六）各加班 1 天，且未安排补休。2024 年初，甲公司得知高某已经怀孕，劳动合同期限届满，甲公司终止劳动合同，此时高某仍处于孕期。

已知：甲公司实行标准工时制，高某日工资为 220 元。甲公司已为高某办理了社会保险登记并按月从其工资中扣缴相关社会保险费用。

要求：据上述资料，不考虑其他因素，分析回答下列问题。

（1）甲公司与高某劳动关系建立及订立书面劳动合同的下列表述中，正确的是（　　）。

　　A. 甲公司不需要向高某支付 2 倍工资

　　B. 劳动关系自 2023 年 3 月 2 日建立

　　C. 高某有权要求甲公司支付自 2023 年 4 月 2 日至 5 月 3 日期间 2 倍工资

　　D. 双方的劳动关系自 2022 年 5 月 4 日建立

（2）下列社会保险项目中，甲公司应从高某工资中代扣代缴的保险费是（　　）。

　　A. 工伤保险

　　B. 失业保险

　　C. 职工基本养老保险

　　D. 职工基本医疗保险

（3）计算甲公司依法应向高某支付的 10 月最低加班工资的下列算式中，正确的是（　　）。

　　A. $220 \times 200\% + 220 \times 150\% = 770$（元）

　　B. $220 \times 300\% + 220 \times 200\% = 1\,100$（元）

　　C. $220 \times 300\% + 220 \times 300\% = 1\,320$（元）

　　D. $220 \times 200\% + 220 \times 200\% = 880$（元）

（4）关于甲公司终止劳动合同及其法律后果的下列表述中，正确的是（   ）。

A. 甲公司终止该劳动合同后，高某要求继续履行，甲公司应当继续履行

B. 劳动合同期限已届满，甲公司可以终止劳动合同

C. 因高某在孕期，甲公司不得终止合同，劳动合同应延续

D. 甲公司终止该劳动合同后，高某不要求继续履行，甲公司应当向其支付赔偿金

本章考点巩固练习题参考答案及解析

一、单项选择题

1.【答案】B

【解析】根据规定，用人单位自用工之日起即与劳动者建立劳动关系。

2.【答案】B

【解析】非全日制用工双方当事人可以订立口头协议。

3.【答案】A

【解析】工资应当以法定货币支付，不得以实物及有价证券替代货币支付。

4.【答案】D

【解析】选项 D，累计工作满 20 年以上的职工，请病假累计 4 个月以上的，不得享受当年带薪年休假。

5.【答案】A

【解析】因劳动者本人原因给用人单位造成经济损失的，用人单位可按照劳动合同的约定要求其赔偿经济损失。经济损失的赔偿，可从劳动者本人的工资中扣除。但每月扣除的部分不得超过劳动者当月工资的 20%。若扣除后的剩余工资部分低于当地月最低工资标准，则按最低工资标准支付。

6.【答案】C

【解析】用人单位自用工之日起满 1 年未与劳动者订立书面劳动合同的，自用工之日起满 1 个月的次日至满 1 年的前一日（共 11 个月）应当向劳动者每月支付 2 倍的工资，并视为自用工之日起满 1 年的当日已经与劳动者订立无固定期限劳动合同，应当立即与劳动者补订书面劳动合同。甲公司应向周某支付工资补偿的金额：4 000×11＝44 000（元）。

7.【答案】D

【解析】除劳动合同必备条款外，用人单位与劳动者还可以在劳动合同中约定试用期、培训、保守秘密、补充保险和福利待遇等其他事项，称为可备条款。但约定事项不能违反法律、行政法规的强制性规定，否则该约定无效。

8.【答案】B

【解析】裁减人员时，应当优先留用下列人员：（1）与本单位订立较长期限的固定期限劳动合同的；（2）与本单位订立无固定期限劳动合同的；（3）家庭无其他就业人员，有需要扶养的老人或者未成年人的。

9.【答案】C

【解析】基本养老保险基金由用人单位和个人缴费以及政府补贴等组成。

10.【答案】B

【解析】职工医疗保险个人账户的资金来源为个人缴费部分加用人单位强制性缴费的划入部分。本题中，周某个人医疗保险账户每月存储额＝6 800×2%＋6 800×6%×30%＝258.4（元）。

11.【答案】D

【解析】职工因工死亡，或者伤残职工在停工留薪期内因工伤致死亡的，其近亲属享受从工伤保险基金领取丧葬补助金、供养亲属抚恤金和一次性工亡补助金的待遇。

12.【答案】C

【解析】失业人员失业前用人单位和本人累计缴费满 1 年不足 5 年的，领取失业保险金的期限最长为 12 个月；累计缴费满 5 年不足 10 年的，领取失业保险金的期限最长为

18 个月；累计缴费 10 年以上的，领取失业保险金的期限最长为 24 个月。本题中，缴费满 7 年，领取失业保险金的期限最长为 18 个月。

二、多项选择题

1.【答案】ABD

【解析】用人单位初次实行劳动合同制度或者国有企业改制重新订立劳动合同时，劳动者在该用人单位连续工作满 10 年且距法定退休年龄不足 10 年的，应当订立无固定期限劳动合同，因此，选项 C 的说法错误。

2.【答案】ABCD

【解析】（1）在解除或者终止劳动合同后，竞业限制人员到与本单位生产或者经营同类产品、从事同类业务的有竞争关系的其他用人单位工作，或者自己开业生产或者经营同类产品、从事同类业务的竞业限制期限，不得超过 2 年。（2）对负有保密义务的劳动者，用人单位可以在劳动合同或者保密协议中与劳动者约定竞业限制条款，并约定在解除或者终止劳动合同后，在竞业限制期限内按月给予劳动者经济补偿。（3）竞业限制的人员限于用人单位的高级管理人员、高级技术人员和其他负有保密义务的人员，而不是所有的劳动者。（4）劳动者违反竞业限制约定的，应当按照约定向用人单位支付违约金。

3.【答案】ABCD

【解析】劳动者可随时通知解除劳动合同的情形：（1）用人单位未按照劳动合同约定提供劳动保护或者劳动条件的；（2）用人单位未及时足额支付劳动报酬的；（3）用人单位未依法为劳动者缴纳社会保险费的；（4）用人单位的规章制度违反法律、法规的规定，损害劳动者权益的；（5）用人单位以欺诈、胁迫的手段或者乘人之危，使劳动者在违背真实意思的情况下订立或者变更劳动合同致使劳动合同无效的；（6）用人单位在劳动合同中免除自己的法定责任、排除劳动者权利的；（7）用人单位违反法律、行政法规强制性规定的；（8）法律、行政法规规定劳动者可以解除劳动合同的其他情形。

用人单位有上述情形的，劳动者可随时通知用人单位解除劳动合同。用人单位需向劳动者支付经济补偿。

4.【答案】ABC

【解析】选项 D，女职工在孕期、产期、哺乳期的，用人单位既不得解除劳动合同，也不得终止劳动合同，劳动合同应当续延至相应的情形消失时终止。

5.【答案】AD

【解析】用人单位应当向劳动者支付经济补偿的情形：（1）劳动者符合随时通知解除和不需事先通知即可解除劳动合同规定情形而解除劳动合同的；（2）由用人单位提出解除劳动合同并与劳动者协商一致而解除劳动合同的；（3）用人单位符合提前 30 日以书面形式通知劳动者本人或者额外支付劳动者 1 个月工资后，可以解除劳动合同的规定情形而解除劳动合同的；（4）用人单位符合可裁减人员规定而解除劳动合同的；（5）除用人单位维持或者提高劳动合同约定条件续订劳动合同，劳动者不同意续订的情形外，劳动合同期满终止固定期限劳动合同的；（6）用人单位被依法宣告破产或者用人单位被吊销营业执照、责令关闭、撤销或者用人单位决定提前解散而终止劳动合同的；（7）以完成一定工作任务为期限的劳动合同因任务完成而终止的；（8）法律、行政法规规定的其他情形。

6.【答案】AB

【解析】（1）选项 C，被派遣劳动者享有与用工单位的劳动者同工同酬的权利。用工单位应当按照同工同酬原则，对被派遣劳动者与本单位同类岗位的劳动者实行相同的劳动报酬分配方法。（2）选项 D，被派遣劳动者有权在劳务派遣单位或者用工单位依法参加或者组织工会，维护自身的合法权益。

7.【答案】CD

【解析】劳动关系存续期间因拖欠劳动报酬发生争议的，劳动者申请仲裁不受 1 年仲裁时效期间的限制；但是，劳动关系终止的，应当自劳动关系终止之日起 1 年内提出。

8.【答案】ABCD

【解析】劳动仲裁的范围主要指中华人民共和

国境内的用人单位与劳动者发生的下列劳动争议：（1）因确认劳动关系发生的争议；（2）因订立、履行、变更、解除和终止劳动合同发生的争议；（3）因除名、辞退和辞职、离职发生的争议；（4）因工作时间、休息休假、社会保险、福利、培训以及劳动保护发生的争议；（5）因劳动报酬、工伤医疗费、经济补偿或者赔偿金等发生的争议；（6）法律、法规规定的其他劳动争议。解决劳动争议的法律依据主要是《中华人民共和国劳动争议调解仲裁法》和《劳动人事争议仲裁办案规则》。

9.【答案】ABCD
【解析】职工基本养老保险待遇：（1）职工基本养老金。对符合基本养老保险享受条件的人员，国家按月支付基本养老金。（2）丧葬补助金和遗属抚恤金。参加基本养老保险的个人，因病或者非因工死亡的，其遗属可以领取丧葬补助金和抚恤金，所需资金从基本养老保险基金中支付。但如果个人死亡同时符合领取基本养老保险丧葬补助金、工伤保险丧葬补助金和失业保险丧葬补助金条件的，其遗属只能选择领取其中的一项。（3）病残津贴。参加基本养老保险的个人，在未达到法定退休年龄时因病或者非因工致残完全丧失劳动能力的，可以领取病残津贴，所需资金从基本养老保险基金中支付。

10.【答案】ABCD
【解析】（1）选项A、B，实际工作年限不足10年的，在本单位工作年限不足5年的为3个月；5年以上的为6个月。（2）选项C，医疗期内遇劳动合同期满，则劳动合同必须续延至医疗期满，职工在此期间享受医疗期待遇。（3）选项D，病假工资可以低于当地最低工资标准支付，但不得低于当地最低工资标准的80%。

三、判断题

1.【答案】√
【解析】在订立劳动合同时，用人单位以担保或者其他名义向劳动者收取财物的，由劳动行政部门责令限期退还劳动者本人，并以每

人500元以上2 000元以下的标准对用人单位处以罚款；给劳动者造成损害的，应当承担赔偿责任。

2.【答案】√
【解析】用人单位与劳动者约定服务期的，不影响按照正常的工资调整机制提高劳动者在服务期期间的劳动报酬。

3.【答案】×
【解析】从事同类业务的竞业限制期限，不得超过2年。

4.【答案】√
【解析】用人单位应当将直接涉及劳动者切身利益的规章制度和重大事项决定公示，或者告知劳动者。如果用人单位的规章制度未经公示或者未对劳动者告知，该规章制度对劳动者不生效。

5.【答案】√
【解析】劳务派遣单位应当与被派遣劳动者订立2年以上的固定期限劳动合同。

6.【答案】×
【解析】因企业自主进行改制发生的纠纷，属于劳动争议，当事人不服劳动争议仲裁机构作出的裁决，依法提起诉讼的，人民法院应予受理。下列纠纷不属于劳动争议：（1）劳动者请求社会保险经办机构发放社会保险金的纠纷；（2）劳动者与用人单位因住房制度改革产生的公有住房转让纠纷；（3）劳动者对劳动能力鉴定委员会的伤残等级鉴定结论或者对职业病诊断鉴定委员会的职业病诊断鉴定结论的异议纠纷；（4）家庭或者个人与家政服务人员之间的纠纷；（5）个体工匠与帮工、学徒之间的纠纷；（6）农村承包经营户与受雇人之间的纠纷。

7.【答案】√
【解析】参加基本养老保险的个人，在未达到法定退休年龄时因病或者非因工致残完全丧失劳动能力的，可以领取病残津贴，所需资金从基本养老保险基金中支付。

8.【答案】×
【解析】在停工留薪期内，职工的原工资福利待遇不变，由所在单位按月支付。

9.【答案】√

【解析】题目表述正确。失业保险金自办理失业登记之日起计算。

10.【答案】√

【解析】职工（包括非全日制从业人员）在两个或者两个以上用人单位同时就业的，各用人单位应当分别为职工缴纳工伤保险费。

四、不定项选择题

1.（1）【答案】BD

【解析】在劳务派遣关系中，劳动合同关系存在于劳务派遣单位（甲公司）与被派遣劳动者（刘某）之间，被派遣劳动者不与用工单位（乙公司）签订劳动合同、发生劳动关系。甲公司与乙公司签订了劳务派遣协议，双方存在劳务租赁关系。

（2）【答案】CD

【解析】劳务派遣单位（甲公司）应当按月向被派遣劳动者支付报酬，被派遣劳动者在无工作期间，劳务派遣单位应当按照所在地人民政府规定的最低工资标准，向被派遣劳动者按月支付报酬。

（3）【答案】C

【解析】选项C，用人单位未依法为劳动者缴纳社会保险费的，劳动者可随时通知用人单位解除劳动者合同，无须提前通知用人单位。

（4）【答案】C

【解析】选项C，经济补偿金是在劳动者无过错的情况下，用人单位（甲公司）与劳动者解除或者终止劳动合同时，应给予劳动者经济上的补偿。在本案例中，由于用人单位（甲公司）未依法为劳动者缴纳社会保险费，劳动者随时通知用人单位（甲公司）解除劳动合同后，用人单位（甲公司）应当向劳动者支付经济补偿金。

2.（1）【答案】ACD

【解析】根据规定，同一用人单位与同一劳动者只能约定一次试用期，所以，选项A正确。对负有保密义务的劳动者，用人单位可以在劳动合同或者保密协议中与劳动者约定竞业限制条款，并约定在解除或者终止劳动合同后，在竞业限制期限内按月给予劳动者经济补偿，所以，选项C正确。竞业限制期限，

不得超过两年，所以，选项D正确。

（2）【答案】C

【解析】根据规定，实际工作年限10年以上的，在本单位工作年限不足5年的，医疗期为6个月，所以，选项C正确。

（3）【答案】BD

【解析】根据规定，企业职工在医疗期内，病假工资或疾病救济费可以低于当地最低工资标准支付，但最低不能低于最低工资标准的80%。医疗期内不得解除劳动合同。如医疗期内待遇合同期满，则合同必须延至医疗期满，职工在此期间仍然享受医疗期内待遇。所以，选项B、D正确。

（4）【答案】BC

【解析】在解除或者终止劳动合同后，竞业限制人员到与本单位生产或者经营同类产品、从事同类业务的有竞争关系的其他用人单位工作，或者自己开业生产或者经营同类产品、从事同类业务的竞业限制期限，不得超过2年；用人单位违反规定解除或者终止劳动合同，劳动者要求继续履行劳动合同的，用人单位应当继续履行；劳动者不要求继续履行劳动合同或者劳动合同已经不能继续履行的，用人单位应当依照《劳动合同法》规定的经济补偿标准的2倍向劳动者支付赔偿金。用人单位支付了赔偿金的，不再支付经济补偿。赔偿金的计算年限自用工之日起计算。

3.（1）【答案】BC

【解析】选项B，用人单位自"用工"之日起即与劳动者建立劳动关系。选项C，用人单位与劳动者补订了书面劳动合同，应当向劳动者每月支付2倍的工资。起算时间为用工之日起满1个月的次日，截止时间为补订书面劳动合同的前一日。

（2）【答案】BCD

【解析】选项A，职工应当参加工伤保险，由用人单位缴纳工伤保险费，职工不缴纳工伤保险费。

（3）【答案】B

【解析】①用人单位依法安排劳动者在日标准工作时间以外延长工作时间的，按照不低于

劳动合同规定的劳动者本人小时工资标准的150%支付劳动者工资；②用人单位依法安排劳动者在休息日工作，不能安排补休的，按照不低于劳动合同规定的劳动者本人日或小时工资标准的200%支付劳动者工资，10月14日（周六）加班1天（220×200%）；③用人单位依法安排劳动者在法定休假日工作的，按照不低于劳动合同规定的劳动者本人日或小时工资标准的300%支付劳动者工资，10月1日（国庆节）加班1天（220×300%）。

（4）【答案】ACD

【解析】选项B、C，劳动合同期满，有下列情形，用人单位既不得解除劳动合同，也不得终止劳动合同，劳动合同应当续延至相应的情形消失时终止：①从事接触职业病危害作业的劳动者未进行离岗前职业健康检查，或者疑似职业病病人在诊断或者医学观察期间的；②在本单位患职业病或者因工负伤并被确认丧失或者部分丧失劳动能力的；③患病或者非因工负伤，在规定的医疗期内的；④女职工在孕期、产期、哺乳期的；⑤在本单位连续工作满15年，且距法定退休年龄不足5年的；⑥法律、行政法规规定的其他情形。选项A、D，用人单位违反规定解除或者终止劳动合同，劳动者要求继续履行劳动合同的，用人单位应当继续履行；劳动者不要求继续履行劳动合同或者劳动合同已经不能继续履行的，用人单位应当依照《劳动合同法》规定的经济补偿标准的2倍向劳动者支付赔偿金。用人单位支付了赔偿金的，不再支付经济补偿。赔偿金的计算年限自用工之日起计算。